KB165676

중국, 새로운 패러다임 II

23인 세계 석학에게 묻다

CHINA

중국, 새로운 패러다임 II

NEW

23인 세계 석학에게 묻다

PARADIGM

축하의 글

'Understanding CHINA(理解中國) 중국 강연 시리즈'는 한국 사회의 중국에 대한 지식 나눔과 학술적 저변 확대를 위한 노력이자 사회적 가치 실현의 일환으로 진행된 강연 프로그램입니다. 총 38회 강연 현장은 물론 많은 분들이 유튜브를 통해서도 참여하여 한국 사회의 중국에 대한 이해 증진에 크게 기여하고 있다는 점에서 기쁘게 생각합니다.

세계 석학 23인의 중국 담론을 담은 이 책이 미중 신냉전이 빚어내는 혼란과 불확실성이 인류사회에 던지는 불안에서 해법을 모색할 수 있는 길을 발견하게 해줄 수도 있으리라는 기대감에서, 그동안 진행되어온 강연을 단행본으로 묶어보기로 했습니다. 또한 우리나라는 물론 국제 사회에서 뉴노멀이 되어버린 중국의 부상Rise of China을 균형 잡힌 시각으로 바라볼 수 있는 길잡이가 되면 좋겠습니다.

최종현학술원은 미국, 중국, 일본의 주요 대학들과 다양한 학술교류를 진행해왔습니다. 특히 아시아 지역에는 17개의 주요 대학에 아시아연구센터_{ARC}를 설립하여 공동 운영하고 있으며, 지난 20년간 1000명에 가까운 우수한 학자들의 장기 방한 연구 프로그램을 진행해오고 있습니다. 또한 베이징포럼, 상하이포럼, 도쿄포럼 등 각국 핵심 대학들과 15개가 넘는 다양한 형태의 국제학술포럼을 공동 주최하고 있습니다.

최종현학술원은 앞으로도 국내외 최고 석학들과 협력하여 지정학 리스크와 테크놀로지 이노베이션과 같은 우리 시대가 안고 있는 최대 현안에 대한 분석과 대안 제시를 하고자 합니다. 강연 현장에서 여러분과 생생하고 뜨거운 지식 나눔의 열기를 공유할 수 있기를 고대합니다.

2020년 11월

SK그룹 회장, 최종현학술원 이사장 **최태원**

서문

그레이엄 앨리슨을 비롯한 여러 학자들이 지난 21세기에 있었던 가장 중요한 지정학적 사건으로 '중국의 부상'을 꼽고 있는 가운데, 'Understanding CHINA(理解中國) 중국 강연 시리즈'는 달라진 중국의 위상과 새로운 중국을 한국사회가 좀더 정확하고 심도 있게 이해할 수 있도록 균형 잡힌 시각을 제공하기 위해 한국고등교육재단이 2013년 시작한 강연 프로그램이다. 2019년부터는 최종현학술원에서 이어오고 있으며, 총 38회를 진행했다. 제1회~제18회 강연은 2015년에 『중국, 새로운 패러다임─18인 석학에게 묻다』(한울)로 출판되었다. 이 책은 그 후속권으로 제19회(2016. 2. 26)~제38회(2019. 12. 23)의 강연을 엮은 것이다.

1권은 중국 문제에 관한 국내의 권위 있는 학자들의 연구 성과를 담았고, 2권은 중국과 미국을 비롯한 세계 석학들의 시각을 담고 있다. 강연은 영어 또는 중국어로 진행되었으며, 이 책은 강연 녹취록을 바탕으로 강연자의 검수를 거친 원어 원고를 우리말로 번역한 것이다. 강연마다 국내 유수한 학자들의 대담과 토론이 진행되었는데, 출판 일정과 지면 관계상 이 책에 담지 못한 점을 아쉽게 생각한다. 강연과 대담은 최종현학술원 홈페이지(www.chey.org)와 유튜브에서 다시 볼 수 있다.

총 23편의 강연은 강연 순서와 상관없이 크게 다섯 개의 대주제로 묶고, 대주제 안에서 각각의 원고가 서로 유기적으로 연결되도록 배치했다.

우선 제1부는 미중 관계에 관한 5편의 강연을 편성했다. '투키디데스 함정'으로 잘 알려진 하버드대 그레이엄 앨리슨Graham Allison 교수는 신흥 세력인 중국이 기존 지배 세력인 미국의 주도권을 위협하고 있다는 전제 하에, 양국이 불가피하게 전쟁으로 치닫게 되는 '투키디데스 함정'을 피하는 방법을 한반도의 상황에 빗대어 제시했다. 베이징대 자칭궈賈慶國 교수는 미중 관계에서 변한 것과 변하지 않은 것을 논하며, 대립과 갈등은 양국의 근본 이익이 훼손되지 않는 범위에서만 이루어질 것으로 전망했다. 브루킹스연구소 리처드 부시Richard Bush 연구원은 '상호 전략적 헤징'의 관점에서 과거 미중 관계를 진단하고, 트럼프와 시진핑이라는 내부적 변수가 향후 미중 관계에 어떤 영향을 미칠 것인지 고찰했다. 난징대 주펑朱鋒 교수는 2017년 4월 마라라고 미중 정상회담의 성과 분석을 통해 한·미·중 관계가 나아갈 길을 모색했다.

제2부는 중국 경제의 부침浮沈에 관한 주제들로 엮었다. 베이징대 린이푸林毅夫 교수는 과거 세계 최빈국 중 하나였던 중국이 1978년 이후 어떻게 후발자 우위를 활용하며 높은 경제성장률을 달성할 수 있었는지 분석하고, 개발도상국들이 각자의 경험에 따라 새로운 이론을 정립할 것을 강조했다. 푸단대 장쥔張軍 교수는 2008년 이후 중국 경제의 성장 둔화 원인과 2016년 당시 중국 경제의 가장 심각한 문제점을 분석하고, 이를 해결하기 위한 중국 정부의 경제 정책과 중장기적 전망을 제시했다. 중국사회과

학원 장원링張蘊岭 교수는 2016년 당시 시진핑 정부가 직면한 3대 과제를 분석하고, 이를 해결하기 위한 경제정책을 진단하며 신중한 낙관론을 펼쳤다. 대만대 주윈한朱雲漢 교수는 대만학자의 시각에서 중국의 부상이 전 세계 공동체에 미치는 함의와 중요성을 역사적으로 고찰하고, 중국이 들고 올 개혁 의제에 주목해야 한다고 강조했다. 브뤼셀 자유대 카럴 더휘흐트 Karel De Gucht 소장은 전 EU 통상장관 역임 당시 유럽의 대對중국 통상협력을 주도해온 경험을 바탕으로, 국제 무역에 점점 큰 영향력을 행사하는 중국에 대해 유럽의 리더십이 필요함을 역설했다.

제3부는 '일대일로—帶—路'를 별도의 주제로 묶었다. 중국사회과학원 장위엔張宇燕 소장은 물질적·제도적·통화적·이념적 차원에서 일대일로를 상세히 설명하고, 리스크와 도전, 성과에 대해서도 다각도로 논했다. 푸단대 거젠슝葛劍雄 교수는 실크로드의 역사지리적 배경을 고찰하며, 일대일로의 정식 명칭이 '실크로드 경제벨트와 21세기 해상 실크로드'이지만, '실크로드'라는 명칭을 차용했을 뿐 전혀 새로운 이니셔티브임을 강조했다.

제4부는 한중 관계를 중심으로 한반도와 직결된 동북아 안보 문제와 북핵 문제를 다뤘다. 칭화대 리빈李彬 교수는 북한의 핵실험과 한반도 사드 배치에 대한 중국의 우려를 기술적인 측면에서 분석하고, 한중간 안보 딜레마를 해소하기 위해서는 핵 안전과 같은 비전통적인 안보 분야에서 협력을 강화해가야 한다고 강조했다. 중국사회과학원 리난李枏 연구원은 북핵 문제와 미국의 아시아 재균형 정책, 사드 배치 결정으로 인해 한반도를 둘러싸고 '새로운 게임'이 시작될 거라며, 중국, 미국, 한국, 북한, 러시아 등 관련국들의 대외 정책 변화를 중국의 관점에서 고찰했다. 베이징대 왕둥王棟 교수는 동북아의 안보 딜레마를 극복하고 다자간 지역 안보 구조를 구축하기 위해서는 미국 주도의 양자간 동맹체제를 다자주의와 조화시키고,

북한이 정상 국가로 전환될 수 있도록 노력해야 한다고 강조했다. 예일대 오드 아르네 베스타_{Odd Arne Westad} 교수는 오늘날 북한 문제를 중심으로 한반도에 대한 중국의 정책적 선택에 대해 논의했다. 한국이 중국의 염려와 관심사를 잘 파악하여 북한 문제에 대한 협력을 이끌어낼 것을 조언했다.

제5부는 변화하는 중국과 역사 인식이라는 주제로 4편의 강연을 편성했다. 중국사회과학원 자오팅양_{趙汀陽} 연구원은 현존하는 국제정치, 국제전략 등의 방법론으로 세계의 여러 충돌과 갈등을 해결할 수 없는지에 대해 고찰하면서, 세계화 시대에 걸맞은 새로운 존재 질서인 '천하체계' 이론의 필요성을 역설했다. 푸단대 거자오광_{葛兆光} 교수는 15~19세기 동북아 외교의 한 축이었던 조선의 통신사 문헌에 중국 학계가 주목하는 이유를 설명했다. 조선과 일본 지식인들의 인적 교류 현장에서 중국에 대한 인식을 추출함으로써 당시 한·중·일 사회의 세계관과 문화인식을 체계화했다. 상하이사회과학원 쭤쉐진_{左學金} 교수는 유엔의 중국 인구 고령화가 경제성장과 사회보장제도에 미치는 영향을 논하고, 중국이 취할 수 있는 정책적 제안을 설명했다. 중국런민대 한다위안_{韓大元} 교수는 법치 이념, 법률 체계, 사법 독립 등 다양한 측면에서 중국 법치의 현황을 소개하고 향후 중국 법치 발전의 주요 추세를 전망했다.

두 권의 책으로 중국에 대한 이해를 완벽하게 터득할 수는 없겠지만 41명의 한국, 중국, 미국, 유럽 전문가들의 집약된 시각과 분석을 통해 '중국의 부상' 시대에 대한 보다 정확한 인식과 더불어 미래에 대한 예지를 가지는 데 도움이 되기를 바란다.

2020년 11월

최종현학술원 원장 박인국

차례

제1부

미중 관계: 변한 것과 변하지 않은 것

1장

미국과 중국은 투키디데스의 함정을 피할 수 있는가?

Can America and China Escape Thucydides's Trap?

:

그레이엄 앨리슨Graham Allison
하버드대 케네디스쿨 교수

내가 쓴 책 제목은 『예정된 전쟁: 미국과 중국은 투키디데스의 함정을 피할 수 있는가?Destined for War: Can America and China Escape Thucydides's Trap?』[1]지만, 이 글의 주제는 '평화' 또는 '전쟁 방지'다. 책을 쓰기 시작한 이래로 2017년에 출간이 되고 지금까지 나는 줄곧 "미국과 중국, 그리고 한국과 같은 우방국이 어떻게 함께 상상력과 창의력, 융통성을 발휘하여 '투키디데스의 함정Thucydides trap'을 피할 것인가" 하는 문제에 대해 열정적으로 천착해왔다. 이와 관련해서 지난 6개월간의 한반도의 상황을 고려할 때 적어도 약간 희망적이거나 긍정적인 신호가 있었다고 생각한다.

2018년 초의 상황과 비교할 때, 한반도 전쟁, 나아가 미국과 중국이 개입되는 세계전쟁으로까지 번질 수 있는 잠재적 위기가 해소될 수 있는 일말의 희망이 보이고 있다. 열세 번째 전쟁 사례가 아니라, 전쟁을 피한 다섯 번째 사례가 될 수 있으려면, 지난 500년의 역사가 주는 교훈에서 우리는 무엇을 배울 수 있을까? 너무 앞서 나갔는데, 이에 대해서는 결론에서 다시 다루도록 하겠다.

이 글에서는 크게 세 가지를 다루려고 한다. 첫째, 위대한 사상가를 소개한다. 둘째, 중요한 개념에 대해 소개한다. 이는 오늘날 국제 관계에서 발생하고 있는 사건들의 각종 뉴스와 잡음 밑에 깔린 근원적 동력을 더 넓은 차원에서, 특히 한국에 미칠 수 있는 영향과 연결하여 파악하는 데 도움이 될 것이다. 셋째, "미국과 중국, 그리고 그들의 우방이 투키디데스의 함정을 피할 수 있을 것인가?"라는 도발적인 질문을 던지고자 한다.

그 위대한 사상가란 투키디데스(기원전 460?~기원전 400?)다. 투키디데스는 역사학의 아버지이자 창시자로, 최초의 역사서 『펠로폰네소스 전쟁사』를 저술했다. 그는 공자(기원전 551~기원전 479)와 거의 동시대를 살았던 약 2500년 전의 고대 그리스인으로, 도시국가 아테네와 스파르타를 폐허로 만든 펠로폰네소스 전쟁(기원전 431~기원전 404)에 대해 글을 썼다. 투키디데스는 우리가 알아야 할 사상가라 할 수 있는데, 그의 흥미로운 개념을 기억할 수 있도록 내 책은 모든 장에서 투키디데스의 인용으로 시작하고 있다. 그중에서도 내가 소개하려는 개념은 '투키디데스의 함정'이다.

펠로폰네소스 전쟁에 대해 투키디데스는 "아테네의 부상과 이로 인한 스파르타의 두려움이 전쟁을 불가피하게 만들었다"라는 명언을 남겼다. 따라서 투키디데스의 함정이란 신흥 세력이 기존 지배 세력의 자리를 빼앗으려고 위협할 때 나타나는 위험한 역학관계다. 고대 그리스에서 아테네는 신흥 세력이었다. 아테네는 페르시아와의 전쟁에서 승리한 후 거의 모든 것을 창조하고 있었다 해도 과언이 아닐 정도로 폭발적인 창의력을 보여주었다. 연극에서는 아이스킬로스, 소포클레스, 아리스토파네스가 있었고, 철학에서는 소크라테스, 플라톤, 아리스토텔레스가 있었다. 건축으로 말하자면, 아크로폴리스에 있는 파르테논 신전은 2500년 전 이크티노스가 페리클레스를 위해 지은 건물이다. 오늘날 세계 어디에서도 이보다 멋진 건물을 찾기는 어렵다. 역사에서는 헤로도토스와 투키디데스가 있었고, 민주주의는 바로 페리클레스가 아테네에서 만든 것이었다. 최초의 전문 해군도 아테네에서 만들어졌다.

100년간 그리스의 지배 세력이었던 스파르타는 "아테네에서 도대체 무슨 일이 일어나고 있는 거지? 자신들이 뭘 하고 있다고 생각하는 거야? 그냥 매일 아침 일어나 새로운 것들을 만들어내고 있잖아!"라고 생각하게 되었다. 한편 신흥 세력인 아테네는 "우리는 더 큰 발언권과 영향력을 누릴 자격이 있어. 지금 방식은 우리 이익을 충분히 대변하고 있지 못해"라고 생각했다. 이에 대해 지배 세력 스파르타는 겁에 질려 이렇게 생각했다. "잠깐, 아테네가 현 상황을 바꾸려 하고 있잖아? 모든 기존 질서에 도전하고 주도권을 가져가려 하고 있어. 무슨 생각인 거지? 주제 파악을 시켜줘야겠군." 이러한 역학관계 속에서 아테네가 지금이 스파르타를 공격할 적기라고 판단하는 경우는 드물다. 이런 일은 일어나지 않았다. 스파르타도 아테네를 공격해야겠다고 나서지는 않았다. 대신 이런 위험한 역학관계 속에서는 제3국의 행동과 도발, 사건이나 사고가 도화선이 되어 주요 경쟁자 중 하나가 대응해야 할 필요성을 만들 수 있고, 그 한 가지 대응이 다른 한 가지 대응으로 이어지면서 결국 전쟁에 휘말리게 되는 것이다. 펠로폰네소스 전쟁의 경우에도, 아테네와 스파르타는 전쟁이 나쁜 결정이라 생각했다. 그들은 현명하게 30년간의 평화 협정을 맺었고, 실제로 15년 정도는 그럭저럭 괜찮게 지냈다. 하지만 두 국가의 동맹국 케르키라와 코린토스 사이에 분쟁이 일어났다. 아테네와 스파르타 모두 자신의 동맹국을 지원해야 한다고 믿었고, 이는 결국 전쟁으로 이어졌다.

좀더 생생한 사례를 원한다면, 1914년의 유럽을 보라. 오스트리아-헝가리 제국의 제위 계승자인 프란츠 페르디난트 대공 암살 사건은 어떻게 유럽 전체를 화염에 휩싸이게 한 전쟁의 도화선이 되었을까? 연구할 가치가 있는 사건이라고 생각한다. 내 책에서도 한 장으로 다뤘고, 50년이나 연구해왔지만 아직도 답을 찾지 못했다. 1914년 당시 지도자들에게 다시 선택할 기회가 주어진다면, 결코 같은 선택을 하지 않을 것이다. 하지만 대공이 암살되자 그의 부친인 오스트리아-헝가리 황제는 당연히 세르비아를 처벌해야 한다고 생각했고, 세르비아가 지나친 보복을 받을 것이라 생각한 러시아는 정교회 동맹국인 세르비아를 지원하려고 나섰다. 독일도 유일한 동맹국이었던 오스트리아 편을 들었다. 프랑스는 러시아와 협약 관계에 있었다. 한 가지 사건은 다른 한 가지 사건으로 이어졌고, 6주에 걸친 일련의 사건 끝에 모든 국가가 전쟁에 휘말리게 되었다. 전쟁이 끝난 후 모든 지도자의 야망은 어떻게 되었는가? 그들의 야망은 좌절되었다. 오스트리아-헝가리 황제는 제국을 유지하려 했지만 제국은 와해되고 그 역시 쫓겨났다. 세르비아를 지원했던 러시아 황제는 볼셰비키 혁명으로 정권을 잃었다. 동맹국 오스트리아를 도운 독일 황제도 쫓겨났다. 군사적 동맹국인 러시아를 도운 프랑스에서는 30년간 수많은 젊은이가 피를 흘렸고 회복될 수 없는 상처를 남겼다. 100년간 채권자로 세계를 호령했던 영국은 빚쟁이가 되어 내리막길을 걷게 되었다. 다시 말해, 전쟁은 누구에게도 도움이 되지 않으며, 모두가 전쟁을 원하지 않는 것도 사실이지만, 그렇다 해도 전쟁은 여전히 일어날 수 있다.

책을 쓰면서 지난 500년 역사를 살펴본 결과, 신흥 세력이 기존 지배 세력을 위협한 16건의 사례를 발견했다. 그중 12건은 전쟁으로 이어졌고, 4건은 전쟁으로 이어지지 않았다. 따라서 미중 전쟁이 불가피하다고 말하는 것은 옳지 않다. 불가피한 전쟁이란 없다. 하지만 상황이 우리 편이 아니라고 말하고 그저 늘 하던 대로만 한다면, 역사도 늘 가던 길로 갈 것이다. 이것이 바로 투키디데스의 함정이다.

투키디데스의 함정은 중국과 미국 양측 모두에서 많이 논의되고 있다. 나는 이 논의가 다른 곳에서도 적절하다고 보는데, 이러한 관점을 통해 미국과 중국의 역학관계 속에서 표면적 잡음 밑에 깔린 더 근원적 본질을 들여다볼 수 있기 때문이다. 즉 신흥 세력인 중국이 기존 지배 세력인 미국의 주도권을 위협하고 있다는 것이 기본 줄거리다. 2015년 9월 25일에 열린 미중 정상회담에서 시진핑과 오바마 모두 투키디데스의 함정에 대해 언급했으며, 그것이 신흥 세력과 기존 지배 세력의 상호작용에서 발생하는 파괴적인 긴장감이라는 것을 이해하고 있었다. 하지만 양측이 창의적인 방법으로 이 문제를 함께 해결할 방도를 찾는다면, 투키디데스의 함정을 피할 수 있을 것이다.

이러한 맥락에서 책의 부제이기도 한 다음과 같은 질문을 던질 수밖에 없다. "미국과 중국은 투키디데스의 함정을 피할 수 있는가?" 나는 교수다운 대답을 내놓았다. '아니요', 그리고 '예'. 우선 '아니요'라 답하겠다. 우리가 예전과 다름없이 상황을 해결하려 하고, 예전과 다름없이 외교 정책을 펼치며, 예전과 다름없이 국정 운영을 한다면, 예전과 다름없는 역사가 기다리고 있을 것이다. 예전과 다름없는 역사란 전쟁이다. 전쟁이 미친 짓이라 해도, 전쟁이 끝나고 나면 의미 없는 전쟁이었다고 모두가 동의할지라도, 전쟁으로 우리가 아끼는 모든 것이 파괴된다고 할지라도 말이다. 그러나 동시에 '예'라고 답할 수도 있다. "과거를 기억하지 못하는 이들은 과거를 반복하기 마련이다"라는 산타야나Santayana의 명언을 기억한다면, 우리는 투키디데스의 함정을 피할 수 있다.

종종 그러기는 하지만, 인간이 어리석은 실수를 되풀이할 필요는 없다.

우리는 때때로 자신의 실수에서 교훈을 얻을 수 있으며, 조금 더 현명하다면 다른 사람의 실수에서 교훈을 얻을 수도 있다. 이 책을 집필한 목적은 역사 속 성공과 실패 모두에서 우리가 얻을 수 있는 교훈에 대해 논의를 이끌어내고, 더 나아가 창의력을 발휘하여 투키디데스 함정을 피하는 방법을 찾는 것이었다.

따라서 나는 다음과 같은 세 가지 질문을 던지고자 한다. 첫째, 지난 25년간 가장 중요한 지정학적 사건은 무엇인가? 둘째, 앞으로 25년간 전 세계에 가장 중요한 전략 지정학적geostrategic 도전은 무엇인가? 셋째, 우리는 투키디데스의 함정에서 벗어날 수 있는가?

첫 번째 질문, 지난 25년간 가장 중요한 사건이 무엇인가에 대한 대답은 중국의 부상이다. 지금까지 한 국가가 이렇게 빨리, 이렇게 다양한 분야에서 떠오른 적은 없었다. 한국에 살고 있다면 아마 더 잘 느끼겠지만, 자세히 들여다보지 않으면 전체 그림을 놓칠 수도 있다. "일이 너무 빨리 진행돼서 놀랄 시간조차 없었다"는 체코 전 대통령 바츨라프 하벨의 명언이 있다. 이를 잘 보여주는 예로 하버드와 베이징의 다리를 비교해보자. 하버드 경영대학원과 케네디스쿨 사이에서 찰스강을 가로지르는 앤더슨 다리Anderson Bridge가 있다. 케네디스쿨 연구실 창밖을 내다보면 이 다리가 보인다. 이 다리의 개조에 관한 논의는 내가 케네디스쿨 학장으로 있을 당시에 시작되었지만, 1989년 학장에서 물러나고도 한참이 지난 2012년에서야 본격적으로 공사가 시작되었다. 2년짜리 프로젝트였는데, 2014년 "아직 끝나지 않았다"고 했고, 1년이 지난 2015년에도 "아직 끝나지 않았고, 1년이 더 걸린다"고 했다. 2016년에는 "언제 끝날지 말하기 어려우며, 예산이 3배 초과되었다"고 했다. 지금 공사는 끝났지만 너무나 오랜 시간이 걸린 데다가 공사비도 3배나 초과했다는 점이 부끄러워 완공 기념식도 하지 않았다. 가끔 베이징에 가는 사람들은 아마 싼위안차오三元橋라고 불리는 다리를 건너본 적이 있을 것이다. 앤더슨 다리보다 차선도 2배나 더 많다. 2015년 중국은 이 다리를 개조하기로 결정했다. 이 공사를 마치는 데 얼마나 걸렸을까? 맞춰보시라. 6개월? 10개월? 정답은 43시간이다.

하버드대에 있을 때 학생들에게 퀴즈를 냈다. 퀴즈에는 50개의 중요 지표가 있다. 책에서 볼 수 있는 짧은 버전은 이렇다. 특정 항목에 대해 "중국은 언제 1위를 달성할 수 있을까?"라는 질문이 있고, 학생들은 예를 들면 "2020년, 2030년, 내 생전엔 어려울 듯" 등 자신의 생각을 오른쪽에 적어야 한다. 항목에는 "세계 최대 자동차 생산, 제조업, 무역 국가, 가장 많은 중산층, 가장 많은 억만장자, 가장 큰 태양에너지 발전 능력, 인공지능 기술 선도, 세계경제 성장의 핵심 동력, 세계 최대 GDP" 등이 주어졌다. 퀴즈를 볼 필요는 없지만 답은 떠올려볼 수 있다. 나는 바로 다음 슬라이드에서 학생들에게 답을 보여주었다. 답은 "이미 달성"이다. 중국은 이 모든 것을 이미 달성했다. 2011년 중국은 제조업 세계 1위였으며, 2015년 가장 많은 중산층을 가진 국가가 되었다. 중국에는 미국 전체 인구보다 많은 중산층이 있다. 2016년에는 가장 많은 억만장자를 가진 국가가 되었다. 2010년에는 가장 빠른 슈퍼컴퓨터로 상을 받았다.[2] 2008년 금융위기 이후 중국은 매년 세계경제 성장의 핵심 동력이었다. 그리고 대부분의 미국인들은 2014년 중국이 세계에서 가장 큰 경제대국이 되었다는 소식에 놀랐다. 이는 국제통화기금IMF과 중앙정보국CIA이 국가 경제를 비교할 때 가장 좋은 척도라고 여기는 구매력평가지수Purchasing Power Parity(PPP)에 따른 결과였다. 2014년 IMF-세계은행 회담이 보여준 요점도 중국이 세계에서 가장 큰 경제대국이라는 것이었다. 이것이 바로 중국의 부상이다. 중국은 모든 분야와 공간, 차원에서 미국을 제치고 1위로 올라서려 하고 있다. 어떤 분야에

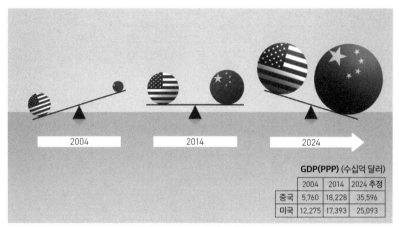

GDP(PPP) (수십억 달러)			
	2004	2014	2024 추정
중국	5,760	18,228	35,596
미국	12,275	17,393	25,093

[그림 1] 누가 누구를 재조정하는가?

서는 이미 앞질러 갔으며, 어떤 분야에서는 아직 경쟁이 벌어지고 있다.

두 번째 질문, 앞으로 25년간 가장 중요한 전략 지정학적 도전에 대한 내 대답은, 중국의 부상이 미국에 미치는 영향과 지난 70년간 미국이 토대를 닦은 세계질서에 미치는 영향이다.

[그림 1]은 내가 2014년 상원 군사위원회Senate Armed Services Committee에서의 증언을 위해 만든 것이다. 내 학생이었던 잭 리드Jack Reed가 위원회의 민주당 간사로 있는데, 오바마 정부의 아시아 회귀 전략(아시아 중심 정책Pivot to Asia 또는 아시아 재균형 정책)을 검토하기 위해 내 증언을 활용하고자 했기 때문이다. 무엇에 대한 중심축 이동인가? 중동 전쟁에 올려놓은 왼쪽 발에 힘을 좀 빼고, 앞으로 중요한 아시아에 올려둔 오른쪽 발에 무게를 더 두자는 것이다. 나는 미국과 중국을 시소의 양 끝에 올라탄 두 명의 아이로 생각해보자고 했다. 둘의 무게는 GDP 크기다. 2004년 중국의 GDP는 미국 GDP의 약 20퍼센트였다. 2014년에는 거의 비슷했지만 중국이 근

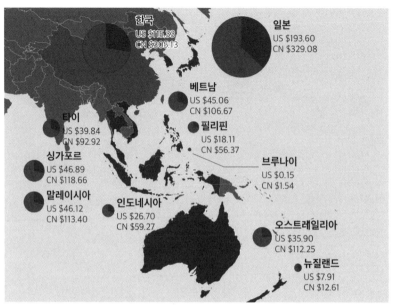

[그림 2] 미국과 중국의 대아시아 교역 규모, 2015 (단위: 10억 달러)

소하게 컸다. 이런 추세로 간다면 2024년에는 중국이 40퍼센트 더 클 것이다. 이는 무엇을 의미하는가? 미국이 어떤 발에 무게를 실을지 고민하는 동안 중국이 빠르게 성장해서 결국 미국은 양발 모두 땅에 딛지 못하게 될 것이라는 뜻이다.

이러한 역학관계는 어떤 분야에서나 볼 수 있다. 익숙한 무역 분야를 예로 들어보겠다. 2000년 미국은 모든 주요 아시아 국가의 주요 무역 상대국이었다. 지금은 그 자리에 중국이 있다. 한국도 다르지 않다. 4분의 3 정도를 중국에 의존하고 있다. 주요 무역 상대국이 어느 나라인지가 왜 중요할까? 최근 한국의 롯데 그룹과 자동차 수출 분야는 중국의 경제 보복으로 곤욕을 겪었다. 중국은 원하는 것을 얻기 위해서라면 가차없이 경제적 수

단까지 동원해서 위협한다. 상호의존적 무역 관계는 성장을 위해 필수불가결하고 모든 아시아 국가의 경제 성장에 크게 기여했지만 동시에 중국의 영향력 확대로도 이어지고 있다. 어떤 분야를 봐도 다르지 않다.

중국을 가장 잘 꿰뚫어본 사람은 2015년 타계한 싱가포르의 국부이자 전 총리 리콴유李光耀다. 운 좋게도 그는 내 멘토였고 많은 시간을 내가 중국을 이해할 수 있도록 돕는 데 할애했다. 나는 2013년 로버트 블랙윌Robert Blackwill과 함께 리콴유에 관한 책을 썼다. 제목은 『리콴유: 중국, 미국, 세계에 대한 거장의 통찰Lee Kuan Yew: The Grand Master's Insights on China, the United States, and the World』[3]로, 리콴유와 나눈 대담을 정리한 것이다. 질문 중 하나는, "지금 중국 지도부는 가까운 미래에 아시아에서 미국을 대체하는 지배 세력이 되는 것에 대해 진지하게 생각하고 있는가?"였다. 중국 전문가 중에서도 이 질문에 답할 사람은 찾기 어려울 것이다. 하지만 당시 90세였던 리콴유는 자신의 생각을 거침없이 말했다. "물론이다. 왜 그렇지 않겠나? 왜 아시아에서 가장 강한 국가, 나아가 시간이 더 지나면, 세계 최강대국이 되려고 하지 않겠나?" 이 대답의 사실 여부를 확인하고 싶다면, 시진핑이 2017년 10월 19차 당대회에서 한 연설과 2018년 6월 22~23일 베이징에서 열린 외교정책회의中央外事工作會義에서 한 연설을 보라. 요컨대, 중국은 아시아의 지배 세력이 되고자 한다. 중국은 아마 지금 이렇게 말할 것이다. "글쎄, 하지만 투키디데스 역학으로 우리를 설명하지 마라. 우리는 신흥 세력이 아니라, 부활하고 있는 기존 지배 세력이다. 너희 서양인들이 200년 전 기술력을 들고 나타나 우리를 착취하기 전까지 4000년간 우리가 누렸던 자리, 그러니까 제자리로 돌아가고 있을 뿐이다. 이제는 너희가 물러날 차례이고 우리는 세계의 중심으로 돌아갈 것이다." 한편 미국은 세계 최강대국의 자리를 신에게 받은 권리처럼 여기고 있다. 보수적 미국인

인 나 역시 다르지 않다. 따라서 강해진 중국이 어떤 부분에서는 미국과 경쟁하고, 어떤 부분에서는 미국을 앞지르는 것을 볼 때면 불편한 감정을 느끼기도 한다.

투키디데스를 통해 이 문제를 더 잘 이해할 수 있다. 지배 세력이 현재 상황을 원래 그래야만 하는 당연한 것으로 보는 것은 지극히 정상이다. 당연한 상황일 뿐만 아니라 올바른 상황이며, 좋은 상황이다. 질서를 만들어 내고 모든 이에게 기회를 주는 상황이다. 실제로 상당히 그랬었고, 특히 아시아의 경우 그렇다. 제2차 세계대전 이후 미국이 제공한 안보와 경제적 질서는 한국과 중국을 포함한 아시아의 기적을 가능하게 한 기반이었다. 이런 맥락에서 볼 때 "모두가 이 질서에 감사하고 이 질서를 옹호해야 해. 분명 모두에게 좋은 질서였으니까"라고 지배 세력이 말하고 싶은 것도 이해할 수는 있다.

하지만 투키디데스에 따르면 신흥 세력의 생각은 이렇다. 제1차 세계대전 직전에 유럽의 지배 세력인 영국에 맞선 신흥 세력이었던 100년 전의 독일이든, 오늘날의 신흥 세력인 중국이든 다르지 않다. "잠깐, 나는 그냥 나답게 행동하는 거야. 내 권리를 행사하고 내 이익을 추구하기 위해 성장하려는 거라고. 이건 지극히 당연해." 이러한 역학관계는 비즈니스 세계의 파괴적인 신흥 기업과 기존 1위 기업 사이에서도 볼 수 있으며, 때로는 가족 관계 속에서도 볼 수 있다. 신흥 세력과 지배 세력의 관계에서 생겨나는 심리적 영향이 오해와 계산 착오로 이어져 결국 어떻게 비극적 사건이 발생할 수 있는지가 투키디데스 역학관계의 핵심이다.

마지막 질문은 "어떻게 투키디데스의 함정을 피할 수 있는가?"이다. 나는 우리가 이 질문에 대해 함께 논의할 수 있기를 바란다. 따라서 투키디데스 함정을 피하는 방법을 약간이라도 제시하기 위해, 먼저 최근 한반도의 상황에 대해 간략히 거론하고자 한다. 운명론이나 비관론에 빠지지 않고 우리가 할 수 있는 일이 무엇인지 찾아보기 위해서다.

오바마는 정권 이양 과정에서 트럼프에게 북한 문제로 트럼프의 성과가 평가될 것이며, 북한 문제는 트럼프 정부가 당면한 가장 시급하고 우려되는, 어려운 위협이 될 거라고 말했다. 이 말을 들은 트럼프는 참모들을 모아놓고 여러 번 강조해서 다음과 같이 말했다. "내게 주어져서는 안 되는 문제였다. 내가 대통령이 되기 전, 이미 오래전에 더 쉽게 해결할 수 있었을 때, 해결되었어야 할 문제다. 하지만 내게 이 문제가 주어졌고, 나는 이를 꼭 해결하겠다. 나는 문제 해결사다." 중국에 대한 트럼프의 발언도 비슷하다. "지금까지 도대체 무엇을 했나? 어떻게 상황이 이렇게 되도록 내버려두었나?" 따라서 트럼프는 선임 대통령들과는 다르게 하겠다고 결심했다. 이것이 첫 번째 장면이다.

두 번째 장면은 이렇다. 트럼프는 참모들에게 "첫 번째 길은 용납할 수 없다"고 말했다. 내가 미 정치 전문매체 『폴리티코Politico』에 '트럼프가 북한을 상대로 크게 이길 수 있는 방법'[4]이라는 제목의 기사에 썼듯이, 2018년 북한을 상대로 볼 때, 현실적으로 가능한 길은 세 가지뿐이다. 첫 번째 길은 가던 길을 계속 가는 것이다. 그러면 북한은 대륙간탄도미사일ICBM 실험을 더 많이 실시할 것이고, 미국을 공격할 수 있는 능력을 갖추게 될 것이며, 아마 그렇게 될 가능성이 가장 크다. 두 번째 길은 북한이 첫 번째 길로 가지 못하도록 미국이 북한을 공격하는 것이다. 이때 문제점은 제2차 한국전쟁이 발발할 가능성이 있다는 것이다. 1950년대 한국전쟁은 사실 미중 간의 전쟁이나 다름없었다. 이 전쟁으로 많은 미국인과 중국인, 한국인이 목숨을 잃었으며, 대부분의 인명 피해는 미국과 중국에 의해 발생했다. 세 번째 길을 나는 '작은 기적'이라 부르겠다. 즉, 북한이 핵 개발을 멈

추도록 시진핑과 트럼프가 함께 설득하는 것이다.

우리에게 가능한 길은 세 가지뿐이다. 상황이 악화되고 북한이 다시 대륙간탄도미사일 실험을 한다면 우리는 첫 번째 길로 되돌아갈 수 있다. 북한은 계속된 실험으로 미국을 공격할 수 있는 능력을 갖추게 될 것이고, 그렇게 되면 우리는 두 번째 길로 들어서게 될 것이다.

트럼프가 제임스 매티스James N. Mattis 국방장관에게 북한을 공격할 군사적 해결책을 원한다고 말했을 때, 매티스 장관은 그것이 제2차 한국전쟁으로 이어질 가능성이 있다고 설명해야 했다. 국방부는 군사적 해결이 내키지는 않았지만 결국 트럼프에게 여섯 개의 선택지를 주었다. 그것은 북한의 대륙간탄도미사일 실험을 막기 위해 미사일 발사대를 공격하는 정도의 작은 것으로 시작할 수도 있다. 하지만 여기서 문제는, 그다음에는 서울에 미사일 폭탄이 빗발칠 수 있고, 그 뒤 이어지는 대응 끝에 제2차 한국전쟁으로 이어질 수 있다는 것이다. 따라서 좋은 선택은 아니다.

그렇기 때문에 세 번째 길은 앞의 두 가지 길보다 조금만 더 괜찮아도, 상당히 괜찮아 보일 것이다. 내가 선두에서 지휘할 수 있었다면 처음 출발했던 그 길로 발을 떼어놓았을까? 결코 아니다. 나는 다른 상황에서도 그렇게 해야 한다고 보는 전문가 중 하나다. 하지만 트럼프는 이렇게 반박한다. "전문가들이 지금까지 노력했다는 것은 알겠지만, 결과를 봐라." 지금까지 결과가 썩 좋지 않았다는 것은 인정한다. 오늘날 북한은 핵무기를 가지고 있다. 단거리, 중거리 미사일도 갖추고 있다. 그러므로 세 번째 길로 향하려는 노력은 적어도 창의적이고 장래성이 있으며 아주 조금이라도 도움이 될 거라고 생각한다. 오랜 시간이 걸리는 길이고 기대가 부풀려졌을 수도 있지만, 그래도 세 가지 길 중 하나를 고르라면, 나는 세 번째 길을 선택할 것이다.

'투키디데스의 함정 피하기'로 돌아가 다시 생각해보자. 북한을 공격했거나 공격하려 한다면, 그래서 북한이 보복으로 서울을 크게 파괴한다면, 그래서 제2차 한국전쟁이 발발한다면, 그래서 미국과 한국이 북한을 없애려 하고 북한이 붕괴 직전에 놓인다면, 그래서 마지막 순간에 중국이 개입한다면 어떻게 될까? 중국은 "지난 1950년 우리 국경에 접근했을 때 우리는 이미 그 점을 입증했다"고 늘 말려왔다. 그렇다면, 이 길의 끝에는 전쟁이 기다리고 있을 것이다. 미국과 중국이 원하지 않았지만 일련의 사건이 연달아 이어지면서 결국 휘말려들게 되었던 전쟁이다. 이 길에서 벗어나는 방법이 있다면, 그것이 바로 투키디데스의 함정을 피하는 방법일 것이다. 물론 대만, 남중국해 등의 다른 문제가 남아 있지만, 어쨌든 한 가지 해결 방법이라는 것이다.

이 글을 통해 우리는 세 가지 일을 했다. 첫째, 위대한 사상가, 투키디데스를 만났다. 관심 있는 분들은 『펠로폰네소스 전쟁사』를 읽어보길 바란다. 둘째, '투키디데스의 함정'이라는 개념을 접했다. 헨리 키신저Henry Kissinger가 말했듯, 투키디데스의 함정은 두 강대국의 관계 속에서 각종 뉴스와 잡음 밑에 깔려 있는 근원적 역학관계를 이해하기 위한 좋은 관점이다. 셋째, 투키디데스의 함정에서 벗어날 수 있을 것인지 질문을 던져보았다. 그 답을 찾기 위해서는 상상력과 창의력, 융통성이 요구되며, 바로 우리 모두가 상상력을 발휘해야 하는 순간이라고 믿는다.

(강연일 2018년 6월 29일)

2장

미중 관계:
변화와 지속
中美关系: 变与不变

:

자칭궈贾慶國
베이징대 국제관계학원 교수

미국과 중국은 사실상 가장 큰 경제체이자 가장 강대한 국가로, 이 두 나라에 문제가 생기면 다른 나라도 영향을 받기 때문에 모두가 미중 관계에 주목한다. 미중 관계에는 확실히 문제가 생겼으며, '무엇이 변했는가'를 살펴봐야 한다. 미중 관계에서 무엇이 변했고, 무엇이 변하지 않았는가? 이 두 질문에 대한 답은 미중 관계의 현재를 평가하고, 향후 발전을 논의하는 데 매우 중요하다. 첫째, 무엇이 변했는가? 둘째, 무엇이 변하지 않았는가? 셋째, 향후 미중 관계가 어떤 방향으로 흘러갈 것인가?

변한 것

그렇다면 미중 관계에서 과연 무엇이 변했을까? 최소한 몇 가지 측면을 고려할 수 있다. 먼저 미중 양국의 실력 격차에 큰 변화가 생겼다. 경제 규모로 보면, 중국의 급속한 경제 성장으로 미중 간 경제력 격차가 빠르게

(단위: 조 달러)

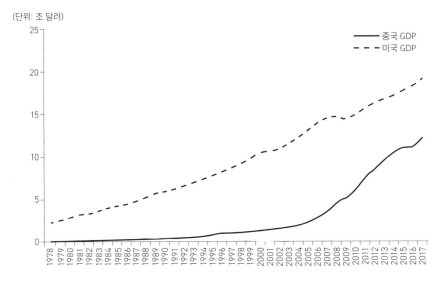

[도표 1] 미중 GDP 규모. 출처: wind, 세계은행, 헝다恒大연구원

(단위: 조 달러)

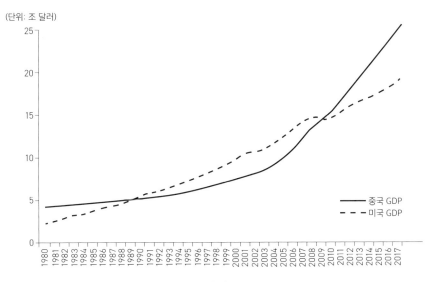

[도표 2] 구매력평가로 계산한 미중 GDP 규모. 출처: IMF, 헝다연구원

29   :

좁혀지고 있다. 지금으로부터 약 40년 전인 1978년 중국의 경제 규모는 매우 작았고, 미국의 경제 규모는 중국의 몇 배에 달했다. 현재 중국의 경제 규모는 미국의 60퍼센트 정도에 달한다.

중국은 현재 환율을 기준으로 세계 제2의 경제체다. 경제 규모로는 미국 GDP의 60퍼센트에 달하고, 구매력평가를 기준으로 할 때 이미 2014년에 미국을 넘어섰다. 물론 한 국가의 경제력은 GDP로만 판단할 수 없고 다른 여러 요소를 함께 고려해야 하지만, 그럼에도 GDP 규모는 매우 중요한 지표다. 경제 성장으로 중국이 전 세계 GDP에서 차지하는 비중은 점차 확대되어, 미국이 20퍼센트대, 중국이 16퍼센트 정도를 차지하고 있다([도표 3]). 과거부터 지금까지 큰 변화가 일어난 것이다. 현재 중국의 외환보유액은 세계 1위로, 2위인 일본을 크게 앞서고 있으며, 전 세계 외환보유 총액의 27퍼센트 정도를 차지한다([도표 4]).

군비 지출의 측면에서 봐도, 중국의 군비 지출은 최근 몇 년간 빠르게 증가했다. 중국은 1990년부터 지금까지 매년 10퍼센트에 달하는 속도로 성장하여, 현재 세계에서 두 번째로 군비 지출이 많은 국가가 되었다. 물론 세계 1위인 미국에는 한참 못 미친다. 미국인들은 중국의 군비 지출이 숫자로 나타난 것보다 많을 거라고, 즉 실제 지출은 더 클 것이라고 생각하지만, 미국의 이 같은 주장도 속단하기 어렵다. 구매력평가를 기준으로 계산하면 GDP를 기준으로 했을 때보다 중국의 군비 지출 규모는 조금 더 늘어날 수 있을 것이다([도표 5]).

중국은 경제 규모나 군사력뿐만 아니라 첨단기술 분야에서도 미국을 빠르게 따라잡고 있으며, 심지어 일부 영역에서는 미국과 어깨를 나란히 하고 있다. 요즘 논의되고 있는 5G를 예로 들어보자. 한 보고서에 따르면 1990년대는 2G 시대, 2000년 전후로는 3G 시대로, 2G와 3G 시대에는

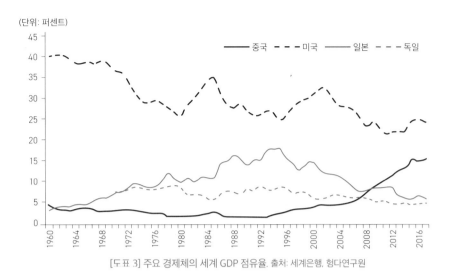

[도표 3] 주요 경제체의 세계 GDP 점유율. 출처: 세계은행, 헝다연구원

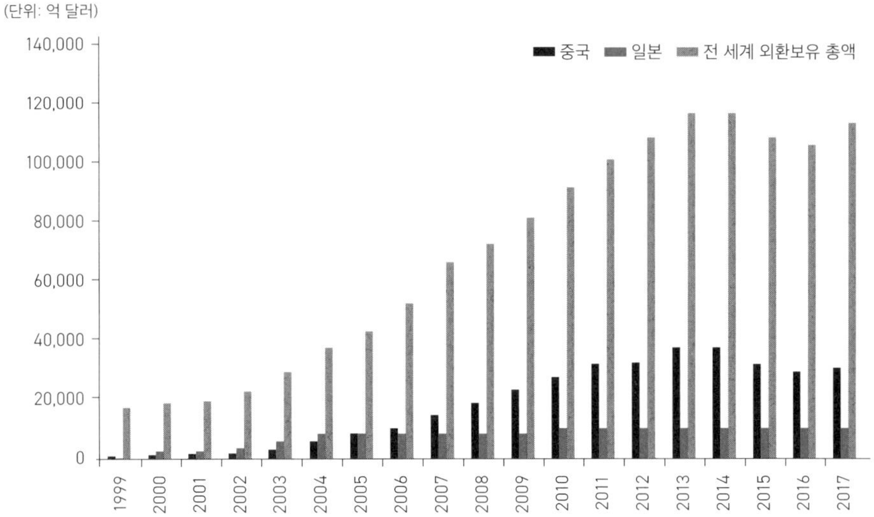

(단위: 억 달러)

[도표 4] 중국의 외환보유액. (12년 연속 세계 1위, 전 세계의 약 27.5퍼센트 차지)
출처: wind, 헝다연구원

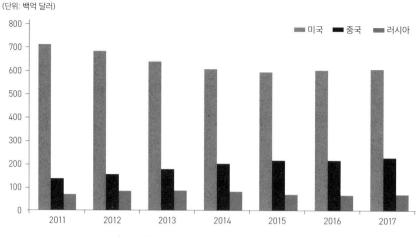

(단위: 백억 달러)

■ 미국　■ 중국　■ 러시아

[도표 5] 2011~2017년 중국, 미국, 러시아의 군비 지출.
출처: 스톡홀름국제평화문제연구소, 화타이華泰 증권연구소

유럽이 주도권을 잡으며 앞서갔다. 4G는 미국이 주도했는데 이때가 2010
년 전후다. 지금은 5G 시대다. 혹자는 중국과 미국이 함께 주도하고 있다
고 말하지만, 현재 미국은 중국에 추월당할까 우려하고 있다. 그래서 세계
곳곳에서 중국의 첨단기술 기업들, 특히 화웨이華爲를 탄압하고 있는 것이
다. 미국은 특히 5G 분야에서 중국이 미국을 추월할까봐 우려하고 있다.
혹자는 5G+ 시대가 되면 중국이 미국을 뛰어넘을 것이라고 말한다. 만약
미국이 첨단기술 분야에서 지금과 같은 보수적인 정책을 고집한다면, 중
국이 미국을 추월하는 게 완전히 불가능하진 않을 것이다. 이치대로라면,
미국은 첨단기술에서 줄곧 선두에 있었다. 그들 최상의 전략은 이 첨단기
술 제품을 해외에 대량으로 수출하는 것이다. 그렇게 하면 투자한 연구비
를 충분히 회수할 수 있으며, 다시 더 많은 돈을 들여 차세대 제품을 연구
할 수 있다. 하지만 현재 미국은 중국뿐 아니라 다른 국가에도 첨단기술을
수출하지 못하도록 제한하고 있다. 이로 인해 미국의 첨단기술 기업은 막

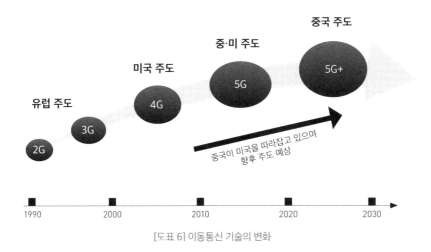

중국 주도

중·미 주도

미국 주도

유럽 주도

5G+

5G

4G

3G

2G

중국이 미국을 따라잡고 있으며
향후 주도 예상

1990　　　2000　　　2010　　　2020　　　2030

[도표 6] 이동통신 기술의 변화

대한 자금을 투입하고도 충분한 수익을 올리지 못하고 있다. 이러한 폐쇄적인 정책은 머지않아 미국을 해칠 것이다. 어쨌든 중국은 첨단기술 분야에서 미국을 따라잡고 있으며, 일부 영역에서는 거의 근접했거나 심지어 추월했다. 미국과 중국 간 실력 격차는 빠르게 좁혀지고 있는 추세다.

　두 번째 측면의 변화는 최근 몇 년 사이 양국 정치제도의 차이 또는 간극이 커지고 있다는 점이다. 이는 주로 중국 내부에 변화가 일어났기 때문이다. 첫째, 정치 권력이 점점 집중되고 있다. 중국 정부는 권력 집중을 통해 좀더 효율적으로 일을 추진하고자 할 것이며, 이러한 권력 집중은 이미 현실이 되었다. 이는 상대적으로 권력이 분산된 미국의 상황과 선명하게 대비된다. 둘째, 중국공산당은 기업, 심지어 민영기업 안에서의 지도 강화를 포함한 사회 각 방면에 대한 당의 지도를 강조한다. 이 또한 미국의 상황과 사뭇 다르다. 이러한 당의 지도 강화가 중국과 미국의 정치체제를 더욱 다르게 만드는 것일지도 모른다. 셋째, 이와 같은 맥락에서 다른 의견에 대한 포용력이 점차 줄어들고 있다. 이렇듯 정치제도의 측면에서 보면, 미국과의 격차가 점점 벌어지고 있다. 실력 차이는 줄고 있지만, 제도상의 차이는 커지고 있는 것이다.

세 번째 변화는 이데올로기적 관점에서 볼 때, 미중 간의 차이가 점차 확대되거나 두드러지고 있다는 점이다. 이러한 차이는 줄곧 있어왔다. 중국은 마르크스주의, 레닌주의, 마오쩌둥 사상, 덩샤오핑 이론, 3개 대표론三個代表論,[1] 과학적 발전관, 그리고 시진핑의 신시대 중국 특색 사회주의를 견지해왔다. 중국에는 중국 나름의 이데올로기가 있고, 미국에는 미국 나름의 이데올로기가 있다. 과거에는 중국이 이러한 이데올로기 문제를 특별히 강조하지 않았지만, 최근 들어서는 이데올로기 문제를 점점 더 강조하고 있다. 그래서 미중 간 이데올로기의 차이가 더 크게 느껴진다.

중국은 대외관계에서도 중국식 발전 모델과 중국 특색 사회주의를 점점 더 강조하고 있다. 과거 중국이 발전할 수 있었던 이유는 중국 특색 사회주의 노선을 견지했기 때문이라는 것이 중국 정부의 입장이다. 이제 중국은 국제적으로 다른 국가들에게 서구의 요구가 아닌 각자의 상황에 맞춰 발전할 것을 촉구하고 있다. 이는 흥미로운 일이다. 과거에 적어도 중국은 서구 국가들이 개발도상국을 압박해 자신들의 발전 모델, 즉 민주, 자유, 인권보장, 작은 정부, 큰 사회와 같은 방향으로 따르도록 요구한다고 생각했다. 그런데 이제 중국은 개도국들에게 서구의 요구가 아닌 각자의 상황에 맞게 발전해야 한다고 강조한다. 중국은 중국의 과거 발전 경험이 서구의 요구가 아닌 내부 사정에 맞는 발전 모델을 선택한 것이며, 우리가 성공했으니 다른 개도국들도 성공할 수 있다고 말한다.

미국을 비롯한 서구 일각에서는 중국이 이데올로기적으로 미국이나 서구에 대항하기 위해 소위 '중국 모델'이라는 것을 제기했다고 주장하지만,

중국은 아직 그 정도에 이르지는 못했다. 중국은 단지 중국이 과거에 성공한 것은 국내 사정에 맞게 발전했기 때문이라고 말하며, 다른 개도국들도 성공하고자 한다면 서구의 요구가 아닌 각 나라의 사정에 맞게 발전해야 한다고 말한다. 중국은 중국의 발전 모델이 보편적이고 누구나 따라야 하는 모델이라고 말하지 않는다. 실제로 중국이 자신의 발전 모델을 '중국 특색'이라고 부르는 것은 그것이 독특하다는 것이지, 간단하게 베낄 수 있는 발전 모델이라는 것이 아니다. 모든 국가는 각자의 사정에 맞게 발전해야 한다. 하지만 이는 종종 오해를 받기도 한다. 어찌 됐든 이런 배경 속에서 미중 간 이데올로기의 차이가 확대되고 있다.

네 번째 변화는 미중 양국이 서로의 행동을 바라볼 때, 점점 더 나쁜 관점에서 상대방의 의도intentions를 짐작하려는 경향이 있다는 점이다. 현재 미국 관료들은 중국이 미국과 경제무역 관계를 맺으려는 이유가 미국인의 표준을 빼앗기 위해, 미국의 기술을 훔치기 위해서라고 이야기한다. 마이클 폼페이오Michael Pompeo 미 국무장관이나 마이크 펜스Michael Pence 부통령은 도처에서 이런 얘기를 한다. 중국이 군비를 늘리고 국방을 강화하는 이유에 대해서는 해외 영토 확장을 위해, 해외에서의 전략적 영향력을 확대하기 위해서라고 한다. 즉 최악의 관점에서 중국을 바라보는 것이다. 중국이 미국과 첨단기술 교류를 하는 것도 미국의 첨단기술을 훔치기 위해서라고 여긴다. 중국이 아시아인프라투자은행AIIB과 일대일로를 추진하는 것도 미국인들, 적어도 폼페이오나 펜스 같은 미국 관료들은 중국이 해외 영향력을 넓혀 세계를 정복하려 하는 거라고 여긴다. 본래는 무해하다고 여겼던 미중 간 인문 교류에 대해서도 지금은 다른 속셈이 있다고 생각한다. 중국이 다른 국가에서 문화 교류나 학술 교류를 진행하는 것도 미국에 대한 정보를 수집하고, 나아가 미국 정치에 영향을 미치기 위해서라는 등 최악의 관점에서 상대방의 의도를 해석하는 것이다.

중국에서도 일부 사람들은 미국이 중국과 무역전쟁을 벌이고, 경제무역 관계에서 이런저런 요구를 하는 것에 대해 중국의 발전을 막고, 중국을 봉쇄하기 위해서라고 생각한다. 미국이 중국 주변에 군사적 배치를 하는 것은 중국을 억제하기 위해서이고, 미국인이 중국에 인권 문제를 제기하는 것도 중국의 주권을 침해하고, 중국공산당 지배의 합법성을 약화시키기 위해서라고 생각한다. 미국 학자나 학생이 중국을 방문하는 인문 교류에 대해서도 중국 사회에 침투해 첩보 활동을 하기 위해서라고 주장한다. 이렇듯 쌍방은 현재 서로에 대해, 양국 관계에 대해, 양국의 교류에 대해 최악의 관점에서 바라보는 경향이 있다. 골치 아픈 일이다.

다섯 번째 변화는 양국 관계에 대한 미국과 중국 내 정치적 기류가 크게 바뀌어, 갈수록 부정적으로 변해가고 있다는 것이다. 미국 워싱턴은 중국 문제에 있어 감정이 매우 격화된 상태다. 미국은 정당이나 이익집단 간에 의견 일치를 보기 어렵지만, 중국 문제에 있어서만큼은 강경하게 대처해야 한다는 공감대를 형성하고 있다. 미 의회는 이 부분에서 특히 두드러진 역할을 했는데, 최근 미 의회가 통과시킨 법안들을 보면, 중국으로서는 받아들이기 힘든 내용이 포함되어 있다. 예를 들어 대만에 관한 것이 그렇다. '대만 여행법Taiwan Travel Act'은 미국 정부가 대만으로 고위 관료를 파견해 교류할 것을 요구하는 것으로, 이는 '미중 국교수립 성명'과 미중 외교 관계의 정치적 기초를 심각하게 위반한다. 또 다른 법안으로는 미국 군함의 대만 기항에 관한 것으로, 이 또한 중국이 받아들일 수 없는 것이다. 만약 이 두 가지 상황이 정말 발생한다면, 미중 외교 관계는 단절될 가능성이 있다. 하지만 지금 미 의회는 자신들의 행동이 어떤 후폭풍을 가져올지 크게 신경 쓰지 않는 것 같다.

미 의회는 만장일치로 '대만 여행법'을 통과시켰다. 이는 아무도 반대표를 던지지 않았음을 의미한다. 어떤 미국인에 따르면, '어머니의 날'같이 아주 무해한 법안을 통과시킬 때도 반대표가 나오는데 이런 경우는 매우 드물다고 한다. 중국에 강경한 법안이 의회에서 높은 찬성표로 통과되는 것이다. 얼마 전 통과된 '홍콩 인권 민주주의 법안Hong Kong Human Rights and Democracy Act' 역시 매우 감정적인 반응이었다. 홍콩 문제에 있어서 중국 정부와 홍콩특별행정구 정부, 홍콩 경찰은 지난 몇 개월 동안 시위나 폭력에 대해 상당히 관용적인 태도를 보여왔다. 대규모 시위가 장기간 지속되고, 각종 폭력 행위가 발생하면서 가로등, 지하철, 상점, 시설 등 공공시설물이 대량 파괴되었다. 심지어 경찰을 살해하려고 한 일도 있었고, 고속도로로 물건을 던지거나 철로로 자전거를 던지는 등 생명과 안전을 위협하는 아주 위험한 일도 있었지만, 홍콩 경찰은 지금까지 한 명도 총으로 쏴 죽인 적이 없다. 홍콩 경찰은 세계에서 가장 전문적인 경찰일 것이다. 중국 정부와 홍콩특별행정구 정부 모두 시위 문제를 처리하는 데 있어 굉장한 자제력을 보여주고 있다. 하지만 그럼에도 미 의회는 '홍콩 인권 민주주의 법안' 같은 매우 엄중한 법을 통과시켰다. 이에 중국 정부는 굉장히 분노하고 있다.

이런 가운데 중국을 바라보는 미국인의 감정 역시 부정적으로 변해가고 있다. 최근 갤럽Gallup의 여론조사에 따르면 40퍼센트의 미국인만이 중국 문제에 긍정적인 태도를 갖고 있다. 이는 작년보다 11퍼센트가 떨어진, 지난 7년 동안 가장 낮은 수치다. 또 다른 여론조사 기관인 퓨 리서치 센터Pew Research Center에 따르면, 중국에 비우호적인 견해를 가진 미국인이 60퍼센트에 이르는 것으로 나타났는데, 2018년 47퍼센트였던 것에 비해 크게 늘어난 수치다. 물론 다른 조사도 있다. 최근 한 조사에 따르면 중국에

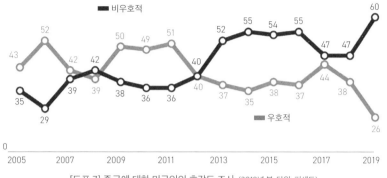

[도표 7] 중국에 대한 미국인의 호감도 조사. (2019년 봄, 단위: 퍼센트)
출처: 퓨 리서치 센터

대한 미국 국민의 여론은 전반적으로 아직 매우 우호적이지만, 커다란 추세는 부정적 인식이 갈수록 커지고 있다는 것이다.

그렇다면 중국은 어떨까? 미국에 대한 중국인의 여론 역시 악화되고 있다. 2016년 퓨 리서치 센터에서 발표한 여론조사에 따르면, 45퍼센트의 중국인이 미국이 중국에 위협이 된다고 답했는데, 이는 2013년의 39퍼센트에서 2016년에 45퍼센트로 6퍼센트포인트 증가한 수치다. 지금 다시 조사한다면 더 높은 수치가 나올 거라고 예상된다. 미국에 대한 중국의 여론은 점점 악화되고 있는 듯하며, 특히 트럼프 정부가 중국을 강하게 압박하고 있는 상황에서는 더욱 그렇다. 얼마 전 『뉴욕 타임스』에 실린 미국을 바라보는 중국인의 시각 같은 기사만 봐도 알 수 있다.[2]

여섯 번째 변화는 양국 정부가 예방적 성격의 조치를 취해 상대방으로 인한 피해를 막으려 한다는 것이다. 예를 들어 미국은 첨단기술 유출에 대한 관리를 강화했다. 현재 중국산 첨단기술 제품은 미국 내 사용이 금지되어 있어, 가령 화웨이와 같은 제품은 사용할 수 없다. 또한 중국 학자들에게 주었던 비자를 취소했다. 10년짜리 미국 비자를 갖고 있던 학자들의 비자가 전부 취소됐으며, 심지어 아예 비자 발급을 불허하기도 한다. 학생들의 비자가 취소되는 사례도 늘고 있다. 이유가 뭘까? 그들이 신청한 전공 분야가 첨단기술과 관련 있어서일 것이다. 방문학자들에게 비자를 내주지 않는 것도 그들의 연구 분야가 첨단기술과 관련이 있기 때문이다. 또한 미국 정부는 미국 대학들에 공자학원孔子學院을 설립하지 말라고 압력을 넣었다. 이 분야에서 몇몇 의원들의 활약이 두드러지는데, 마코 루비오Marco Rubio 플로리다주 상원의원과 테드 크루즈Ted Cruz 텍사스주 상원의원 등은 공자학원이 위험하다는 이유로 반대하고 있다. 최근 미국 정부는 중국 대사관 관료들에게 미국 관료들과 만나거나 미국의 학술기관을 방문할 때 국무부에 사전 보고할 것을 요구하고 있다. 예전에는 사전 보고 없이 사람을 만나고 기관을 방문할 수 있었지만, 지금은 불가능하다. 허가를 받을 필요까지는 없지만 보고를 해야 하는 상황이다.

중국도 미중 간 교류를 제한하는 조치를 취했다. 우선 중국에 주재하는 미국 외교관의 활동을 제한했다. 미국 외교관이 중국 관료나 학자와 만나기 위해서는 외교부에 보고하도록 한 것이다. 또한 중국 학자나 중국인이 외국인, 특히 미국 외교관과 교류하는 것을 제한하는 조치를 취했으며, 미국의 일부 전문가와 학자들의 중국 방문 비자를 취소하거나 발급을 거부하고 있다.

변하지 않은 것

앞서 논했듯이 지난 몇 년간 미중 관계에 많은 변화가 있었지만, 변하지 않은 부분도 있다. 우선 미중 관계의 중대 이익에는 근본적인 변화가 없었다. 예를 들어 경제적으로 양국 간에는 아주 많은 경제무역 투자 관계가 있다. 무역량이 5000억 달러(한화 약 600조 원)가 넘고, 투자도 활발하다. 중국의 많은 기업이 미국에 상장되어 있고, 미국의 퇴직연금 역시 중국 주식 시장에 많이 투자하고 있다. 또한 중국은 수조 달러(1조 달러는 한화 약 1200조 원)에 달하는 미국 국채를 보유하고 있다. 이처럼 양측은 밀접한 무역 관계를 맺고 있고, 이 관계에서 중대한 이익이 발생하고 있다. 이 점은 변하지 않았다. 둘째, 쌍방은 군사적 충돌을 피하기 위해 최대한의 노력을 기울이고 있다. 미중은 우발적 군사 충돌과 대립을 막기 위해 일찍이 해상에서의 행동 규칙에 관한 협약 두 개를 체결했다. 셋째, 양국이 사회, 학술 각 방면에서 맺고 있는 밀접한 관계 역시 변하지 않았다. 지금은 다소 줄었지만 근본적인 변화는 일어나지 않았다. 경제, 안보, 사회 방면에서의 밀접한 관계와 중대 이익은 근본적으로 변화가 없다.

두 번째로, 양국이 현존하는 국제 질서 속에서 중대한 이익을 갖고 있다는 점이다. 현존하는 국제 질서란 제2차 세계대전 이후 국제사회가 미국의 주도하에 세운 질서를 말한다. 이 질서에서 가장 중요한 부분은 유엔을 중심으로 하는 국제기구와 국제 메커니즘이다. 국제법과 국제규범도 포함된다. 초강대국인 미국은 국제 질서를 유지해야만 자신의 이익을 지킬 수 있다. 그들의 이익은 전 세계에 퍼져 있기 때문에, 이 국제 질서가 잘 돌아가야만 그들의 이익이 보호받을 수 있다. 트럼프 대통령을 제외한 미국인들은 이 점을 잘 알고 있다. 국제 질서 유지에는 비용이 아주 많이 든다. 미국의 저명한 학자 폴 케네디Paul Kennedy는 『강대국의 흥망Rise and Fall of the Great Powers』[3]이라는 책에서, 역사적으로 강대국의 쇠락 원인은 신흥 강대국과의 싸움 때문이 아니라 국제 질서를 유지하는 비용이 너무 높기 때문이라고 했다. 그렇다면 미국의 최대 이익은 무엇인가? 미국의 최대 이익은 국제적으로 가장 낮은 비용을 들여 국가 이익을 지키는 것이다. 이렇게 하기 위해 미국은 다른 나라와 협력하여 그들의 자원으로 미국의 국익 보호와 국제 질서 유지를 돕게 한다. 사실상 미국은 세계대전 이후 줄곧 이렇게 해왔고, 한국과의 관계에서도 역시 마찬가지다. 물론 다른 국가들의 협력을 얻어내기 위해 미국도 시장 개방 등과 같은 약속이 필요했다.

지금 트럼프 대통령은 미국이 이런 일을 너무 많이 했고, 타산에도 맞지 않다고 생각하여 이 상황을 바꾸려 하고 있다. 미중 관계에서 미국의 최대 이익은 중국의 자원을 잘 활용하는 것이다. 중국은 현재 세계 제2의 경제체이기 때문에, 중국의 자원을 잘 활용한다면 미국은 국제 질서를 유지하는 비용을 크게 낮출 수 있다. 그렇다면 중국은 어떤 국가인가? 중국은 신흥 초강대국Emerging Superpower이다. 아직 완전한 초강대국이라 할 수는 없지만 그 방향으로 나아가고 있다. 초강대국이란 다른 강대국보다 힘이 훨씬 센 강대국으로, 중국의 힘은 빠르게 증가해 이미 두 배 이상의 경제 규모로 세계 2위와 3위를 뛰어넘었다. 현재 중국은 최저 비용으로 국제 질서를 유지하는 초강대국의 이익을 점점 더 많이 누리고 있다. 미국뿐만 아니라 중국도 이 국제 질서 속에서 막대한 이익을 얻고 있다. 양국 모두 최저 비용으로 국제 질서를 유지하기 원한다는 점에서 양국의 이익은 일치한다. 동의하지 않는 사람도 있겠지만, 실제로 이런 측면에서 양국의 이익은 일치한다. 이것은 변하지 않았다. 조지 W. 부시 대통령 시절 국무부 차관을 지낸 로버트 졸릭Robert Zoellick은 중국을 두고 기성 국제 질서의 이해관계자stakeholder라고 말했다. 그의 말은 사실 미국도 이해관계자이고 중국도 이해관계자이니, 양국은 반목하지 말고 서로 협력해야 한다는 뜻이었다.

세 번째로 양국이 국제적으로 이데올로기적 각축이나 경쟁을 벌이지 않는다는 점이다. 미국에는 자유민주주의라는 보편적 이데올로기가 있지만,

중국에는 없다. 마르크스주의가 있기는 하지만 현재 중국이 실제로 하고 있는 것은 중국 특색 사회주의다. 이는 중국만의 독특한 것이지 보편적인 이데올로기가 아니다. 따라서 미중 간 이데올로기 경쟁은 국제적으로라기보다는 중국 영토 안에서 일어나고 있다. 중국은 그저 국내 상황에 맞춰 발전했기에 성공했다고 말하는 것일 뿐이다. 또한 다른 나라들도 무조건 서구 국가에 귀 기울일 것이 아니라, 각자 상황에 따라 발전할 수 있고 성공할 수 있다는 것일 뿐, 이를 두고 진정한 의미에서 미국과 이데올로기적으로 경쟁하고 있다고 말할 수는 없다.

끝으로 미국과 중국을 제외한 다른 국가들이 안정된 미중 관계 속에서 중대한 이익을 지닌다는 점이다. 미중 양국은 경제 규모가 크고 종합 국력이 강하기 때문에, 미중 관계의 변화는 다른 국가의 이익에 직접적으로 큰 영향을 끼친다. 만약 양국이 대립하거나 경쟁한다면 다른 국가들의 이익에도 역시 타격을 받을 것이다. 『조선일보』 기자와의 인터뷰에서 "미국은 이렇게 하라고 하고, 중국은 저렇게 하라고 하는데, 한국이 어떻게 해야 합니까?"라는 질문을 받았는데, 이는 정말 어려운 일이라고 생각한다. 한국뿐 아니라 일본이나 호주 등 많은 국가가 동일한 상황에 직면해 있다. 미국과 중국이 정말로 경쟁을 한다면 어느 한쪽을 선택해야 할까? 그 선택은 과연 어떤 결과를 가져올까? 그래서 이러한 상황에 처해 있는 국가들은 중국과 미국이 안정적인 관계를 유지할 수 있도록 양국에 영향력을 행사하고 있다.

향후 미중 관계의 전망

미중 관계에 많은 변화가 있었고, 동시에 어떤 것들은 변하지 않았다.

이런 상황에서 향후 미중 관계를 어떻게 전망할 것인가? 적어도 다음의 몇 가지 관점에서 생각해볼 수 있을 것이다. 우선, 미중 관계는 이미 악순환에 빠졌고, 동시에 미국은 대선을 앞두고 있기 때문에 단기적으로 미중 관계는 더욱 악화될 수 있다. 개선되기도 전에 악화될 것이다. 미국은 중국을 전략적 경쟁 상대로 인식하고 있기 때문에, 미국의 수많은 정책이 이러한 관점에서 제정되고 있다. 미국은 최악의 관점에서 중국을 바라보고 있으며, 미국의 행동에 중국이 반응하면서 악순환이 계속되고 있다. 게다가 미국의 대선 기간이 되면 야당은 분명 여당이 중국 문제에 대해 너무 유약하다고 공격할 것이다. 트럼프 정부는 이미 중국에 강경하게 대응하고 있기에 이런 공격은 매우 흥미롭다. 하지만 민주당 후보에게는 다른 선택이 없으니, 트럼프보다 더 강경하게 나갈 수밖에 없을 것이다. 대선 기간 동안 분명 이런 상황이 연출될 것이므로, 당분간 미중 관계는 더 나빠지면 나빠졌지 좋아질 수는 없다고 본다.

그럼에도 불구하고 미중 관계의 악화에는 한계가 있다. 양국은 관계 악화의 한계선이 어디인지 아주 명확히 알고 있다. 한계선은 바로 양국의 근본 이익이 훼손되지 않는 범위 내에 있다. 이것이 양국이 최근 합의에 서명한 이유다. 양국은 현 국제 질서 속에서 중대한 이익을 갖고 있는 이해관계자이자 핵무기 보유국으로, 두 나라는 서로 전쟁할 수 없다.

따라서 장기적인 관점에서 미중 관계는 반드시 실질적으로 다루어져야 한다. 머지않아 그렇게 될 것이다. 실제로 현재 미국의 많은 전문가, 학자, 전직 관료 그리고 일부 중국인들은 미중 관계의 하향 추세를 주시하고 있다. 다들 우려를 표하며 하향 추세를 늦추고 하루빨리 국면을 전환하기 위해 많은 노력을 기울이고 있다.

그렇다면 미중 관계는 언제쯤 나아질 수 있을까? 정확히 말하긴 어렵지만, 대략 3년에서 7년 정도로 예상한다. 3년이라는 것은 야당이 여당 정책을 비판해야 하는 미국 대선의 특징 때문이다. 야당은 여당의 대중국 정책이 지나치게 유약하다고 비난하며 여러 선거공약을 내놓을 것이다. 집권한 뒤에는 공약을 지켜야 한다는 사실을 깨닫게 되고, 결국 양국 관계는 새로운 혼란과 충격에 빠지게 될 것이다. 그러다 1~2년이 지나면 양국 관계를 이렇게 처리해서는 안 된다는 것을 인식하고, 그때부터는 미중 관계를 이해하며 실리적으로 처리하려 할 것이다. 과거에도 이런 상황은 여러 번 있었다. 야당이 집권하면 양국 관계는 1~2년 정도 불안정하다가 그 후 실리적이고 안정적인 방향으로 나아간다. 따라서 트럼프가 대선에서 패배한다면 이런 상황이 반복될 것이다. 그래서 2020년은 대선을 치르는 데 1년, 새 정권이 들어선 뒤 2년, 이렇게 3년이 필요하다고 본다. 만약 트럼프가 재선에 성공한다면 현 상황은 7년간 지속될 것이다. 그의 두 번째 집권 기간이 끝난 뒤 2년이 더 필요하기 때문이다. 따라서 단기적인 미중 관계의 전망은 낙관적이라 할 수 없을 것 같다.

(강연일 2019년 12월 23일)

3장

내부 상황을 통해 바라본
미중 관계의 미래
The Future of U.S.-China Relations in Light of Domestic Developments

:

리처드 부시Richard Bush
브루킹스연구소 선임연구원

이 글은 미국과 중국의 내부 상황을 통해 바라본 양국 관계의 미래를 다룬다. 미국과 중국의 내부 상황이라 하면, 트럼프 대통령과 시진핑 주석의 부상으로 이해하는 경우가 많은데, 두 지도자의 힘과 성격, 야심이 각 국가의 내부 상황과 미중 관계에 지대한 영향을 미친다는 점에서 이 문제를 바라보기 위한 좋은 방법이라 생각한다. 후진타오와 오바마의 시대이거나 힐러리 클린턴이 지금 백악관에 있다면, 아마도 미중 관계에 대한 설명이 크게 달라졌을 것이다.

2016년 11월 트럼프의 깜짝 대선 승리와 2017년 10월 19차 당대회 및 2018년 3월 제13기 전국인민대표대회에서 시진핑의 권력 강화[1]는 두 국가의 역사에서 기념비적 사건이었다. 이로 인해 미중 관계가 근본적으로 변화할 것이라는 두려움이 커졌다. 그 두려움은 예전부터 있었지만, 이제 더 큰 현실의 무게로 다가왔다. 문제는 얼마나 많은 변화가 어떻게 생겨날지, 얼마나 오랫동안 영향을 미칠 것인지다. 물론 이러한 점에서 한반도의 과거, 현재와 미래 상황 역시 중요한 변수라 할 수 있다.

하지만 트럼프와 시진핑은 훨씬 더 중요한 변수이고, 앞으로 미중 관계의 변화에 큰 영향을 미칠 것이다. 특히 여기에는 두 국가의 종합적인 국력에 나타나는 상대적 변화와 국제사회에서 국가의 역할에 대한 두 지도자의 포부가 관련되어 있다. 이 주제에 대해서는 뒤에서 상세히 다루도록 하겠다.

오늘(2018년 6월 25일)은 한국전쟁이 발발한 지 68주년이 되는 날이다. 그 비극적이고 결론이 나지 않은 충돌로 인해 미국은 이 지역의 국가 간 관계에 더욱 개입하게 되었고, 지금까지도 그 역할에서 거의 벗어나지 않고 있다. 하지만 트럼프가 오랜 시간 선호한 정책과 지금까지의 행보, 특히 싱가포르 정상회담[2]을 보면, 미국의 동아시아 전략에 근본적인 변화가 생긴 것인지 의문을 갖게 된다.

트럼프의 외교 정책을 주제로 강연 원고를 준비하는 것은 매우 어렵다. 최종 원고를 끝냈다고 생각할 때마다 트럼프가 새로운 트윗이나 즉흥적인 발언을 던져서 상황을 바꾸어놓곤 하기 때문이다. 우선 역사적 배경을 소개한 뒤에 트럼프의 접근이 전임 대통령들과 어떻게 다른지 살펴보고, 미국 정책과정의 문제를 짚어본 뒤 예상되는 시나리오를 그려보도록 하겠다.

우선 시진핑과 트럼프의 공통점과 차이점을 살펴봐야 할 것 같다. 두 지도자는 모두 자신의 국가에 대해 원대한 야망을 품고 있다. 시진핑은 '중화민족의 위대한 부흥實現中華民族偉大復興'을, 트럼프는 '미국을 다시 위대하게 Make America Great Again'를 꿈꾼다. 또한 자신의 리더십을 높게 평가하고 어떤 장애물도 극복할 수 있다는 자신감을 가지고 있다. 민족주의 감정을 이용하기도 한다. 시진핑은 중국이 다시 세계에서 선도적 역할을 하기를 바라는 대중의 열망을 이용하고, 트럼프는 이민자든 미국 태생이든, 유색인에 대한 백인의 두려움을 이용한다. 뿐만 아니라 본인이 각자 자신의 방식대로 법 위에 있다고 생각한다. 시진핑은 법원이 공산당에 종속되도록 했고, 사법관할 밖의 제도를 만들었으며,[3] 트럼프는 자신에게 충성하는 사법체계를 원한다.

차이점을 살펴보면, 시진핑은 기본적으로 중국의 정치제도를 수용하는 태도를 보인다. 정치제도가 제대로 역할을 수행하고 있으며 개선 가능성이 있다는 믿음을 가지고, 당의 지도적 역할 회복을 위해 주로 노력해왔다. 중국의 제도적 틀 안에서 일하는 능력에도 자신감이 있다. 이런 점에서 시진핑은 덩샤오핑이나 류사오치劉少奇와 닮았으며, 특히 류사오치처럼 공산당이 중국 사회 전반에 침투하기를 원한다. 하지만 트럼프는 제도의 역할과 제도가 자신에게 가하는 제약을 거부하며, 미국의 통치제도를 자주 비판하고 약화시키고자 한다. 이런 점에서 마오쩌둥주의자와 닮았다. 시진핑은 성취하고자 하는 것과 그 방법에 대해 더 체계적인 관점을 가지고 있는 반면, 트럼프는 슬로건의 차원에서 사고하고, 자신의 다양한 목표 사이에서 발생하는 충돌에 개의치 않는다. 두 지도자 모두 포퓰리스트처럼 보이지만, 시진핑이 진정한 의미의 포퓰리스트라면 트럼프는 가짜 포퓰리스트에 가깝다. 시진핑은 절제된 리더십 스타일이 있지만, 트럼프는 혼돈을 즐긴다. 걸핏하면 혼돈을 일으키고, 자신의 이미지와 자신이 존경받고 있는지에 대해 극도로 예민하다.

외국인의 시각에서, 중국에서 가장 중요한 정치적 이슈는 국가주석과 부주석의 임기 제한을 없애는 중국 헌법 수정과 여기에 담긴 시진핑의 의도다. 21세기의 마오쩌둥을 꿈꾸는 개인적 야심 때문일까? 아니면 개혁 목표를 확실하게 달성하기 위해 시간이 더 필요하다는 판단 때문일까? 나는 후자라고 생각한다.

미국에서 중요한 정치적 이슈는 트럼프가 첫 임기를 끝마칠 것인지, 아니면 각종 범죄로 쫓겨날 것인지다. 트럼프는 러시아의 2016년 미국 대선 개입과 관련 범죄 의혹을 수사하려는 사법 차원의 노력을 무효화하고 싶어한다. 2018년 선거에서 민주당이 의회를 다시 차지할 것은 거의 확실한데, 그렇게 되면 탄핵 절차를 시작할 수 있다. 실제로 시작될지는 아직 알수 없다. 상원까지 장악할 확률은 낮지만, 대통령 탄핵에는 상원의 3분의 2만 있으면 되기 때문에 문제없다. 만약 트럼프가 탄핵된다면 공화당 의원들도 찬성했기 때문일 것이다. 하지만 트럼프가 자신을 밀어내려는 압박에도 버티고 남는다면, 연임에 성공할 수도 있다. 이는 미국과 세계 속 미국의 역할에 중대한 결과를 가져올 것이다.

이제 미중 관계에 대해, 역사학자의 관점에서 현재와 미래에 대한 논의에 앞서 과거를 간략히 살펴보려 한다.

과거 중국의 약점

미국인들은 잘 모르거나 인정하지 않지만, 중국 지도자들은 19세기 초반부터 20세기 말까지 중국의 쇠락에 대해 많이 괴로워했다. 대내외적인 정책 실패는 한 세기 반에 걸친 굴욕의 역사로 이어졌다. 제국주의와 공화주의, 공산주의 정권 모두 중국을 다시 일으켜 세우고 위대하게 만들기 위해 다양한 방법을 시도했지만 대부분 실패했다. 중국의 약점은 여러 측면에서 드러났다. 1930~1940년대에는 일본이 중국을 침공하여 점령했고, 1950~1970년대에는 국민의 기본적인 욕구조차 충족시킬 수 없었다. 또한 이 글의 주제와 관련해 한국전쟁 후 40년간 동아시아에서 중국의 군사력이 약화되었다는 점이다. 특히 10년 전까지만 해도 중국은 미국과 전쟁이 일어나면 중국인민해방군이 해안에서 방어에 나서야 한다는 뼈아픈 현실을 받아들여야만 했다. 국방 예산에서 육군이 항상 우선순위에 있고, 공군과 해군은 뒤로 밀렸기 때문이다.

이는 제2차 세계대전 후 미국이 내린 전략적 결정 때문이다. 진주만에서의 곤욕을 치른 후 미국 정책입안자들은 미국 본토를 수호하는 가장 좋은 방법이 동아시아, 바로 제1열도선First Island Chain, 第一島鏈⁴과 한국에 미군을 주둔시키는 것이라고 생각했다. 이런 결정에 따라 미국이 최대한 '전략적 깊이strategic depth'를 확보하게 되면서, 중국이 차지할 수 있는 여지가 거의 남지 않았다.

과거 중국의 쇠락은 중국의 현재와 미래 행보에 또 다른 영향을 미치고 있다. 바로 심리적 영향이다. 중국인들은 자국의 문화적 유산과 과거의 영광에 남다른 자부심이 있다. 또한 그들은 중국 문명이 서구의 도전에 무력했던 과거 역사에 부끄러움을 느끼고 서구의 도전에 분개하도록 사회화되어 있다. 하지만 지난 40년간 중국 경제가 도약하고 힘이 강해지면서 오늘날 중국인은 중국과 중국 문명이 과거의 위대함을 되찾을 수 있다고 낙관적인 시각을 갖게 되었다. 최근의 성과도 그래야 한다는 역사적 책임감을 북돋우고 있다. 이런 점에서 시진핑이 부르짖는 '중화민족의 위대한 부흥'은 단지 이미 예전부터 있었던 감정을 한층 더 고취시키는 것이라 할 수 있다.

닉슨의 거래

중국의 역사적 배경을 염두에 두고, 현대 미중 관계에서 역사적 사건을 살펴보겠다. 리처드 닉슨Richard Nixon은 1967년 10월 외교전문지 『포린 어페어스Foreign Affairs』에 미 외교정책에 관한 의견을 발표했는데, 그가 강한 반공산주의자임을 감안할 때 다소 놀라운 입장을 밝혔다.

"장기적 관점에서 볼 때, 중국이 영원히 국제사회의 일원이 아닌 채로, 환상을 키우고 증오를 품고 이웃을 위협하도록 내버려둘 순 없다. 중국이 변하지 않는 한, 세계는 안전할 수 없다. 따라서 우리 목표는 가능한 변화를 유발하는 것이다. 이를 위해서는 중국이 변화해야 한다고 설득해야 한다. 제국주의적 야심을 충족시킬 수 없으며 자국 이익을 위해서는 해외로의 모험 대신 국내 문제를 해결해야 한다고 설득해야 한다."

닉슨의 발언을 곰곰이 되씹어보면, 중국과 외부 세계의 거래 제안으로 이해할 수 있다. 무엇보다 닉슨은 중국의 위협적인 행동을 중국공산당 체제의 책임으로 돌리지 않고 있다는 것에 주목해야 한다. 그는 공격적 태도의 원인을 고립으로 보았다. 따라서 닉슨의 목표는 '제국주의적 야심'과 '해외로의 모험'에서 벗어나 국내 문제 해결에 눈을 돌리도록 중국의 정책에 변화를 가져오는 것이었다. 당시 중국의 주요 국내 문제가 경제였다는 점을 감안하면, 닉슨의 발언에는 미국이 중국의 경제 성장을 지원해야 한다는 의미가 내포되어 있다. 즉 "중국이 이웃을 위협하는 행위를 중단하면, 미국이 경제 성장을 돕겠다"고 제안한 것이다.

물론 닉슨이 이런 돌파구를 추진한 것에는 다른 이유가 있었다. 그는 구소련과 북베트남에 영향력을 행사할 수 있기를 원했고, 베트남 전쟁에 쏠린 대중의 관심을 분산시키고 싶어했으며, 중국이 국제무역을 개방하면 미국 농업과 제조업에도 도움이 된다고 믿었다. 하지만 그렇다고 해도 거래의 핵심은 여전히 전략적이었다.

닉슨은 이 거래를 마무리할 수 없었지만, 이후 지미 카터Jimmy Carter 대통령이 해냈다. 외교 정상화가 이루어지면서 경제 관계의 장애물이 빠르게 제거되었다. 그리하여 중국이 미국의 대학과 시장, 기술에 접근할 수 있게 되었다. 덩샤오핑의 개혁개방을 통해 자본주의 국가와의 무역 및 투자 환경이 점차 바뀌었다. 사실 미국과 동아시아, 서유럽은 중국의 성장에 크게 기여했다. 이 과정에서 중국은 '도광양회韜光養晦'[5]로 대변되는 대외 정책을 채택했다. 그러는 동안 중국 사회는 변화했고 동아시아는 더 평화로워졌다.

천안문 사태나 1995~1996년 대만해협 위기, 조지 W. 부시 대통령의 당선 등 미국이나 중국, 또는 양국 모두가 상대의 의도에 갑자기 의문을 품게 만든 순간들도 있었다. 하지만 매번 의심은 다시 가라앉았고 거래는 재확인되었다.

미국의 대중對中 정책을 가장 잘 설명하는 표현이 무엇인지는 아직 결론이 나지 않았다. '포용engagement'이라는 표현이 자주 거론되지만, 현재 포용은 그 목표가 무엇이었든 간에 달성에 실패했다는 지적이 있다. 내가 고른다면, 양국 관계가 '상호 전략적 헤징mutual strategic hedging'의 양상을 오랜 기간 보여주었다고 하겠다. 두 국가 모두 상대의 의도를 완전히 신뢰하지 않았다. 상호 협력의 효용은 있지만, 동시에 상대의 의도가 자국의 기본적 이해관계에 어긋난다고 걱정할 이유가 충분히 있다고 여겼다. 두 국가 모두 최선을 바라며 최악에 대비했다. 힘을 합쳐 마찰이 생기는 부분을 해결하고자 노력했고, 그러한 부분이 통제에서 벗어나 악화되지 않도록 방지하고자 했으며, 상대국의 가장 큰 두려움을 완화하려 했다. 이런 상호 전략적 헤징의 맥락에서 닉슨식 거래가 지속되었다. 즉 중국은 지역 내 행동을 자제했고, 주로 자국 개발에 관심을 쏟았으며, 한국, 일본, 대만, 기타 아시아 국가뿐만 아니라 미국의 도움을 받았다.

지난 20년간 중국과 미국이 서로의 의도에 대해 두려움을 가지게 된 이유도, 협력을 향한 진정한 희망을 품게 된 이유도 모두 북한 문제다. 1990년대 미국과 북한이 양자간 문제를 다루고 있다고 판단한 중국은 북한을 중대한 문제로 보지 않았다. 하지만 조지 W. 부시 대통령은 '악의 축 axis of evil' 발언[6]과 이라크 침공으로 중국의 우려를 불러일으켰다. 양측은 목적과 이해관계가 모두 달랐기 때문에 협력이 어려웠다. 그럼에도 중국은 처음에는 3자 회담, 이후에는 6자 회담을 통해 문제가 걷잡을 수 없이 악화되지 않도록 노력했다. 부시 행정부 2기 출범 이후 중국과 미국의 이해관계가 더 잘 맞아떨어졌고, 미국과 북한의 양자관계뿐 아니라 6자 회담 내에서도 진전이 있었다. 양국 모두 서로의 의도에 대한 의심을 완전히 거둘 수는 없었지만, 협력의 범위는 확대되었다. 적어도 확대되는 것처럼 보였다.

지난 10년간의 미중 관계

하지만 10년 전부터 상황은 변하기 시작했고, 닉슨식 거래에 균열이 생기기 시작했다. 갑작스러운 반전은 아니었지만, 누적 효과는 상당했다. 상호 전략적 헤징은 계속되었지만, 더 경쟁적이고 더 큰 불신을 얻었으며 덜 협조적인 태도로 이루어졌다.

첫 번째 변화의 신호는 글로벌 금융위기였다. 당시 중국 지도부는 미국의 감세와 두 차례의 전쟁[7] 비용으로 인한 막대한 예산 적자, 저금리 기조 유지, 과도한 금융규제 완화 등과 같은 정책이 위기를 초래했다고 판단했다. 이런 정책으로 신용 거품이 생겨났고, 거품이 꺼지면서 즉각적인 파급 효과가 발생했다는 점에서, 중국 경제가 편입된 국제 무역과 금융 시스템을 미국이 보호하지 못했다는 관점은 어느 정도 사실이다.

두 번째 신호는 중국의 원대한 전략에 미세하게 나타난 변화였다. 여기에는 분명한 이유가 있었다. 중국의 군사력이 가장 취약했던 동쪽과 남쪽 지역에서 미국의 군사력이 강했던 것이다. 당연히 중국은 동아시아 전쟁이 일어나면 바로 수세에 몰리지 않도록 이 지역에 '전략적 깊이'를 더해야 했다. 대만을 둘러싸고 격화된 정치적 갈등은 전쟁 가능성도 있음을 보여주었다. 따라서 1990년대 말까지 중국인민해방군은 전략적 깊이 확장을 위해 필요한 공군과 해군 역량을 강화하기 시작했다. 초기 목표는 만일의 경우 벌어질 수 있는 대만 위기 사태에 대비하는 것이었지만, 이후 지역적 차원으로 노력이 확대되었다. 간단히 말해서, 목표는 제1열도선에 중국의 군사적 존재감을 확립하는 것이었다. 10년 전 시작된 동·남중국해 갈등은 지금까지 이런 야심을 보여준 가장 뚜렷한 증거다.

중국의 이런 전략적 변화의 문제점은 앞에서도 언급한 바 있다. 미 공군과 해군은 제1열도선에 오랫동안 거점을 두고 있었으며, 최근에는 일본 공군과 해군도 여기에 합류했다. 중국이 이 지역으로 비집고 들어가면서 전략적 차원에서 충돌이 거의 불가피해졌다.

세 번째 신호는 경제 정책과 관련되어 있다. 개혁개방 정책이 무르익으면서 미국, 일본, 대만, 홍콩, 유럽 투자자에게 상당히 우호적인 환경이 조성되었다. 하지만 지난 6~8년간 중국의 비즈니스 환경은 제약이 늘었고 투자 환경도 악화되었다. 일례로 외국 기업의 민감한 기술을 중국 협력사에 넘겨달라는 요구가 전보다 커졌다. 지식재산권 보호가 여전히 취약하여 그에 대한 사이버 절도가 증가했다. 일부 산업에서는 외국 기업의 진입과 경쟁이 금지되어 있고, 자체적 기술혁신이 우선순위에 놓여 있다. 중국은 중상주의적 경제와 산업 정책으로 움직이고 있다 해도 과언이 아니다. 또한 중국공산당은 국영 기업을 통해 경제 전반에 막대한 영향력을 행사하고 있다. 2013년 시진핑이 국영 기업의 힘을 줄이기 위한 개혁안을 제안했지만 실제로 시행되지는 않았다.

네 번째 신호는 공격적인 스타일로의 변화다. 이는 2010년 아세안지역안보포럼ASEAN Regional Forum(ARF)에서 양제츠楊潔篪(2007~2013년 제10대 외교부장 역임) 당시 중국 외교부장이 동남아시아 국가에 던진 발언에서도 잘 드러난다. 아세안 국가들이 중국의 남중국해 관련 행보를 비판하자, 그는 "중국은 대국이며 다른 국가들은 소국이다. 이것이 팩트다"라고 반박했다. 이는 동아시아의 소국은 중국에 도전하지 말라는 의미로 해석된다.

중국이 싫어하는 정책을 폐기하도록 주변국에 경제적 영향력과 제재를 통해 압력을 가하는 것에서도 이런 공격성이 나타난다. 한국이 좋은 사례다. 사드 배치와 관련해 중국이 의도적으로 강경책을 택한 것으로 보인다. 하지만 이뿐만이 아니다. 동·남중국해에서 중국의 '그레이존grey zone'[8] 전략은 더 교묘하다. 비폭력적이지만 강압적으로, 그리고 상대 쪽에서 강한 반격에 나서기 어려운 선까지만 움직였다. 대만도 공격 대상이었다.

'자유주의 국제 질서에 대한 중국의 도전'을 다섯 번째 신호로 거론할 것이라고 예상하고 있겠지만, 이 부분은 논의에서 제외한다. '질서'와 '자유주의', 그중에서도 특히 '자유주의'라는 말에 불편함을 느끼기 때문이다. 뿐만 아니라, 지난 30년 이상 중국은 '질서'라고 여겨지는 것에서 사실상 이득을 누려왔으며, 지금도 질서를 파괴하려는 것이 아니라 개선하려 하고 있다고 믿기 때문이다.

상대적 힘의 변화

지난 10년간 미국과 중국 사이의 힘, 그리고 그 힘의 행사에 상대적인 변화가 있었다. 이 변화의 함의에 대해 활발한 논의가 이루어져왔으며, 이에 대한 내 의견은 다음과 같다.

일반적인 힘의 변화든 미중 관계에서 나타난 힘의 변화든, 이 주제에 관해 나보다 조예가 깊은 학자와 정치인은 많다. 폴 케네디와 그레이엄 앨리슨을 예로 들 수 있다. 나는 지금 상황에서는 앨리슨보다 케네디의 의견이 더 도움이 된다고 생각한다. 앨리슨이 제시한 신흥 세력과 기존 지배 세력을 대부분 전쟁으로 몰고 간다는 반복적인 '투키디데스 함정'[9]이라는 개념에 동의하지 않기 때문이다. 투키니데스는 이런 의미에 국한해 설명했던 것이 아니며, 그가 지적했던 강대국 간 충돌에 대한 동맹국의 역할도 간과되는 경향이 있다. 케네디가 강조하는 기존 세력의 지나친 확장 경향에 더 설득력이 있다고 생각한다.

기존 세력에서 신흥 세력으로 움직이는 상대적인 힘의 변화라는 결과에 기계론적인 것은 없다. 이 역학관계는 각국이 가지고 있는 힘을 어떻게 쓸 것인가 결정하는 선택의 문제와 밀접하게 관련되어 있다. 미국은 1870년대부터 세계에서 가장 큰 경제대국이었지만, 제2차 세계대전 전까지는 서반구 밖에서 힘을 쓰기를 주저했다. 중국은 지난 10년간 현실 때문이 아니라 미국과 다른 국가들이 가진 힘에 대한 스스로의 인식 때문에 더욱 공격적으로 움직여왔다. 기존 세력의 지나친 확장은 종종 잘못된 선택의 결과이기도 하다. 최근 미국이 했던 최악의 선택은 2003년 침공의 결과를 신중히 고려하지 않고 이라크 전쟁에 나선 것이다. 지나치게 확장한 국가들은 전술적 축소를 시도한다. 사실 닉슨이 중국에 문호를 개방한 것도 베트남 전쟁 이후 조정 과정의 하나였고, 오바마는 두 번째 임기에서 이라크, 아프가니스탄 등지에 주둔하고 있는 미군을 철수시키려 했다. 그 이유 중 하나는 동아시아 지역과 강대국으로 부상하는 중국에 더 집중하기 위한 것이었다고 생각한다. 심지어 힘의 전환기에도 신흥 세력과 기존 세력이 충돌 가능성을 줄이기 위해 협력 범위를 만드는 것은 불가능하지 않다. 중국과 협력하기 위한 미국의 노력은 대통령이 바뀌어도 계속되어왔다. 마지막으로 덧붙이자면, 트럼프는 중요한 미중 협력 분야를 없앴으며 세계에서 미국의 역할을 지나치게 축소했다.

트럼프와 중국

지난 2년 동안 미중 관계에는 예상하지 못했던 일이 많이 일어났다. 그중 하나는 트럼프가 선거 기간에 미국 경제 문제의 주범으로 중국을 지목하여 거둔 성공이다. 게다가 '하나의 중국 정책one-China policy'을 폐기할 수 있다는 제안도 있었다. 그러다가 마라라고 회담Mar-A-Lago Summit[10]에서 예상치 못하게 트럼프와 시진핑이 좋은 관계를 맺게 되면서, 북한의 핵미사일 실험 대응에 대해 이례적인 협력도 이루어졌다. 하지만 국제 협력의 성적이 완벽하지는 않다. 트럼프는 대선 공약대로 기후변화협약과 이란 핵 협상[11]에서 탈퇴했다. 즉 미중 협력 분야를 줄인 것이다.

트럼프가 미중 경제 관계에 해를 끼칠 수 있다는 위협도 심각한 문제다. 사실 트럼프 정부 내에서도 미국이 추구해야 할 목적에 대해 의견이 갈린다. 한쪽에서는 시장 진입을 통한 이익 증가와 무역 적자 감소를 원하지만, 다른 한쪽에서는 중국 경제 구조의 급진적 개혁과 전 세계 제조 공급망으로의 회귀를 원한다. 이에 더해 중국 제품에 대한 관세를 대폭 확대하겠다는 트럼프의 선거 공약도 있다. 트럼프는 공약을 지키려는 모습을 보이고 있다. 2018년 7월 6일부터 1차 관세 부과가 시작될 예정이며 추가적 관세 위협도 있다. 하지만 트럼프가 약탈적인 중국의 행동에서 미국 경제를 보호하겠다는 목적을 얼마나 달성할 수 있을지는 여전히 불확실하다.

다른 두 가지 문제도 있다. 첫째, 중국을 위협하고 괴롭히는 전략이 효과가 있으며, 무역전쟁과 이로 인한 경제적 어려움에 대한 중국의 두려움을 이용해 경제 문제뿐 아니라 북한 문제에서도 중국의 양보를 끌어낼 수 있다는 트럼프 정부의 믿음이 커지고 있다. 둘째, 최근 여러 미 정부 기관에서 나온 보고서를 보면, 중국의 의도에 대한 미 행정부의 부정적 시각이 뚜렷하게 나타나고 있다. 예를 들어, 국가안전보장회의National Security Council(NSC)의 '국가안보전략National Security Strategy' 보고서를 보면, "중국은 동아시아에서 미국을 대체하려는 의도를 지닌 현상타파 세력revisionist power"이라는 내용이 있다. 미 국방부에서 작성한 '국방전략서National Defense Strategy'에도 비슷한 언급이 있다.

이러한 배경에서 볼 때 트럼프가 말하는 일부 관점은 흥미로운 동시에 혼란스럽다. 예를 들어, 트럼프의 2018년 국정 연설은 국가안보전략의 공식을 그대로 반영한다. "우리는 불량정권과 테러리스트 집단, 그리고 우리 이익, 경제, 가치에 도전하는 중국, 러시아를 포함한 경쟁자에 맞닥뜨리고 있다. 이렇게 두려운 위험에 직면할 때, 약점은 갈등으로 가는 가장 확실한 길이며, 패권은 진정하고 위대한 방어를 위한 가장 확실한 수단이다." 트럼프는 미중 경제 관계에 대해서도 비슷하게 적대적인 어조로 언급했다.

하지만 오바마나 빌 클린턴이 했을 법한 말을 할 때도 있다. 예를 들어 2017년 11월 베이징 정상회담에서 트럼프는 "미중 관계만큼 중요한 주제는 없다. 양국은 앞으로 수년 동안 국제 문제를 해결할 수 있는 능력을 가지고 있다"고 했다.

나는 '자유롭고 개방된 인도 태평양' 전략에 대해서는 논의하지 않으려 한다. 트럼프 정부가 아직 분명한 설명을 내놓지 않았기 때문이다. 사실상 이 전략은 오바마 대통령의 '아시아 재균형 정책Rebalance to Asia'[12]에서 이름만 살짝 바꾼 정도다.

미중 관계에 관한 미 행정부의 두 가지 시각에는 중요한 정책적 함의가 있다. 미국이 중국을 실질적 위협으로 본다면, 중국을 달래거나 싸우는 두 가지 방법밖에 없다. 미국은 어떻게 해야 할지 모르면서도 아마 싸우는 쪽을 택하고 싶을 것이다. 이를 위해서는 동남아시아에서의 군사력 증강이 필요하며 상호 협상은 불가능할 것이다.

하지만 중국과 협력하고 많은 의견 차를 조율하는 것도 시도할 수 있다고 생각한다면, 깊이 숙고하여 더 제대로 된 정책을 내놓아야 한다. 최선을 바라되 최악에 대비하고, 중국과 적절한 균형을 유지하는 헤징 전략이 필요하다.

미국과 중국이 앞으로 어떤 상호작용을 하는지, 즉 실질적 싸움과 전략적 헤징 중에서 무엇을 선택하는가는 동아시아의 미 동맹국과 우방국에 중요한 의미를 갖는다. 대부분의 동아시아 국가는 경제를 중국에, 안보를 미국에 의존해왔으며, 이것은 성공적인 전략이었다. 이들이 가장 원하지 않는 상황은 중국과 미국 사이에서 하나를 선택해야 하는 것이다. 미국의 헤징 전략으로 그런 상황을 피할 수 있다는 보장은 없지만, 두 국가가 싸우는 쪽을 선택한다면 이들은 분명 굉장히 곤란한 상황에 처하게 될 것이다. 또한 미국이 정책 수립에 있어서 이들의 이해관계를 제대로 고려하지 못한다면 비슷한 결과를 초래할 것이다.

결론적으로 중국은 명확한 목표 의식을 가지고 강하게 밀어붙이고 있는 것으로 보인다. 신흥 세력이나 부흥 세력에게 좋은 태도다. 반면 미국의 목표는 혼란스럽고 목표를 추구하는 데 있어서도 변덕스러운 모습을 보인다. 현상 유지를 원하는 세력에게 적합한 자세는 아니다.

대만

대만에 대한 미국의 정책 역시 일관되지 않은 모습을 보인다.

차이잉원蔡英文 총통이 이끄는 민주진보당의 2016년 선거 승리는 양안 관계가 다시 악화될 수 있고 평화와 안정에 대한 미국의 이익을 저해할 수 있다는 우려를 불러일으켰다. 하지만 지금까지 우려했던 상황은 발생하지 않았다. 차이잉원 총통은 현 상황을 유지하겠다는 선거 공약을 이행해왔고 당내 반중 성향의 보다 급진적인 기반으로부터의 압박에 굴복하지 않았다. 차이잉원 총통이 상호 신뢰 구축을 위한 문을 열었지만 중국은 아직 받아들이지 않고 있다. 중국은 차이잉원과 민주진보당을 공식적으로 인정하고 싶지 않은 것으로 보인다. 아마 시간은 중국 편이라 생각하며 보다 친중 성향의 대만 지도자가 다시 정권을 잡기를 기다리고 있는 듯하다.

한편 트럼프 정부 내에서는 대만 정책과 관련하여 최소 세 가지 다른 경향이 있다.

첫째, 중국과의 힘 겨루기에서 대만을 전략적 자산으로 간주하는 경향이다. 중국의 의도에 대한 여러 정책 문건의 해석, 즉 중국이 동아시아에서 미국을 몰아내기를 원하는 '현상타파 세력'이라고 보는 시각에 따른 것이다. 따라서 미국이 중국을 견제하기 위해서는 모든 측면에서 대만과의 관계를 강화해야 하며 이러한 전략이 중국을 누르는 데 도움이 될 것이라고 보는 접근이다. 미 국방부와 국무부, 의회 내 대만 정권 지지자들은 이에 찬성하고 있다. 이런 접근으로 유의미한 결과를 얻기 위해서는, 미 정부는 중국의 자제력을 유도하고 대만의 자신감을 북돋울 수 있는 적절하고 효율적인 조치를 취해야 한다. 일시적이고 상징적인 제스처만으로는 충분하지 않다.

둘째, 미-대만 경제 관계에만 초점을 맞추는 경향이다. 트럼프 정부는 대만이 소고기와 돼지고기 시장 개방에 대한 기존 약속을 지키기 전까지, 자유무역협정이나 투자협정 등 대만의 이해관계에 관련된 문제를 논의하지 않겠다고 주장해왔다. 물론 대만은 약속을 지켜야 한다. 하지만 양돈업자들은 대만에서 중요한 유권자층이다. 더 중요한 문제를 뒤로한 채, 대만 정부에게 정치적으로 쉽지 않은 양보를 먼저 하라고 주장하기는 어렵다.

셋째, 중국과의 관계에서 대만을 협상 카드로 쓰는 경향이다. 즉 미국이 무역이나 북한 문제 등과 같은 중요한 문제에서 중국의 양보를 얻어내기 위해 대만의 이익을 희생할 수도 있다는 접근 방식이다. 중국의 심기를 건드리면 북한 문제 등에서 비협조적으로 나올 수 있다는 두려움 때문에 대만에 긍정적 조치를 취하지 않으려는 것도 변형된 예다. 트럼프는 이런 접근법을 취하고 있는 것으로 보인다.

트럼프 정부의 정책이 보이고 있는 이 세 가지 경향은 상호 모순적이다. 대만이 정말로 중요한 전략적 자산이라면 미국은 대만의 이익을 희생하거나 대만을 협상 카드로 써서는 안 된다. 무역 문제에 강경한 자세를 취하기보다는, 대만과의 경제 관계를 더욱 강화함으로써 대만의 경제 성장에 도움을 주어야 한다.

과정의 문제

트럼프 정부 정책이 혼선을 빚는 중요한 원인은 미 성명서와 결의를 만들어내는 정책 과정이 비전통적이기 때문이다.

제2차 세계대전 이후에 확립된 정책 결정 과정은 대체로 다음의 세 단계를 거친다. 첫째, 모든 중요한 정책 결정에 관해 관련자들에게 정책 수립과 시행을 위해 필요한 발언권을 준다inclusive. 둘째, 가장 많은 경험과 전문성을 지닌 중간급 실무자에서 시작해 부기관장을 거쳐 기관장, 대통령에게 올라가는 상향bottom-up 과정을 거친다. 마지막은 국가안전보장회의NSC가 제도화된 회의 체계를 기반으로 협력을 조율하는 제도화institutionalized 단계다.

이러한 시스템이 국익을 위해 최선의 선택을 할 수 있도록 늘 계획된 대로 작동하지는 않는다. 베트남전과 이라크전이 그 대표적인 예다. 당시 과정의 참여자들은 때로 원칙을 지키지 않았다. 과도한 비밀 작전을 펼쳤던 헨리 키신저의 탓이 크다. 하지만 이는 예외적인 경우로, 제도화된 시스템의 가치를 보여준다.

트럼프 정부는 이런 과정을 대부분 없앴다. 간혹 활용하는 경우도 있을지는 몰라도, 이런 과정을 통해 이루어진 정책적 결정인지 아닌지는 외부에서 판단할 수 없다. 중국, 북한 등에 대해 일관성 있는 정책을 만들어내는 메커니즘이 작동하지 않기 때문에, 지금 개별 기관들은 각자의 방식대로 움직이고 있다.

이런 큰 변화를 더욱 복잡하게 만드는 문제도 여럿 있다. 우선 관료체계의 중상위층이 아직 공석 상태이며, 국무부와 국제개발처의 예산을 크게 삭감했다. 다음으로, 적어도 어떤 문제에서는 비공식적 채널이 백악관의 중요한 외교 수단이 되었는데, 미중 관계가 좋은 예다. 또한 정책 전문성이 존중받기보다는 폄하되면서 실수를 초래할 수도 있다. 끝으로, 위압적이고 분열을 초래하는 트럼프의 존재도 큰 문제다. 트럼프는 조언자 그룹끼리 싸우게 만들고, 메시지 절제를 모르며, 때로는 미디어 전문가의 발언에 따라 자신의 행동을 평가한다.

여기서 핵심은 미 정책 내용에 일관성이 없어 보인다면, 그것은 정책이 만들어지는 과정에 일관성이 없기 때문일 수 있다. 일관성 있는 정책 과정이 꼭 좋은 정책으로 연결되는 것은 아니지만, 과정에 일관성이 없는데 정책에 일관성이 있다면, 이는 계획된 것이 아니라 우연에 가까운 결과일 것이다.

북미 정상회담

원래 트럼프는 북미 정상회담에 대한 기대가 컸지만, 6월 12일이 다가오면서 그러한 기대는 줄어들었다. 진정한 비핵화를 원한다면 세부 사항을 조율하기 위한 여러 차례의 회담이 필요하다는 것을 깨달았기 때문이다. 이전 행정부에서의 경험을 바탕으로 한 전문가의 조언이 있었을 수도 있다. 하지만 트럼프가 북미 관계의 본질에 집중했다고는 생각하지 않는다. 그에게 늘 중요한 것은 쇼이며, 자신의 긍정적 이미지를 강화하고, 사실 여부에 관계없이 전임 대통령들보다 더 유능하다고 주장할 수 있게 되는 것에 가장 관심이 많다.

트럼프가 김정은보다 상대에게 더 협조적이었다는 미 전문가들의 견해에는 동의한다. 시간이 지남에 따라 북미 정상회담에 대해 더 잘 이해할 수 있게 되겠지만, 현재로서는 미국이 한반도의 긴장 상태에 일부 책임이 있다는 북한의 논리를 트럼프가 상당 부분 수용한 것으로 보인다. 물론 핵무기로 미국 본토를 공격할 수 있는 능력을 갖추려는 북한의 야심이 한반도 긴장을 야기한 가장 큰 원인이라는 것이 미 주류의 입장이지만, 한미

군사협동훈련이 도발적이고 고비용이라는 트럼프의 견해는 그가 북한의 논리를 수용했음을 보여주는 좋은 예다. 북한이 더 이상 핵 위협이 아니라는 트럼프의 뒤이은 발언은 사실과 거리가 멀다.

공개적으로 확인 가능한 정보에 따르면, 김정은이 대가로 제시한 것은 "한반도의 완전한 비핵화를 위해 노력하겠다"는 북한의 약속을 재확인한 것밖에 없으며, 이는 북한의 비핵화와 동일한 의미로 받아들이기 어렵다. 또한 "무엇을 위해 노력하겠다"는 말은 "무엇을 달성하겠다"는 말과 같지 않다.

따라서 정상회담에서 약속된 내용의 세부 사항을 조율하기 위해 앞으로 갈 길이 멀다. 심지어 정말 공통분모가 있는지에 대해서도 판단이 필요하다. 개인적으로는 양측이 완전한 합의에 이를 수 있을지에 대해 회의적인 입장이다. 미국과 북한의 목표가 상호 모순된다고 판단하기 때문이다. 폼페이오 미 국무장관에 따르면, 미국은 북한의 완전하고 검증 가능하며 불가역적인 비핵화를 원하지만, 북한은 핵무기를 계속 보유할 것이며 다른 국가들이 이를 받아들여야 한다고 말하고 있다. 양측 모두가 수용 가능한 결과가 나오기 어렵다는 내 의견이 맞는다면, 미국의 대북 '최대 압박', 긴장, 위협과 북한 핵실험이 다시 발생할 가능성이 높다.

앞서 말했듯이 양국 협력의 가장 명백한 사례라고 할 수 있는 한반도를 둘러싼 미중 협력에 변화가 있을 수 있다는 가능성도 고려해야 한다. 상식적으로 볼 때 한반도 문제에 관한 미중 협력은 계속될 것이다. 시진핑이 북한에 영향력을 행사하도록 한 것은 트럼프의 외교 정책에서 가장 건설적이고 성공적인 사례가 되었다. 한국과 북한이 아무리 운신의 폭을 넓히려고 노력한다 해도, 의미 있는 성과를 도출하기 위해서는 지속적인 미중 협력이 필요하다.

하지만 최근 한반도 상황을 고려할 때, 미국과 중국의 목표가 전례 없는 방식으로 변할 가능성도 배제할 수 없다. 중국은 아시아 국가들이 역내 안보에 더 큰 책임을 지기를 바란다는 신호를 한동안 보내왔다. 이는 미국의 역할이 상당히 줄어들기를 바란다는 뜻으로 해석된다. 트럼프 정부의 안보 및 국방 정책 보고서에도 중국이 동아시아에서 미국의 영향력 축소를 원한다는 내용이 담겨 있다. 중국은 문재인 대통령의 정책도 같은 목표를 지향하고 있다고 보는 듯하다.

미 정책 문건에 쓰인 내용에 관계없이 일단 트럼프는 미군의 전진 배치와 미국이 제공하는 안보에 동맹국들이 무임승차하고 있다고 30년 이상, 옳든 그르든, 믿어왔다는 것을 염두에 두어야 한다. 『워싱턴 포스트The Washington Post』의 최근 기사에 따르면 트럼프의 관점은 이런 믿음에서 바뀌지 않았으며, 동아시아에서 미국의 역할 축소를 선호하고 있는 것처럼 보인다. 하지만 트럼프의 관점은 미국의 주류 시각에서는 벗어나 있다.

미래 시나리오

지금까지의 논의를 요약하자면, 오늘날 미중 관계는 트럼프의 선거 유세 발언을 듣고 예상했던 것보다는 나쁘지 않다. 지금까지 전면적인 무역전쟁은 없었으며, 미국은 북한에 예방을 위한 선제 공격을 하지 않았다. 미국의 '하나의 중국 정책'은 아직 진행 중이고, 국제 증권시장은 꽤 안정적이다. 예상보다 괜찮은 상황이 나온 이유 중 하나는 트럼프와 참모진이 급진적 행동의 결과를 생각해보도록 행정부 내부 차원에서 일부 노력이 있었기 때문이다. 미국의 정책 결정 과정이 앞으로 좀더 합리적이 되어 과거의 규범을 되찾기를 바란다.

우리는 동아시아에서 힘과 영향력을 두고 벌어지는 중국과 미국의 경쟁이 어떻게 될 것인가 하는 장기적 문제를 생각해봐야 한다. 역사적 배경에 대한 내 관점으로 돌아가, 약 10년 전까지 어느 정도 효과가 있었던 닉슨식 거래가 부활할 수 있을까? 이 질문에 대한 답은 동아시아 지역 모든 국가의 이해관계에 중요한 의미를 지닌다.

동아시아를 포함한 세계 전역에서 중국의 거센 도전에 대응하기 위해 국내외 안보 전략을 어떻게 재설계할 것인지에 대해 미 학계에서는 최소 네 가지의 상당히 일관성 있는 유파가 있다. '일관성 있는' 유파라고 일컫는 이유는 트럼프 정부의 일관성 없는 접근과 대비시키기 위해서다. 어떤 견해가 채택되든 전쟁을 피하고, 지역적·세계적 안정을 도모하며, 우방국과 동맹국을 안심시키고, 필요한 자원을 받을 수 있기를 바란다. 이런 기준에서 본다면 다음의 일부 접근법에는 문제가 있다.

첫 번째 유파는 미국이 일종의 '역외균형전략offshore balancing strategy'을 채택해야 한다고 이야기한다. 이를 통해 실제 자원에 맞춰서 미국의 책임 정도를 조정하면서도, 사활이 걸린 핵심 이익이 무엇이든 그것을 보호하기 위해 개입할 준비 태세를 갖춘다는 논리다. 이러한 접근 방식의 모델은 대표적으로 18~19세기의 대영제국이 있다.

나는 정책적이고 실질적인 이유로 이런 접근 방식에 회의적이다. 우선 정책적 측면에서 볼 때, 미국의 동맹국들이 미국의 신뢰가 더 이상 중요하지 않다고 결론을 내릴까 우려된다. 실질적 측면에서는 미국이 한반도를 포함한 제1열도선에 상주하지 않는다면, 너무 멀리 떨어져 있기 때문에 즉각적인 개입이 어렵다. 심지어 전진 배치에도 불구하고, 중국의 그레이존 활동에 대응하는 것이 쉽지 않다. 따라서 역외균형전략이 전략적 철수와 어떤 점에서 다른지 이해하기가 어렵다.

하지만 대선 기간 동안 트럼프의 아시아 관련 발언을 단순화해보면 무역 자유화에서는 물러서고, 동맹국은 용병 정도로 취급하고, 북한에는 한 술 더 떠서 위협해야 한다는 것으로, 결국 이런 접근 방식과 크게 다르지 않다. 더욱 우려되는 것은, 전략적 철수가 트럼프가 진정 원하는 방법일 수 있다는 조짐이 종종 나타난다는 점이다.

두 번째 유파는 중국과의 관계에서 미국의 전략을 중심에 두고 일종의 '일괄타결grand bargain'을 하자는 입장이다. 대표적으로 헨리 키신저와 그레이엄 앨리슨은 협상이 빨리 타결될수록 좋다고 믿는다. 그러나 이러한 접근 방식은 G2 합의에 상당한 불만이 있을 수 있는 역내 최우방국의 이익을 고려하지 않고 있으며, 따라서 그런 합의는 아마 비밀리에 이루어질 것이고 더불어 대만에 불리한 협상까지 포함될 것이다.

세 번째 유파는 미국이 실질적으로 중국과 경쟁 관계에 있으며 유의미한 공존이 불가능하다는 전제를 기반으로, 대응을 위해 국력의 모든 수단을 동원해야 한다는 입장이다. 기본적으로 양극체제이자 봉쇄 접근이라 할 수 있다. 중국과의 좋은 관계가 자국의 번영에 기여하기 때문에라도, 이러한 견해에 동의할 역내 우방국과 동맹국은 아마 거의 없을 것이다. 미국은 이들에게 사실상 선택을 강요할 것이다. 미국이 중국과 영향력을 두고 경쟁하는 것은 맞지만, 봉쇄가 최선의 경쟁 방식이라는 결론은 우리의 대응 능력이나 의지를 훨씬 넘어서는 것이다.

네 번째 유파는 혼합적인 접근 방식을 이야기한다. 기존의 방식과 크게 다르지는 않지만, 지금으로서는 최선일 수 있다. 이 접근은 동맹국과 파트너십을 기반으로 해서, 전체로서의 아시아에서 출발한다. 가능한 지점에서는 중국을 포용하지만, 필요한 부분에서는 단호하게 대응한다. 또한 군사적 차원뿐만 아니라 경제적·외교적 차원까지 넓은 의미에서의 전진 배치를 활용한다. 미국과 중국이 협력할 수 있는 분야가 있고, 이런 분야는 경쟁 분야와 균형을 맞출 것이기 때문에 우리는 협력 가능 분야를 극대화해야 한다고 가정한다. 서로 다른 갈등의 지점을 분별하고 각각 얼마나 단호한 대응과 조절이 필요할지 판단하는 역량이 요구된다. 대북 정책에 있어서는, 진정한 의미의 비핵화 타결이 이루어지지 않는다면, 예측 가능한 미래에 미국에 주어진 유일한 선택지는 봉쇄와 유화뿐일 것이라고 여긴다(개인적으로는 봉쇄를 더 선호한다).

이는 기본적으로 전략적 헤징으로의 회귀다. 더 극적인 다른 대안들에 비해서, 크게 달라진 점이 없는 예전 그대로의 고리타분한 전략으로 비춰질 수도 있다. 그러나 반대로 고정된 접근 방식이 아니라, 강대국으로 부상하는 중국에 유연하게 대응하기 위한 현실적 접근 방식으로 볼 수 있다. 물론 실천에 옮기기 위해서는 적절한 자원이 필요한데, 미국의 예산 정치 budget politics를 고려할 때 실현 가능성은 불분명하다.

궁극적으로 미국의 동맹국과 파트너 국가들이 선택의 자유를 보장받고 싶다면, 한국이 사드 배치 문제와 관련해 취한 행동처럼 중국의 압박에 맞설 만큼 강하고 대담해야 한다. 또한 중요한 것은 미국이 동북아 지역의 역학관계에 대해 분명한 이해를 바탕으로, 당면 과제를 위해 일관성 있는 전략을 세우고, 단호하고 꾸준히 시행해야 한다는 점이다.

앞서 말했듯, 시진핑과 중국의 지도부는 자신이 원하는 바를 알고 있다. 트럼프 정부는 중국에 대해 원하는 것은 많지만, 어떻게 통합된 방식으로 그것을 확보할 수 있을지에 대해서는 분명히 파악하지 못하고 있다. 중국이 원하는 것에 대해서 제대로 이해하고 있는지도 의문이다.

하지만 중국이 성취할 수 있는 것은 궁극적으로 미국의 대응에 달려 있다. 미국은 자국의 이익과 아시아의 평화 및 안정이라는 분명한 비전을 가지고 대응해야 한다. 미국은 미국뿐만 아니라 동맹국과 파트너 국가들, 그리고 중국을 위해 비전을 세우고 추구해야 한다. 부흥하는 중국의 도전에 대해 미국이 선택 가능한 방안을 고려할 때, 일부 접근은 결국 관련국 모두에게 좋지 못한 결과로 이어질 수 있음이 분명하다. 좋은 결과를 낼 수 있는 방법을 찾는 것은 쉽지 않지만 불가능하지는 않다.

(강연일 2018년 6월 25일)

4장

마라라고 미중 정상회담과
한·미·중 관계
The Mar-a-Lago Consensus and China-U.S.-Korea Relations

:

주펑朱鋒
난징대 국제관계연구원장

국제적 전망

이 글은 최근 일어난 일들에 대한 나의 전망이다. 우선 변화하는 세계에 대한 논의로부터 이 글을 시작하고자 한다. 세계는 변화하고 있지만, 변화의 속도와 규모는 아직 불분명하다. 중국에서는 상황이 늘 '흥미로운 주기週期'로 움직인다고 한다. 2016년은 소련 붕괴 및 냉전 종식 25주년이 되는 해였다.[1] 중국인은 20년, 30년마다 새로운 주기가 시작된다고 믿는다. 2016년에 흥미롭게도 한 주기의 종말과 새로운 주기의 시작을 암시하는 몇 가지 '블랙 스완Black Swan'[2] 현상을 볼 수 있었다. 이 블랙 스완이 무엇인지는 다들 짐작할 것이다. 첫째, 도널드 트럼프의 당선, 둘째, 영국의 브렉시트Brexit,[3] 셋째, 중국의 경제 침체다. 2016년 중국의 연평균 경제 성장률은 7퍼센트 아래로 떨어졌다. 이는 1987년 이후 최저치로, 1987년부터 2016년까지 30년 만에 처음으로 7퍼센트 선이 무너졌다. 이 세 가지 블랙 스완을 종합해보면, 세계가 어떻게 변화할지에 대한 흥미로운 신호를 살펴볼 수 있다.

그만큼 흥미로운 것이 몇 가지 더 있다. 첫째, 서구의 우경화다. 트럼프는 극보수 공화당원은 아니다. 중요한 것은, 트럼프가 종교적으로 보수적이며, 그래서 극도로 보수적인 가치관을 지니고 있다는 점이다. 게다가 공직 경험도 전혀 없고, 사실 성공한 사업가도 아니다. 문제는 과도하게 의욕이 넘친다는 것이다. 트럼프는 미국에 변화를 가져오고 싶어한다. 트럼프가 내걸었던 선거 구호 '미국을 다시 위대하게Make America Great Again '는 많은 인기를 얻었다. 하지만 문제는 취임 후 얼마나 많은 변화를 가져올 수 있는가이다. 200년이 넘는 미국 역사에서 기업인 출신 대통령[4]은 두 명으로, 트럼프가 그중 한 명이다. 트럼프 행정부가 앞으로 어떤 행보를 보일지 주목되는 이유다. 우리 모두 두 눈을 크게 뜨고 지켜볼 일이다.

둘째, 중국의 좌경화다. 솔직히 말해서, 오늘날 중국의 상황은 매우 불안정하다. 중국 지도부는 경제 개발을 우선 순위로 두고 단단한 반석 위에 올려놓고자 한다. 좌경화에 관계없이 중국은 국내외적으로 중상주의적 접근을 받아들이고 있다. 따라서 미국과 같은 새로운 경쟁자나 라이벌을 원하지 않는다. 경제 성장이 무엇보다 중요하기 때문이다.

이제 한국의 상황을 보자. 중국어로 번역된 문재인 대통령의 자서전은 베스트셀러가 되었다.[5] 많은 중국 젊은이가 그의 온건한 삶에 감동을 받았다. 그는 민주화 운동의 선구자일 뿐 아니라 독립적인 사상가다. 중국인의 눈으로 볼 때 진보주의자인 동시에 개혁가이기도 하다. 민주화 투사이기도 하다. 중국 젊은이들이 존경할 만한 인물이다. 하지만 내가 궁금한 것은, 그래서 지금 한국이 어떤 방향으로 움직이고 있는가이다. 좌경화되고 있는가, 아니면 우경화되고 있는가? 예를 들어, 햇볕정책이 부활할 것인지를 놓고 많은 추측이 이어지고 있지만 그럴 가능성은 희박하다고 본다.

나는 베이징대 부교수로 있던 1990년대에 김대중 전 대통령이 베이징대에서 강연하는 모습을 보고 깊은 인상을 받았다.[6] 탁월한 한국 정치인이 한국인뿐만 아니라 중국인에게도 얼마나 큰 영감을 줄 수 있는지 느낄 수 있었다. 하지만 햇볕정책 이후 10년 이상이 지났고, 그동안 여러 변화가 있었다. 우선, 북한이 핵 보유국이 되었다. 다음으로, 유엔 안전보장이사회의 대북제재가 그 어느 때보다 강화되었다. 따라서 북한 포용 정책에 적법성을 만들기 위해 햇볕정책의 전제가 아무런 변화 없이 그대로 계승될 수는 없다고 본다. 문 대통령의 정책은 그보다 훨씬 더 나으리라 기대한다. 문제는 내가 이해한 바에 따르면, 지난 10년간 한국인의 보수 성향이 짙어졌다는 것이다. 한 여론 조사 결과, 한국인의 60퍼센트 이상이 보수 성향을 보이는 것으로 나왔다. 반면 진보·개혁 성향의 사람들은 줄어들고 있다. 문 대통령은 진보와 보수 사이에서 최대한 균형을 맞춰야 하며, 이는 그의 리더십에 큰 시험대가 될 것이다.

하지만 오늘날 한국은 성공적인 중견국middle power이자 아시아 전체에서 선도적인 민주국가이기 때문에 전망은 낙관적이다. 따라서 '국가들이 어떤 방향으로 움직이고 있는가?'라는 질문에 대한 답을 찾고자 고민하다 보면, 정말 중요한 것은 중국이 한국의 새로운 방향에 맞추는 것이다. 한국이 우경화된다면, 중국이 어떻게 대응할지는 분명하다. 한국이 좌경화된다면, 중국도 그에 맞춰 대응할 것이다. 그만큼 오늘날 한중 관계는 가깝고 밀접하다. 사드 문제는 작은 부분에 불과하다. 우리가 어떤 방향으로 가고 있으며, 어떻게 변화하고 있는지를 객관적이고 이성적으로 관찰해야 한다.

마지막으로 아시아는 국제적 변화에 어떻게 대응해야 할까? 아직 결정된 문제는 아니지만, 흥미로운 냉소주의가 목도된다. 지역 내 많은 국가에서 주요국의 정책 변화 추이를 면밀히 지켜보고 있는데, 미국과 중국, 한국, 일본 등 주요국의 움직임에 따라 국제적 패권 다툼power game의 지형이 결정될 것이라 여기고 변화하는 상황에 맞춰 따라가려고 하기 때문이다. 아시아가 국제적 변화에 어떻게 대응해야 할지에 대한 답은 아직 찾지 못했다. 하지만 기존의 낡은 주기가 사라지고 새로운 주기가 나타난다면, 이 새로운 주기에 지대한 영향을 미치는 요소가 무엇인지 고민해볼 필요가 있다.

국제 정치의 새로운 주기

그렇다면 기존의 낡은 주기에 큰 영향을 끼친 요소는 무엇일까. 첫째는 세계화다. 세계화는 다름 아닌 '미국화Americanization'다. 저명한 국제 정치경제학자인 수전 스트레인지Susan Strange 교수는 세계화를 미국화로 정의한다. 둘째, 지역화다. 아시아·태평양인정협력체Asia Pacific Accreditation Cooperation(APAC), 역내 포괄적 경제동반자협정Regional Comprehensive Economic Partnership(RCEP),[7] 환태평양경제동반자협정Trans-Pacific Partnership agreement(TPP)[8] 등 지역 공동체 구축을 말하는 것으로, 지난 25년간 중국과 한국을 포함해 많은 국가에 큰 영향을 미쳤다. 셋째, '자유',[9] 인권 등과 같은 가치의 보편성이다. 이는 매우 중요하다. 네 번째 요소도 아주 중요한데, '단극화unipolar' 현상으로 미국 주도의 패권 안정 구도를 말한다. 미국은 대적할 세력이 없는 세계 초강대국이다. 오늘날 변화가 없는 부분도 있지만, 변화하고 있는 부분도 있다. 예를 들어, 미국이 아태 지역 안보를 위해 얼마나 노력할 것이며, 무엇을 선호하는가? 트럼프 행정부는 다자적 거버넌스와 세계화에 부정적인 입장을 취하고 있으며, 양자주의로 선회하고 있다. 따라서 많은 학자가 트럼프의 포퓰리즘 때문에 자유주의 질서가 무너지고 있다고 지적하고 있다. 나는 자유주의 질서가 완전히 무너질 거라고는 생각하지 않지만, 상당한 타격이 있을 거라고 예상한다.

새로운 주기에는 우리가 곱씹어봐야 할 여러 중요한 요소가 있을 수 있다. 첫 번째 요점은 이것이 분명하고도 정확하게, 미국 주도의 변화라는 점이다. 하지만 트럼프가 이끌고 있는 미국은 중국에 주도권을 조금씩 내주고 있다. 아마 한국에도 마찬가지라 할 수 있다. 미국화 현상은 줄어들고 있으며, '탈진실화post-truth' 현상이 늘어나고 있다. '탈진실화'란 실제 일어난 일보다 개인적인 신념이나 감정이 여론 형성에 더 큰 영향력을 미치는 현상을 의미한다. 2017년 5월 29일자 『타임Time』지 표지에는 미국의 백악관과 러시아의 크렘린궁이 하나로 합쳐지는 그림이 실렸다. 이는 무엇을 의미하는가? 트럼프의 친러시아 행보를 비꼬는 것이지만, 동시에 트럼프의 러시아 관련 정치 스캔들에 대한 비난이기도 하다. 즉 트럼프가 대선을 위해 푸틴과 비밀 거래로 손을 잡고 러시아 비밀조직의 미국인 첩보원이 된

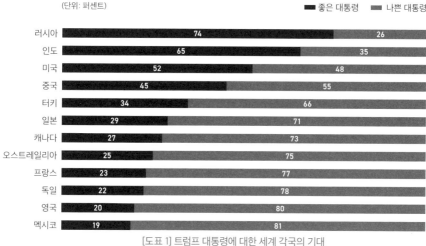

[도표 1] 트럼프 대통령에 대한 세계 각국의 기대

것이 아니냐는 비아냥이다.

　여론조사 수치 역시 흥미롭다. 트럼프가 당선된 이후 미국의 퓨 리서치 센터에서 여러 국가를 대상으로 트럼프에 대해 어떻게 생각하는지 여론조사를 실시했다. [도표 1]에서 알 수 있듯이 러시아가 트럼프에게 가장 우호적이었고, 그다음은 인도, 중국은 네 번째였다. 중국인의 45퍼센트가 트럼프가 좋은 대통령이 될 거라고 답했다. 또 다른 민주주의 국가인 인도에서는 국민의 65퍼센트가 트럼프가 좋은 사람이라 답했다. 나렌드라 모디 Narendra Modi 인도 총리는 최근 재미있는 별명을 얻었는데, 바로 '아시아의 트럼프'다. 하지만 대부분의 서구 민주국가들은 트럼프의 당선을 크게 우려하고 실망하고 있음을 알 수 있다. 대통령 한 명을 놓고 국가마다 극단적으로 다른 시각을 갖고 있는 것이다. 포퓰리스트인 트럼프의 실험이 미국에서 진행되는 동안, 중국에서도 역동적으로 정책 변화가 나타나고 있다. 명백히 눈에 띄는 변화도 있고, 그렇지 않은 변화도 있다.

중국의 부상

　중국 정부가 중상주의적 접근을 하고 있다는 것도 중요한 요소 중 하나다. 2017년 5월 14~15일 제1회 일대일로—帶—路 국제협력 정상포럼이 열렸다. 이에 29개국 정상들과 90여 개국의 부총리와 장관들이 베이징으로 모였다. 이는 시진핑의 통치력을 강화하는 훌륭한 행사이기도 했다.

　[도표 2]는 중국의 경제적 거점이 전 세계로 얼마나 뻗어나갔는지 보여준다. 일대일로 정책은 지금까지 중국에서 잘 자리잡았으나, 앞으로 얼마나 멀리, 어떻게 뻗어나갈 것인지, 그리고 실제 성과를 거둘 수 있을지에 대해서는 연구가 더 필요하다. 이는 시진핑 정부의 국제 전략에서 우선순

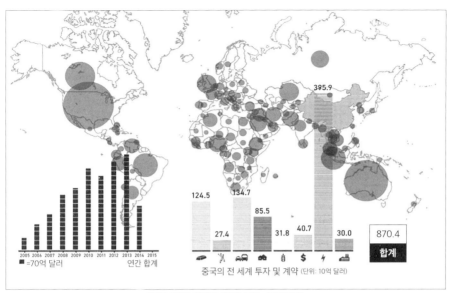

[도표 2] 전 세계로 뻗어나가는 중국 경제

위가 높은 과제다. 이는 전략적으로 세계를 견제하려는 것이 아니라, 경제적으로 세계를 포용하려는 정책이다.

중국의 일대일로 정책은 전 세계 구석구석까지 야심차게 뻗어나갔다. 이 정책의 중요한 토대는 중국의 강한 인프라 구축 역량에 있다고 본다. 지난 40년간 중국은 세계에서 가장 높은 건물, 가장 긴 고속도로, 가장 빠른 고속철도를 건설했다. 따라서 인프라 사업 입찰에 자신감을 가지고 있으며, 상대적 우위를 가지고 있는 부분이기도 하다. 일대일로 정책은 이제 중국의 국가적 전략이 되었다.

한편 중국의 부상과 새로운 외교·경제 활동으로 인해, 중국의 의도에 관한 국제적 관심이 높아지고 있다. 2016년 8월 『파이낸셜 타임스Financial Times』의 편집장 기디언 래크먼Gideon Rachman은 『동양화Easternization』라는 제목의 책을 내놓았다. 미래 전망을 담고 있는 흥미로운 책인데, 미국과 중국이 헤게모니 전환에 **빠르게** 개입하고 있다고 주장한다. 나는 여기에 동의하지 않는다. 동아시아에 새로운 역학관계가 만들어지고 있고 중국이 점점 더 눈에 띌 정도로 부상하고 있기는 하지만, 권력 구조 측면에서 볼 때 헤게모니 전환이라고 하기에는 아직 너무 이르다. 중국은 여전히 국내 변화에 골몰하고 있다. 아직 성장 중인 국가일 뿐이라는 점에서, 시기상조적 예언이라 본다. 하지만 래크먼은 중국이 부상하고 있는 것이 아니라 동아시아가 세계 정치 무대에서 떠오르고 있다는 점을 잘 지적했다. 지난 4000년간 세계 정치는 늘 서양을 중심으로 움직였으나, 지금은 서양과 동양이 균형을 이루고 있다. 이는 중국이 다시 부상하고 있기 때문만은 아니다. 예를 들어 한국도 눈부신 경제 성장을 이루었고, 인도도 후발주자로 엄청난 경제 성장 잠재력을 보여주고 있다. 따라서 '동양화'는 아시아의 힘을 의미한다. 우리는 아시아가 세계에서 신흥 강자로 떠오르는 흥미로운 여정에 있다.

국제 정치의 새로운 경향

세계 정치에서 오늘날의 새로운 주기에 대한 내 전망을 이야기해야겠다. 세계 정치에서 새로운 주기를 특징짓는 요소는 무엇일까? 내 연구에 따르면, 새로운 주기에는 세 가지 주요 요소가 있다.

첫째, '신세계화Re-globalization'다. 트럼프가 반세계화로 갈 수는 없지만, 신세계화로는 갈 수 있다. 예를 들어, 미국의 선호는 다자주의에서 양자주의로 **빠르게** 옮겨가고 있다. 환태평양경제동반자협정은 폐지되었고, 미국은 한미 FTA 재협상을 요구했다. 이런 것들은 신세계화의 일환이라 볼 수 있다. 또한 트럼프는 모든 중국산 수입품에 45퍼센트의 징벌적 관세를 부과하겠다고 선포했다. 하지만 지금은 다소 진정되고 있는데, 예를 들어 양측은 무역 갈등을 해결하기 위한 '100일 계획'에 합의했다. 첫 번째 동의안이 나왔는데, 중국은 미국의 투자 유치를 위해 미국에 금융 시장을 개방하고 미국산 소고기를 수입하기로 했다. 그러면 미국은 중국이 환율 조작국이 아니라고 말할 것이며 양국의 이러한 거래는 계속될 것이다. 미국과 중국은 계속해서 서로 밀고 당기겠지만 결국에는 양국이 모두 원하는 결과에 도달할 것이다. 따라서 신세계화는 세계화가 어떻게 다시 구성되고, 활력을 얻을 수 있는지에 대한 새로운 협상이다. 그럼 규범과 원칙도 상황에 맞게 변화할 것이다.

둘째, '신민족주의Re-nationalization'다. 각국이 저마다 근육을 키울 것이며, 치국책의 강화가 있을 것이다. 유럽연합 회원국에서부터 대부분의 아세안ASEAN(동남아시아국가연합) 국가, 심지어 한국과 중국도 마찬가지다. 중요한 문제는 외부 불확실성이 커지고 있다는 것이다. 이에 어떻게 대응해야 할 것인가? 자국의 역량 강화를 기반으로 대응해야 한다. 신민족주의는 기업 국유화를 의미하는 것이 아니라, 치국책의 강화이자 정부 역량 강화를 의미한다.

셋째, '신이념주의Re-ideologization'다. 트럼프는 취임사에서 '자유'와 같은 단어를 거론하지 않았다. 렉스 틸러슨Rex Tillerson 미 국무장관(2017. 2.~2018. 3. 재임)도 미국은 외교 상대국에 자유나 인권을 강요하지 않겠다고 공공연하게 언급했다. 중국이 인권 문제로 미국의 공격을 덜 받게 될 것이라는 점에서는 안심이 된다. 하지만 문제는 미국의 국제 활동에 인권과 자유가 중심 목표가 아니라고 하면, 미국의 '자유' 정책에 공백이 생길 것이라는 점이다. 그 공백에는 어떤 가치가 들어설 것인가? 우리는 조화로운 세계, 공동 발전, 상호 존중을 필요로 한다. 냉전 이후 세계 체제는 개인의 자유와 사회에서 보장되는 자유와 같은 보편적 가치 체계에 의해 현저하게 특징지어졌다. 하지만 이제는 보편적 가치들이 힘을 잃고 있다. 이는 미국 때문만이 아니라 EU 회원국의 변화 때문이기도 하다. 프랑스, 독일, 이탈리아 등 많은 EU 회원국에서 민족주의가 번지면서, 이러한 반전통적 가치는 반난민 정책에 타당성을 실어줄 것이다. 이민 정책도 강경해지고 있다. 이렇게 되면, 유럽은 우경화되고, 인권과 자유의 가치는 힘을 잃고, 관련 정책도 더욱 약화될 것이다. 그럼 어떤 새로운 가치가 떠오를까? 동양철학의 가치일까? 동양철학은 개인의 행동이 아니라, 공동체 속에서의 조화로운 행동에 가치를 둔다는 점에서 큰 물음표가 찍힌다.

문제는 우리에게 정책 변화가 필요하고, 이를 위한 더 좋은 환경도 필요하다는 점이다. 예를 들어, 환태평양경제동반자협정은 폐지되었지만 역내 포괄적 경제동반자협정이 성공을 거둘 수 있을까? 아직 두드러진 성과를 보여주지 못했기 때문에, 현재로서는 장담하기 어렵다. 이러한 맥락에서 아태 지역에서 힘의 역학관계는 명백하게 회귀하고 있다. 이는 우리가 염두에 두어야 할 중요한 환경적 요소다. 예를 들어, 미중 관계를 보면, 얼마 전 마라라고 회담Mar-A-Lago Summit[10]이 있었는데, 그 의미는 무엇일까? 새로운 현실주의의 반격인가? 트럼프 대통령과 시진핑 주석 모두 오랜 경쟁을 일단 뒤로하고, 무역, 북한, 남중국해, 동중국해, 심지어 안정적인 군사력 운용 등에서 진정 협력하려는 것인가? 2017년 5월 동중국해에서 중국 군함과 제트 전투기가 미국 정찰기와 충돌 위기가 있었다는 뉴스가 있었다. 2001년에는 미국의 EP3 정찰기와 중국 전투기가 남중국해 상공에서 충돌해 중국인 조종사는 사망하고 미국 정찰기가 추락하면서 하이난섬海南島에 비상 착륙하는 사건도 있었다. 이 사건으로 미중 관계가 일촉즉발의 군사적 긴장 상태에 빠지기도 했다. 이런 사건이 또다시 발생하면 미국과 중국은 제한적 무력 충돌로 이어질 개연성이 있다.

마라라고 회담의 성과

마라라고 회담은 중요성이 크다. 이 회담의 성과는 다음 네 가지로 요약할 수 있다.

첫째, 미중 양국 지도자는 협상과 대화의 수준과 폭을 격상시키고 확대하기로 결정했다. 오래전부터 있었던 포괄적 채널로, 안보, 군사, 경제, 사이버, 통상 분야를 모두 아우르는 '미중 전략 경제대화U.S.-China Strategic and Economic Dialogue(S&ED)'가 있었다. 실질적으로 유일한 대화 채널이었다. 지금은 양국이 이를 없애고 다양한 채널을 활용하려 하고 있다. '2+2 회의'가 그중 하나다. 이는 미국과 동맹국 간의 협상 채널로, 매년 미 국무부 장관과 국방부 장관이 동맹의 국무부 장관, 국방부 장관을 만나는 회담이다. 이번에는 '미중 2+2 외교안보 대화'를 개최하기로 결정했는데, 흥미로운 성과다.

둘째, 사이버 안보 관련 대화를 하기로 결정했다. 중국과 미국에서 사이버 안보는 독립적인 분야로 성장했기 때문에, 사이버 안보 분야에 관해 집중적이고 정기적인 대화를 나누기로 한 것이다. 이 또한 미중 관계 진전을 보여주는 중요한 지표라 할 수 있다. 지금 미국과 중국은 국제 사이버 공간에서 압도적 1, 2위 국가다. 사이버 공간은 정부의 통제를 덜 받으며, 덜 제도화되어 있다. 사이버 공간을 어떻게 더 잘 통제할 수 있을까? 미국과 중국이 기본 규범과 원칙을 정하고 새로운 국제 거버넌스를 세움으로써 달성 가능하다고 보는 사람이 많다. 미국과 중국은 서로 상대국이 해킹을 많이 한다고 지적할 것이다. 이번에 이 문제를 어떻게 해결할 것인지에 대해 미국과 중국이 합의를 도출했다. 양측은 독립적인 장관급 대화 채널을 구축하기로 합의했으며, 군·학계도 참여해 사이버 안보 문제에 대해 함께 논의하기로 했다.

셋째, 경제적·상업적 성과다. 트럼프는 중국을 상대로 무역전쟁을 선포했고 중국은 강하게 반발했다. 무역전쟁이 시작된다면, 시작한 쪽에도 상처를 남길 것이다. 중국은 미국의 수사적 협박에 물러날 기색이 없다. 양측이 무역 불균형 해소를 위한 '100일 계획'에 합의했으니, 앞으로 3개월간 미국과 중국이 무역전쟁을 피하기 위해 얼마나 화해를 이룰 수 있을지가 관건이다.

마지막 성과는 북한 문제에 대한 진솔한 미중 대화다. 트럼프는 북한 문제를 아태 지역 내 외교 및 안보 정책의 우선순위로 두었다. 어떤 정책을 펼 것인지에 대해서는 추측이 많다. 트럼프의 정책이 협박에 불과하고 곧 오바마의 '전략적 인내Strategic Patience' 정책으로 돌아갈 것이라고 보는 입장도 있다. 미국이 북한을 상대로 당장 전쟁을 벌일 가능성이 적고 전쟁을 원하지도 않기 때문이다. 2017년 4월 중국과 미국, 한국의 동료들과 지역 안보 관련 워크숍을 개최했는데, 북한에 대해 미국이 군사적 행동을 취할 가능성을 언급하자, 한국인 참가자 대부분은 분개하며 북한 문제를 해결하기 위해 트럼프가 군사력을 동원해서는 안 된다고 말했다. 한국과 미국 학자들은 이 문제를 두고 열띤 논쟁을 벌였다. 무모한 전쟁이 발생한다면 중국과 한국의 희생이 클 것이기 때문에, 이런 논의들은 중요하다고 생각한다. 물론 가능한 정책 수단에서 군사적 개입만 배제할 수는 없다. 미국과 중국도 필요하다면, 군사적 개입에 동의할 것이다. 문제는, 외교적 수단과 경제적 제재를 활용할 수 있는 시간과 여지가 아직 많이 남아 있다는 것이다. 양측 정상도 대북 정책을 놓고 공감대를 형성하고 있는 것으로 보인다. 미중 정상이 북한 문제에 이만큼 의견 차를 좁혔던 적이 없었다는 점에서 고무적이다.

마라라고 회담 이후, 트럼프 대통령은 중국 정상을 언급할 때 친밀감을 나타내는 표현들을 많이 썼다. 그는 시진핑 주석을 '훌륭한 친구, 매우 좋은 사람a wonderful guy, a terrific person'이라 표현했다. 미국 대통령이 이런 표현들을 쓴 적은 없었다. 중국은 공산국가이므로 전통적으로 미국 대통령들은 중국 지도자를 언급하는 데 있어 친밀하거나 개인적인 단어는 결코 입에 올리지 않았다. 이러한 관점에서 양국 지도자가 진정한 용기와 비전을 보여주고 있다고 생각한다. 새로운 냉전이 닥치지 않는 한, 미국과 중국이 서로 등을 돌릴 이유는 없다. 북핵 문제를 해결하기 위해서는 중국과 미국, 한국이 함께 노력해야 한다. 마라라고 회담에서는 북한 문제에 관해 진정성 있고 솔직한 논의가 이루어졌으며, 이는 미중 관계에 새로운 탄력을 불어넣을 수도 있다.

시간 관계상 미중 관계에 대해 일일이 살펴보지는 않겠지만 적어도 양국 관계는 이제 정말로 재조명될 준비가 되어 있다고 본다. 중국 학자로서 다소 우려되는 부분도 있다. 미국, 일본, 한국의 경제 관계가 경색되면서, 북한 문제를 해결하기 위한 정치적·외교적 노력이 위축될 수 있다. 경제적 계산에 근거한 판단이 한·미·일 삼국의 관계를 어떻게 바꾸어놓을지 모르겠다. 예를 들어, 사드 배치 비용으로 한국이 10억 달러(한화 약 1조 2000억 원)를 지불해야 한다는 트럼프의 발언으로 큰 논란이 있었다. 한국 측은 "말도 안 된다. 한국은 부지와 기반시설만 제공하고 비용은 미국 측이 부담하기로 합의되었다"고 반박했다. 이런 논란이 어떻게 해결될 수 있을지 모르겠다. 이러한 의견 충돌과 마찰로 한미 양국 관계가 틀어지거나 정치적 포부가 약화될 것인가?

어쨌든 마라라고 회담은 성공적이었다고 생각한다. 첫째, 트럼프 대통령과 시진핑 주석은 성격적인 면에서 비슷한 점이 많은데, 둘 다 철권통치자형 정치인이며, 강인하고 다채로운 성격이다.

둘째, 두 지도자 모두 국제 문제보다 국내 문제가 더 강조되고 있음을 인지하고 있는 것으로 보인다. 양국 모두 국내 문제로 고민이 크다. 2017년 10월에는 중국에서 19차 당대회가 열릴 예정이다. 이번 당대회에서 중국의 향후 정치 노선과 개혁, 그리고 정치세력 개편 규모 등이 결정될 것이다. 이는 시진핑 주석에게 가장 중요한 문제이며 주요 정책적 관심사다. 즉, 시진핑 주석과 트럼프 대통령의 주요 정책적 관심사는 해외 문제가 아니라 국내 문제다.

셋째, 북핵 위협은 미국보다 중국에 더 민감한 문제다. 북핵 문제의 위험성에 대한 중국의 경각심과 우려가 커지고 있다. 북핵 실험으로 핵 분열성 물질이 사고로 유출되거나 의도치 않은 폭발이 일어날 수 있고, 지하수가 핵 물질로 오염될 수도 있으며, 그렇게 되면 중국 둥베이東北(과거 만주) 지역은 심각한 피해를 입을 것이다. 북한의 핵 야욕은 중국 둥베이 지역의 안전과 안보를 위협하고 있다. 북한은 연달아 핵실험을 강행하고 있고 이는 중국 내 지진 발생으로 이어질 것이다. 북한의 핵실험으로 중국의 초등학교 학생들이 긴급 대피하는 소동도 있었다. 지진이 얼마나 더 발생할지, 인명 피해가 있을지도 모르는 상황이다. 설문조사에 따르면, 북핵 유출과 오염, 폭발 사고에 대한 중국의 우려가 갈수록 심각해지고 있다. 중국 둥베이 지역 주민의 응답자 중 85퍼센트 이상이 이 상황을 매우 걱정하고 있다. 이는 중국 정부가 고려해야 할 중요한 요인이다. 따라서 북핵 문제의 해석과 접근 방안에 있어서, 미중 정상이 역사상 가장 큰 공감대를 형성하고 있다는 점이 긍정적이며 고무적이다. 필요하다면 양국은 행동을 취하기로 결정할 것이다. 이상은 마라라고 회담에서 이루어진 큰 성과다.

미국의 대북 정책

한편 북핵 딜레마, 그러니까 북한의 핵 저주는 갈수록 심각해지고 있다. 북한을 실질적 핵 보유국으로 받아들여야 할지, 아니면 북한의 핵 모험을 결사반대해야 할지 선택해야 하는 한계점에 다다르고 있는지도 모른다. 핵 저주라고 할 만큼, 북한의 핵 보유 능력은 증가하고 있다. 수수방관하고 있을 수도 없고, 경제 제재 조치가 소만간 효과가 있을 거라고 막연히 기대할 수도 없다. 지금은 북핵 문제에 대해 불안감이 만연해 있다. 북한을 핵 보유국으로 인정하거나, 아니면 대책을 세워야 한다는 문제는 이 지역에 그 어느 때보다 시급하고 위협적인 문제가 되고 있다. 또한 한국과 중국 양국은 이 문제를 우선시해야 한다. 북한의 핵미사일 기술이 이미 상당히 고도화되었고, 핵탄두 소형화를 위한 실험도 이루어지고 있다. 시간을 두고 기다리거나 북한이 선을 넘지 않을 거라고 믿고 있을 수만은 없다. 북한이 현재 운반 가능한 핵무기 개발에 가까워지고 있는 현실은 자명하다. 중국 학자로서 이 문제를 외면할 수 없다. 중국을 비롯해 미국과 한국의 판단이 다르지 않을 거라고 본다.

트럼프는 기본적으로 상호 위협, 실행 가능한 유인책, 대규모 국제적 행동 촉구를 활용하는 외교 정책을 쓴다. 군사적 위협이나 억지책의 일환으로 군사적 방법이나 선제 공격도 배제하지 않겠다는 취지의 발언이 쏟아지고 있지만, 실제로 군사 행동이 일어날 거라고 보지는 않는다. 여러 복잡한 이유가 있지만, 미국이 북한을 상대로 전쟁을 일으키는 것이 쉽지 않다고 생각하기 때문이다. 트럼프 행정부가 북한과 대화를 이어갈 용의를 보이는 것에서 짐작할 수 있듯이, 일종의 실행 가능한 유인책도 나타날 것이다. "김정은을 만나게 된다면 영광"이라는 트럼프의 발언은 모두를 놀라게 했다. 예전에는 보지 못했던 움직임도 있다. 즉 미국이 외교적 자원을 우선순위에 놓고 국제적 행동을 강화하고 있는 것이다. 예를 들어, 유엔 안전보장이사회의 북한 관련 회의에서 틸러슨 미 국무장관은 북한에 대한 '전략적 인내'는 끝났으며, 국제사회가 대북 제재를 충실히 이행하고, 북한과의 상업적·정치적 접촉을 중단해야 한다고 촉구했다. 미국이 국제사회에 대북 제재를 이렇게 강력하게 촉구하는 것은 처음이다.

문제는 강압 외교coercive diplomacy에는 시간이 걸리고 목표에도 한계가 있다는 것이다. 강압 외교와 전략적 강압 사이에는 미묘한 차이가 있다. '전략적 강압Strategic Coercion'이라는 개념은 로런스 프리드먼Lawrence Freedman 교수가 내놓은 것으로, 완전히 쓰러져 회생할 가능성이 없어질 때까지 적의 목을 조르는 '봉쇄 정책'과 비슷하다. 트럼프 정책은 전통적 의미의 강압 외교와 단순명료한 전략적 강압 그 중간에 있다. 따라서 트럼프의 향후 행보를 면밀히 지켜볼 필요가 있다.

중국의 대북 정책

그렇다면 트럼프의 새로운 대북 정책에 대해 중국은 어떤 반응을 보이고 있는가? 중국 정부는 여전히 변화 없이, 결정을 내리지 못하고 발을 질질 끌고 있는가? 아니면 결정을 내리고 대북 정책을 수정할 것인가? 아직 결론을 내리기는 어렵지만, 마라라고 회담은 미중 간 '대단한 궁합chemistry'을 보여준다. 중국 정부는 전보다 더 결단력을 보이고 전보다 더 많은 정책적 결정을 내리고 있다. 문제는 북핵 문제의 해결 방법이다. 이는 핵 위협에만 국한된 문제가 아니라, 예를 들면 지역 안보 질서의 재정비와 관련된 문제이기도 하기 때문이다. 어떻게 평화 조약이 모든 관련국의 환영을 받을 수 있는지와도 관련되어 있다. 중국의 대북 정책이 지난 20년간 우유부단했던 이유다. 북한에 대한 우리의 우려가 왜 이렇게 복잡한지, 중국과 한국 모두 이해해야 한다. 이는 단순히 안보를 위협하는 문제일 뿐만 아니라, 역사, 현실, 이데올로기가 첨예하게 얽혀 있는 문제다. 중국의 대북 정책은 날 선 비판을 받아왔지만 어쩔 수 없는 선택이었다고도 볼 수 있다. 역사와 현실, 이데올로기 차원의 난제가 복잡다단하게 뒤엉킨 결과이기 때문이다. 중국의 정치 역학은 지금보다 더 긍정적일 수 없다고 본다. 한국에서도 이를 알아주기를 바란다. 중국 정부가 한 걸음 더 나아갈 수 있도록 격려가 필요하다. 관건은, 중국이 얼마나 더 할 수 있는가인데, 이는 크게 우려되는 바이기도 하다. 따라서 중국, 미국, 한국의 삼자 협력이 요구된다. 삼자 협력 시스템을 구축하고 어려운 문제를 함께 해결하고 협력을 이끌어 낼 수 있도록 모든 역량과 기회를 찾아야 한다.

한·미·중 삼자 협력

북핵 문제의 해결을 위한 열쇠는 한·미·중 삼자 협력 관계 구축에 있다. 그런 면에서 사드는 이 관계에 부정적 영향을 끼치고 있다. 중국은 사드 배치로 인한 자국 안보 위협을 크게 우려하고 있다. 한국에서 커지고 있는 반중 감정도 안타깝다. 사드는 작은 문제이지만 사회적으로 큰 여파를 일으켰다. 2004년 이후, 한 가지 문제가 양쪽에서 이렇게 감정적으로 큰 분란을 일으킨 것을 본 적이 없다. 이제는 사드가 드리운 그림자에서 벗어나야 한다. 어떻게 벗어날 것인가? 이를 위해서는 삼자 협력으로 돌아가 미래 지향적 접근을 해야 한다. 나는 문재인 정부에 희망을 갖고 있다. 사드 문제가 어떻게 해결될지에 대해 구체적인 언급을 하고 싶지는 않지만, 낙관적으로 전망한다. 문제를 어떻게 해결할지 문재인 대통령은 알고 있을 것이다. 하지만 더 큰 관점에서 볼 때, 미래 지향적인 접근이 필요하다. 한중 관계는 지금처럼 확대되고 상호의존적이며 서로 긍정적인 영향을 주고받은 적이 없었다. 이러한 양국 관계가 작은 갈등으로 망가지도록 내버려둘 수는 없다. 사드 문제에서 벗어나, 공통의 관심사로 눈길을 돌려야 한다.

셋째, '그랜드 바겐grand bargain'을 계속해서 추진해야 한다. 이는 북한이 핵 개발을 완전히 폐기하면 외교 정상화와 경제 지원을 제공하겠다는 것으로, 6자 회담을 통해 한국 정부가 제시했던 북핵 일괄 타결 정책이다. 북핵 문제를 해결하기 위한 많은 준비 과정에서 한·미·중의 그랜드 바겐이 필요하다. 예를 들어, 김정은의 궁극적 목적은 무엇일까? 김정은 체제 이후의 북한은 어떻게 될까? 한미 동맹과 그 동맹 관계의 유지가 중국을 지나치게 불편하게 만들지 않으려면 어떻게 해야 할까? 이처럼 합의와 협상이 필요한 부분이 많다.

마지막으로 북한의 '체제 전환'을 주시해야 한다. 이는 매우 중요하다. 나는 '정권 교체'와 '선제적 군사 공격'이라는 표현을 싫어하지만 북한에 체제 전환이 필요하다는 것은 외면할 수 없는 현실이다. 과거 중국은 문화대혁명과 덩샤오핑 시대를 지나왔고 오늘날의 중국이 있기까지 큰 변화를 겪었다. 체제 전환이 없었다면, 중국은 지금과 같은 수준으로 발전할 수 없었을 것이다. 북한의 비핵화는 체제 전환을 동반할 수밖에 없다. 어떻게 이를 실현할 수 있을까? 국제관계론과 외교사를 돌아볼 때, 체제 전환은 대부분 갈수록 위험이 커지는 과정이다. 예를 들어, 중국의 문화대혁명 당시에는 사회가 크게 불안정하지 않았다. 오늘날 김정은의 개인사나 김씨 일가의 통제력을 보면 북한 내부의 분열 기미는 없지만, 북한이 조금이라도 개방한다면, 북한 사회는 금세 불안정하고 위험해질 것이다. 중국, 미국, 한국 모두 이러한 상황에 대비해야 한다.

사드 문제에 있어서 나는 문재인 대통령을 믿는다. 다음 두 장의 사진은 많은 중국인을 감동시켰다. 첫 번째 사진은 한국전쟁 당시 피란민의 자식이었던 문재인 대통령의 어린 시절을 보여준다. 문 대통령의 부모님은 당시 전쟁으로 피폐해지고 가난한 남한으로 내려왔다. 두 번째 사진은 2017년 5·18 광주 민주화 운동 기념식에 참가한 문 대통령의 모습이다. 그는 민주화 운동의 상징적인 아들이기도 하다. 민주화 운동을 상징하는 '임을 위한 행진곡'이 담긴 위챗 동영상도 있다. 문 대통령이 광주 민주화 운동의 유가족을 포옹하고 있는 이 사진은 위챗을 통해 널리 퍼졌다. 문 대통령은 한

1950년 12월 19일 미국 수송선에 미처 타지 못한 피란민들이 작은 어선을 타고 흥남항을 떠나는 모습.

2017년 5월 18일 오전 광주 북구 국립 5·18 민주묘지에서 열린 37주년 5·18 민주화 운동 기념식에서 추모사를 하다 눈물을 흘린 한 유가족을 위로하는 문재인 대통령.

국뿐만 아니라 동아시아 정치권 전역에 새로운 정신을 불어넣고 있다. 우리는 그의 비전과 성품에서 배울 점이 있다. 따라서 사드가 극복할 수 없는 문제라고 생각하지 않는다. 지금 이 문제를 지나치게 확대 해석할 필요도 없다. 중국과 한국 정부가 현실적이면서도 현명하게 문제를 해결할 수 있다고 믿는다.

그렇다면 어떻게 삼자 협력을 이끌어낼 수 있을까? 가장 큰 불확실성은 트럼프 탄핵이다. 트럼프가 탄핵된다면 시진핑 주석은 크게 실망할 것이다. 우호적인 관계에서 함께 일할 수 있는 미국 지도자를 갑자기 잃게 되는 것이니 말이다. 이 점은 나 역시 우려하는 바이다.

간단히 결론을 내리자면, 당분간 북한 문제 해결 전망은 어둡지만 고무적이다. 북한의 핵 능력은 발전하고 있지만, 새로운 협력 관계가 구축되고 있기 때문이다. 어떻게 효과적으로 나아갈 수 있을지에 대한 답은 아직 찾지 못했다. 중국과 한국, 미국을 어떻게 더욱 가깝게 만들 수 있을까? 삼국의 관계가 점차 더 공고해지고 있다고 조심스럽게 낙관해본다. 하지만 긍정적인 진전을 이루기 위해서는 섬세한 이해가 선행되어야 하며, 까다로운 문제에 현명하게 대처해야 한다. 따라서 대화와 조율이 필요하다. 국가 간 상호 보완도 중요하다. 마지막으로, 최대한 감정을 배제한 관점이 요구된다. 한국어를 읽을 줄은 모르지만 매일 인터넷으로 한국 뉴스를 보는데, 지난 10개월간 점점 심해지는 반중 감정에 많이 걱정이 된다. 중국에서도 반한 감정이 커지고 있다. 이것이야말로 우리 앞에 놓인 장애물이자 진정한 적이다. 이를 멈춰야 한다. 북핵 문제 해결이라는 공동의 목적을 달성하기 위해 협력해야 한다. 격앙된 감정을 가라앉히고, 서로를 새로운 관점에서 바라보며 상생할 수 있는 관계가 되기를 진심으로 바란다.

(강연일 2017년 5월 19일)

5장

미중 관계의 발전과
대만 문제
Development of China-US Relations and the Taiwan Question

:

사오위췬邵育群
상하이국제문제연구원
대만·홍콩·마카오연구소 소장

미중 관계의 세 가지 특징

미중 관계는 새로운 단계에 들어섰으며, 여기에는 세 가지 뚜렷한 특징
이 있다.

첫 번째 특징은 국제적 차원에서 미국과 중국이 전 세계가 당면하고 있
는 시급한 과제 해결에 선도적으로 대처하기 위해 상당히 효과적으로 협
력하고 있다는 것이다. 기후변화 문제에 대한 협력이 대표적이다. 세계 최
대 경제대국이자 에너지 소비국이며 온실가스 배출국인 미국과 중국의 두
지도자 시진핑과 오바마는 2015년 9월 시진핑 주석의 미국 국빈 방문 기
간에, 온실가스 배출 감축과 에너지 효율 기준 준수, 국제 기후변화기금
조달,[1] 청정 에너지 연구개발에 협력하겠다고 발표했다.[2] 이는 그해 12월
파리협정Paris Agreement[3]의 성공적인 체결에 큰 디딤돌이 되었다. 미국의 기
후변화정책 전문가이자 물리학자이며 콜로라도주의 록키마운틴연구소 회
장인 에이머리 러빈스Amory Lovins는 이 협정의 체결을 "지금까지 있었던 전

세계적인 기후변화와의 싸움에서 가장 획기적인 성과"라고 평가했다.

이 밖에도 미국과 중국은 핵 확산 방지, 저작권 침해 금지, 빈곤감소, G20, 세계경제 회복 등에도 협력해왔다. 2016년 G20 정상회담은 9월 중국 항저우에서 개최될 예정이다. 최근 소식에 따르면 G20 회원국은 정상회담에서 혁신 성장, 글로벌 금융 거버넌스, 무역 및 투자 전략, 포괄적이고 지속 가능한 성장의 네 가지 부문에 집중하기로 합의했다. 일부 선진국에서의 반세계화 운동과 일부 신흥국에서의 경제 성장률 둔화, 전략 지정학적geostrategic 문제 등으로 세계경제 성장의 미래에 대한 불확실성이 큰 시점에서, 미중 양국이 G20 정상회담에서 힘을 합쳐 국제적 불안감을 해소하는 데 선도적 역할을 할 수 있을지 귀추가 주목되고 있다.

미중 관계의 두 번째 특징은 양국 관계가 역사상 그 어느 때보다 좋다는 것이다. 미중 정상은 매년 정기적으로 양자·다자간 회담을 통해 양국 관계뿐 아니라, 지역적·국내외적 안건을 논의하고 있다. 양국 정상의 직접적인 의사소통은 양국 관계의 안정성을 저해할 수 있는 전략상의 오해와 불신을 미연에 방지하는 데 기여한다. 정상급 회담 외에도, 양국이 정책 제안을 교환하고 의견 차와 갈등을 해결하기 위한 메커니즘은 100가지가 넘는다. 그중 가장 중요한 채널로 '미중 전략 경제대화U.S.-China Strategic and Economic Dialogue(S&ED)'가 있는데, 이를 통해 양국 정부 관료들이 함께 만나 앞으로 양국 관계를 어떻게 이끌어나갈지 논의한다. 최근에는 지방정부 차원의 채널이 새롭게 떠오르고 있다. 이는 양국의 지방정부가 직접 소통하고 협력할 수 있도록 돕고, 양국 관계가 지나치게 정치화되는 것을 막는 역할을 한다.

양국 관계의 기반이라 할 수 있는 경제, 무역 관계도 지난 몇 년간 강화되어왔다. 중국 측 자료에 따르면, 2015년 양국 교역량은 5583억 9000만 달러(한화 약 670조 원)에 달한다. 2016년 현재 미국은 중국의 두 번째로 큰 무역 상대국이며, 중국은 미국의 최대 무역 상대국이다. 양방향 투자가 급증하고 있는 것도 중요한 흐름이다. 미국은 중국의 대외직접투자 대상에서 네 번째로 큰 국가이며, 미국의 대₩중국 직접투자는 전체 외국인 직접투자 중 6위다. 양국 간의 인적 교류도 크게 확대되었다. 미국에서 공부하는 중국인 유학생 수는 인도와 한국을 제치고 1위를 차지했으며, 2015년 미국으로 떠난 중국인 여행객 수는 미국의 비자 완화 정책으로 전년 대비 53퍼센트 증가했다.

세 번째 특징은 최근 가장 많은 관심이 쏠리고 있는 지역적 차원으로, 지역적 차원에서 미중 관계는 경쟁과 협력이 공존한다. 아시아 태평양 지역은 여러 이슈로 긴장이 고조되고 있으며, 가장 최근에는 남중국해 중재 문제가 있었다. 여기서 자세히 다루지는 않겠으나, 다음의 세 가지를 지적하고자 한다.

첫째, 중국을 고립시키는 것은 바람직한 선택이 아니다. 미국의 시사 잡지 『애틀랜틱The Atlantic』에 실린 제프리 골드버그Jeffrey Goldberg의 '오바마 독트린'4이라는 기사를 보면, 오바마 대통령은 강대국 관계 중에서 미중 관계가 가장 중요할 거라고 믿고 있다. 오바마 대통령은 "중국의 행동이 국제적 이익을 저해하고 있는 곳에서는 단호하게 대처해야 한다고 생각한다. 남중국해 문제에 대한 대처를 보면, 우리는 중국을 고립시키도록 대부분의 아시아 국가를 동원할 수 있었고, 그 결과는 솔직히 중국을 놀라게 했으며 동맹을 강화하는 데 있어서 우리 이익을 크게 충족시켰다"고 말했다. 중국이 지역 내에서 고립감을 느낀다면, 남중국해 문제는 결코 해결될 수 없을 것이다. 미 대통령과 그 측근들은 미국의 중국 견제는 없을 것이라고 거듭 천명하고 있지만, 미 정부가 역내 동맹 관계 강화에 최선을 다하고 있으며 그 동맹 관계의 주요 표적이 중국이라는 점을 고려할 때 중국, 특히 일반 중국인들은 미국 측의 말을 믿기 어려울 것이다.

둘째, 중국은 현재의 국제 질서나 미국 주도의 아태 지역 질서에 전적으로 만족하지 못하고 있다. 하지만 중국은 이 질서의 전복이 아니라 개혁을 추구한다. 지금까지 중국은 경제적·안보적 측면에서 모두 기존의 국제 질서나 아태 지역 질서의 혜택을 받아왔다. 이러한 질서의 전복은 미중 간의 군사적 충돌로 이어질 것이며, 이는 분명 중국이 바라는 상황이 아니다. 지금의 국제화된 세계 속에서 국제적·지역적 질서의 개혁은 중국과 미국을 포함한 여러 국가의 협력을 통해서만 가능하다.

셋째, 미중 양국은 아태 지역의 위기 예방과 관리를 위해 협력해야 한다. 예기치 못한 위기로 인해 전쟁이나 군사적 충돌에 휘말리는 것은 두 국가 모두 원치 않는 일이다. 따라서 양국 간에 정상급 차원에서 정기적으로 전략적 대화가 필요하며, 실무급 차원에서도 긴밀한 소통이 필요하다. 또한 특정 문제에 대한 상대국의 '레드 라인'을 분명히 인지하고 문제가 걷잡을 수 없이 악화되지 않도록 노력해야 한다.

대만 문제

대만 문제에 대해 논하자면, 2008년 마잉주馬英九 정부가 집권한 이후 양안兩岸[5] 관계는 '하나의 중국'을 원칙으로 하는 92컨센서스九二公識[6]를 기반으로 평화기에 접어들었다. 2008년 중국의 해협양안관계협회海峽兩岸關系協會, The Association for Relations Across the Taiwan Straits(ARATS)와 대만의 해협교류기금회海峽交流基金會, The Straits Exchange Foundation(SEF)는 제도적 교류를 재개했으며, 2014년 2월 중국의 국무원 대만사무판공실과 대만의 행정원 대륙위원회는 연락 시스템을 구축했다. 양안 국민의 안녕을 위해 해협양안관계협회와 해협교류기금회 간에 23건의 협정이 체결되었다. 2015년 대만해협 양안의 인적 교류는 9856만 건에 이르렀다.

2015년 11월 7일 시진핑과 마잉주의 역사적 만남은 양측이 92컨센서스를 양안 관계의 정치적 기반으로 인정한다면 많은 어려움을 극복하여 평화롭고 안정적인 관계를 유지할 수 있음을 보여주었다. 또한 양안 관계의 평화로운 발전은 주변국들의 지지를 받았다. 8년간 천수이벤 정부와 위험한 대만 독립 정책을 겪은 후 주변국들은 평화로운 양안 관계가 모두에게 이로우며 지지를 받아야 한다는 것을 깨닫게 되었다.

하지만 마잉주 정부의 국내적·경제적·사회적 정책의 실패로 인해, 대만 유권자들은 변화를 꿈꾸며 민주진보당 후보 차이잉원에게 투표했다. 차이잉원 총통과 민주진보당의 대對중국 정책은 마잉주와 국민당의 노선과 다르다. 지금까지 차이잉원 총통은 92컨센서스를 인정하지 않았으며, 중국이 받아들일 수 있는 새로운 양안 관계를 제시하지도 않았다.

이런 맥락에서 양안 관계는 불안정기로 접어들었다고 볼 수 있다. '불안정'이 시사하는 바는 무엇인가? 먼저 양안 관계의 평화로운 발전은 그 정치적 기반을 상실했다. 해협양안관계협회와 해협교류기금회, 그리고 중국 국무원 대만사무판공실과 대만 행정원 대륙위원회 사이의 제도적 교류도 끊겼다. 이는 분명 양국 경제와 무역, 인적 교류뿐만 아니라 위기 예방과 관리에도 악영향을 미칠 것이다.

뿐만 아니라 차이잉원 총통은 아직 대만 독립을 추구하는 정책을 밀어붙이지 않았음에도 불구하고 민주진보당은 독립 노선의 당 정강을 이행하지 못했다. 중국 정부는 이를 우려하고 있다. 차이잉원 정부의 허니문 기간은 금방 끝날 것이다. 2016년 7월 26일 발표된 대만의 설문조사에 따르면,

차이잉원 총통의 지지율은 두 달 전보다 벌써 14퍼센트나 떨어진 상태다. 지지율이 떨어진 까닭은 중국에서 심각한 문제로 받아들였던 초음속 '항모 킬러' 미사일을 소위 '실수'로 발사한 것 외에도, 중화항공 승무원들의 파업, 열차 폭발, 중국인 관광객 26명이 사망한 관광버스 화재 참사 등 많은 문제가 있었기 때문이다. 92컨센서스에 대한 총통의 입장 때문에 양안 관계의 미래를 우려하는 대만인이 많은 것도 원인 중 하나다.

차이잉원 총통이 경제 성장과 부의 공평한 분배에서 좋은 성적을 내지 못한다면, 지지율은 계속 빠르게 떨어질 것이다. 선거로 재집권에 성공한 민주진보당은 선거에서 이기기 위해서라면 무슨 일이든 할 것이다. 선거 승리를 위해 모든 수단을 동원해 지지 세력을 규합할 것이며, 여기에는 극단적 대만 독립파도 대거 포함되어 있다. 차이잉원 총통은 또한 양안 관계에 대한 입장과 정책을 내놓는 데 있어서 급진적 성향의 신생 정당인 시대역량당時代力量黨, New Power Party의 압박에 시달릴 것이다. 따라서 선거 압박으로 대중국 정책을 타협할 가능성도 크다. 차이잉원 총통의 정책 목표는 중국을 우회한 지역 경제 통합과 국제적 지위 향상이다.

이러한 목표를 달성하기 위해 지금의 국제 정치 맥락 속에서 어떤 실용적 접근이 이뤄지고 있을까? 만약 그렇지 않다면 어떻게 해야 할까? 중국 대륙의 정책에 불평하는 것만으로는 어떤 문제도 해결할 수 없으며 양측의 불신만 깊어질 것이다. 차이잉원 정부가 추진하고 있는 '신남향 정책New Southbound Policy'[7]을 보면, 일단 정치적 문제는 제쳐두더라도, 많은 대만 기업이 아세안과 인도 시장 진출을 원하는지 의문이다. 대만 재계는 정부의 신남향 정책보다는, 인도에서 일본, 한국 기업과 경쟁이 가능한지 등에 더 관심을 기울이고 있다. 중국의 '일대일로—帶—路'에 무임승차할 수 있을지를 고민하는 대만 기업들도 늘어나고 있다. 그러므로 차이잉원 정부가 재계의 이익을 정말로 중요하게 여긴다면, 중국 본토가 고집스럽고 유연하지 못하다고 비판하며 우회를 선택하는 대신, 안정적인 양안 관계 유지를 위해 더 많은 노력을 기울여야 한다.

대만 문제는 1979년 미중 수교 이후 늘 양국 관계에서 가장 중요하고 민감하며 시급한 문제였다. 2008년 이후 양안 관계가 평화기에 접어들면서 정책적 우선순위에서 밀려났지만, 앞으로는 상황이 달라질 수 있다. 최근 중국을 방문한 수전 라이스Susan Rice 미 국가안보보좌관은 시진핑 주석을 만나 남중국해, G20 정상회담, 북한, 에볼라 등 양국의 관심사에 대해 많은 대화를 나누었다. 양측 모두 새로운 형태의 강대국 관계 정립이 서로의 이익에 부합한다는 점을 이해하고 있다. 미국과 중국은 서로를 존중해야 하고, 양국 관계를 조심스럽게 관리해야 하며, 갈등과 대립을 피하고 주변국에 최대한 불편을 끼치지 않도록 해야 한다. 전체적으로 미국과 중국은 많은 공통분모를 가지고 있으며, 많은 분야에서 협력해야 한다. 미국 정부가 대만에 잘못된 신호를 보내면 안 된다는 사실을 인지하기 바란다. 미국의 다음 대통령에 누가 당선되든, 양국은 힘든 과도기를 겪게 될 것이다. 따라서 대만 문제가 양국 관계에 걸림돌이 되지 않도록 만반의 준비를 해야 할 것이다.

(강연일 2016년 7월 27일)

CHINA

제2부

NEW

중국 경제의 부침

PARADIGM

중국 경제 부흥이
세계경제에 미치는 영향

China's Rejuvenation and Its Implication for Global Economy

:

린이푸林毅夫
베이징대 신구조경제학연구원 원장,
전 세계은행 부총재

2018년은 중국 근대화의 중요한 해다. 사회주의 계획경제에서 시장경제로의 전환 40주년을 기념하는 해이기 때문이다. 중국의 시장경제로의 전환은 1978년 덩샤오핑에 의해 시작되었다. 당시 중국은 세계에서 가장 가난한 국가 중 하나였다. 세계은행에 따르면, 중국의 1인당 GDP는 156달러였다. 그때 세계에서 가장 가난한 대륙은 아프리카, 특히 사하라 이남 지역이었는데, 이 지역의 1인당 GDP 평균은 490달러였다. 중국의 1인당 GDP가 아프리카의 3분의 1에도 미치지 못했다는 의미다. 다른 가난한 국가들처럼, 중국 인구의 81퍼센트는 시골에 살았고, 중국 인구의 84퍼센트는 국제 빈곤선poverty line인 하루 1.25달러에도 훨씬 못 미치는 돈으로 살았다.

과거 중국 경제는 내수지향적이었다. 1978년 GDP 대비 수출 비중은 4.1퍼센트, 수입은 5.6퍼센트에 그쳤다. 전체 경제에서 수출입이 차지하는 비중, 즉 무역의존도는 9.7퍼센트에 불과했다는 의미다. 중국 생산량의 90퍼센트는 세계경제와 연결되어 있지 않았다. 1978~2017년까지, 지난 40년간 중국 경제는 연평균 9.5퍼센트 성장했다. 이렇게 오랫동안 높은 성장률을 유지한 국가는 어디에서도 찾아볼 수 없다. 같은 기간 동안 무역은 연평균 14.5퍼센트 성장했다. 이처럼 눈부신 성장률은 중국을 변화시켰다. 2009년 중국은 일본을 추월하여 세계 2위 경제대국이 되었다. 2010년에는 독일을 제치고 세계 1위 수출국이 되었다. 수출의 97퍼센트는 제조품이다. 이제 중국은 세계의 공장이라 불린다.

최초로 세계의 공장이라 불린 국가는 산업혁명 이후의 영국이다. 19세기 말, 20세기 초에는 미국이 세계의 공장이었고, 제2차 세계대전 후에는 독일과 일본, 한국이 세계의 공장이 되었다. 지금은 중국이 그 자리에 있다. 2013년 중국의 무역, 즉 수출입은 미국을 넘어섰다. 지금 중국은 세계 최대 무역국이다. 구매력평가Purchasing Power Parity(PPP) 기준, 2014년 중국은 미국을 제치고 세계 1위 경제대국으로 발돋움했다. 그 과정에서 중국의 빈곤층도 7억 명 이상 줄어들었다. 전 세계 빈곤층 감소 규모의 70퍼센트 이상에 해당되는 성과다. 2017년 중국의 1인당 GDP는 8640달러에 달했다. 중국이 만들어낸 경이로운 변화다. 중국 경제 붕괴에 대한 끊임없는 우려가 있었지만, 중국은 지금까지 전 세계에서 경제·금융 위기를 겪지 않은 유일한 국가다.

같은 기간 동안 중국만 변화한 것은 아니다. 구소련과 동유럽, 기타 저소득 국가도 계획경제에서 시장경제로 전환했지만, 그 과정에서 무너졌다. 하지만 중국은 안정과 역동적인 경제 성장을 유지했다. 따라서 오늘 이 자리에서 중국 역사, 나아가 인류 역사에도 중요한 몇 가지 질문을 던져보려한다.

첫째, 중국은 어떻게 이렇게 오랫동안 높은 성장률을 이뤄낼 수 있었으며, 1978년 전에는 왜 수 세기 동안 빈곤의 덫에 갇혀 있었는가? 둘째,

1980~1990년대 거의 모든 개발도상국이 전환기를 거치면서 대부분 침체기나 위기를 맞는데, 어떻게 중국은 안정과 역동적인 경제 성장을 유지할 수 있었을까? 중국은 분명 완벽하지 않았으며, 경제 체제에 많은 문제점을 안고 있었다. 역동적 경제 성장은 이뤄냈지만, 소득 불균형과 부패 등 많은 문제가 있었다. 왜 이런 문제가 있었을까? 또한 역동적 경제 성장을 언제까지 유지할 수 있을지에 대해서도 질문을 던질 필요가 있다. 중국은 이런 성장을 얼마나 더 오래 지속할 수 있을까? 마지막으로, 다른 국가들에 관해서도 논의해야 할 것이다. 이들도 지난 40년간의 중국과 비슷한 성과를 낼 수 있을까?

먼저 중국이 어떻게 오랫동안 높은 성장률을 유지할 수 있었는지에 대한 답은 사실 단순하다. 후발자 우위latecomer advantage 덕분이다. 경제 성장은 소득 증가를 의미한다. 소득 수준을 향상시키려면, 노동생산성을 개선해야 한다. 노동생산성을 개선하려면 기존 산업에 기술 혁신을 가져오거나, 새로운 고부가가치 산업이 있어야 한다. 그래야 노동력, 자본 등의 자원을 저부가가치 산업에서 고부가가치 산업으로 옮길 수 있다. 이것이 경제 성장 메커니즘이며, 고소득 국가든 저소득 국가든 동일하게 적용된다.

현재 선진국의 소득은 세계 최고 수준이다. 노동생산성이 세계 최고 수준이며, 세계 최첨단 기술을 가지고 있고, 기술 부가가치가 세계 최고 수준이라는 의미다. 기술 혁신이나 산업 발전을 이뤄내려면, 기술이나 산업을 직접 만들어내야 하는데 여기에는 리스크와 비용 부담이 크다. 그러한 메커니즘에 의해 고소득 국가들은 19세기 말부터 지금까지 연평균 3~3.5퍼센트 성장해왔다.

개발도상국도 노동생산성과 소득 수준 개선을 위해 기술 혁신과 산업 발전이 필요하다. 저소득은 낮은 노동생산성을 의미한다. 즉 기술이 세계 최고 수준이 아니며, 해당 산업의 부가가치가 세계 최고 수준이 아니라는 뜻이다. 따라서 개발도상국은 기술이나 산업을 직접 만들어내지 않고, 고소득 국가와의 기술 격차나 부가가치 차이를 활용할 수 있다. 고소득 국가로부터 기술이나 산업을 빌려오거나 모방하거나 라이선스 계약을 체결할 수도 있다. 그러면 기술 혁신과 산업 발전의 리스크와 비용 부담 모두 크게 줄어든다. 개발도상국이 후발자 우위를 활용할 수 있다면, 이론적으로는 고소득 국가보다 빠르게 성장할 수 있다. 얼마나 빠른지는 경험적인 문제다.

제2차 세계대전 이후 200여 개 개발도상국 중 13개국은 후발자 우위를 통해 7퍼센트 이상의 경제 성장률을 달성했다. 그들의 성장률은 고소득 국가보다 2~3배 높았으며, 25년 이상 지속되었다. 1978년 이후 중국은 이들 중 하나였다. 따라서 첫 번째 질문에 대한 대답은, 1978년 이후 중국은 후발자 우위를 토대로 기술 혁신과 산업 발전에 박차를 가할 수 있었고, 그래서 오랫동안 높은 경제 성장률을 유지할 수 있었다는 것이다.

하지만 1978년 이후 중국의 경제 성장이 후발자 우위 효과 덕분이라면, 왜 1978년 전에는 후발자 우위가 없었는지 의문이 생긴다. 1978년 전에는 왜 후발자 우위 효과를 누리지 못했을까? 이 질문에 대한 답도 단순하다. 중국이 자발적으로 잠재력을 포기했기 때문이다. 1949년 중국에는 사회주의 혁명이 있었다. 혁명의 목표는 중국인을 부유하게, 중국을 강하게 만드는 것이었다. 당시에는 고소득 국가처럼 부유해지려면 노동생산성이 그만큼 높아야 하고, 고소득 국가처럼 노동생산성을 높이기 위해서는 산업도 그만큼 발전되어야 한다는 인식이 있었다. 당시 고소득 국가는 최대 규모의 자본집약적 산업을 갖추고 있었기 때문에 중국인을 부유하게 만들기 위해서는 고소득 국가만큼 자본집약적 산업을 발전시켜야 했다. 국가를 강하게 만들기 위해서는 강력한 군대와 마찬가지로 대규모 자본집약적 산업인 군수 산업이 필요했다. 따라서 정책의 목표는 대규모 자본집약적 산업을 하루빨리 만드는 것이었다. 문제는 당시 이와 같은 대규모 자본집약적 산업을 만들기 위해서는 세계 최고 수준의 기술이 필요했다는 점이다. 그것들은 특허의 보호를 받고 있었기 때문에 그냥 모방하거나 빌려올 수도 없었다. 게다가 이런 산업을 발전시키고 싶고, 그 대가를 지불할 의향이 있어도, 국가 안보와 관련되어 있기 때문에 지불이 불가능할 수 있었다. 그 결과, 중국은 직접 연구하고 발명하느라 시간을 낭비해야 했으며, 따라서 후발자 우위를 누릴 수 없었다.

하지만 문제는 이뿐만이 아니었다. 이런 산업은 매우 자본집약적이다. 1949년과 1950년대, 심지어 1970년대까지도 중국은 세계에서 가장 가난한 나라 중 하나였기에, 당연히 자본이 부족했다. 중국은 자본집약적 산업에 비교우위가 없었다. 비교우위가 없는 산업에 속한 기업은 개방된 경쟁 시장에서 살아남기 어렵다. 정부는 이들을 보호하기 위해 가능한 모든 행정 조치, 시장 왜곡과 개입을 했다. 이러한 왜곡과 개입을 통해 중국은 중공업을 빠르게 발전시킬 수 있었으며, 1960년대 핵폭탄을 실험할 수 있었고 1970년대에는 인공위성을 발사할 수 있었다. 하지만 시장 왜곡은 비효율적 자원 배분을 초래했으며, 동기도 저하시켰다. 그 결과 중국은 후발자 우위만 포기한 게 아니라, 비효율적 자원 배분과 동기 저하라는 문제까지 맞닥뜨리게 되었다. 당연히 경제 성장도 저조했고 소득도 더디게 증가했다.

1978년 이후에야 중국은 비교우위에 적합한 산업을 발전시키기 시작했다. 바로 경공업과 노동집약적 산업이다. 중국은 정부 지원에 힘입어 이러한 산업에 비교우위를 만들 수 있었다. 이런 산업은 국제적 경쟁력이 있었고 중국을 빠르게 변화시킬 수 있었다. 여기에서 쌓은 경쟁력으로 자본을 빠르게 축적할 수 있었고, 축적된 자본으로 산업 발전을 이뤄낼 수 있었다. 산업 발전으로 후발자 우위 효과도 누릴 수 있었다.

하지만 중국은 중공업 중심 발전 전략도 추구했다. 1950~1960년대 스탈린 체제하의 모든 사회주의 국가는 동유럽과 구소련의 가난한 농업 경제를 토대로 중공업 개발을 시도했다. 제2차 세계대전이 끝나고 모든 개발도상국은 제국주의 열강으로부터 정치적 독립을 획득했으며, 근대화 운동도 시작했다. 그들은 대규모 근대 산업의 확립을 통해 근대화를 달성하려는 비슷한 목적을 가지고 있었다. 당시 구조주의적 시각에 따르면, 개발도상국은 근대 산업을 발전시켜야 하지만 시장의 자연적 힘만으로는 불가능하기 때문에, 정부 개입과 자원 동원으로 수입 대체 전략을 채택해서 대규모 근대 산업을 구축해야 한다는 논리가 지배적이었다.

이와 같은 시도로 개발도상국은 5~10년간 투자를 확대할 수 있었지만, 중공업을 전반적으로 폐쇄한 후 그런 산업은 애물단지로 전락했다. 실적이 저조했고 경제는 침체되었으며 위기가 계속되었다. 1970년대 말 중국이 시장경제로의 전환을 시작하면서, 1980년대에는 거의 모든 개발도상국이 개발 정도나 사회주의 경제 여부에 관계없이 전환을 시작했다. 그러나 이 과정에서 사회주의 진영이나 비사회주의 진영을 포함한 과도기의 다른 국가들은 붕괴되거나 정체되거나 끊임없는 위기에 부딪혔다. 중국이 해결하려 한 문제는 다른 국가들과 크게 다르지 않았지만, 결과는 크게 달랐던 것이다.

경제학자 윌리엄 이스털리William Easterly에 따르면, 1980~1990년대 개발도상국의 연평균 성장률은 경제 전환 전인 1960~1970년대보다 낮았고, 위기 발생 빈도는 오히려 높았다. 이러한 이유로 일부 경제학자들은 1980~1990년대를 개발도상국의 잃어버린 10년이라 말하기도 한다.

정부 주도 성장에서 시장 중심 경제로 전환하겠다는 목표도, 이를 통해 해결하려던 문제도 다르지 않았는데, 결과는 왜 달랐을까? 이 질문에 대한 답은 간단하다. 다른 국가들은 1980~1990년대에 팽배했던 신자유주의를 따랐기 때문이다. 고소득 국가와의 격차는 계속 벌어졌고, 온갖 위기에 부딪혔다. 이는 개발도상국 정부의 지나친 개입 때문이며, 정부의 실패라고 보는 시각이 많았다.

당시 개발도상국의 견조한 경제 성장을 위해서는 고소득 국가처럼 제대로 작동하는 시장경제를 확립해야 한다는 권고가 있었다. 즉 민영화, 시장화, 안정화, 자유화를 통해 체계적으로 정부 개입을 없애야 한다는 것이다. 당시에는 제대로 작동하는 시장경제를 구축하려면 모든 종류의 개혁을 한꺼번에 도입하는 빅뱅식 접근법이 필요하다는 인식이 있었다.

이런 식으로 접근했던 국가들의 경제는 대부분 붕괴되었다. 그 주된 이유는 신자유주의가 어느 정도의 왜곡이 대규모 자본집약적인 중공업의 보호에 필요한 내생적 요소임을 이해하지 못했기 때문이다. 국가가 비교우위를 갖추지 못한 산업에 속한 기업들은 개방된 경쟁 시장에서 살아남을 수 없었다. 정부 개입을 모조리 없애면, 기업들은 곧 줄지어 파산할 것이다. 대규모 파산이 일어나면, 대량 실업 문제가 발생하고, 사회적·정치적 안정이 흔들리게 된다. 사회적·정치적 안정 없이 경제 성장은 불가능하다.

게다가 앞서 언급했듯, 이런 산업의 일부는 국가 안보와 직결된다. 이런 산업 없이 국방력을 갖추는 것은 불가능하다. 우크라이나가 좋은 예다. 과거 우크라이나는 항공모함 생산이 가능했다. 전 세계에서 가장 큰 항공기를 만들기도 했다. 심지어 오늘날에도 그들이 제작한 항공기는 세계에서 가장 크다.[1] 하지만 우크라이나는 1980년대에 이 산업을 모두 포기했고 오늘날에는 국경을 지킬 능력조차 없어졌다.

그러나 대부분의 국가가 이렇게 극단적으로 가지 않을 것이다. 국방 측면에서 중공업의 중요성을 인식하기 때문이다. 자유화 이후에도 정부 보조금과 보호 없이는 살아남을 수 없기 때문에 정부는 보조금 제공과 보호를 중단하지 않을 것이다. 사실 이런 산업은 민영화되면 오히려 더 많은 보조금과 보호를 받게 될 가능성이 크다. 국영기업은 보조금과 보호 없이는 생존할 수 없으므로 국가에 이를 요청한다. 보조금을 받은 후에는 기업에서 쓰는 비용이 늘어날 것이다. 하지만 보조금을 개인이 직접 착복할 수는 없다. 그렇게 하는 것은 범죄이고 기업 부패다.

민영화가 되면 개인 소유주들은 국가의 보조를 받지 않지만, 같은 논리로 정부에 보조금과 보호를 요청할 수 있다. 정부로부터 더 많은 보조를 받을수록 합법적으로 더 많이 개인 호주머니로 착복할 수 있다. 따라서 더 많은 보조금과 보호를 누리기 위해 정부에 로비를 하고 설득할 이유가 생긴다. 정부 관료에게 이렇게 말하기도 한다. "보조금을 더 주시는 것이 어떻겠습니까? 스위스 당좌 계정으로 나눠드리지요." 실제로 이런 일들이 러시아 등지에서 일어났다.

대규모 국영기업이 민영화 이후 정부 보조금을 오히려 더 많이 받았다는 경험적 증거는 많다. 그 결과 많은 국가가 시장경제로 전환하면서 경제 침체와 위기에 시달렸다. 하지만 중국은 실용적 접근법을 택했기 때문에 안정과 역동적인 경제 성장을 유지할 수 있었다. 1978년 이후 중국은 점진적인 이원적 접근법dual track approach, 雙軌制 을 택했다. 중국 정부는 보조금과 보호 없이 살아남기 힘든 산업이 있음을 인정하고, 안정을 유지하기 위해 일시적 보호와 보조금을 계속 제공했다. 새로운 노동집약적 산업에도 문을 열었다. 민간 부문의 진입을 허용했을 뿐만 아니라 투자도 유치했다. 경제특구, 산업단지, 수출가공구를 만들어 산업 성장을 독려했다. 중국이 비

1장
중국 경제 부흥이 세계경제에 미치는 영향

교우위에 있었던 노동집약적 산업의 육성에는 이런 뒷받침이 필요했다. 그래서 생산의 요소비용이 국제적으로 낮을 수 있었다.

하지만 국제적으로 경쟁하려면 거래 비용을 포함한 총비용으로 경쟁해야 한다. 거래 비용은 인프라와 기업 환경에 달려 있다. 초기 중국은 인프라가 빈약했으며, 모든 부문을 보호해야 할 필요성과 각종 정부 개입, 왜곡 때문에 기업 환경 역시 열악했다. 이런 이유로 중국은 경제특구와 산업단지를 조성했다. 특구 안에서는 인프라가 매우 양호했고 모든 것이 자유화되었다. 세계은행의 지표에 따르면 중국의 전체적인 기업 환경은 좋지 않았지만 경제특구나 수출가공구 안에서의 기업 환경은 상당히 좋았다. 이런 실용적인 접근법을 통해 중국은 안정과 역동적인 경제 성장을 이루었다. 역동적인 경제 성장은 모든 산업 부문의 발전을 위한 조건을 만들어 낼 수 있다. 모든 부문에 보호와 보조금이 필요했던 까닭은 중국의 오래된 산업이 자본집약적이었고 비교우위가 없었기 때문이다. 새로운 산업 부문에 자본이 축적되면서 오래된 산업도 점차 비교우위를 갖추었고, 중국이 보조를 없앨 수 있는 여건이 조성되었다.

그렇다면 중국이 역동적인 경제 성장을 위해 치른 대가는 무엇인가? 바로 부패와 소득 불균형이다. 중국은 오래된 산업 부문에 어떻게 보조금을 주었을까? 그것들은 자본집약적이고, 자본집약적 산업에서 가장 중요한 비용은 자본비용이다. 중국 정부는 중공업에 저금리로 자본을 제공했으며, 이를 위해 대형 은행과 증권시장 기반의 금융기관을 도입했다. 또한 대규모 산업의 자본비용을 낮추기 위해 금융 억압financial repression을 했다. 처음에는 국영기업만 이런 금융기관을 이용할 수 있었지만, 경제 전환기에 노동집약적 산업의 민간 부문이 성장하고 덩치가 커지면서 대형 은행과 증권시장에서 금융 서비스를 받을 수 있게 되었다. 하지만 자본비용이 인위적으로 억제되었기 때문에 금융 서비스나 보조금을 누가 받든, 이런 개입은 지대를 만들어내고 지대 추구로 이어진다. 지대를 추구하게 되면 이는 결국 부패와 다르지 않다.

이런 자본집약적 대기업이 받는 보조금은 누가 지급하는가? 일반 국민이다. 예를 들어 농업 가구, 제조업이나 서비스업 부문의 영세기업과 중소기업은 보통 소규모이기 때문에 금융 서비스를 받지 못한다. 이들은 저축을 많이 하지만 대출을 받을 수 없으며 주식시장에 상장할 수도 없으므로, 낮은 이자를 받으면서 금융권에서 대출이 가능한 사람이나 기업에 돈을 빌려주게 된다. 이렇게 금융권에서 돈을 빌릴 수 있는 쪽은 보통 부자다. 가난한 사람들이 부자들의 투자를 지원하는 구조인 셈이다. 이렇게 되면 당연히 소득 격차가 점점 커진다. 이런 식의 점진적 개혁은 안정과 경제성장이라는 이득이 있지만, 부패와 소득 불균형이라는 문제점도 있다.

천연자원 부문에서도 비슷한 문제가 있었다. 헌법에 따르면 중국의 천연자원은 공공 소유다. 1983년 이전에는 모든 광산 회사가 국영기업이었다. 그들은 비용 지불 없이 채굴권을 받았지만 생산품을 저가로 공급해야 했다. 1983년 이후 이런 시스템은 약간 바뀌었다.

우선 많은 민간 광산 회사가 이 부문에 진출했다. 처음에는 상한가를 인위적으로 낮췄기 때문에 큰 문제가 없었다. 하지만 1993년 이후 상한가와 국제가격이 자유화되었다. 문제는 채굴권 가격이 여전히 매우 낮았다는 것이다. 그 결과 채굴권을 얻기만 하면 부자가 되는 구조가 생겨났고, 이는 부패와 소득 불균형의 원인이 되었다. 또한 대규모 자본집약적 서비스 산업의 독점 문제도 있었다. 대형 민간 부문이 성장하면서 독점이 가능한 서비스 산업으로의 진입을 원하게 되었고, 시장 진입 권한을 얻은 쪽은 바로 부자가 되었다. 이 역시 부패와 소득 불균형에 기여했다. 이는 안정과 역동적인 경제 성장을 위해 중국이 지불한 대가다.

중국이 이와 같은 보호와 보조금이 필요했던 까닭은 경제 전환 초기에 자본이 부족하고 가난한 나라였기 때문이다. 보호나 보조금이 없었다면 오래된 산업 부문은 무너지고 많은 혼란과 문제가 발생했을 것이다. 하지만 이제 중국은 중·고소득 국가로, 더 이상 자본이 부족하지 않으며, 자동차, 장비, 기계, 건설 등 대부분의 산업에서 비교우위를 갖추게 되었다. 이제 개방된 경쟁 시장에서도 살아남을 수 있으며, 경영만 잘한다면 수익을 낼 수 있다. 이제 왜곡을 없앨 준비가 된 것이다. 이것이 중국공산당 제18차 전국대표대회(18차 당대회)에서 중국이 도입한 개혁안이다.[2] 2013년 18기 3중전회에서 중국은 시장 중심 개혁을 심화하고 자원 배분에 있어서 시장이 결정적 역할을 할 수 있도록 하겠다고 약속했다. 중국이 준비가 되었으므로 왜곡을 모두 없애겠다는 뜻이다.

물론 이행에는 시간이 걸릴 것이다. 하지만 중국이 이런 개혁을 단행한다면, 언제까지 역동적인 경제 성장을 유지할 수 있을까? 이는 중국에서 하나의 논쟁거리다. 양호한 경제 성장을 보인 동아시아의 다른 국가들도 20년간 8~10퍼센트로 성장하다가 7퍼센트, 6퍼센트, 5퍼센트에서 4퍼센트까지 성장률이 하락했다고 지적하는 사람이 많았다. 그들은 중국도 같은 전철을 밟으며 연평균 성장률이 9.5퍼센트에서 점차 6퍼센트, 5퍼센트, 결국에는 4퍼센트까지 떨어질 거라고 예측했다. 하지만 나는 중국이 얼마나 오랫동안 역동적으로 성장해왔는지가 판단 기준이 되어서는 안 된다는 입장이다. 역동적인 성장의 잠재력은 후발자 우위의 크기에 달려 있다. 이 후발자 우위는 중국과 고소득 국가의 기술 수준을 통해 측정할 수 있다.

그렇다면 기술 수준은 어떻게 측정하는가? 가장 좋은 방법은 1인당 GDP를 활용하는 것이다. 1인당 GDP는 평균 생산성 수준을 의미하며, 평균 기술 수준과 산업 부가가치를 반영한다. 내가 판단의 근거로 삼는 통계는 2010년 타계한 영국의 유명한 경제사학자 앵거스 매디슨Angus Maddison의 통계다.[3] 그는 초창기부터 2008년까지 데이터를 제공했다. 2008년의 구매력평가 기준 중국의 1인당 GDP는 미국의 21퍼센트였다. 이는 1951년의 일본, 1967년의 싱가포르, 1971년의 대만, 1977년의 한국과 비슷한 수준이다. 이 동아시아 4개국은 앞서 언급한 양호한 경제 성장을 보인 13개국에 포함된다. 이 4개국은 미국 1인당 GDP의 21퍼센트를 달성한 후 20년간 8~9퍼센트의 성장률을 유지했다. 따라서 이 국가들이 후발자 우위를 바탕으로 20년간 연 8~10퍼센트 성장할 수 있었다면, 중국도 2008년부터 20년간 8퍼센트 수준의 성장 잠재력을 가지고 있음을 의미한다.

현대 기술에는 단주기short cycle 혁신 가능성이 있다. 중국은 인적 자본이 많은 대국이고 내수 시장이 크기 때문에 단주기 혁신 가능성에서 큰 혜택을 볼 수 있다. 단주기 혁신 가능성에는 인적 자원이 중요하다는 점에서 중국은 잠재력이 크다. 예를 들어, 유니콘 기업(기업 가치가 10억 달러, 즉 한화 약 1조 2000억 원 이상인 비상장 스타트업 기업)을 보자. 통계에 따르면, 2017년 전 세계 상위 50위 유니콘 기업 중 27개가 중국 기업이었으며, 16개가 미국 기업이었다. 그 밖에 한국과 일본, 영국 기업이 있었고, 인도 기업도 한두 개 포함되었다. 이에 나는 중국이 2008년부터 20년간 여전히 8퍼센트의 성장 잠재력을 가지고 있다고 확신한다. 실제로 2008~2017년 중국의 연평균 성장률은 8.1퍼센트였다. 앞으로도 10년간 중국은 8퍼센트씩 성장할 가능성이 충분히 있다.

하지만 중국의 성장 잠재력이 얼마나 실현될 수 있는지는 앞서 언급한 개혁 정책에 달려 있다. 세계경제도 여기에 큰 영향을 미칠 수 있다. 세계경제는 아직 침체에서 벗어나지 못하여 성장 잠재력의 실현 가능성을 낮춘다. 그렇지만 중국은 향후 10년간 약 6.5퍼센트의 성장세를 유지할 수 있을 것이다. 현재 중국 경제 규모가 세계경제의 약 16퍼센트라는 점을 감안했을 때, 매년 6.5퍼센트 성장한다는 것은 중국이 세계경제 성장률에 1퍼센트 이상 기여함을 의미한다. 세계경제 성장률이 약 3퍼센트 정도이니, 중국은 향후 10년간 세계경제 성장에 최소 30퍼센트 이상 기여하게 될 것이다.

내 마지막 질문은 다른 개발도상국이 중국으로부터 배울 수 있는 교훈이 무엇인가이다. 내 분석에 따르면, 후발자 우위 효과를 활용할 수 있는 방법을 찾는다면, 개발도상국도 20~30년 이상 8~10퍼센트까지 역동적으로 성장할 수 있는 잠재력이 있다. 이를 활용할 수 있다면, 어떤 국가든 수십 년 안에 중국과 다른 동아시아 국가만큼 빠른 경제 성장이 가능하다.

성장 잠재력을 실현하기 위해서는 두 가지 측면에서 현실적_{pragmatic}이어야 한다. 첫째, 개발 가능한 산업에 대해 현실적이어야 한다. 개발도상국은 과거 근대화 운동의 목표가 대체로 너무 높았다. 당장 고소득 국가 수준으로 대규모 산업 고도화를 추구했지만, 비교우위를 갖추지 못했다. 어떤 산업을 발전시킬 수 있을지는 비교우위에 달려 있고, 비교우위는 부존 자원에 따른 발전 단계에 의해 결정되므로, 개발 가능한 산업에 대해 현실적이어야 한다.

둘째, 전환 과정에서도 현실적이어야 한다. 모든 개발도상국은 과거 야심찬 개발 계획의 영향으로 경제 시스템에 많은 왜곡이 생겨났다. 물론 고소득 국가처럼 제대로 작동하는 시장 조직이 있다면 이상적일 것이다. 하지만 왜곡은 내생적 요소임을 이해할 필요가 있다. 내생적 개입을 없앨 수 있는 조건을 만들어야지, 그렇지 않으면 개입을 없애려는 시도가 개선은커녕 오히려 해가 될 수 있다. 따라서 현실적인 접근법이 필요하다. 언젠가는 고소득 국가 수준의 제도를 갖추어야겠지만, 전환 과정에서는 제도 개선에도 현실적이어야 한다.

현실적 접근법을 위해서는 발전에 대한 사고방식을 바꿔야 한다. 지금까지 이상적인 발전의 개념은 대부분 서구 학자들이 만든 것이었다. 예를 들어, 1950년대는 구조주의가 대세였다. 발전에 있어서 구조주의는 거시경제학의 케인스학파와 유사하다. 구조주의는 서구에서 지배적 학파였으며 개발도상국도 대부분 이를 따랐다. 구조주의자들은 개발도상국에 정부가 개입하여 근대 산업을 구축하라고 조언했는데, 의도는 좋았지만 결과는 좋지 않았다. 1980년대에는 신자유주의가 지배적이었다. 이번에는 민영화, 자유화, 시장화를 통해 고소득 국가처럼 제대로 작동하는 시장 제도를 만들라는 주문이 있었다. 역시 의도는 좋았지만 결과는 좋지 않았다.

개발도상국이 성공적으로 경제 성장을 이룰 수 있는 방법을 설명하기 위해서는, 스스로의 경험을 바탕으로 새로운 이론을 만들어내는 것이 매우 중요하다. 성공적인 개발도상국의 경제 정책에 대해 주류 사상은 대부분 잘못된 정책이라고 간주했다. 예를 들어 제2차 세계대전 이후 소수의 국가만 고소득 국가를 따라잡았으며, 그 대부분은 동아시아 국가였다. 1950년대부터 1970년대에 이르기까지 주류 사상은 대규모 근대 산업의 발전과 수입 대체 전략을 역설한 구조주의 이론이었다. 하지만 성공한 동아시아 국가는 대규모 근대 산업에서 시작한 것이 아니라 소규모 노동집약적 산업에서 시작했다. 또한 수입 대체 전략이 아니라 수출 지향 전략을 따랐다. 1950~1960년대에 이런 전략은 잘못되었다는 평가를 받았다. 고소득 국가는 고도화된 근대 산업을 발전시켰기 때문에 노동생산성이 높다는 논리였다. 노동생산성이 낮은데 노동집약적 산업에서 시작하면, 어떻게 고소득 국가를 따라잡을 수 있겠냐는 것이다. 그러나 이 잘못된 전략을 따른 소수의 국가만 결국 성공을 거뒀다.

1980~1990년대에 정부가 주도하고 개입하는 계획경제에서 제대로 작동하는 시장경제로 전환해야 한다는 관점에 따르면, 이러한 시장경제 구축을 위해서 필요한 제도를 모두 도입해야 했다. 이것이 '워싱턴 컨센서스 Washington Consensus'⁴다. 이는 올바른 접근법으로 간주되었지만, 그렇게 접근한 국가들의 경제는 무너졌다. 1980~1990년대에 중국은 점진적 접근법을 취했다. 그렇게 하면 경제적 효율성이 심지어 계획경제보다 더 떨어질 것이라는 우려가 높았지만, 그런 전략을 채택한 소수의 국가만 경제 전환에 성공했다.

그러므로 우리는 질문을 던져야 한다. 주류 사상이 틀렸다고 한 방법을 따랐던 국가가 어떻게 성공했을까? 고소득 국가의 이론에 따라 올바른 접근법을 취한 국가는 왜 성과가 저조했을까? 주류 이론은 고소득 국가의 경험에 기반을 두고 있기 때문이다. 그들은 고소득 국가의 상황을 전제로 삼고 있지만 개발도상국에는 이러한 기본 조건이 갖춰져 있지 않았다. 알다시피 이론의 타당성은 그 전제 조건에 달려 있다. 고소득 국가의 이론이 지닌 의도는 분명히 매력적이고 이상적이지만, 개발도상국에는 맞지 않았고 그 결과 대부분 실패로 끝났다.

따라서 태도의 전환이 요구된다. 개발도상국의 성공과 실패의 원인을 이해하기 위해서는 개발도상국의 경험에서 배우고 이를 근거로 새로운 이론을 만들어야 한다. 우리가 해야 할 일은 개발도상국의 성공과 실패에 근거한 이론적 혁신을 지원하는 것이다. 이런 이론이야말로 개발도상국의 성공을 위해 적절한 정책적 조언을 제공할 수 있다.

(강연일 2018년 7월 3일)

2장

중국 경제의 둔화:
원인, 도전, 전망
中国经济放缓: 原因, 挑战, 展望

:

장쥔張軍
푸단대 경제학원 원장, 중국 경제연구센터 주임

2012년, 중국의 경제 성장률이 처음으로 8퍼센트 아래로 떨어진 뒤, 전 세계 투자자들과 대다수 국가 정부들이 중국 경제의 향후 행보에 주목하고 있다. 지난 5년간 중국 경제가 전 세계 경제 성장에 기여한 바는 50퍼센트에 달하며, 그런 의미에서 중국 경제 둔화가 글로벌 경제에 미치는 영향은 막대하기에, 이는 이상한 일도 아니다. 그렇다면 중국 경제는 지난 몇 년 동안 왜 둔화되었는가? 이 같은 경제 둔화 현상과 중국 경제가 당면한 주요 문제를 어떻게 이해할 것인가? 정부 정책은 이러한 문제를 어떻게 처리할 것인가? 특히 중장기적으로 중국 경제의 구조적 문제를 어떻게 해결하고 구조 개혁을 추진할 것인가? 이는 모두가 가장 관심을 갖고 있는 주제일 것이다. 나는 다음의 세 가지 측면에서 이 문제를 논하고자 한다.

첫째, 중국 경제는 지난 10여 년 동안 초고속 성장을 경험했다가 다시 성장이 둔화되었는데, 그 원인은 무엇인가? 개인적으로 현재의 둔화와 이전의 고속 성장을 같이 놓고 봐야 정확한 답을 찾을 수 있다고 생각한다.

둘째, 경제에서 가장 중요한 현상인 신용대출의 확대와 적체 문제에 대해 논하고자 한다. 이 문제는 현재 중국 경제가 직면한 가장 중요한 문제 혹은 가장 까다로운 문제로, 한국을 비롯한 여타 국가들도 이 문제에 부딪혔을 것이다. 부채의 과도한 적체는 해결하기 쉽지 않다. 이 적체 문제는 경제 성장 둔화의 중요한 원인이 되었다. 셋째, 중국이 중장기적으로 직면한 구조 개혁과 경제 성장의 전망에 대해 간단히 논하고자 한다.

먼저 중국 경제가 빠른 성장에서 느린 성장으로 바뀌게 된 과정을 살펴보자. [도표 1]은 1978년 개혁개방 이후 중국의 GDP 성장률을 나타낸 표다. 성장률이 그다지 안정적이지 않음을 알 수 있다. 어느 단계에서는 성장률이 계속해서 빠르게 증가하다가도 롤러코스터처럼 수차례 반락을 겪었다. 이미 수차례 경제 파동을 겪었기 때문에 2007년 이후 나타난 경제 성장률의 하락은 그렇게 이상한 일도 아니다. 1980년대에 이미 두 번의 심각한 상승과 하락을 겪었다. 1990년대부터는 중국 경제가 전반적으로 고속 성장을 했으나 여느 때처럼 경기 과열이 일어나 정부의 거시적 조정을 받았다. 그 결과 경제가 서서히 반락하여 과열에서 소위 말하는 노멀 상태의 기본적인 발전으로 돌아갔다. 그러다 어느 정도 시간이 흐른 뒤에는 또다시 빠르게 성장하기 시작했다.

또 한 번의 고속 성장은 대략 2002년 이후에 시작되었다. 2002년 이전에는 특히 1997년 아시아 금융위기의 영향으로 중국 경제 성장률이 둔화되었고, 1999년에는 경제 성장률이 8퍼센트에 미치지 못했다. 1999~2000년 당시 내가 쓴 일기를 보면, 그때 참석했던 각종 세미나와 포럼들은 기본적으로 한 가지 주제를 다루고 있었다. 바로 중국이 디플레이션의 위기에서 벗어날 방법이 있는가이다. 오늘날 우리가 중국 경제가 직면한 문제들을 살펴보면서 또다시 디플레이션을 논하고, 어떻게 하면 벗어날 수 있

(단위: 퍼센트)

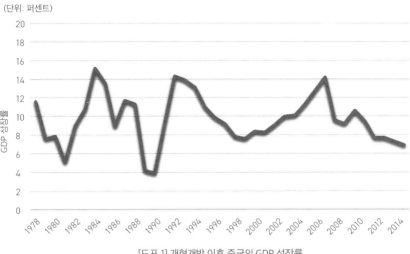

[도표 1] 개혁개방 이후 중국의 GDP 성장률

는지를 얘기하는 것처럼 말이다. 1999~2000년을 돌이켜보면 베이징, 상하이는 물론 다른 나라의 수많은 경제학자도 중국 경제 문제를 다루면서 어떻게 부채를 처리할 것인가를 논했다. 중국 경제가 디플레이션에 빠졌을 때, 부채가 많고 수많은 은행에 불량 자산이 많다면, 이 문제를 어떻게 해결할 것인가. 이 글에서도 이와 비슷한 문제를 다루게 될 것이다. 당시에도 경제 성장의 하락이 수요 위축 때문인지 아니면 공급측 요인 때문인지를 논의했다. 여기서도 수요측 문제인지 공급측 문제인지를 다룰 것이다. "역사는 완전히 일치하진 않아도 항상 비슷하게 반복된다"는 명언이 떠오르는 대목이다. 중국 경제의 현 상황을 살펴보면서 1998~2001년을 돌아본다면, 당시 경제가 직면했던 수많은 문제가 오늘날과 상당히 유사하며 사람들의 논의 역시 비교적 집중되어 있다는 것을 알 수 있다.

2003년 이후 중국 경제는 고속 성장하기 시작했다. 2003~2007년 중국의 연평균 성장률은 11.7퍼센트였고, 가장 높았던 해는 2007년의 14.1

퍼센트로, 이는 매우 높은 수치다. 2002~2012년으로 시간의 범위를 조금 늘려봐도, 이 10년 동안 중국의 성장률은 두 자릿수이며, 10.2퍼센트로 여전히 빠른 편이다. 이 성장률은 모두 물가 요인을 제거한 실질성장률이다. 명목성장률은 14~18퍼센트 사이가 될 것이다. 실질성장률은 물가 요인을 제거한 수치지만, 여전히 두 자릿수였다. 반면 2008~2011년에는 경제 성장률이 아주 조금 하락했다. 알다시피 이 시기 중국 정부는 4조 위안(한화 약 680조 원)의 정부 지출 계획으로 성장을 유지했기 때문에, 여전히 두 자릿수에 근접할 수 있었다.

하지만 2012년 이후에는 성장률이 떨어졌다. 2012년에는 처음으로 8퍼센트 밑으로 떨어졌다. 2012~2014년은 평균 7.6퍼센트의 성장을 했으며, 2015년은 7퍼센트보다 낮은 6.9퍼센트를 기록했다. 2016년 1분기 GDP 성장률은 6.7퍼센트였다. 이렇게 보면 중국은 2003~2007년 고속 성장 단계에 진입했고, 2007년 이후 GDP 성장률의 전반적인 추세는 계속 하락했다. 2008~2011년 3년간, 특히 2009~2011년에 4조 위안의 부양책을 실시했는데도 말이다. 부양책이 없었다면 2008~2011년의 성장률은 그렇게 높지 못했을 것이다. 내 생각에 2008~2011년에 4조 위안의 경기 부양책이 없었어도 중국 경제 성장의 추세는 똑같았을 것이다. 다시 말해, 2007년 14.1퍼센트로 정점을 찍은 뒤 중국 정부가 거시적 조정을 시작하자 이때부터 경제 성장률이 반락하기 시작했다. 그러다가 2008년 11월 중국국무원이 4조 위안의 경기 부양책을 시행하기로 결정했다. 이 같은 결정에 대해서 만약 부양책이 없었다면 오늘날 중국의 경제 상황이 좀더 나아지지 않았을까 하는 많은 비판과 논의가 있다. 하지만 부양책이 없었어도 성장의 하락세는 여전히 존재했을 것이다. 다만 경제 성장을 안정화하는 일이 조금 수월했을 수는 있다. 4조 위안은 중국 경제에 많은 어려움과 후유증을

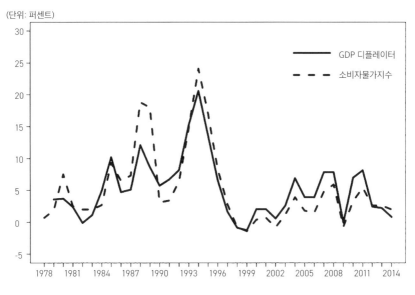

(단위: 퍼센트)

[도표 2] 종합물가지수General Price Index(GPI)

남겼기에, 이를 소화할 시간이 필요하다. 4조 위안이 없었더라면 중국은 2~3년 전인 2013년 혹은 2014년부터 안정적으로 성장했을지도 모른다. 하지만 오늘날 우리는 여전히 이 4조 위안이 남겨둔 수많은 문제, 예컨대 부채 문제라든가 과잉생산능력 문제 등을 처리해야 한다. 4조 위안의 부양책이 없었더라면 과잉생산능력이 있어도 정도가 훨씬 덜했을 것이며, 부채 규모도 이렇게 크지 않았을 것이다. 이것이 2016년 현재의 대략적인 상황이다.

[도표 2]를 통해 최근 몇 년의 상황을 보면 GDP 디플레이터deflator(국민소득에 영향을 주는 모든 경제활동을 반영하는 종합적 물가지수)와 소비자물가지수Consumer Price Index(CPI)의 변동세가 같은 것을 알 수 있다. 이는 기본적으로 성장을 하지 않거나 제로 성장인 상태다. 예컨대 2016년 1분기 중국

경제 성장률은 6.7퍼센트였으며, 물가를 고려한 명목성장률도 6.7퍼센트였다. 실질성장과 명목성장률 모두 6.7퍼센트라는 것은 일반 물가수준이 제로 성장했음을 의미한다. 특정 분기나 달에 물가지수가 마이너스 성장을 했을 수도 있겠지만, 전체적으로는 0에 가까운 수준을 유지하고 있는 것이다. 이는 사실상 디플레이션(경기 침체 속 물가 하락)이 발생했음을 의미한다. GDP 성장률이 계속 하락하고 물가수준 역시 상승하지 않았다면 지금의 경제 문제는 기본적으로 수요의 문제라고 볼 수 있다. 수요 부진, 수요 부족 때문에 물가가 오르지 않고 산출량도 하락하고 있는 것이다.

그러면 지난 몇 년간 수요에 어떠한 변화가 발생했는가? 나는 이를 '수요 충격demand shock'이라 부르고자 한다. 크게 두 가지 충격이 있었는데, 첫번째 충격은 전 세계적인 수요 위축demand contraction이다. 한국을 포함한 전 세계 국가들이 심각한 수요 위축에 직면했다. 가장 대표적인 현상이 바로 무역이 성장하지 않는 글로벌 무역 침체다. 알다시피 무역이 성장하지 않는다는 것은 심각한 일이다. 북한 정도를 제외하면 오늘날 무역을 하지 않는 나라는 없다. 북한도 중국과 약간의 무역을 하고 있긴 하다. 이 글로벌 무역 위축은 많은 국가의 수출이 중단되거나 마이너스 성장에 들어선다는 것을 의미한다. 어떤 국가의 수출이 마이너스 성장을 기록한다면 어떤 국가의 수입도 마이너스 성장을 기록할 것이다.

중국을 예로 들자면 2015년 중국의 수출은 약 마이너스 20퍼센트를 기록했다. 이는 매우 큰 폭의 하락이다. 중국은 수출의 대부분을 중간재나 원자재, 자본재의 수입에 의존하고 있기 때문에, 중국의 수출 하락은 수입에도 영향을 미친다. 중국이 다른 나라로부터의 수입을 줄인 결과 중국의 수입 역시 마이너스 성장을 기록했다. 이후 2016년 1분기에는 중국의 수출이 크게 개선되어 대략 5퍼센트 전후의 한 자릿수 성장을 기록했다. 그래서 다들 중국 경제가 지금은 어느 정도 호전되는 것으로 생각한다. 정확한 판단을 내리기는 어렵지만, 이는 글로벌 경제, 특히 국제 원자재의 가격 변동과 깊은 관련이 있다. 중국의 수입 감소는 중국에 원자재를 수출해야 하는 나라에 영향을 준다. 예를 들어 중국에 철광석을 수출하는 호주의 경우, 중국의 수입이 줄어들자 바로 타격을 입었다. 이렇게 자원형 국가와 중국에 원자재를 수출하는 국가들은 중국의 경제 불황에 커다란 타격을 받는다. 글로벌 경제가 호전돼야 중국의 수출이 좋아질 수 있고, 수출이 좋아지면 수입이 좋아져서, 중국에 수출하는 많은 국가의 경제 상황 또한 좋아질 수 있다. 결론적으로 상호의존적인 관계다. 글로벌 경제가 좋아져야 중국 경제가 좋아지는 것인지, 아니면 중국 경제가 좋아져야 글로벌 경제가 좋아지는 것인지 묻는 사람들이 있는데, 개인적으로는 두 가지 모두 맞는 것 같다.

현재 중국은 글로벌 무역에서 아주 큰 비중(16퍼센트)을 차지하고 있다. 미국만이 1998년에 이와 같은 비율에 도달한 적이 있을 뿐이다. 이로써 중국과 글로벌 경제의 상호의존도가 충분히 높다는 것을 알 수 있다. 이런 의미에서 글로벌 위기는 중국의 수출과 수입에 커다란 타격을 주게 되고, 반대로 현재 중국 경제의 하락도 글로벌 무역에 부정적 영향을 끼치게 된다. 하지만 전반적으로 글로벌 무역은 현재 침체 상태에 있으며, 그래서 많은 국가와 지역들이 무역 창출을 목표로 무역이 빨리 회복되기를 바라면서 자유무역협정, 즉 FTA 체결에 적극적으로 나서고 있다. 이것이 첫 번째 수요 충격이다.

두 번째 수요 충격으로, 글로벌 무역 침체보다 중국 경제 하락에 더 큰 영향을 끼치는 요소는 중국의 거시 긴축 정책(거시적 조정)이다. 중국 국내 경제에 끼치는 영향력은 이것이 더 크다. 2002~2007년 중국의 거시경제

정책은 사실상 완화 정책으로, 확장적 통화정책과 재정정책으로 경제 발전을 이끌었다. 그리고 2009년 이후에 또 한 번 4조 위안의 경기 부양책을 사용했는데 이 역시 확장적 정책이었다. 그러다 2011년이 되자 정부의 정책이 갑자기 조정되어 모든 것이 긴축으로 돌아서기 시작했다. 특히 대출, 은행 대출이 통제되었다. 이로 인해 긴축 이전에 미완으로 남아 있던 많은 투자 사업들이 더 이상 대출을 받을 수 없게 되었다. 중국의 여러 도시에서 인프라 사업과 부동산 사업이 2011년 이후 거시 긴축 정책으로 인해 반쪽짜리 공사가 돼버렸다. 후속 자금이 없어지고 많은 사업이 완성되지 못했다. 그래서 처음 2년은 국가발전개혁위원회(이하 발개위)가 재정부에 공문을 보내 협조 요청을 했다. 재정부가 지방정부의 융자 플랫폼을 모두 닫아버리기로 결정했기 때문이다. 발개위는 2009~2011년에 비준된 투자 사업들이 아직 진행 중이기 때문에 은행으로부터 융자를 계속 받을 수 있도록 해야 하며, 그렇지 않으면 더 큰 낭비를 초래할 수 있기에 지금 융자 플랫폼을 닫아서는 안 된다는 입장이었다. 당시 거시 정책의 갑작스러운 긴축은 사실 지방정부를 대상으로 했음을 알 수 있다. 기업이 하는 사업들이 하루아침에 융자를 받을 수 없게 되었다. 그러자 지방정부와 기업의 부채 수준이 갑자기 증가했다. 후속 자금원이 없는데 은행이 더 이상 대출을 해주지 않았기 때문에, 해외에서 차관을 들여오거나 국내의 그림자 금융 shadow banking을 통해 더 높은 금리를 주고 대출을 받는 등 다른 경로를 통해서 자금을 조달해야 했다. 이렇게 거시 정책 조정 과정에서 전체 경제의 수요가 큰 타격을 받았다. 많은 기업과 지방정부가 2011년 이후 자금적으로 묶이게 되면서 많은 수요를 실현하지 못했고, 투자가 확연히 반락하기 시작했다.

정리해보면, 첫 번째 수요 충격은 무역에서 발생했다. [도표 3]을 보면

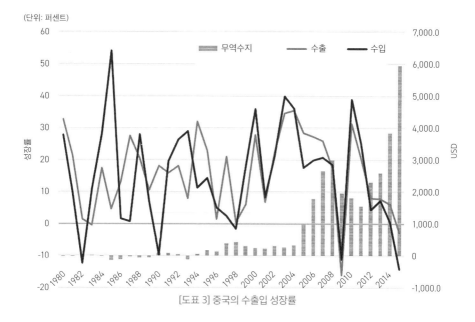

[도표 3] 중국의 수출입 성장률

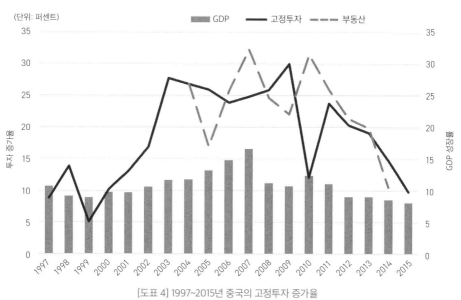

[도표 4] 1997~2015년 중국의 고정투자 증가율

중국의 무역 성장, 수출입 성장이 지난 몇 년 동안 굉장히 빠르게 하락했음을 알 수 있다. [도표 4]를 보면 중국의 투자는 앞서 언급한 거시 긴축 정책이 시행되고부터 증가 속도가 매우 빠르게 하락하고 있다. 한때 경제가 성장할 때는 명목 투자 증가율이 매년 평균 20~25퍼센트에 달했다. 최근 2년, 특히 2011년 이후에는 거시적 조정으로 중국의 고정자산투자 증가율이 10퍼센트 아래로 떨어졌고 2015년에는 9퍼센트 성장에 그쳤다. 한때 20~25퍼센트였던 증가율이 절반 이상 하락한 것이다. 2016년 1분기 중국의 투자 증가율은 대략 9.6퍼센트로, 전년도 평균 증가율보다 약간 높았다.

GDP 성장에서 투자가 차지하는 비중은 45퍼센트 내외로, 50퍼센트 가까이 되므로 투자 증가율이 갑자기 떨어지면 중국의 GDP 성장률도 하락하게 될 것이다. 따라서 투자가 눈에 띄게 반락한다면 GDP 성장률도 같이 반락하게 될 것이다. 중국의 소비는 매년 실질 증가율이 8퍼센트 전후로 커다란 변동이 없어서 증가세가 안정적인 편이다. 다만 유일하게 민감한 것이 바로 투자다. 그래서 일단 거시 정책이 조정되면 투자가 갑자기 떨어지고 GDP 성장률도 덩달아 떨어지게 된다.

[도표 4]에서 점선은 부동산 투자다. 중국의 고정자산투자에서 부동산투자는 3분의 1을 차지하고 있다. 부동산 투자가 활발해져서 성장이 빨라진다면 고정자산투자도 빠르게 증가하고 GDP 성장률도 높아지게 된다. 반면, 부동산이 급격하게 반락한다면 GDP 성장률도 함께 하락하게 된다. 따라서 수요 측면에서 볼 때 최근 몇 년간 GDP 성장률이 눈에 띄게 하락한 것은 거시 조정 정책이 긴축으로 돌아섰기 때문이다. 많은 투자 사업들이 지속적인 투자를 받지 못했고, 신규 투자 사업은 비준을 얻지 못했으며, 자금 조달이 어려워지면서 지방정부와 기업 모두 추가적인 투자 사업

을 진행할 수 없게 되었다. 이것이 수요 하락의 주요 원인이다.

수요 하락에 대해, 2002~2012년의 10년 동안 중국의 고정자산투자 증가율이 매년 평균 20~25퍼센트 수준이었으니, 중국 정부가 경제 성장률을 안정적으로 유지하려면 현재 10퍼센트 미만인 투자 증가율을 12퍼센트, 13퍼센트, 15퍼센트로 매년 조금씩 높여가면 되지 않느냐고 생각할 수 있다. 과연 그럴 수 있을까? 높일 수 있는지 없는지를 판단하려면 이 10년을 살펴봐야 하는데, 이미 지난 10여 년 동안 중국의 투자에는 수많은 미스매치mismatch가 있었다. 투자 효율이 낮았고 수많은 투자 낭비가 있었다. 경제학자들이 자원의 미스매치라고 부르는 이 현상은 다음의 몇 가지 영역에서 나타났다.

첫 번째는 인프라 영역이다. 중국은 인프라가 잘돼 있는 편이다. 매년 거액을 투자했기 때문에 인프라 투자가 전체 고정자산투자에서 차지하는 비중이 대략 25퍼센트 전후다. 일부 지역은 아마 더 높겠지만 전국 평균은 대략 30퍼센트에 조금 못 미치는 수준이다. 수요가 그렇게 많지 않은데도 지방정부가 미리 인프라 투자를 하는 등 인프라 투자의 많은 사업이 과도하게 앞서서 진행됐다. 중국의 중서부 지역, 특히 3, 4선 도시의 많은 인프라가 제대로 이용되지 않고 있다. 예컨대 중국의 수많은 공항은 이용객이 많지 않다. 또 고속철의 경우 4조 위안의 정책적 지원에 힘입어 당시 철도부 부장[1]은 매년 1조 위안을 투입하며 고속철 건설을 밀어붙였다. 당시 많은 사람이 중국에 고속철은 필요 없다며 격렬하게 반대했지만 그는 계속 밀고 나갔다. 그러나 오늘날 모두 그 철도부 부장을 긍정적으로 평가한다. 모두가 고속철 사업의 수혜자이기 때문이다. 지금은 상하이에서 베이징까지 고속철을 탈 경우 가장 빠른 노선으로 약 4시간 50분밖에 걸리지 않는다. 애초에 시속 360킬로미터로 설계되었기 때문에 사실 기술적으로는 속도를 더 올릴 수도 있지만, 원저우溫州에서 인명사고가 난 이후부터 속도를 시속 300킬로미터로 낮췄다.[2] 시속 360킬로미터로 달린다면 상하이에서 베이징까지 3시간 남짓밖에 안 걸리며, 이는 비행기와 경쟁이 가능한 속도다. 비행기로는 2시간밖에 안 걸리지만 고속철이 비행기보다 편리하기 때문에, 사람들은 고속철 사업을 긍정적으로 평가한다. 하지만 추진 당시에는 많은 자금이 투입되어야 했고, 돈을 많이 빌려 막대한 부채 문제가 발생했기 때문에 큰 논쟁을 불러일으켰다. 하지만 당시의 많은 투자 사업이 지금의 고속철처럼 빨리 수익을 내지는 못했다. 앞으로 5년, 10년 후에도 많은 사업이 이 같은 수익을 내지는 못할 것이다.

두 번째 미스매치는 부동산이다. 상하이, 베이징, 선전深圳과 같은 1선 도시는 문제가 없다. 여기서는 부동산 투자가 효과가 없다고 말할 수 없다. 하지만 2003~2004년 이후의 많은 부동산 투자가 3, 4선 도시에 집중되었다. 중국에는 대략 290개의 지급시地級市가 있다. 현재 1, 2선 도시에서는 부동산 공급 부족 현상이 나타나고 있지만, 3, 4선 도시에서는 공급 과잉 현상이 나타나고 있다. 이는 주로 정부의 신용대출 완화로 수많은 개발업자와 지방정부가 돈을 쉽게 빌릴 수 있었기 때문이다. 지방정부는 돈을 쉽게 빌렸고 토지를 갖고 있어 임대를 통해 많은 수익을 얻었다. 정부의 수입 중 약 3분의 1이 토지 임대에서 나왔고, 또 융자를 받을 때도 토지를 담보로 은행에서 돈을 빌렸다. 2005년 이후부터 지방정부들은 부동산에 열을 올리기 시작했다.

중국에는 기이한 현상이 있는데, 중국에서 토지는 국가의 것이고, 도시의 토지 역시 국가 소유다. 따라서 집을 지으려면 토지지표土地指標[3]를 확보해야 한다. 이 지표는 베이징의 한 사무실에서 호적戶籍 인구를 기준으로 배분한다. 호적 인구에 기초한다면 다음과 같은 문제를 쉽게 떠올릴 수 있을 것이다. 중국 인구는 전체적으로 소도시에서 대도시, 중서부에서 동쪽으로 이동하기 때문에 대도시는 사람들로 넘쳐난다. 상하이의 호적 인구는 전체 인구의 50퍼센트가 되지 않아, 상하이에 거주하는 약 2500만 명의 인구 가운데 호적이 없는 사람은 1000만 명이 넘는다. 그런 의미에서 상하이에 할당된 건설용 토지는 상주인구에 비해 부족한 편이다. 그러나 중서부 지역은 더 이상 그곳에 살지 않는 사람이 많은데도 여전히 호적 인구로 추산된 토지지표를 얻을 수 있다. 그 결과 2004~2005년 이후 중서부 지역, 중소도시에는 토지 공급이 충분한 반면, 연해 대도시, 1선 도시에서는 부동산 개발에 쓸 토지가 많지 않았다. 호적 인구에 따라 각지의 지표를 배분했기 때문에, 인구가 특히 밀집된 지역에서는 되레 토지 공급이 적고, 인구가 계속 줄어들고 있는 지역에서는 토지지표를 많이 확보한 상황이 연출됐다. 그리하여 토지지표가 많은 지방정부들이 신도시를 짓기 시작했으며, 신도시 개발 계획을 세우고 개발업자를 찾아 투자했다.

지난 10여 년 동안 중국의 수많은 중서부 지역, 중소도시에서 신도시 건설 계획이 쏟아져 나왔다. 그런데 신도시 건설은 대부분 부동산에 기대어 개발을 하고 주택을 짓기 때문에 사실상 부동산 사업이다. 어떤 지방에 가보면 신도시가 아주 아름답고 잘 계획되어 있지만, 사람이 없거나 인기가 없어서 계획했던 것만큼 인구가 유입되지 않고 있다. 개발업자는 향후 5년, 10년 안에 이곳에 얼마만큼의 인구가 유입될 테니 신도시를 건설하려 한다는 정부의 말만 믿었는데 사실상 인구 유입이 일어나지 않아 속았다고 생각할 수도 있다. 그래서 지금 3, 4선 도시에 부동산 공급 과잉 현상이 나타나고 있는 것이다. 어떤 사람은 3, 4선 도시의 부동산을 소화하려면 10년, 15년, 어쩌면 더 긴 시간이 필요하다고 말한다. 연해 도시라면 2~3년 안에 소화가 가능하며 베이징, 상하이 같은 도시에서는 이런 문제가 없다. 오히려 상하이 같은 지역은 현재 공급이 가능한, 매년 새로 지어지는 부동산이 고정수요Rigid Demand를 감당하기에 턱없이 부족한 실정이다. 예를 들어 상하이는 매년 젊은 신혼부부들이 집을 필요로 하며, 이혼하는 사람도 집이 필요하고, 이혼하고 재혼하는 사람도 집이 필요하다. 이 세 경우만 봐도 상하이의 주택 공급은 이들을 만족시키기에 턱없이 부족하다.

세 번째는 중화학 공업이다. 인프라와 부동산은 석탄, 강철, 전해알루미늄, 유리가 많이 필요하다. 그래서 중국은 지난 수년 동안 이 분야에 거액을 투자해 거대한 생산능력을 갖췄다. 강철의 경우, 현재 중국의 강철 생산능력은 12억 톤 이상으로, 너무 많아 다 쓸 수가 없다. 지금은 이 어마어마한 강철 생산능력을 줄여야 하는 상황이다.

이렇게 세 분야 모두 심각한 미스매치가 있다. 인프라, 부동산, 중화학 공업은 자본집약형 산업으로, 은행 대출이 많이 필요한 사업이다. 이상이 최근 몇 년 동안 중국 경제에서 발생한 가장 심각한 문제다.

[도표 5]를 보면 최근 몇 년 동안 중국에서 건축업이 매우 빠르게 성장했음을 알 수 있다. 인프라를 건설하고 집을 지으려면 건축이 필요하기 때문에 이 업종은 상대적으로 특히 빠르게 성장했다. 그러나 최근에는 건설 사업이 많지 않다 보니 큰 폭으로 위축되고 있다. 글로벌 무역 침체 이외에 지난 몇 년간 중국 경제 하락을 가져온 가장 중요한 원인은 중국의 거시 정책 조정이었다. 거시 정책이 조정된 까닭은 이전까지 경제 성장이 너무 빨라서 인프라, 부동산, 중화학 공업에 많은 투자가 이뤄졌기 때문이다. 이 업종들은 중국 경제의 초고속 성장을 이끌었지만, 업종 자체가 수익률이 매우 낮은 데다 부동산업에서 토지 공급이 인구 규모와 맞지 않게 진행되면서 대량의 투자가 낭비되었고, 중화학 공업에서도 거대한 생산능력이 필요 이상으로 형성됐다. 이러한 상황은 지속될 수 없기에, 2012년부터는 경

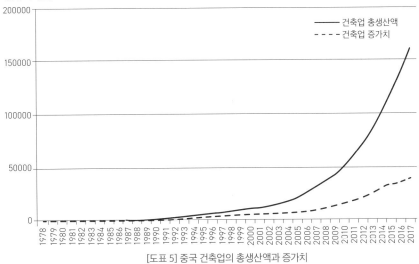

(단위: 억 위안)

200000

150000

100000

50000

0

1978 1979 1980 1981 1982 1983 1984 1985 1986 1987 1988 1989 1990 1991 1992 1993 1994 1995 1996 1997 1998 1999 2000 2001 2002 2003 2004 2005 2006 2007 2008 2009 2010 2011 2012 2013 2014 2015 2016 2017

━━ 건축업 총생산액
- - - 건축업 증가치

[도표 5] 중국 건축업의 총생산액과 증가치

제가 아주 어려운 국면에 직면하게 되었다.

현재 중국 둥베이東北 지역은 상황이 매우 좋지 않은데, 중화학 공업이 발달한 곳이기 때문이다. 다운스트림에서 수요가 없어지면 업스트림은 고통을 받게 되는데, 둥베이 지역은 업스트림에 속하는 중화학 공업이 주를 이루는 지역이다. 한편 수요 부진으로 중국의 수많은 탄광이 문을 닫아 대량 실업이 발생하고 있다. 그 결과 둥베이 사람들의 지역 이탈 현상이 일어나고 있다. 중국 하이난海南에 가면 비행기에서 내리면서부터 둥베이 사람을 만날 수 있다. 택시를 모는 사람도 둥베이 사람이고 식당을 하는 사람도 둥베이 사람이다. 하이난 사람들은 하이난에 둥베이 출신들이 너무 많아 하이난을 하이난이 아니라 둥베이 3성이라고 부른다. 이것이 내가 논하고자 하는 첫 번째 문제로, 중국 경제 성장 속도가 둔화되는 이유다.

두 번째 문제는 현재 중국 경제가 직면하고 있는 거대한 도전으로, 신용

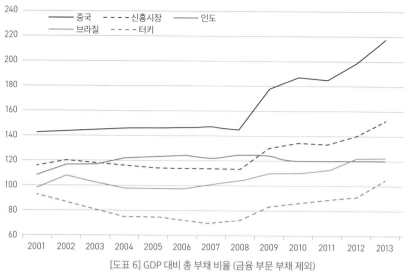

[도표 6] GDP 대비 총 부채 비율 (금융 부문 부채 제외)

대출의 증가와 부채의 적체다. 이 문제는 여러 부분에서 다른 국가들과 상황이 비슷할 것이다. 다른 국가와 중국을 비교해보면 금융 부문을 포함하지 않은 중국의 GDP 대비 부채 비율은 매우 심각한 상황이며, 아주 빠르게 증가하고 있다. 2008~2009년 이후의 부채 증가는 4조 위안의 경기부양책과 관련이 있다. 현재 중국의 부채 규모는 어느 정도일까? 다양한 통계와 계산법이 있는데, 가장 낮은 것이 215퍼센트로 GDP의 2.15배이고, 가장 높은 것은 GDP의 3배다. 한국의 GDP 대비 부채 비율 역시 300퍼센트에 달하는 것으로 보인다. 중국의 부채에는 은행 대출과 그림자 금융 대출, 채권 발행 등이 포함되어 있다. 따라서 일반적으로 중국의 부채가 얼마인지를 살펴볼 때는 통계 기준이 어떤 식으로 조정되는지를 본다. 이 부채에서 가장 중요한 것은 역시 은행 대출이다. 중국의 사회융자총량Total Social Financing(이하 TSF) 중에는 채권 발행이 약 11퍼센트, 주식 발행이 약 3퍼센

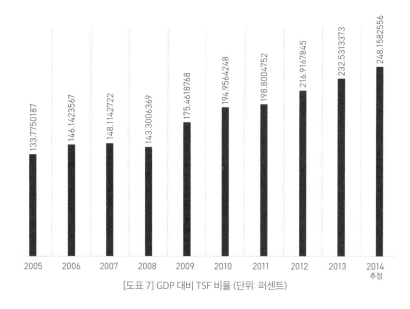

[도표 7] GDP 대비 TSF 비율 (단위: 퍼센트)

트로, 이 둘을 합치면 14퍼센트가 된다. 나머지는 각종 대출이다. TSF의 86퍼센트가 대출인 것이다. 장부 외, 장부 내 할 것 없이 각종 대출로 이루어져 있다. 따라서 어떤 의미에서 중국의 부채 문제는 신용대출의 문제, 대출금의 문제라고 할 수 있다.

[도표 7]은 GDP 대비 TSF 비율을 나타낸 것으로, 2008년 이후부터 가파르게 상승하고 있다. 중국의 부채 구조를 보면, 정부 부채는 GDP의 약 60퍼센트로 그다지 높지 않다. 이 정도면 나쁘지 않다. 특히 중앙정부의 부채는 25퍼센트 정도로 훨씬 낮고, 지방정부의 부채는 그보다는 약간 높다. 중국의 가계 부문은 건전한 편이나. GDP 내비 가계 부채 비율은 약 40퍼센트다. 그중 대부분이 모기지mortgage, 주택담보대출이다. 중국 서민들은 집을 사면서 위약하는 경우가 별로 없기 때문에 은행은 주택 모기지를 우량자산으로 간주한다. 최초 불입금의 비율이 특히 높고, 사람들이 제때 상

환을 하기 때문에 위약률이 비교적 낮아서 은행들은 가계의 주택담보대출을 특히 선호한다. 세 번째는 기업 부채다. 이것이 꽤 심각한데, 중국의 부채 문제는 주로 기업 부채. GDP 대비 기업 부채 비율은 통계 기준에 따라 110퍼센트에서 130퍼센트 정도 된다. 오늘날 논의되는 중국 부채 문제는 대부분 기업 부채를 가리킨다. 가계 부채는 문제가 없고, 정부 부채는 지방정부에 약간 리스크가 있긴 하지만 국제 수준에 비춰볼 때 전체적으로 특별히 심각한 상황은 아니기 때문이다. 현재 모두가 주목하고 있는 것은 부채의 증량增量이다. 부채의 저량貯量, stock[4]이 이렇게 큰 상황에서 매년 얼마가 증가하게 될지, 증가 속도는 어떻게 될지 주목하고 있다.

중국의 기업 부채는 지난 몇 년간 매년 30퍼센트 이상씩 비교적 빠르게 증가했다. 이미 부채가 이렇게 많은데 매년 30퍼센트씩 증가한다면 매우 심각하고 위험한 것이다. 2년 전부터는 증가 속도가 약간 둔화되기 시작했는데 이는 레버리지를 위해서다. 비유하자면 부채는 암보단 당뇨병에 가깝다. 즉 관리만 잘하면 경제는 계속해서 성장할 수 있다. 부채는 한번 높아지면 이자 부담이 크고 벗어날 방법이 없다. "부채는 사라지지 않는다Debt doesn't walk away"는 명언이 있다. 현재 중국은 부채가 방대해서 매년 신규 대출의 50퍼센트를 사실상 이자 상환에 사용하고 있다. 부채는 불어나기 때문에 이를 완전히 청산하는 것은 불가능하지만 증가세를 통제할 필요는 있다. 가장 중요한 것은 부채나 신용대출 증가와 GDP 증가 사이의 차이를 유지하거나 축소하는 일이다. 이 차이가 계속 벌어지게 해서는 안 된다. 계속해서 크게 벌어진다면 경제가 성장하지 못할 것이다. 부채가 너무 많아지면 매년 이자를 상환하는 것만으로도 이미 견디기 힘든 압박이 된다. 매년 새로 받은 대출을 전부 이자를 갚는 데 쓴다 해도 모자랄 것이다. 그렇게 되면 자금 조달도 투자도 할 수 없다. 또 자금 조달 비용이 너무 커져서 어떠한 사업 투자도 진행할 수 없다. 이렇게 되면 경제는 성장할 수 없다. 따라서 가장 중요한 것은 부채를 0으로 만드는 게 아니다. 0으로 만들 수도 없다. 하지만 부채 변동과 GDP 변동 사이의 차이를 축소하거나 안정시킬 수는 있다. 바로 이런 의미에서 부채는 당뇨병과 비슷하다. 당뇨병에서 가장 중요한 것은 조절이다. 음식만 잘 조절하면 크게 위험하지 않다. 삶의 질이 좋다고는 할 수 없겠지만 아무것도 할 수 없는 지경까지는 아니다.

그렇다면 중국의 GDP 성장률이 몇 년 동안 계속해서 하락하고 있는데도 부채가 비교적 빠르게 증가하고 있는 이유는 무엇일까? 2008~2011년에 비해 증가세가 느려졌을 뿐이다. 사람들은 현재 중국의 신용대출이 GDP 성장 속도의 2배로 증가하고 있다고 생각하는데, 그 이유 중 하나가 바로 앞서 언급한 이자 문제다. 부채 규모가 GDP의 두 배 이상으로 매우 크기 때문이다. 더구나 이 시기 매년 상환하는 이자에는 상업은행 대출이자뿐만 아니라 수많은 그림자 금융의 높은 대출이자까지 포함되어 있다. 따라서 첫 번째 이유는 매년 신규 대출의 대부분을 이자 상환에 사용할 정도로 부채 규모 자체가 너무 크기 때문이다. 두 번째 이유는 앞서 말한 자원의 미스매치로, 많은 대출금이 수익성 없는 사업에 투입됐기 때문이다. 부동산 개발업자에게 대출을 해줬는데 그 집들은 지금 텅텅 비어 아무런 수익도 내지 못하고 있다. 많은 지방정부의 인프라 투자도 좋은 수익을 내지 못하고 있다. 이런 상황에서 사업을 유지하려면 추가 융자가 필요한데, 이것들은 수익을 내지 못하기 때문에 GDP 창출에 기여하지 못한다.

가장 중요한 것은 신용대출 증가와 GDP 증가 사이의 차이를 줄이는 것이다. 현재 신용대출 증가는 다소 느려졌지만 GDP 성장은 더 느려지진 않고 있다. 당뇨병처럼 조절만 잘하면 기본적으로 정상적인 생활이 가능하다. 다시 말해, 부채가 너무 빠르게 증가하지 못하게 하거나 부채 증가가

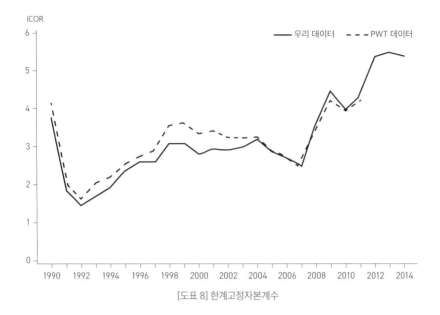

ICOR

———— 우리 데이터   – – – PWT 데이터

[도표 8] 한계고정자본계수

조금 느려져도 GDP 성장률이 그런대로 나와준다면 상황이 악화되지는
않을 것이다. 최악의 상황은 대출이 폭발적으로 증가하고 있는데 2011년
이전의 상황으로 돌아가는 것이다. 하지만 예전의 대량 투자는 모두 수익
을 내지 못하는 투자였기 때문에 GDP는 더 이상 과거처럼 빠르게 성장할
수 없다. 그래서 현재 수많은 대출과 투자가 GDP나 수익 창출로 연결되지
못하는 것이다.

　한계고정자본계수Incremental Capital Output Ratio, ICOR(한 단위의 생산량을 늘리
는 데 필요한 추가 자본)라는 지표를 예로 들어보자. [도표 8]을 보면 가장
오른쪽 부분이 가파르게 상승하는 것을 볼 수 있다. 이는 1위안의 GDP를
늘리기 위해 필요한 대출 규모다. 대략 2008년 이후부터 가파르게 상승하
고 있다. 예전에는 2위안만 대출받으면 GDP 1위안을 늘릴 수 있었지만,
이제는 GDP 1위안을 늘리는 데 5위안의 대출이 필요한 것이다. 이 지표

로 계산해보면 중국의 수많은 대출이나 투자가 사실은 아무런 수익도 창출하지 못하고 있음을 추산할 수 있다. 그리고 이런 추세가 계속된다면 기존과 같은 GDP를 창출하기 위해서 점점 더 많은 대출이 필요하게 될 것이다. 그렇게 되면 경제는 더욱 엉망이 될 것이다. 이러한 상황은 반드시 피해야 하며, 이는 정책적 측면과 보다 장기적인 정책 개혁에 있어서 힘을 실어줘야 할 대목이다. 이것이 마지노선이다. 대출이 GDP보다 높은 상황이 오랫동안 지속되면 안 된다. 그렇지 않으면 그 경제는 디플레이션에 빠지게 될 것이다.

끝으로 중장기 상황에 대해 논하고자 한다. 중국이 직면한 문제는 경제가 8퍼센트에서 6퍼센트대까지 계속 하락한다면, 중국 경세가 앞으로도 계속해서 하락할 수 있다는 비관론이 형성된다는 점이다. 그렇게 되면 정상적인 투자와 경제 활동까지 방해를 받을 수 있다. 수많은 해외 기업이 중국 진출을 기피하고 투자를 꺼릴 것이다. 중국 기업 역시 중국을 떠나려 하고 중국에서의 투자를 원치 않을 것이다. 이는 아주 끔찍한 상황이다. 이런 상황을 맞아 정부로서는 단기적으로 경제 성장을 안정시킬 방도를 찾아야 한다. 경기 하락의 리스크가 점점 커지고 있기 때문에 정부는 반드시 안정적으로 성장할 방법을 찾아야 한다. 이에 중국 정부는 2015년 하반기부터 안정 성장을 정책의 1순위로 삼고 있다. 이전까지는 구조 조정을 강조했는데, 지금은 안정 성장을 가장 우선시하고 있다. 정부는 안정적인 성장 실현을 위해 다음의 몇 가지 일을 했다.

첫째, 성장률 목표치를 하향 조정했다. 이러면 훨씬 쉬워질 수 있다. 국제적으로도 부채가 이렇게 높은 상황에서는 성장률을 높게 잡을 수 없기 때문이다. 성장률이 너무 높다는 것은 부채가 앞으로 더욱 빠르게 증가할 수 있으며, 경제 붕괴가 가속화될 수 있음을 의미한다. 중국 경제가 당장 너무 빠르게 성장하는 것은 아무도 원하지 않기 때문에, 경제 성장률의 하향 조정은 시장의 기대에 부합한다. 경제 성장을 빠르게 할 수 있는 유일한 방법은 이른바 레버리지를 가하여 부채 비중을 높이는 것인데, 이는 리스크가 크다. 따라서 중국 정부는 2016년 성장률을 6.5~7퍼센트로 하향 조정하고, 향후 5년간의 평균 성장률을 6.5퍼센트로 조정했다.

둘째, 5년 전부터 시행한 엄격한 부동산 규제 정책을 완화하기 시작했다. 앞서 언급한 대로 부동산 투자 증가율은 과거 매년 30퍼센트씩 성장했으나, 규제를 한 몇 년 동안 한 자릿수로 떨어졌으며, 2015년 중국 부동산 투자 증가율은 1퍼센트였다. 이는 부동산 시장에 투자가 거의 이루어지지 않았다는 뜻이다. 중국은 2015년 하반기부터 부동산 시장을 완화해 정책적으로 부양을 시작했다. 예를 들어 주택 구매 시 최초 불입금 비율을 30퍼센트에서 20퍼센트로 낮추고 모기지 금리와 주택기금公積金 금리도 낮췄다. 그리고 여러 성省의 성 정부 소재지와 같은 2선 도시들에 대한 주택 구매 제한 정책을 조정하여 조건부 구매 제한을 시작했다. 상하이는 여전히 구매가 제한되어 나 같은 사람은 집을 한 채밖에 살 수 없지만, 2선 도시에서는 조건이 완화되어 일정한 조건을 충족하면 두 채도 살 수 있다. 후커우戶口(호적)가 없는 외지 사람들의 경우, 예컨대 선전 같은 곳에서는 후커우가 없으면 한 채, 후커우가 있으면 두 채를 살 수 있는 등 정책이 조금씩 조정되고 있다. 이러한 조정으로 부동산 시장이 활기를 찾고 있다. 그리하여 2016년 1분기 부동산 시장 투자가 전년도 연평균 1퍼센트 증가에서 6.2퍼센트로 뛰어올랐다. 이는 어느 정도 중국 GDP를 끌어올릴 것이다.

셋째, 은행 대출 역시 조금씩 완화되고 있다. 2016년 1분기에 은행 대출이 많이 증가하며 비교적 뚜렷한 추세를 나타냈다. 월별 차이는 크지만, 월

평균 대출이 2조 위안(한화 약 340조 원) 이상 증가했다. 1분기에는 대출이 눈에 띄게 늘었다.

이상 세 가지를 실시하자 2016년 1분기 중국 GDP 성장률은 6.7퍼센트를 기록했다. 이는 2015년 한 해보다 약간 낮은 수치다. 2015년엔 6.9퍼센트였고 2016년 1분기는 6.7퍼센트였다. 하지만 다른 많은 지표가 개선되고 있는 것을 볼 수 있다. 투자 증가율이 눈에 띄게 오르고 있으며, 부동산 성장률과 공업 부가가치 역시 빠르게 증가하고 있다. 중국의 주요 거시경제 지표들의 성장률은 하락세 없이 안정적이거나 상승하고 있는 것을 볼 수 있다. 2016년 1분기 상황은 중국 정부가 2015년 하반기부터 펼친 단기적인 안정 성장 정책 덕분이라고 해야 할 것이다.

하지만 사람들이 가장 관심 있어 하는 것은 이와 같은 성장의 안정세가 2016년 2분기와 하반기까지 이어질 수 있는지 여부다. 2분기까지는 별 문제 없으리라 보지만 하반기의 상황은 다소 장담하기 어렵다. 중국 정부가 성장 목표를 이미 하향 조정했기 때문에 6.5퍼센트만 돼도 만족할 것이기 때문이다. 일단 2016년 1분기에는 부동산을 포함해서 투자가 가속화되는 분위기가 형성됐다. 현재 수많은 개발업자가 토지를 사들이는 등 또다시 많은 돈이 토지 매입에 들어가고 있다. 중국의 많은 투자자는 분위기가 개선되었다고 느끼며 여기에 합세할 것이다. 그렇게 되면 대출이 상당히 빠르게 증가할 것이다. 정부 입장에서는 2016년에 6.5퍼센트의 GDP 성장만 달성하면 된다. 대출이 증가하면 몇 년 동안 각고의 노력 끝에 해결한 문제들이 하루아침에 이전 상태로 되돌아갈 것이기 때문에, 정부는 2016년에 대출이 지나치게 증가하는 것을 결코 원하지 않을 것이다. 따라서 정부는 하반기부터 서서히 신용대출을 통제하기 시작할 것이다. 상반기에 어느 정도 팽창시켜 6.5퍼센트 성장을 위한 기초를 닦아놓았으니, 하반기에는

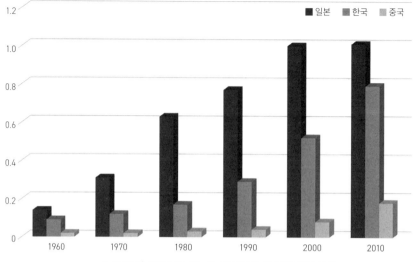

[도표 9] 미국 대비 한·중·일 삼국의 근로자 1인당 물적 자본

신용대출이 크게 증가할 필요가 없다. 그러나 이는 단기적인 안정 성장에 관한 문제다. 그렇다면 중장기적으로 중국 경제가 비교적 빠른 성장을 유지할 수 있는가? 앞으로 10년 혹은 더 오랜 기간 비교적 빠른 성장을 유지할 수 있는가? 이것이야말로 사람들이 궁금해할 문제일 터이다.

[도표 9]는 한국, 중국, 일본의 근로자 1인당 물적 자본을 미국과 비교한 것이다. 근로자 1인당 물적 자본이란 근로자 개개인의 노동력 투입에 할당된 자본의 양이다. 한국의 1인당 자본은 대략 미국의 80퍼센트가 넘는 수준이고, 중국은 20퍼센트 정도에 불과하다. 구매력으로 환산할 경우 현재 중국의 1인당 GDP는 미국의 약 25퍼센트이고, 한국의 1인당 GDP는 미국의 70퍼센트 수준으로, 차이가 꽤 크다. 중국은 그만큼 성장 잠재력이 크다고 할 수 있다. 차이가 크다는 것은 이론적으로 말해서 차이를 줄여나갈 여지가 있다는 것이다. 한국과의 차이를 포함해서 말이다. 그러

나 난점은 중국이 너무 크고, 인구가 많다는 것이다. 이 차이를 줄이려면 아주 조금 줄이는 것 같아도 총량으로는 어마어마한 양이다. 따라서 거대한 양을 창출해서 중국 인구수로 나누어야 약간 증가하면서 조금이나마 차이를 줄일 수 있다. 중국과 같이 큰 나라는 차이를 줄이는 것이 더 어렵다. 1인당 GDP가 미국의 20퍼센트대에 불과한 소득수준을 30, 40, 50퍼센트까지 늘리려면 과연 어떻게 해야 할까? 한국과 일본의 경험에 비춰보았을 때 중국도 점진적인 경제 성장에 기대야 한다. 눈덩이처럼 계속 굴려서 커지게 만들어야 한다.

그럼 어떻게 해야 경제 성장을 이룰 수 있을까? 물론 투자가 필요하고 개선해야 할 곳이 많으니 투자를 하면 된다고 말할 수 있다. 예를 들어, 서울에 낡은 집이 많듯, 베이징에도 그런 집들이 있다. 중국에서는 이를 도시속 농촌, 즉 '성중촌城中村'이라고 부른다. 이런 집들은 언젠가는 철거를 해야 하는데, 낡은 집을 철거하고 새집을 짓는 것이 바로 투자다. 하지만 과연 여기서 수익을 얻을 수 있는가? 따라서 지금 중국 경제에서 가장 중요한 문제는 한국, 일본 그리고 미국과의 차이를 줄이는 것이다. 투자 기회는 많지만 많은 분야에서 과잉 투자가 일어나 미스매치의 문제가 생긴다. 중국은 한국, 일본, 미국과 차이가 크기 때문에 성장할 수 있는 공간도 크다. 하지만 주어진 공간 안에서 경제를 빠른 속도로 성장하게 하는 것은 사실 칼날 위를 걷는 것이나 다름없으며, 쉬운 일이 아니다. 한 푼이라도 수익을 올릴 수 있는 곳에 쓰이도록 해 노동생산성을 제고하거나 개선할 수 있어야 성장이 가능하기 때문이다. 그렇지 않으면 수익성 없는 사업에 많이 투자하게 되어 경제가 성장하지 않을 것이다. 이는 갈수록 어려운 일이다.

이를 위해서는 중국이 다음과 같은 몇 가지 일을 해야 한다. 중국은 13억이 넘는 인구 중 7억 5000만 명이 도시에 살고 있다. 다시 말하면 6억 명은 여전히 농촌에 산다. 한편, 도시에 거주하고 있는 7억 5000만 명 중 5억 명만이 도시 후커우를 갖고 있으며, 2억 5000만 명은 도시 후커우가 없다. 중국에서 호적제도는 아직 완전히 폐지되지 않았으며, 인구 이동의 걸림돌이 되고 있다. 내륙에서 상하이로 갈 수는 있지만 후커우가 없으면 의료 보험이 없기 때문에 상하이에서 의료 서비스를 받을 수 없다. 자녀를 상하이에 있는 학교에 보낼 수도 없다. 의료나 교육 등은 모두 후커우와 연결되어 있기 때문에 후커우가 없으면 도시 사람이나 상하이 사람처럼 정부가 제공하는 공공재와 서비스를 누릴 수 없는 상황이다.

앞으로 중국이 경제 성장을 할 수 있는 공간이 여전히 크다면 어디서 돌파구를 찾아야 할까? 가장 중요한 것은 중국의 도시화urbanization일 것이다. 여전히 6억 명이 도시가 아닌 곳에 살고 있으며, 2억 5000만 명은 도시에 살고 있지만 호적이 없다. 이 문제만 잘 해결한다면 중국은 향후 10년간 성장하는 데 문제가 없을 것이다. 이를 위해서는 수많은 개혁이 필요하다. 상주인구를 기준으로 계산하면 현재 중국의 도시화율은 대략 56~57퍼센트가 된다. 하지만 호적인구로 보면 실제 도시화율은 37퍼센트밖에 되지 않는다. 제13차 5개년 계획(2016~2020)에서 정부는 2020년까지 앞으로 5년 동안 호적인구 기준 도시화율을 45퍼센트까지 끌어올리고, 상주인구 기준 도시화율을 70퍼센트까지 끌어올리겠다는 목표를 세웠다. 이는 다른 지역에 분포한 인구, 특히 농촌 지역의 중소도시에 분포한 인구를 새로운 도시화 전략에 따라 이동시켜, 도시 심지어 대도시로 유입시킨다는 것을 의미한다. 이는 중국의 경제 성장에 큰 영향을 미칠 것이다.

이를 실현하기 위해서는 첫째, 호적제도를 개혁하고, 둘째, 진정으로 사회보장을 개선해야 한다. 중국에는 수많은 농촌 인구가 있는데 이들은 제대로 된 사회보장 혜택을 받지 못하고 있으며, 대부분 저축이나 자녀에게 의지하고 있다. 연금과 의료를 포함해 국가가 제공하는 사회보장은 턱없이 부족한데, 개혁개방 이후 40년 동안 해온 것으로는 불충분하다. 이는 중국의 도시화율을 제고하는 데 큰 걸림돌이 되고 있다. 따라서 호적제도와 사회보장제도의 개혁은 필수적이다.

중국이 직면한 또 한 가지 중대한 문제는 수많은 농민이 농촌에 있는데 그들의 토지는 양도가 불가능하다는 점이다. 토지는 집체集體 소유로 농민은 사용권만 지니며, 해당 지역을 떠날 경우 토지를 교환하거나 매매할 수 없다. 이는 제도상의 또 다른 큰 걸림돌이다. 따라서 도시화를 추진하고, 더 많은 사람이 농촌을 벗어나도록 하려면 토지제도를 반드시 개혁해야 한다.

호적제도, 사회보장제도, 토지제도 이 세 가지가 지난 40년 동안 제대로 개선되지 않은 탓에 오늘날 중국의 발목을 잡고 있다. 중국 경제가 앞으로 6퍼센트든 6.5퍼센트든 적정한 성장 속도를 지속할 수만 있다면, 한국과 일본, 미국을 포함한 선진국과의 차이를 계속해서 줄여나갈 수 있을 것이다. 하지만 성장이 지속되려면 약 40퍼센트의 인구가 생산성을 방출해야 한다. 그들은 현재 제도적인 이유로 경제 발전에 충분히 참여하지 못하고 있으며, 일부만이 참여하고 있다. 사실 앞으로 개혁의 중심은 이러한 방향으로 바뀔 것이다.

이를 위해서 재정·세무 시스템 개혁, 호적제도 개혁, 사회보장제도 개혁, 토지제도 개혁이 필요하다. 물론 이 과정에서 국유기업 개혁을 논하는 사람이 많은데, 정부는 국유기업 자산을 많이 출연해 사회보장의 내실을 다져야 한다. 이것이 중국 정부가 현재 가장 쉽게 할 수 있는 일이다. 중국의 사회보장에는 국유기업 자산이 더 많이 투입되어야 한다. 중국은 국유기업이 보유한 수많은 우량자산으로 사회보장을 강화할 수 있다. 또한 직원을 위해 기업이 지불하는 사회보험료가 더 이상 과중해지지 않도록 해야한다. 이는 기업의 부담을 가중시켜 기업의 전환과 업그레이드를 가로막고있다. 이러한 의미에서 국유기업의 개혁 역시 매우 시급하다.

만약 2020년까지 이러한 개혁을 추진하고 완성할 수 있다면 중국이 향후 10년, 15년 동안 지속적인 성장을 할 수 있는 아주 좋은 여건이 만들어질 것이다. 이렇게 된다면 중국이 중진국 함정에 빠질 것인가 하는 오늘날의 논의는 저절로 사라지게 될 것이다. 중국은 현재 고소득 국가로의 진입을 목전에 두고 있기 때문이다. 매년 6퍼센트대의 성장을 유지할 수 있다면, 기본적으로 10년, 15년 뒤에 중국의 1인당 GDP는 유엔 기준으로 1만 7000달러(한화 약 2040만 원)의 고소득 국가에 진입하게 될 것이다. 이 문턱에 닿을 수 있다면 중국은 중진국 함정에 빠지는 것이 아니라 이미 고소득국가의 반열에 들어선 것이다. 따라서 중국의 가장 큰 희망은 재정·세무 시스템, 호적제도, 사회보장제도, 토지제도를 제대로 개선하거나 개혁해서 미래에 절반에 가까운 인구를 새로운 소비·투자의 역량으로 삼아, 중국 경제의 지속적인 성장을 지탱하는 것이다. 중국의 미래는 여기에 달렸다.

(강연일 2016년 4월 27일)

3장

시진핑 정부의
경제정책 진단

习近平执政后的经济政策评估

:

장윈링張蘊岭
중국사회과학원 학부위원

시진핑 정부 출범 이후의 경제정책을 어떻게 평가할 수 있을까? 본격적인 논의에 앞서 중국 경제 추세를 먼저 살펴보자.

[도표 1]은 2010~2016년 중국 연평균 GDP 성장률을 나타낸 도표다. 이를 보면 2010년 이후로 성장률이 계속 하락세임을 알 수 있다. 2010년 이전 중국 경제는 10퍼센트대 성장률을 유지했다. 이러한 고속 성장은 1992년부터 시작되었다. 아시아 금융 위기의 영향을 받았던 1997년에는 잠시 주춤하는 등 중간에 파동이 조금 있었지만, 그 후로는 줄곧 9~10퍼센트를 유지했으며, 11퍼센트를 기록한 적도 있었다. 평균 10퍼센트대의 고속 성장은 20여 년간 지속되었다. 그러던 중 2010년 중국 경제에 커다란 변화가 일어났다. 경제 총량이 일본을 넘어서면서 세계 2위의 경제체가 된 것이다. 이와 동시에 중국의 초고속 성장 단계도 막을 내렸다. [도표 1]에서 알 수 있듯, 10퍼센트대에서 9퍼센트, 7퍼센트대, 2015년에는 7퍼센트 아래로 떨어졌다. 2016년 성장률은 6.5퍼센트까지 떨어질 것으로 예상

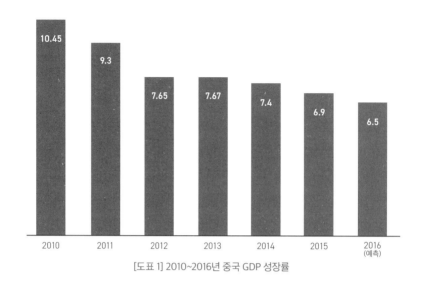

[도표 1] 2010~2016년 중국 GDP 성장률

되며, 낙관적으로 봐도 6.8퍼센트일 것으로 전망된다. 중국 경제 성장은 중고속 '신창타이新常態' 단계로 들어선 것이다. 문제는 중국이 앞으로 10년 동안 이와 같은 중고속 성장을 유지할 수 있는가이다.

2016년 현재 세계경제와 중국 경제는 모두 어려운 조정기에 위치해 있다. 현재 중국의 정책 결정자들을 포함한 모두가 예상하지 못한 일이 두 가지 있다. 하나는 2008년 서브프라임 모기지(비우량 주택담보대출) 사태 이후 발생한 글로벌 금융위기, 경제위기가 이렇게 오래갈 줄 몰랐다는 것이다. 일각에서는 아직 바닥을 보이지 않았으며, 세계경제가 전반적으로 조정되는 데 얼마나 오래 걸릴지 알 수 없다고 한다. 또 하나는 2008년 금융위기 이후 짧은 조정을 거쳐 중국 경제가 3~5년 만에 새로운 성장을 이룰 수 있을 거라는 중국의 시각이다. 오늘날 실제로 당시 예상과는 많이 다르다. 중국 경제는 총체적·전면적·근본적으로 대대적인 조정에 들어갔으며, 이 시간은 우리가 원래 예상했던 것보다 더 힘들고, 더 오래 지속될 것이다. 따라서 세계경제의 전반적인 상황이 좋지 않고, 중국 경제의 구조적 문제가 나타났다는 이 두 가지 상황은 큰 변화가 필요하다. 시진핑 정부는 바로 이러한 때에 출범했다.

시진핑은 집권 이후 어떤 대책을 내놓았는가? 2008년 금융위기 이후 중국은 4조 위안(한화 약 680조 원)의 경기부양책을 내놓아 중국 경제가 큰 폭으로 하락하는 것을 막고 빠르게 회복할 수 있도록 했으며, 그 결과 2010년에는 연간 성장률이 11퍼센트에 육박했다. 그러나 부양책을 다 쓰고 난 후에는 많은 문제점이 드러났다. 첫째, 이런 부양책은 오래 지속될 수 없었고, 둘째, 오래된 문제와 새로운 문제가 한꺼번에 터져나왔다. 세계경제의 전반적인 형세가 악화되면서 중국이 부양책을 쓴 일부 생산능력에 심각한 과잉이 발생했고, 원래부터 쌓여 있던 문제들이 부각됐다. 2011년부터 경기가 계속 하락하여, 2012년 처음으로 8퍼센트 아래로 떨어졌다. 2012년 중국공산당 제18차 전국대표대회(이하 18차 당대회) 이후 권력을 승계한 시진핑은 다음의 세 가지 도전에 직면해 있었다. 첫째, 어떻게 하면 경제 성장을 유지하면서 큰 문제가 일어나지 않게 할 것인가. 경제 안정과 성장을 유지하면서 큰 파동이 나타나지 않게 하는 것은 그가 직면한 가장 큰 부담이었다. 둘째, 중국 경제는 큰 개혁이 요구되며 개혁 심화를 통해 경제체제의 전환을 추진해야 한다. 사실 중국에서는 오래전부터 경제체제 전환을 요구하는 목소리가 있었다. 우선 양적 성장에서 질적 성장으로의 전환이 제기되었고, 나중엔 고속 성장에서 지속 가능한 성장으로의 전환이 제기되었다. 그러나 근본적인 문제는 건드리지 못했다. 따라서 시진핑 정부는 경제체제의 근본적인 전환을 강력하게 추진해야 한다. 셋째, 전통적인 구조들은 더 이상 지속적인 경제 성장을 유지할 수 없으므로, 경제구조를 조정하는 데 주력하고 혁신을 통해 새로운 성장 동력을 창출해야 한다. 요컨대 시진핑 정부는 경제 성장 유지, 개혁 심화, 새로운 성장 동력 창출이라는 3대 과제에 직면해 있었다.

2012년 11월 열린 18차 당대회에서는 세 가지 주요 임무가 제기되었다. 첫 번째는 개혁, 개혁 심화다. 즉 시장 원리를 존중하고 정부와 시장의 관계를 바로잡는 것이다. 중국적 담론에서는 "정부 개입 축소, 시장 활성화"로 분명하게 나타낼 수 있다. 시장 원리를 존중한다는 것은 시장이 주요한 조절 기능을 발휘하도록 하는 것이며, 중국 정부 주도형의 전면적인 경제 개혁과 관련된다. 즉 정부 주도형 경제에서 시장 결정형 경제로의 전환을 말한다. 두 번째는 발전 방식의 전환이다. 발전 방식의 전환이란 무엇인가? 처음에는 주로 내수 확대를 강조하여, 내수 진작을 경제 성장의 동력으로 삼았다. 왜 이렇게 제기했을까? 과거 고속 성장기에는 경제가 전반적으로 성장했지만, 국내 소비 비중은 경제가 성장함에 따라 하락하여 40퍼센트를 밑도는 현상이 두드러졌다. 이 비율은 대다수의 개발도상국을 포함한 모든 국가 가운데 가장 낮다. 경제 성장을 견인하려면 내수를 진작시켜야 한다. 따라서 18차 당대회에서는 내수 확대를 경제 성장의 새로운 동력으로 제시했다. 세 번째는 개방 확대와 기업의 해외 진출 촉진이다. 중국 기업은 많은 생산 에너지를 비축하고 있다. 과거에는 이것이 주로 수출을 통해 해소되었는데, 외부 경제 사정이 좋지 않고 시장 환경에 변화가 생기면서 수출이 더 이상 성장하지 못했다. 따라서 기업은 자연스럽게 일부 생산능력을 해외로 이전해야 했다. 기업이 해외로 나가 해외 생산 기지를 세우면, 즉 생산능력을 이전시키면 수출을 촉진할 수 있다.

2013년 3월 중국에서 '양회兩會',¹ 즉 전국인민대표대회全國人民代表大會와 전국인민정치협상회의全國人民政治協商會議가 열렸다. 리커창李克強 총리는 정부

업무보고에서 위와 같은 18차 당대회의 임무를 구체화하여, 내수 확대, 경기 부양, 개혁 촉진, 개방 확대 조치를 제시했다. 첫째, 새로운 조치를 취해 내수를 진작한다. 내수를 진작하려면 사람들이 물건을 살 돈이 있어야 하고, 그러려면 임금을 인상해야 한다. 중국은 최저임금법을 제정하고 노동자 교섭제도를 실시하여 노동자의 임금이 2~3년 사이에 크게 올랐다. 물론 임금이 너무 빨리 올랐기 때문에 기업의 원가 인상도 빨라지고, 원가가 너무 높아져 기업의 경영 압박이 심해졌다. 둘째, 투자를 늘린다. 인프라를 확장하고 부동산업 발전을 지원하여, 당시 고속철과 고속도로, 부동산이 모두 활황이었다. 셋째, 서비스업, 특히 생산자 서비스업[2]을 크게 발전시킨다. 생산자 서비스업이란 기업을 위한 서비스를 생산하는 부문을 말한다. 중국은 생산자 서비스가 발달하지 않아 기업 경영의 비용을 높이고 있다. 이로써 사물인터넷, 인터넷 플러스의 발전을 자극했다. 넷째, 도시화를 가속화한다. 내수를 진작하려면 도시화를 가속화하는 것도 하나의 출로다. 농민이 도시민이 되면 주거, 의료, 교육, 그 밖의 기본 생활 비용 등에 돈을 더 쓰면서 소비가 늘어난다.

2013년 11월 중국공산당 제18기 중앙위원회 제3차 전체회의(이하 18기 3중전회)가 열려 "자원 배분에 있어 시장이 결정적 역할을 하게 한다"는 내용이 제기되며 개혁을 한층 더 심화하기로 했다. 이는 중국이 1978년 개혁개방 이후 처음으로 자원 배분에 있어서 시장이 결정적 역할을 해야 한다고 명확히 자리매김한 것이다. 동시에 중국의 전통적인 구조가 더 이상 경제를 견인할 동력이 없다는 점을 감안해서 혁신형 국가 건설을 강조했다. 이는 혁신을 통해 새로운 동력과 활력을 창출하겠다는 것이다. 시장과 혁신이 18기 3중전회에서 두드러지게 강조되었으며, 이는 시진핑 집권 이후 가장 크고 중요한 개혁이었다.

2014년의 양회는 18기 3중전회가 제시한 일련의 새로운 개혁을 어떻게 이행할 것인가를 논의하는 자리였다. 리커창 총리는 정부업무보고에서 다음의 새로운 실행 조치를 제시했다. 첫째, 행정체제 개혁을 부각시키고, 행정간소화와 권한이양間政放權[3]을 가속화하여, 시장이 주요한 역할을 할 수 있도록 한다. 둘째, 내수 진작을 경제를 견인하는 '주된 성장 동력'으로 삼고, 주민소득의 전반적인 향상을 제시했다. 내수 진작을 경제를 견인하는 '주된 성장 동력'으로 삼는다는 것은 커다란 변화다. 이는 과거 제조·수출이 경제를 견인했던 것에서 국내 소비 증가를 통해 경제를 이끌겠다는 것으로, 다시 말해 밖에서 안으로의 커다란 전환이다. 이를 위해서는 도시화와 호적제도 개혁 가속화, 거주증 제도[4] 추진 등 일련의 조치가 있다.

개혁을 심화하고 개방을 가속화하는 데 있어서, 중국 정부는 상하이 자유무역구를 설립했으며, 자유무역구 실험을 광둥廣東, 톈진天津 등으로 한층 더 확대했다. 이번에 시행하는 자유무역시범구는 과거 1980년대 초 설치된 연해 개방구와는 다르다. 당시 중국은 14개 연해 경제 개방구를 설치하여 외자 유치와 가공 수출 산업 육성에 유리하도록 특별한 정책을 실시했다. 현재 시행하는 자유무역시범구는 주로 시장 개방을 추진하고, 정부 개입을 축소하며, 네거티브 리스트,[5] 설립 전 투자에 대한 내국민 대우 등 전국적으로 널리 보급할 복제 가능한 경험을 쌓는 것이다. 다른 지역은 상하이, 광둥, 톈진의 모델에서 배우고, 자신의 지역에도 적용 가능하다고 판단되면 상부의 비준을 거칠 필요 없이 그대로 복제해 실행하면 된다. 중국은 땅덩이가 넓고 지역 간 격차가 크기 때문에 일단 한 곳에서 시범적으로 해보는 것이다. 이번 시범구의 새로운 특징은 배워서 바로 적용할 수 있다는 점이다. 따라서 시범구 건설은 사실상 전면 개방을 추진할 수 있는 경험을 쌓는 큰 조치다.

이와 동시에 2014년 시진핑은 '일대일로' 이니셔티브를 제기했다. 일대일로는 부분적으로 중국 기업의 해외 진출과 관련이 있다. 부분적이라고 말하는 이유는 일대일로가 훨씬 큰 이니셔티브이기 때문이다. 일대일로는 중국 발전의 지연적地緣的 공간 개척에 착안한다. 중국은 지연적으로 서쪽으로 가면 중앙아시아, 서아시아, 더 서쪽으로 가면 유럽이다. 바다에서 남쪽으로는 동남아시아, 서쪽으로는 남아시아, 다시 서쪽으로는 아프리카다. 유라시아 대륙 수십 개국, 아프로-유라시아Afro-Eurasia 대륙이 연결되면 새로운 지연적 이점을 확보하고 새로운 경제발전벨트를 구축할 수 있다. 오늘날 개발도상국은 세계의 절반을 차지하고 있으며, 세계경제 성장의 주된 동력과 잠재력은 개발도상국에 있다. 그러나 개발도상국의 발진에는 난관이 존재하는데, 주요 인프라가 낙후되어 있고 일부 기본적인 요건도 갖추지 못하고 있기에 개선이 필요하다. 하지만 개선을 하려고 해도 자금이 없는데, 세계은행, 아시아개발은행Asian Development Bank과 같이 전통적인 금융기관은 발전에 필요한 융자를 해결해주지 못한다. 향후 10년 동안 아시아에서만 인프라 건설에 8조 달러(한화 약 9600조 원)가 필요한데, 이 금액이 어디에서 나올 수 있을까? 중국이 '일대일로'를 제안하며, 아시아인프라투자은행Asian Infrastructure Investment Bank(AIIB)을 포함한 새로운 융자기구를 설립한 것은 새로운 형태의 발전 협력을 만들려는 것이다. '일대일로'는 개방·포용·공영을 원칙으로, 공동참여·공동책임·공동투자와 건설의 방식에 새로 설립된 AIIB, 실크로드 펀드Silk Road Fund, 브릭스BRICS 국가의 신개발은행New Development Bank이 더해져서 보다 큰 플랫폼과 공간이 생겼다. 개발도상국 발전의 난관은 시장과 자금 두 가지다. '일대일로' 건설은 시장을 창출하고 융자를 혁신하는 새로운 방식이자 새로운 플랫폼으로, 성장 잠재력이 크다.

그러나 2014년의 경제상황은 크게 호전되지 않았다. 중국 경제는 여전히 하방 압력이 컸으며, GDP 성장률이 처음으로 7.5퍼센트를 밑돌았다. 무엇이 문제였을까? 문제가 컸던 외부적 환경은 세계경제의 조정이 어렵고, 미국에서 유럽, 유럽에서 다시 신흥국까지 2008년 금융위기 이후 동요가 조정되지 않았다는 점이다. 또한 중국 내부적으로는 구조조정이 계속 심화되고 경제 하방 압력이 컸다는 문제가 있었다. 구조조정 방식의 전환은 경제문제일 뿐만 아니라 환경문제이기도 하다. 경제 성장이 둔화되면 오염 배출이 감소하기 때문에 환경이 더 좋아져야 하는데, 실제 상황은 그렇지 않고 환경이 원래보다 더 악화되었다. 이런 상황에 직면하자 당 중앙에서는 경제 조정 정책에 대한 큰 방향을 전환하기 시작했다. 내수 진작, 구조조정, 도시화와 같은 기존의 방법으로는 역부족이며, 중국 경제 발전의 근본적인 문제가 아직 해결되지 못했다고 판단한 것이다.

이런 상황에서 2015년 12월 중앙경제공작회의에서 시진핑은 두 가지 새로운 정책을 제시했다. 첫째는 '5대 발전'의 새로운 이념, 즉 혁신, 조화, 녹색, 개방, 공유의 종합적인 처방으로, 이를 통해 미래 발전을 이끌어야 한다고 특별히 강조했다. 5대 발전 이념은 발전 방식의 전환이 단순히 경제문제가 아니라 환경문제, 발전 성과를 공유하는 문제이기도 하다는 것을 분명히 밝히고 있다. 왜 공유의 문제를 꺼내야 하는가? 중국에는 2단계 발전전략兩步走이 있다는 것을 잊으면 안 된다. 하나는 2020년까지 전면적인 샤오캉小康6 사회를 확립하는 것이며, 다른 하나는 2050년까지 현대화된 사회주의 강대국을 실현하는 것이다. 2020년이란 시간적 의미는 무엇인가? 이는 바로 시진핑의 집권기로, 자신의 재임 기간 안에 반드시 완수하겠다는 의지다. 전면적인 샤오캉이란 무엇인가? 중국은 현재 기본적인 샤오캉 상태다. 나는 전면적인 샤오캉의 가장 기본적인 기준은 빈곤 인구를 완전히 없애고, 전 국민이 기본적인 사회보장을 함께 누리는 것이라 생각한다. 중국의 전통적인 표현에 의하면, 전 국민이 '입고 먹는 데 걱정이 없도록衣食無憂' 하는 것이다. 우리는 시진핑이 이미 빈곤감소減貧 계획 제정, 빈곤감소 지표 제정과 같은 일련의 정책 조치를 제기한 것을 보았다. 그는 빈곤감소 임무를 정부 부처가 도맡게 하고, 측정 체계와 치적 고과에 포함시키는 등 빈곤감소 정책을 강력하게 실행했다. 중국은 개혁개방 이후 첫 번째 단계로 고속 성장의 기적을 이뤘으며, 두 번째 단계로 빈곤퇴치脫貧를 실현한다면 이는 더 큰 기적일 것이다. 이처럼 큰 국가에 빈곤 인구가 없다면 기적이 아닐 수 없다. 5대 발전 이념 아래 중국의 새로운 발전 전략에는 다층적인 목표가 있으며, 이는 종전에 성장에 치중했던 것과는 크게 다르다.

둘째, '공급측 개혁'으로, 이는 체제 개혁, 기업 개혁, 공급 영역의 환경 및 조건 개선, 혁신을 통한 발전 촉진을 강조한다. 물론 공급만 강조해서는 안 되며, 수요도 중시해야 한다. 시진핑은 총수요를 적절히 확대하는 동시에, 공급측의 구조 개혁을 강화하는 데 힘쓰고, 공급체계의 질과 효율을 높일 것을 제안했다. 그가 수요 진작을 잊은 것은 아니며, 다만 과거에는 수요를 주된 성장 동력으로 삼았다면, 지금은 공급측 개혁을 강화하고, 제품의 품질을 향상시키며, 생산의 효율성을 높이는 데 주력하려는 것이다. 이는 조정 방향에 중대한 변화가 일어났음을 의미한다.

중국에 수요 부족 문제가 있긴 하지만, 더 큰 문제는 구조적 불합리, 생산능력의 심각한 과잉이다. 이 과잉에는 세계경제의 저속 성장이라는 문제가 있다. 중국의 수출은 올해 마이너스 성장을 했지만 여전히 국내 문제가 주된 요인이다. 현재 시멘트, 철강 등 일부 주요 부문은 이용률이 60~70퍼센트에 불과할 정도로 대량으로 방치되어 있으며, 또한 환경오염 같은 문제도 발생한다. 이처럼 큰 문제들은 반드시 공급의 관점에서 해결되어야 한다. 그렇다면 공급측 개혁의 핵심은 무엇인가? 첫째, 앞에서 이미 언급한 것으로, 즉 시장이 역할을 발휘하게 하고 정부의 개입을 축소하는 것이다. 리커창 총리가 이끄는 정부는 이미 200여 건의 행정 심사비준을 취소했으며, 새로운 리스트를 추가해 500여 건은 더 이상 심사비준을 하지 않는다. 둘째, 감세와 이윤 양도다. 예를 들어 연 매출액 10만 위안(한화 약 1700만 원) 이하의 기업에 대해서는 비과세를 하는 등 주로 영세기업을 대상으로 한다. 정부는 전 국민 창업을 제안하며 모든 사람이 창업에 나서도록 장려하여 소기업 설립은 등록할 필요가 없다. 셋째, 통화 공급을 안정시키고 통화의 방향성을 제고하는 것이다. 과거에는 수요를 진작시키기 위해, 투자를 확대하고, 임금을 올리고, 복지를 늘려서 통화 공급 속도가 매우 빨랐지만 통화 사용 효율은 전혀 오르지 않았다. 그런 까닭에 통화의 방향성을 제고하고 통화 공급을 안정시켜, 혁신을 지원하는 데 돈을 더 많이 사용할 것을 제안했다.

중국의 개혁에 대해서는 중국 내에서도 논의가 많았다. 예컨대 어떤 이는 중국이 지나치게 공급측을 강조해서는 안 되며, 중국의 문제는 수요 부족과 공급 불균형이 동시에 존재하는 것이기 때문에 균형을 맞춰야 한다고 말한다. 또 어떤 이는 중국은 수요가 부족한 게 아니라 공급이 불합리한 것으로, 제품과 서비스 공급을 혁신하는 데 치중해야 한다고 주장한다. 예컨대 중국 관광객은 해외로 나가서 정신 없이 물건을 구매하며, 한국에 가서도 닥치는 대로 사들인다. 왜 그럴까? 중국산 제품의 질이 좋지 않기 때문이다. 어떤 이는 중국의 구조 전환은 내적 발전의 요구이며, 이 단계가 되면 전면적인 개혁이 불가피함을 강조하기도 한다. 한국의 과거 발전 경험에 비추어볼 때, 경제 발전이 이 단계에 이르면 정부의 개입과 참여를 대폭 줄이는 근본적인 전환이 필요하다. 따라서 중국의 주요 문제는 체제에 있으며, 체제 개혁을 심화하고 박차를 가하여 근본적인 전환을 이루어야 한다.

미래 발전의 측면에서 중국 경제의 전망은 과연 어떠한가? 성장만 놓고 보면 현재 예측은 낙관적이지 않다. 2016년과 향후 몇 년간은 상황이 매우 심각해서 한동안 '침체기平庸期'가 나타날 수 있다. 그런데 새로운 조짐들도 있다. 예컨대 2008년에는 43퍼센트에 불과했던 서비스업의 GDP 비중이 2014년 처음으로 50퍼센트를 넘어섰으며, 2015년에는 50.5퍼센트로 높아졌다. 서비스업에 대한 중국 내 수요도 2008년에는 48퍼센트에 불과했고 가장 낮을 때는 39퍼센트에 그쳤으나, 2015년 처음으로 60퍼센트를 넘어섰다. 첨단기술 부문 성장률도 10퍼센트를 넘었고, 전체 경제는 6.9퍼센트, 정보 부문은 10.2퍼센트, 우주 설비 제조업 성장률은 26.2퍼센트를 기록했다. 이는 이미 경제 구조에 부분적으로 긍정적인 변화가 나타나고 있음을 보여준다.

2016년 현재 공급측 개혁이 당면한 주요 과제는 생산능력을 삭감하고, 오염 배출 산업을 폐쇄하며, '좀비기업'을 퇴출시키는 것이다. 이렇게 하면 분명 실업을 초래하고 성장률이 낮아져, 특히 둥베이東北 각 성과 같이 전통적인 산업 지역의 경제는 엄청난 압박을 받을 것이다. 전반적으로 보면 2015년은 취업 문제가 그리 심각하지 않았다. 왜 그럴까? 1300만 개의 새로운 취업 기회가 만들어지고 구조만 바뀌었기 때문이다. 즉 원래 일을 했던 사람들이 일을 할 수 없게 되어 전직이 필요하면 재교육만 받으면 됐다. 관건은 새로운 혁신산업을 육성하는 데 시간이 걸리고 투자가 필요하다는 것이다. 특히 경쟁력 있고 브랜드가 있는 혁신 제조업은 단기간에 세울 수 있는 것이 아니다.

중국 경제가 오늘날 전면적으로 조정되고 새로운 방향으로 나아가는 것은 필연적인 선택이라고 생각한다. 경제가 중속 성장으로 돌아서는 것도 큰 추세일 것이다. 혹자는 6퍼센트 안팎의 GDP 연간 성장률이 중국으로서는 적절한 수준일 수 있다고 말한다. 그렇다면 이를 유지할 수 있을까? 나는 중국에 그만한 잠재력이 있다고 생각한다. 중국 경제는 발전의 여지가 많고, 개발도상국으로서 아직 잠재력이 있다. 중국 정부도 여전히 역할이 중요하며 유능하다. 현재 GDP 대비 정부의 재정적자 비율은 2.3퍼센트로 높지 않으며, 재정 지출을 늘려서 경제 발전을 뒷받침할 여력도 있다. 중국은 저축률이 높고 투자에 활용할 수 있는 하부 구조가 강하다. 경제 성장을 뒷받침하기 위해, 정부가 재정 지출을 늘리는 새로운 정책들을 내놓을 수도 있는 것이다. 앞에서 통화 공급이 안정되어야 한다고 말했지만, 재정 정책은 아직 확장될 여지가 있다. 중요한 것은 중국에 강력한 정치적 리더십이 있고, 사회가 기본적으로 안정되어 있으며, 내부적으로 소란스럽지 않아 조정을 진행하는 데 유리하다는 점이다.

중국 경제는 세계경제의 가장 중요한 구성 요소 중 하나로, 질서 있고 성공적인 전환은 한국에 특히 중요하다. 모두 중국 경제가 성공하기를 바라며, 실패를 바라지 않는다. 나에게는 중국 경제에 문제가 적지 않지만, 갑작스럽게 큰 변화가 일어나지는 않을 것이며, 더군다나 단숨에 무너지지는 않을 것이라는 확신이 있다. 중국 경제는 세계경제와 연결되어 있으며 확장의 여지가 상당히 크다. 중국은 개혁개방을 고수하며, 평화 발전의 길을 역행하지 않을 것이다. 미래 경제 성장을 예측해보더라도, 나는 신중한 낙관론을 유지하며, 큰 발전 방향과 전망으로 말하자면 더욱 확신으로 가득하다.

(강연일 2016년 2월 26일)

4장

신창타이新常態 하에서의
중국 자본시장 발전
新常态下的中国资本市场发展

:

황웨이핑黃衛平
중국런민대 경제학과 교수

2012년 11월 중국공산당 제18차 전국대표대회(이하 18차 당대회)에서 시진핑이 총서기로 선출되었다.[1] 당시 중국은 일제히 일어난 수많은 모순에 직면하고 있었다. 중국공산당 중앙정치국은 당시의 상황을 "세 가지 시기의 중첩과 여러 모순의 집합三期疊加, 多種矛盾聚合"이라는 한마디로 정리했다. 경제학 대가는 가까운 미래에도 여전히 "세 시기의 중첩과 여러 모순의 집합"일 것으로 보고 있다.

"세 시기의 중첩"에서 첫 번째 시기는 성장 속도의 변속기換檔期다. 중국의 경제 성장률은 두 자릿수에서 7퍼센트 밑으로 떨어졌다. 두 번째는 전체 경제구조와 성장모델 전환의 진통기陣痛期다. 세 번째는 기존 부양 정책의 소화기消化期다. 이러한 전환을 한 가지만 겪어도 견디기 힘들 텐데, 중국 경제가 직면하고 있는 실제 상황은 세 가지 전환이 동시에 중첩되어 있다. "여러 모순의 집합"이란 경제적·사회적·내부 조건·외부 환경을 포함하는 다양한 모순이 한데 모여 있다는 뜻이다.

바로 이런 시기에 중국은 최고 지도층에 대한 조정을 실시했고, 시진핑이 중국공산당 총서기에 선출되었다. 1978년 개혁개방부터 시진핑 총서기 선출까지 30여 년이 흘렀다. 지난 30여 년 동안 중국이 이룬 경제 성장을 부정할 수 있는 사람은 아무도 없을 것이다. 첫째, 1978년 중국의 GDP는 3648억 위안(한화 약 62조 원)이었는데, 지금은 67조 7000억 위안(한화 약 1경 1500조 원)이다. 이는 대단히 빠른 성장이다. 둘째, 1978년 중국의 외환보유고는 1억 6800만 달러(한화 약 2000억 원)에 불과했으나 이 역시 가파르게 성장해서 지금은 3조 달러(한화 약 3600조 원)가 넘는다. 이는 전 세계 외환보유고의 약 30퍼센트에 해당한다. 현재 중국은 세계 500여 종의 주요 제품 가운데 220종의 생산량에서 세계 1위다. 그야말로 괄목할 만한 경제 성장을 이룬 것이다.

그러나 이와 같은 발전과 동시에 중국뿐만 아니라 전 세계가 중국의 고속 성장이 지속 가능하지 않을 것이란 생각을 갖게 되었다. 그리하여 다음과 같은 모순이 나타났다. 이렇게 고속 성장을 하다가 결국 지속 가능하지 않게 되는 까닭은 무엇인가? 따라서 시진핑이 총서기에 선출된 이후, 첫 번째 당면 과제는 30여 년간 고속 성장을 하다가 이제 와서 지속 가능하지 않다고 판단되면 어떻게 할 것인가에 대한 문제였다. 왜 지속 가능하지 않은지 토론한 결과, 주된 원인은 성장모델이 잘못되어 산업 구조 조정이 제대로 이루어지지 않았기 때문이었다. 사실상 중국이 구조 전환과 조정을 제기한 것은 제9차 5개년 계획(1996~2000)이 처음으로, 이를 문서에 명확하게 제시했다. 최근 20년 동안 중국은 중국의 구조 전환과 조정이 점점 나아질 것인가, 아니면 구조적인 모순이 갈수록 많이 쌓일 것인가 하는 문제에 반드시 답을 해야 했다. 만약 길이 매우 순탄하다면 대대적인 조정은 필요 없으며, 기정 방침을 따르기만 하면 된다. 구조적인 모순이 갈수록 많이 쌓인다면 원인이 무엇인가 하는 또 다른 문제가 등장한다.

이와 동시에, 중국인들의 생활수준이 향상되고 있음을 알 수 있다. 예를 들어 2015년 중국의 국내 여행객 수는 42억 명이었다. 40억이 넘는 사람이 국내여행을 했다. 해외여행을 한 사람은 1억 2700만 명이었다. 그들은 해외에서 1조 5000억 위안(한화 약 255조 원)을 소비했다. 2015년 전 세계 사치품의 46퍼센트를 중국인이 구매했다. 그중 912억 달러(한화 약 110조 원)는 중국인이 해외에서 구입한 것이다. 이렇듯 생활수준이 꾸준히 향상되면서 세 번째 모순이 생겼다. 서민들의 행복감과 만족도가 떨어지고 불평불만이 늘어난 것이다. 이렇게 되면 경제 성장은 지속 가능하지 않으며, 경제구조에 늘 문제가 생긴다. 공산당의 종지宗旨는 모두가 점점 더 잘살게 하자는 것인데, 생활수준이 향상될수록 행복감과 만족도가 떨어지는 문제가 발생하는 것이다. 이런 내재적 모순이 시진핑이라는 차세대 지도부 앞에 놓여 있었다.

바로 이러한 상황에서 시진핑은 '신창타이新常態'라는 개념을 제기했다. 시진핑의 신창타이는 간단하게 정리하면 세 가지로 요약할 수 있다. 첫째, 중국의 성장 속도는 고속에서 중고속으로 바뀌어야 한다. 둘째, 중국의 전반적인 경제구조가 반드시 전환되고 끊임없이 최적화되어야 한다. 셋째, 중국의 동력은 반드시 혁신에 의해 앞으로 나아가야 한다. 이것이 시진핑이 제기한 신창타이의 핵심 의미다. 이 신창타이는 어떻게 도출되었는가? 기억할지 모르겠으나, 2012년 11월 총서기가 된 시진핑이 첫 번째로 간 도시는 선전深圳으로, 롄화산蓮花山의 덩샤오핑 동상에 헌화했다. 이는 전 세계를 향해 시진핑이 후진타오胡錦濤의 뒤를 이었지만 덩샤오핑의 노선을 걷겠다는 메시지를 분명하게 던진 것이었다.[2] 나는 당시 강의를 하면서 "시진핑은 후진타오의 뒤를 이었지만 장차 덩샤오핑의 노선을 걸을 것이다"라고 말했다. 그렇다면 덩샤오핑의 노선이 무엇인지를 명확히 알아야 한다. 덩샤오핑의 노선은 그가 마지막으로 중앙군사위원회 주석에서 물러났을 때, 장쩌민江澤民 등 제3세대 지도부를 자신의 집으로 불러 며칠 동안 나눴던 대화에서 가장 잘 드러난다. 해외 언론은 이 대화를 '덩샤오핑의 정치적 유언'이라 표현했다. 그는 중국이 앞으로 어떻게 개혁할 것인지에 대해 당 전체가 하나의 공감대를 형성하기 바란다고 말했다. 간단히 말하자면, 경제체제 개혁은 시장지향적이고, 정치체제 개혁은 네 가지 기본 원칙四項基本原則[3]을 고수하는 것이다. 시진핑이 선전에 간 상황은 이념적으로는 케인스와 결별하고 덩샤오핑으로 회귀하는 것이며, 이론적으로는 케인스의 수요 관리에서 벗어나 덩샤오핑으로 돌아와 개혁을 심화하고 개방을 확대하여 중국 경제 발전을 촉진하려는 것이다.

따라서 시진핑은 18차 당대회부터 나중의 개혁 심화, 그리고 지금의 공급측 구조 개혁까지 한걸음씩 걸어온 것이다. 알다시피 2015년 중국의 경제 성장률은 6.9퍼센트였다. 2015년 말 시진핑은 두 번의 중요 회의에 연이어 참석했다. 터키 이스탄불에서 열린 G20 정상회의와 필리핀에서 열린 APEC 정상회의가 그것이다. 이 두 번의 회의에서 시진핑은 "중국은 7퍼센트 전후를 지켜냈다"고 말했다. 2015년은 6.9퍼센트였다. 그렇다면 '7퍼센트 전후'란 어떤 의미인가? 이는 전 세계 경제의 신성장 부문에서 중국인의 기여가 25~30퍼센트에 이른다는 것을 가리킨다. 현재 중국의 경제 규모로 볼 때 중국이 7퍼센트 전후로만 성장할 수 있다면 전 세계 신성장 부문에 30퍼센트 정도 기여할 수 있다. 이는 이미 훌륭한 성적이다. 최근 몇 년간 나타나고 있는 긍정적인 변화는 중국 경제 구조에 중국이 원하는 상황이 실제로 일어났다는 것이다.

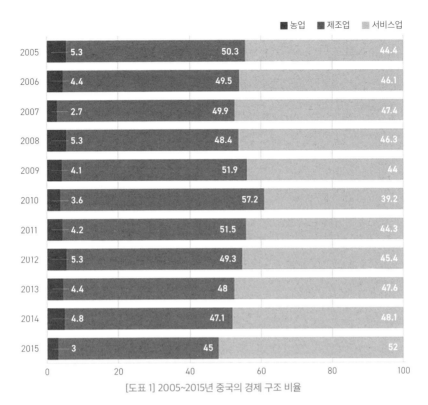

	■ 농업	■ 제조업	▨ 서비스업

2005 | 5.3 | 50.3 | 44.4
2006 | 4.4 | 49.5 | 46.1
2007 | 2.7 | 49.9 | 47.4
2008 | 5.3 | 48.4 | 46.3
2009 | 4.1 | 51.9 | 44
2010 | 3.6 | 57.2 | 39.2
2011 | 4.2 | 51.5 | 44.3
2012 | 5.3 | 49.3 | 45.4
2013 | 4.4 | 48 | 47.6
2014 | 4.8 | 47.1 | 48.1
2015 | 3 | 45 | 52

0   20   40   60   80   100

[도표 1] 2005~2015년 중국의 경제 구조 비율

[도표 1]은 중국 경제 구조에서 농업, 제조업, 서비스업이 차지하는 비중을 나타낸다. 2005년에 농업은 5.3퍼센트, 제조업은 50.3퍼센트, 서비스업은 44.4퍼센트였다. 그로부터 10년 후인 2015년에는 농업이 3퍼센트, 제조업이 45퍼센트, 서비스업이 이미 52퍼센트를 차지하여 구조적으로 큰 변화가 일어났음을 알 수 있다. 과거에는 소비가 부족하다고 했는데 2015년 경제 성장에서 소비의 기여도는 66.4퍼센트에 달했다. 말하자면 두 가지 커다란 구조적 변화가 일어난 것이다. 첫째, 소비가 경제 성장의 주요 동력이 되었다. 둘째, 서비스업이 세 가지 산업에서 가장 큰 비중을 차지하

게 되었다. 이는 실로 중대한 변화다.

그러나 이와 동시에 중국의 성장 속도는 엔진의 변화, 동력의 변화에 따라 점점 느려지고 있다. 이는 흥미로운 트레이드오프trade off[4] 상황이다. 중국식으로 표현하면 물고기와 곰발바닥[5]을 함께 얻을 수 없는 상황이다. 좋은 구조도 필요하지만 빠른 속도도 필요하다. 양자 사이에 어떻게 교차점을 찾을 것인가? 이는 아주 흥미롭고도 미묘한 상황이다. 이런 상황에서 시진핑은 '공급측 개혁'을 제기했다. 공급측 구조 개혁을 통해 앞서 언급한 모순을 연결하여, 양호한 속도도 유지하고 좋은 구조도 갖겠다는 것이다. 한동안 앞으로 나아갈 수 있다면 중국 경제는 안정적으로 성장하여 마침내 전면적인 샤오캉[6] 사회의 확립이라는 목표에 도달할 것이다.

구조와 속도에 대해 생각해보자. 선진국은 구조가 좋다. 그러나 영국, 미국, 일본 등 그 어떤 선진국도 4퍼센트 이상의 속도로 성장할 수 있는 곳은 없다. 그렇다면 좋은 구조는 일반적으로 느린 속도를 수반한다는 문제가 있다. 둘 중 하나를 선택할 것인가, 아니면 양자 사이의 교차점을 찾아낼 수 있는 길을 모색할 것인가? 중국은 현재 공급측 구조 개혁의 심화를 통해 교차점을 찾아 속도와 구조 두 가지를 아울러 고려하고자 한다. 중국으로서는 두 가지가 모두 중요하기 때문이다.

또 한 가지 비교적 큰 변화는 중국인들이 드디어 부동산과 인프라 투자, 즉 돈과 노동력을 쏟아부어 고속 성장을 유지하는 모델로는 지속 가능하지 않다는 점을 깨달았다는 것이다. 이는 흥미로운 일이다. 사람들은 중국의 빠른 성장 속도가 환경오염을 야기하는 것에 불만을 품고 있다. 사실 이는 미성숙한 경제 성장의 발로라고 할 것이다. 선진국을 포함한 세계 절대다수의 국가에서 이런 현상이 나타났다. 인류 본성의 관점에서 보면 보다 나은 삶을 추구하려는 사람의 소망은 타고나는 것이다. 경제학 사전에서 욕망은 발전의 근원이다. 욕망이 없다면 앞으로 밀고 나갈 방법이 없다. 따라서 보다 나은 삶을 추구하는 사람의 소망은 끝이 없다.

마찬가지로 중국인도 내일이 오늘보다 나아지고, 모레는 내일보다 더 나아지길 바란다. 어떻게 해야 이것이 가능할까? 부富를 늘려야 한다. 전 세계에서 부를 늘릴 수 있는 방법은 네 가지뿐이다. 첫 번째 방법은 '이전轉移'이다. 역사를 보면 전쟁을 일으키고 식민지를 만들어서 부를 약탈했다. 오늘날은 금융, 무역이라는 경로를 통해 다른 사람의 부를 자신에게 이전시킨다. 몇몇 국가는 이것이 가능하지만 중국은 불가능하다.

부의 이전을 할 수 없다면 혁신에 기댈 수 있다. 예를 들면 과거의 공업입국工業立國, 기술입국技術立國에서 최종적으로 혁신입국創新立國을 제기한다. 그러나 중국의 혁신 드라이브는 이제 막 제기되었고, 아직 경제의 주된 성장 동력이 될 수 없기 때문에 이 방법도 쓸 수 없다.

셋째는 노동생산성을 제고하여 부를 늘리는 것이다. 그러나 중국인의 노동생산성은 높지 않다. 예컨대, 2015년 미국의 GDP는 17조 8000억 달러(한화 약 2경 1360조 원)이고, 중국의 GDP는 10조 8000억 달러(한화 약 1경 2960조 원)다. 그러나 미국의 GDP 17조 8000억 달러는 1억 5000~1억 7000만 명의 노동력이 만들어낸 것인 반면, 중국의 GDP 10조 달러는 7억 8000만 명의 노동력이 만들어낸 것이다. 따라서 중국은 노동생산성이 낮음을 알 수 있다. 물론 미래의 중국은 노동생산성 제고를 통해 양호한 성장 속도를 유지할 수 있을 것이다. 그러나 현재 중국인의 노동생산성은 낮은 편이다.

중국은 다른 이의 부를 이전하여 돈을 버는 일을 할 수 없다. 혁신에 기대어 부를 늘리는 것도 지금과 같은 전환기에는 쉽지 않은 일이다. 노동생산성을 높여 부를 창출하는 것도 아직 시간이 필요하다. 그러면 어떻게 해야 할까? 마지막 방법은 규모를 키워 규모의 수익을 추구하는 것이다. 중국이 지난 10여 년간 부가 급격하게 증가했던 것은 실제로 규모 확장에 기반하고 있다. 규모의 확대에 따라 부를 증가시키며, 부의 증가로 전체 생활수준의 향상을 보장했다.

2000년대에 절대다수의 중국인이 새 집을 마련하고, 첫 차를 구입했으며, 해외여행을 다니기 시작했던 것을 생각해보라. 이 모든 것은 2000년대에 부가 집단적으로 증가한 상황에서 일어났다. 그 토대는 바로 규모를 키웠기 때문이다. 여기에도 문제가 하나 있다. 규모를 키워서 생활수준 향상에 대한 사람들의 요구를 만족시켰다면, 이러한 욕망은 끝이 없을 텐데 과연 규모를 무한대로 키울 수 있는가? 규모를 무한대로 키울 수 없다면, 또는 규모 확장이 한계에 다다른다면 생활수준을 지속적으로 향상시킬 토대가 사라지는 것이다. 이는 중국의 미래에 커다란 리스크다. 이로 인해 오늘날 중국인들은 개혁을 심화하고 구조 전환과 조정의 길을 걸어야 한다고 인식하게 되었다. 중국의 규모 확장이 한계에 다다랐기 때문이다. 예컨대 2015년 중국의 제강은 세계의 49.7퍼센트를 차지했다. 2015년 중국의 철강 수출량은 1억 1240만 톤으로, 이는 미국이나 일본, 한국의 철강 생산량보다 많았다. 중국의 철강 수출이 이미 1억 1240만 톤에 이르고 있는데, 계속해서 규모를 확장할 수 있을까? 이런 상황에 직면해서 구조 전환은 필수다.

앞서 언급했듯, 이 구조 전환은 또한 "세 가지 시기의 중첩과 여러 모순의 집합"에 직면했다. 얼마나 어려운 상황인지 짐작할 수 있을 것이다. 그러니 지금부터 앞으로 3~5년은 중국의 구조 전환과 조정에 있어서 결정적 시기가 될 것이다. 여기에는 두 가지 함의가 있다. 첫째, 중국인이 구조 전환과 조정을 선순환시키려면 3~5년이 더 필요하며, 둘째, 세계가 중국에

준 시간이 3~5년이라는 뜻이다.

경제학자의 관점에서 경기순환이론으로 판단하면 세계가 피할 수 없는 골칫거리가 있다. 그것은 바로 다음 경기순환의 저점이 3~5년 안에 나타난다는 것이다. 경제이론으로 보면 경기순환 주기에는 최소 네 가지 유형이 있다. 단기 순환은 약 40개월을 주기로 경기에 파동이 온다. 중기 순환은 약 10년을 주기로 파동이 온다. 건축 순환은 15~20년, 장기 순환은 약 50년에 한 번씩 파동이 찾아온다. 경기순환을 언급하는 이유는 무엇인가? 이런 예측이 정확한지 질문을 할지도 모르겠다.

[도표 2]는 중국 경제의 기본적 상황을 보여준다. 경제 성장률이 6.1퍼센트로 떨어졌을 때가 2009년 3월이다. 사실 중국 경제 성장 속도가 7퍼센트에 미치지 못한 적은 여러 번 있었다. 2008년에 떨어져 2009년에는 미치지 못했다. 2009년 1분기는 6.1퍼센트로 아주 낮았다. 단기 순환, 즉 40개월을 주기로 계산하면 3년 반 정도 된다. 2009년 1분기에서 3년 남짓 지난 2012년 여름에는 7.4퍼센트로 또 떨어졌다. 그 뒤로는 7.9퍼센트, 8.1

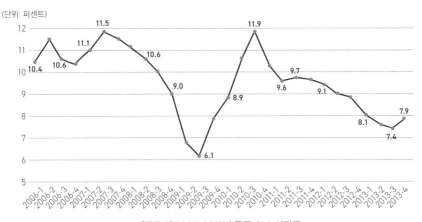

[도표 2] 2006~2013년 중국 GDP 성장률

퍼센트로 올랐다. 만약 2012년 여름이 단기 순환의 저점이었다면 여기에 약 40개월, 즉 3년 4개월을 더할 경우 2015년 말~2016년 초는 중국 경제 단기 순환의 저점 국면이 된다. 따라서 2015년 말, 2016년 초에 사람들이 힘들다고 느꼈던 것이다. 중국 경제가 계속 둔화되는 것처럼 보이는 것은 사실 경기순환 주기 때문이다. 그렇게 본다면 2015년 말, 2016년 초는 저점이다.

따라서 제13차 5개년 계획(2016~2020)의 원년인 2016년에 대한 내 판단은 다음과 같다. 실제로 많은 사람이 2016년 현재 중국 경제를 다소 비관적으로 보고 있다. 우리는 중국 사회과학원, 상무부 연구원, 국가발전개혁위원회 거시경제연구원을 비롯하여, 국제통화기금, 세계은행 및 스위스 연방은행UBS, 미국 씨티은행Citibank과 같은 대형 상업은행을 포함해 전 세계 40여 개의 비교적 큰 경제기관의 중국 경제에 대한 진단을 수집했다. 중국 경제가 쇠퇴할 것이라는 비관론이 40퍼센트, 신중한 부정론이 40퍼센트였고, 단 20퍼센트만이 신중한 낙관론을 내놓았다. 하지만 내 생각은 다르다. 실천은 진리를 검증하는 유일한 기준이다. 2016년 중국 경제는 바닥을 찍고 점차 안정되는 특징을 보일 것이다. 중국 경제를 중기 순환의 관점에서 보면 성장 속도가 점점 둔화되고 있는 상태다. 그러나 단기 순환으로 보면 2016년 중국 경제는 계속 하락하고 있는 상태가 아니라, 저점을 찍고 점차 안정세를 보이는 단계다.

또한 중기 순환의 관점에서 이는 매우 중요하다. 알다시피 중기 순환은 8~10년을 주기로 한다. 지난번 전 세계의 주기는 2008~2009년 미국의 서브프라임 모기지 사태였다. 여기서 다시 10년을 거슬러 올라가면 1997~1998년의 아시아 금융위기를 기억할 것이다. 다시 10년을 거슬러 올라가면 1989~1990년 미국의 심각한 경제위기와 일본의 부동산 버블 붕괴가 있었다. 과거로 거슬러 올라가는 것은 그만두고 이번에는 뒤로 세어보자. 2008~2009년 미국의 서브프라임 모기지 사태를 위기라고 인정한다면, 10년에 한 번 찾아오는 중기 순환의 다음 순서는 언제가 될 것인가? 개인적 판단으로는 2018년, 특히 2019년 이 지구에는 2008~2009년에 못지않은 위기가 한 차례 닥칠 것이다. 이때는 바로 제13차 5개년 계획 집행 말기다. 제13차 5개년 계획에는 전면적인 샤오캉 사회의 확립이라는 중요한 목표가 있다. 이 과정 중인 집행 말기에 전 세계에 또 한 번 커다란 경제 위기가 닥친다면 어떻게 해야 할까?

중국의 거시 경제는 솔직히 말해서 걱정할 필요가 없다. 중국은 아직 쓸 수 있는 카드가 많이 남아 있다. 중국, 미국, 유럽의 3대 경제체를 비교해보면 알게 될 것이다. 경제가 어려움에 직면했을 때 미국이 쓸 수 있는 카드는 통화정책뿐이며, 재정정책은 불완전해서 쓸 수 없다. 미국 정부가 돈을 쓰려면 미국 국회의 비준을 받아야 하는데 이 과정이 지난하기 때문이다. 따라서 미국은 통화정책으로만 조정할 수 있으며, 재정정책은 아무런 역할을 하지 못한다. 유럽은 정반대다. 예를 들어 유로존의 경우 수많은 경제체들은 전체적으로 격차가 크다. 과거 남유럽이 경제적 어려움에 빠졌을 때는 간단했다. 통화를 평가절하하고 확장형 통화정책을 실행하면 그만이었다. 그러나 유로화로 통일된 지금은 그럴 수 없다. 따라서 유럽으로서는 경제를 조정하려면 통화정책은 실효성이 없고 재정정책에 기댈 수밖에 없다. 중국은 딱 그 중간이다. 왼손에는 재정정책, 오른손에는 통화정책을 들고 함께 쓸 수 있다. 두 가지 정책의 결합은 중국이 2008~2009년의 경제 위기에서 가장 먼저 벗어날 수 있었던 이유다.

문제는 중국 거시 경제의 미시적 기초에 있다. 우선 중국은 일정한 성장 속도를 보장해야 한다. 중국은 2020년까지 샤오캉 사회를 확립하고 2049

년까지 사회주의 현대화 강국을 건설해야 한다. 이는 18차 당대회에서 설정한 두 가지 중요한 목표다. 샤오캉에는 다양한 기준이 있다. 예를 들어 엥겔계수는 식료품비가 전체 소비지출에서 차지하는 비중을 가리키는데, 즉 당신이 먹고 마시는 것이 총 소비지출의 60퍼센트 이상이면 빈곤(극빈층), 50~60퍼센트는 원바오溫飽(하위층),[7] 40~50퍼센트는 샤오캉(중위층), 30~40퍼센트는 부유(상위층), 30퍼센트 미만은 최부유(최상위층)다. 중국의 엥겔계수는 현재 도시와 농촌을 막론하고 38퍼센트 이하로, 엥겔계수에 따른 샤오캉의 기준은 달성했다고 할 수 있다.

또 다른 기준은 평균수명이다. 지구는 평균수명에 따라 3등급으로 나눌 수 있는데, 평균수명이 80세를 넘으면 초장수국가, 75~79.9세는 장수국가다. 미국, 이탈리아도 모두 80세에 미치지 못한다. 중국의 평균수명은 76세로, 이 기준도 달성했다.

문해율(식자율)의 기준으로 봐도 중국은 문제가 없다. 중국은 글을 깨우친 사람이 많다. 2008년 베이징올림픽 때 베이징 시민의 영어 실력이 보편적으로 향상되었음을 실감했을 것이다. 문해율은 미국에 뒤처지지 않는다.

중국이 기준에 못 미치는 것이 하나 있는데 바로 1인당 평균소득이다. 2015년 지구는 80조 달러(한화 약 9경 6000조 원)에 못 미치는, 78조 달러(한화 약 9경 3600조 원)가 조금 넘는 GDP를 창출했다. 지구상에는 총 73억 인구가 살고 있으니, 78조 달러 GDP를 73억 인구로 나눠도 1인당 1만 달러가 넘는데 중국은 겨우 8000달러다. 따라서 향후 5년 동안 연성장률 6.5퍼센트를 사수해야 2020년에 1인당 1만 달러에 도달할 수 있다. 이를 위해서는 어떻게 해야 할까? 자원 배분에 있어 시장이 결정적 역할을 해야 한다.

다음 단계의 개혁 심화는 국유기업 개혁으로, 혼합소유제[8]를 실시해야 한다. 예를 들어 혼합소유제를 실시하는데 전략적 투자자가 없다면 자본시장을 통해서만 국유기업의 민영화公衆化를 진행할 수 있다. 만약 이때 중국 자본시장이 붕괴돼 큰 문제가 발생한다면 어떻게 혼합소유제 개혁을 완성할 수 있는가? 하지만 주식시장의 종합주가지수가 7000~8000포인트에 이른다고 해도 효율적 자원 배분은 불가능할 것이다. 따라서 앞으로 중국 증시는 매우 완만하고 안정적인 파동을 그릴 것이다. 한마디로 주식시장을 통해 국유기업의 혼합소유제 개혁을 진행해야 하며, 주식시장을 자원 배분의 도구로 삼아야 한다. 만약 이때 중국 자본시장이 붕괴되고 주식시장이 침체된다면 국유자산 유출이라는 낙인은 누구에게 찍힐 것인가? 따라서 중국 국유기업 개혁의 측면에서 우리는 자본시장을 아주 좋은 수단으로 만들 필요가 있으며, 자원 배분에 있어 시장이 결정적 역할을 하게 해야 한다.

　중국의 민영기업은 앞으로 나아가는 과정에서 세 가지 문제에 직면하게 된다. 첫째, 자금을 어디서 조달할 것인가? 둘째, 어떤 길로 나아갈 것인가? 셋째, 지배구조를 어떻게 개선할 것인가? 지금 개혁이라는 측면에서도 중국의 자본시장과 주식시장이 이 부분에서 더 큰 역할을 해주길 기대한다. 알다시피 얼마 전 중국은 증권감독관리위원회 의장을 교체했다. 그리고 곧 상장심사제를 등록제로 전환할 것임을 선언했다. 심사받을 필요 없이 조건에만 부합한다면 바로 상장할 수 있게 되는 것이다. 이는 민영기업의 자금난을 어느 정도 해소할 수 있을 것이다. 하지만 더욱 중요한 것은 민영기업이 어떤 방향으로 구조 전환을 할 것인가이다. 중국에는 "궤도를 바꾸지 않는 것(체제를 전환하지 않는 것)은 앉아서 죽기를 기다리는 것이고, 궤도를 바꾸는 것(체제를 전환하는 것)은 스스로 죽음을 자초하는 것이다"라는 말이 있다. 그만큼 방향을 잡기가 어렵다는 뜻이다.

이런 상황에서 중국의 고위층은 주식시장과 자본시장이 최대한의 역할을 해주길 기대하고 있다. 다시 말해, 투자자들이 그들의 지혜로써, 화폐를 투표용지로 삼아, 발로 투표해서 민영기업가들이 방향을 찾을 수 있도록 도와주길 바라고 있는 것이다. 다같이 상장했는데 사람들이 다른 회사의 주식은 사러 가고 내 회사의 주식은 사지 않는다면, 사람들이 그 회사의 방향에 공감하고 내 회사의 방향에는 공감하지 않는다는 뜻이다. 이런 상황에서 중국 민영기업이 미래 구조 전환의 방향을 찾을 수 있도록 도와주는 것은 아주 중요하다.

마지막으로 중요한 것은 중국 민영기업이 기본적으로 가족 경영을 하고 있다는 점이다. 지금 골칫거리는 기업 2세들이 기업을 승계하여 경영하길 원치 않는다는 것이다. 중국은 참 이상한 나라다. 중국에 가보면 노동자가 되려는 젊은이가 없다. 그렇다면 '중국 제조 2025'는 어디에 기반을 두어야 하는가? 아무도 노동자가 되기를 원하지 않는다는 차원의 문제가 아니다. 기업 2세들은 기업을 승계하여 경영하는 것을 피곤해하며 자본운용을 하고 싶어한다. 이런 상황에서 어떻게 자본시장의 운용을 통해 진정한 전문경영인에게 민영기업을 맡겨 경영해나가도록 할 것인가? 이 또한 자본시장의 중요한 과제다.

이상으로 자본시장의 5대 과제에 대해 이야기했다. 중국의 주식시장과 자본시장이 중국의 자원을 효과적으로 배분하거나, 자원 배분을 시장 위주로 한다면 그 지위가 얼마나 중요해질지 알 수 있을 것이다. 그렇다면 앞으로 중국은 어떻게 될 것인가? 중국의 자본시장 혹은 주식시장의 가장 큰 문제는 관리 감독에 있다. 현재 중국 자본시장에는 세 가지 큰 힘이 있다. 개인 투자자, 기업, 정부다. 개인 투자자는 주식시장에서 돈을 벌어야 하고, 기업은 주식시장에서 자금을 끌어모으려 하며, 정부는 어려움에 빠진 기업을 주식시장으로 보내 문제를 해결하려고 한다. 아무도 자본시장의 핵심 기능에서 출발해 관리 감독하지 않는다면 분명 난장판이 될 것이다. 따라서 앞으로의 개혁은 이렇게 요약할 수 있다. 금융의 기본 기능은 무엇인가? 효율적인 자원 배분이다. 여기서 벗어나면 금융은 재앙이다. 따라서 중국 자본시장의 전반적인 관리 감독 개혁의 출발점은 그것을 통해 자원을 효과적으로 배분하고, 시장이 자원을 배분하는 데 있어 한 가지 수단으로 존재하는 것이다. 바로 그렇기 때문에 중국 자본시장은 확실히 파동을 겪을 것이지만 장기적으로 보면 5대 과제를 감당하고 있기 때문에 앞으로 비교적 양호하게 성장할 것이다. 시장이 자원 배분에서 결정적 역할을 하도록 만들 수만 있다면, 앞으로 중국 경제는 속도가 빠르진 않더라도 비교적 안정적으로 성장할 수 있을 것이다.

(강연일 2016년 2월 26일)

중국 부상의
세계적 의의
Global Significance of China's Rise

:

주윈한朱雲漢
대만 장징궈 국제학술교류기금회 회장

나는 대만 출신 학자로서, "중국 부상의 세계적 의의"라는 방대한 주제에 대해 대만의 관점이 아닌 세계적 관점에서 논하고자 한다. '중국의 부상'은 21세기를 결정짓는 가장 중요한 역사적 사건일 것이다. 이는 과거 19세기 세계질서를 바꾸어놓았던 프랑스혁명과 산업혁명, 20세기 세계질서를 결정지었던 볼셰비키 혁명과 '미국의 부상'에 비견된다. 따라서 중국의 부상이라는 현상을 세계적 관점뿐 아니라, 장기적인 역사적 관점에서 보는 것이 중요하다.

중국의 기적적인 성장에 대해 기술하는 수많은 보고서와 책, 기사들이 이미 나와 있으므로, 여기서 되풀이하지는 않겠다. 우선 역사적 관점에서 중국의 기적적인 경제적 부상에 대해 논하고자 한다.

[도표 1]은 앵거스 매디슨Angus Maddison 교수와 그 팀이 뛰어난 데이터베이스를 바탕으로 작성한 훌륭한 역사 트렌드 도표다. 그는 세계경제사에서 가장 저명한 역사학자 중 한 명이며, 구매력평가 기준 GDP 산출 방법

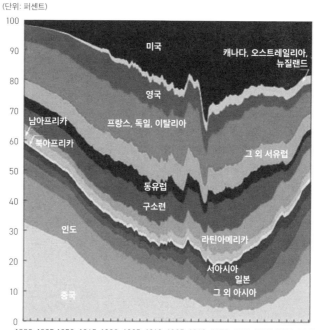

(단위: 퍼센트)

[도표 1] 1820~2016년 세계 GDP 점유율
출처: 경기순환연구소Economic Cycle Research Institute(ECRI)

론을 개발한 IMF와 세계은행의 고문이었다.

지난 200년간 세계 주요 경제체의 상대적인 부상과 하락의 흐름을 한 눈에 알고 싶다면, 각 경제체가 세계 GDP에서 차지하는 상대적인 비중을 보여주는 이 도표를 참고하면 된다. 도표를 보면, 19세기 초반에는 중국과 인도 양국의 경제활동이 전 세계의 절반에 달했음을 알 수 있다. 아울러 그 전에 2000여 년 동안 그래왔다는 것도 지적하고자 한다.

하지만 그 후 상황은 매우 극적으로 바뀌었다. 뉴잉글랜드 식민지에서 시작해 세계적인 강국으로 신속하게 부상한 미국이 도표의 상위 절반을 차지하게 된 것이다. 미국의 산업화는 19세기 후반 남북전쟁(1861~1865)

이후로 가속화되어, 제2차 세계대전이 끝날 무렵 절정에 이르렀다. 당시 미국은 진정으로 지배적인 패권국 또는 세계경제 강국이었다.

이 이야기는 '서구의 부상'이라는 측면에서도 중요하다. [도표 1]에 보이는 캐나다, 뉴질랜드, 호주, 영국 등은 앵글로색슨 계열에 속한다. 그다음으로 프랑스, 독일, 이탈리아와 나머지 서유럽 국가들을 볼 수 있다. 우리는 이를 통틀어 '서구'라고 정의한다. 그들은 지배적인 세력이며, 1세기 반이 넘도록 부상하는 세력이었다.

그 후 1960년대와 1970년대에 들어서 전환점을 맞이했다. 일본이 경제를 성공적으로 재건했고, '아시아의 네 마리 호랑이'가 그 뒤를 이었지만, 가장 주목할 만한 것은 1980년대 초반 이후 중국이 세계경제에서 차지하는 비중을 빠르게 회복했다는 사실이다. 2017년이 되어서는 미국 경제와 중국 경제가 대략 동등한 위치에 서게 되었다고 할 수 있다. 명목 GDP로 보면 중국이 미국 경제의 약 72퍼센트 수준에 그치나, 구매력평가 기준 GDP로 보면 2018년 중국 경제는 미국보다 20퍼센트 더 크다. 따라서 두 가지 다른 지표의 평균값을 취한다면 양국 경제가 동등한 위치에 섰다고 말할 수 있을 것이다.

이는 실로 경이로운 일이다. 지난 35년, 거의 40년 동안 중국처럼 거대한 규모의 경제를 이토록 빨리 발전시킨 후발 산업국은 없었다. 이는 역사적으로 전무한 일이다. 중국과 비교하여 일본은 경제 성장의 전성기일 때도 규모가 훨씬 작았고, 한국과 대만은 일본보다 훨씬 작다. 19세기 후반과 20세기 초반 미국의 부상이 유일하게 가장 비슷하다. 그래서 많은 이가 중국 경제 성장의 속도와 규모를 거론하는 것이다.

[도표 2]는 IMF 통계를 바탕으로 한 흥미로운 도표다. 2017년을 결승선으로 삼고 과거 30년을 돌이켜보면, 중국은 이 기간 동안 경제 규모를 36

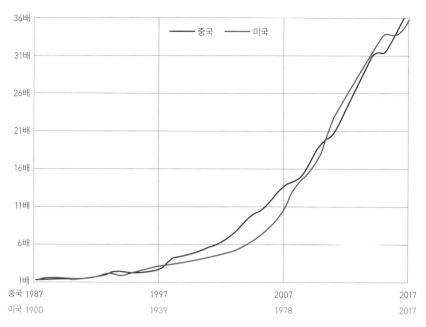

중국 1987	1997	2007	2017
미국 1900	1939	1978	2017

2017-1900=117년 미국이 GDP를 36배 성장시키는 데 걸린 시간
2017-1987=30년 중국이 GDP를 36배 성장시키는 데 걸린 시간

[도표 2] "차이나 스피드, 미국의 약 3.9배."
출처: 메저링워스닷컴(www.measuringworth.com)

배나 키웠다. 이는 실로 경이로운 일이다. 마찬가지로 2017년을 결승선으로 삼고 소급하여 분석하면 미국이 경제 규모를 36배 성장시키는 데 얼마나 걸렸을까? 미국은 117년 걸렸다. 이렇게 비교하면 지난 100년 동안 중국의 경제 성장 속도는 미국보다 3.9배 빨랐다고 볼 수 있다.

중국의 경제 성장은 전 세계에 수많은 새로운 과제를 던져주었다. 예컨대 중국은 한편으로 엄청난 번영을 창출했지만, 또한 세계에서 이산화탄소 배출량이 가장 많은 국가가 되었다. 따라서 중국의 환경오염 속도도 아마 미국보다 4배나 빠를 것이다. 5년도 더 전에 중국은 이미 지구온난화의 가장 큰 주범이 되었다. 지금 세계는 중국의 경제 성장이 초래한 온갖 긍정적인 결과와 부정적인 결과에 동시에 직면해 있다.

중국이 향후 10~20년 동안 6~7퍼센트포인트의 성장률을 유지할 수 있을지 의문을 제기하는 이도 있다. 하지만 충분히 개연성이 있으며, 그 가능성을 과소평가해서는 안 된다. [도표 3]과 [도표 4]에서 그 답을 찾을 수 있다. 우리는 미래의 경쟁이 과학기술과 R&D 역량의 경쟁이 될 것이라는 사실을 알고 있다. 지식집약형 경제이므로 많은 인재를 필요로 할 것이다. 따라서 경쟁의 승패는 얼마나 많은 과학자와 엔지니어, 소프트웨어 프로그래머를 육성할 수 있는지, 그리고 특히 R&D에 얼마나 투자할 것인지에 달려 있다.

MIT에서 발행하는 저명한 과학저널인 『MIT 테크놀로지 리뷰MIT Technology Review』에서 중국과 미국의 R&D 인력을 비교했는데, 최근 중국의 R&D 인력 규모는 미국과 거의 비슷해졌다. 공공 부문과 민간 부문을 합친 총 R&D 지출은 2016년 중국이 미국에 약간 뒤처져 있지만 추세선을 보면 그 이듬해나 늦어도 3년 안에는 미국을 추월할 것으로 보인다. 특히 전체 노동인구에서 차지하는 R&D 인력 비율에 주목할 필요가 있다. 미국은 노동인구의 약 9퍼센트인 290만 명이 연구자, 엔지니어, 과학자로 일하고 있다. 이는 미국이 여전히 매우 혁신적인 경제임을 의미한다. 반면 중국의 경우 이 비율이 2퍼센트밖에 되지 않는다. 이는 중국의 성장 가능성, 다시 말해 미국을 따라잡을 수 있는 여지가 충분하다는 것을 시사하므로 눈여겨볼 만하다. 그렇다면 중국의 부상이 한국과 대만, 나아가 국제사회 전체에서 지니는 함의와 중요성은 무엇인가?

첫째, 중국의 부상은 모든 면에서 초세계화hyper-globalization의 속도를 증폭시킬 것이다. 이에 대해서는 추후 상술하겠다. 둘째, 중국의 부상은 제2

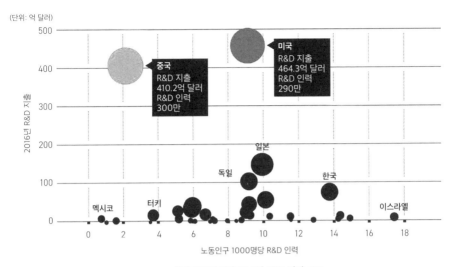

[도표 3] 미국과 중국의 R&D 인력 규모
출처: *MIT Technology Review*, 2019. 1.

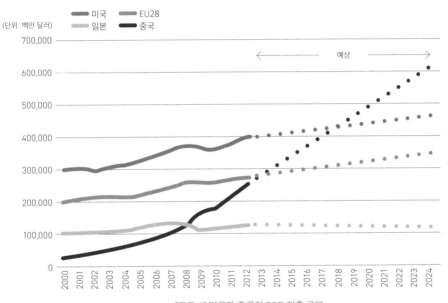

[도표 4] 미국과 중국의 R&D 지출 규모
출처: *MIT Technology Review*, 2019. 1.

차 세계대전 이후의 자유주의적 국제 질서를 변형시키고 미국 패권의 권력 기반을 약화시키고 있다. 그렇기 때문에 트럼프가 격분하며 중국이 빠르게 부상하지 못하도록 막으려는 것이다. 셋째, 중국의 부상은 '나머지 세계의 부상the Rise of the Rest'을 가속화시킬 것이다. 여기서 '나머지'라 함은 비서방 경제·사회를 의미하며, 혹자는 이를 '글로벌 사우스Global South'라 부르기도 한다. 동시에 중국은 남-남 협력의 잠재력을 촉발시킬 것이다. 이는 많은 이에게 친숙하지 않거나 우호적이지 않은 분석적 개념일 텐데, 확실히 '글로벌 사우스'에 속하는 인도, 인도네시아, 중남미와 아프리카의 국가들에 반해, 대만과 한국은 때때로 자신이 '글로벌 노스Global North'에 속하는지 '글로벌 사우스'에 속하는지에 대해 정체성의 혼란을 겪기 때문이다. 넷째, 중국의 부상은 세계화의 미래 경로를 형성하고 글로벌 거버넌스의 구조를 변화시킬 것이다. 우리는 바로 지금 그것을 목도하고 있다. 간단히 말해, 중국의 부상은 서구중심적 세계질서에서 탈서구적Post-Western 세계질서로의 전환을 촉진할 것이다. 그리고 이것이 아마도 우리가 고민해야 할 가장 중요한 함의일 것이다.

앞서 말한 초세계화에 대해 논하고자 한다. 이는 하버드대 교수인 대니 로드릭Dani Rodrik이 제기한 개념이다. 그는 지난 35년 동안 우리가 세계화 단계에 들어섰다고 말한다. 세계화가 빠른 속도로 가속화되고 국제사회의 구석구석까지 관통하는 영향력을 지니며, 서로 다른 사회들을 복잡하고 긴밀한 방식으로 연결하게 되었다는 것이다. 이는 전례 없는 일이다. 따라서 모든 사회가 심오한 방식으로 새로운 도전에 직면한다. 그리고 이 과정의 이면에는 많은 추진 요인이 있다. 그리고 중국은 초세계화의 주요 수혜국인 동시에, 초세계화의 바람직하거나 바람직하지 않은 모든 결과를 극적으로 증폭시키고 있다. 중국이 없었다면 초세계화는 이만큼이나, 이렇게 빨리 진행되지 않았을 것이다. 그 이유 중 하나는 중국이 규모 면에서 거대한 국가이기 때문이다.

다른 어떤 사건도 중국의 부상처럼 세계경제에 이만큼의 도전장을 내밀 수 없다. 과거 일본은 이미 1960~1970년대에 미국을 비롯한 선진 산업 국가들에 심각한 도전장을 던졌다. 미국 노동자들은 섬유, 조선, 철강, 그리고 결국엔 자동차 산업에서까지 처음에는 일본과, 나중에는 '네 마리 호랑이'와의 경쟁으로 힘든 시간을 보내야 했다. 그러나 중국은 산업국가들에게 훨씬 더 큰 도전장을 내민다.

중국은 실로 거대한 규모의 노동력을 보유하고 있다. [도표 5]에서 점의 크기는 실제 인구에 비례하는데, 이 도표를 보면 중국의 노동력이 미국, 유럽, 일본을 전부 합친 것보다 크다는 것을 한눈에 확인할 수 있다. 이 노동력은 빠른 속도로 세계경제와 국제 분업에 합류했다. 이는 일찍이 없던 일이다. 서구 사회는 이미 1970년대와 1980년대를 거쳐 1990년대까지 줄곧 일본, 한국, 대만과의 경쟁에 대처하는 데 어려움을 겪고 있었다. 그런데 이제 과거 그들이 맞닥뜨렸던 것보다 몇 배나 더 큰 중국이 오고 있는 것이다. 뿐만 아니라 중국의 노동력은 전 세계 노동력의 4분의 1에 육박한다. 덕분에 중국은 30년도 안 되어 제조업 강국이 되었다.

가장 놀라운 사실은 중국이 산업 발전의 사다리를 매우 빨리 올랐다는 것이다. 약 30년 전에는 의류, 신발과 같은 노동집약적 제조업만이 중국 차지였다. 그 후 신속하게 모든 주요 가전제품으로 이동하더니, 이제는 디지털 통신, 스마트폰, 심지어 반도체 및 고속열차로 옮겨가고 있다. 중국은 저가 제품 수출에 그치지 않고, 이제는 고급 상품의 점유율까지 점차 확대해가고 있다. 중국은 의류에서 항공기까지 모든 것을 생산할 수 있기 때문에, 다른 국가에 일자리를 남겨놓지 않는다는 농담까지 나온다. 중국은 현

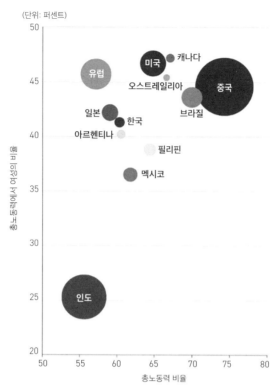

(단위: 퍼센트)

[도표 5] 2010년 몇몇 국가의 노동력 규모, 성별 구성, 참여율
출처: 미국노동통계국

재 민간 항공용 광폭동체 항공기wide-body aircraft까지 자체 개발하고 있는 중이다.

중국이 초세계화를 촉진하는 유일한 요인은 아니다. 지난 30년 동안 신자유주의 개혁, 동시 자유화concurrent liberalization, 자유무역 확산 등 다른 중요한 요인이 있었으며, 수차례의 무역 자유화와 더불어 디지털 혁명도 있었다. 하지만 중국은 가장 중요한 요인 중 하나로, 많은 선진사회에 어려움을 야기했다.

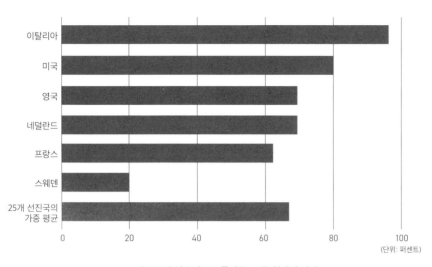

[도표 6]은 마틴 울프Martin Wolf가 『파이낸셜 타임스The Financial Times』 논평에서 사용한 것으로, 2005년부터 2014년까지 10년 동안 해당 국가에서 소득이 침체된, 다시 말해 '제로 성장'을 겪은 가구의 비율을 보여준다. 이탈리아는 95퍼센트 이상의 가구가 10년 동안 제로 성장을 경험했다. 평균적으로 '제로 성장'을 한다는 것은 전보다 후퇴한, 즉 더 가난해진 가구도 일부 있음을 의미한다. 어쩌면 그렇기 때문에 지금 이탈리아에서 소위 비주류 정치세력이 예상 밖의 승리를 거두거나 주류 정당이 집권 연합을 형성하는 것인지도 모른다. 그것은 EU와 세계화에 대한 포퓰리즘적 반발이다. 미국은 가구의 80퍼센트가 소득 침체를 경험했다. 트럼프가 승리를 거둔 이유다. 간단한 논리다. 영국은 상황이 조금 낫지만 크게 다르지 않다. 중산층과 노동자 계층 가정과 같은 절대다수는 더 가혹한 경험을 한다. 몇 가지 예외는 있지만 스웨덴처럼 아주 작은 규모의 경제이기 때문에 여

기에서는 다루지 않겠다.

종합적으로 볼 때 이것이 유럽 전역과 선진 산업사회 전반에 걸쳐 강렬한 반동이 일어나는 이유다. 그들은 악당, 즉 문제의 근원으로 세계화나 이민자, 또는 중국을 겨냥한다. 이제 우리는 탈세계화deglobalization의 도전에 직면하고 있으며, 이 추세가 지금은 아니지만 앞으로 오랜 세월 불안정의 원천이 될 거라고 생각한다. EU가 어떻게 현재의 경제위기에서 벗어날지는 모른다. EU는 여전히 유럽중앙은행European Central Bank(ECB)에 의지해서 생명유지장치를 제공받아야 한다. 독일 재무부는 여전히 마이너스 금리를 유지하고 있다. 그리고 유럽 남부 지역에 걸쳐 젊은 세대의 실업률이 30~35퍼센트에 달할 정도로 높다. 수많은 젊은 세대, 밀레니얼 세대는 대학 졸업 후 10년 이상 제대로 된 일자리, 즉 안정적인 정규직을 갖지 못하고 있다.

앞으로의 전망은 어떠한가? 현 상황은 극단주의의 온상이다. 지금 우리가 역사적 비극이 만들어지는 과정 속에 놓여 있는 것은 아닌지 우려하는 이들도 있다. 버클리대학의 저명한 정치경제학자 배리 아이컨그린Barry Eichengreen도 그중 한 명으로, 그는 현 상황을 1920년대 후반과 1930년대의 암울한 역사와 비교했다. 그 시기에 세계경제는 대공황으로 붕괴되었고, 많은 민주주의 국가가 무너졌다. 이 끔찍한 사회경제적 상황 속에서 히틀러, 무솔리니와 같은 파시스트 정권이 무대 중앙으로 등장했다. 아이컨그린이 우려하는 상황이다.

그렇다면 우리는 중국을 비난할 것인가, 아니면 중국이 새로운 기회의 창을 많이 열었다고 할 것인가? 대답은 당신의 현 상황과 위치에 따라 달라질 것이다. 만약 디트로이트에 있는 노동자로 일자리를 잃었다면, 비난하는 쪽을 선택하게 될 것이다. 인도네시아에서 일하는 농부라면, 농작물

수요가 증가하고 가격이 오를 것이라는 기대로 중국이 준 기회를 환영할 것이다.

내가 수십 년간 알고 지낸 미국의 많은 학자는 중국의 부상이 특히 제2차 세계대전 이후의 국제 질서―어떤 사람들은 자유주의 국제 질서라고 부르는―에 대해 지니는 함의에 대해 논쟁한다. 단언컨대 이 문제에 대해서는 합의가 이루어지지 않았다. 그들이 제공하는 견해는 때로 매우 엇갈릴 수 있으며, 때로는 서로 모순되기도 한다.

중국의 부상과 그 함의를 어떻게 평가할 것인가에 대해 나는 매우 다른 두 가지 견해를 꼽아보았다. 한쪽에는 중국의 부상을 우려하는 기우론자들이 있다. 그들은 중국이 매우 강하고, 야심 차며, 서양의 가치와 규범에 반한다고 말한다. 중국은 '현상타파revisionist' 세력으로, 우리가 익숙한 세상을 무너뜨릴 것이며, 곧 기존의 자유주의 국제 질서를 포괄적인 대안체계로 대체할 것이라고 보는 이 관점은 새로운 봉쇄를 정당화하며, 심지어 미국이 중국을 견제하는 새로운 냉전의 시작까지도 정당화한다. 내가 유럽과 미국에서 대화를 나눈 사람들은, 미국이 철수하며 생긴 전략적 공백을 중국이 채울 것이라고 우려하고 있다. 이는 매우 걱정스러운 진단이다.

다른 쪽에는 조지프 나이Joseph Nye와 같은 사람들이 있다. 이들도 걱정하고 있지만 그 이유는 전자와 다르다. 걱정하는 모습은 거울에 비친 것처럼 같지만, 중국의 동기, 어젠다, 우선순위에 대해 크게 다른 평가에 바탕을 두고 있다. 그들은 중국이 너무 약하다고 걱정한다. 중국이 여전히 서구 중심의 기존 세계질서에 편승하고 있으며, 미국이 글로벌 리더십을 포기하는 동안 더 많은 책임을 질 준비가 되지 않았다고 한다. 그들은 이러한 리더십 공백을 걱정한다. 다자간 전후戰後 자유주의 질서를 무너뜨리려 했던 트럼프는 떠나버렸다. 그러나 중국은 분명히 유력한 후계자가 아니며,

자격이 없거나 너무 약하다. 아니면 단순히 준비가 덜 된 것일 수도 있다. 그런 이유로, 우리는 앞으로 몇 년 안에 무슨 일이 일어날지 걱정해야 한다. 우리는 주전 선수가 구하러 오지 않고 자유주의 국제 질서가 무너지는 것을 보게 될 것인가?

어떤 주장이 더 타당할까? 나는 매우 중요하고 심오한 이 질문에 대해 나름의 답을 제시하려고 한다. 중국이 현상타파 국가이며, 야심 차고, 기존 국제 질서를 자신의 설계대로 교체하려 한다고 믿는 사람들은 우리가 투키디데스의 함정[2]에 빠져 세상에 종말이 올지도 모른다고 예견한다. 이것이 그레이엄 앨리슨의 저서 『예정된 전쟁』[3]에서 말하는 바이다. 그는 다가올 미국과 중국 간의 비극적인 충돌을 걱정한다. 미국은 중국의 침략에 대항해서 자신의 패권을 방어해야 한다.

또한 우리는 두 번째 함정인 킨들버거 함정Kindleberger trap에 빠질 수도 있다. 이 역시 하버드대 조지프 나이가 만들어낸 개념이다. 40년 넘게 알고 지낸 동료가 중국과 국제 질서에 관해 경쟁적인 이론을 내세우는 모습이 매우 흥미롭다. 조지프 나이의 시나리오에 따르면 세계는 향후 수십 년간 리더십 공백으로 고통받을 것이다. 세계경제의 무질서와 붕괴가 불 보듯 뻔하다.

나는 그레이엄 앨리슨이 숭고한 동기에서 책을 썼다고 생각한다. 그는 자기 강화적인 예언을 통해 미국과 중국의 정책 입안자들에게 경각심을 일깨우고 역사적인 비극에서 어떻게 올바른 교훈을 얻을 수 있는지 알려주려 한다. 시진핑이나 트럼프가 두 강국의 전면 충돌은 불가피하다는 운명을 따라가지 않도록 최선을 다해 만류하고 있는 것이다. 2000여 년 전 아테네와 스파르타 간의 비극적인 충돌을 비유로 든 그의 예언에 대해, 나는 역사가 완전히 똑같이 반복되지는 않을 거라고 생각한다. 여기에는 많은 이유가 있다. 물론 우리는 핵의 시대에 살고 있고 대량살상무기의 전쟁 억제 효과가 여전히 크지만, 그뿐만이 아니다. 지금 중국과 미국의 경제는 상호 간에, 그리고 세계경제와 너무 많이 얽혀 있다. 그들은 서로를 대상으로 한 막대한 핵무기를 보유하고 있을 뿐만 아니라 서로의 경제적 생명줄, 즉 재정 파괴 가능성을 인질로 잡고 있다. 만약 둘의 군사적인 대치 상황이 임박한다면 월가wall Street는 이튿날 아침 폭락할 것이며, 모든 곳의 채권시장, 증권시장이 무너지며 전 세계도 함께 붕괴될 것이다. 이는 미국과 중국을 포함한 세계경제에 대재앙이 될 것이다.

지정학적 측면에서 중국과 미국은 사실 역사적 원한이나 영토 분쟁이 없다. 태평양을 사이에 두고 있기 때문이다. 그래서 중국은 미국에게 전통적인 의미에서 실존적인 위협이 되지 않는다. 아마 기술경쟁 부분에서 심리적인 위협은 되겠지만, 다른 사회의 상승으로 인해 특정 사회를 약화시키는 실존적인 위협은 아니다. 그러나 미래를 들여다보면 무역 전쟁의 고조와 전략적인 경쟁 및 대치의 다른 측면들로 인해서 필연적으로 미국과 중국이 디커플링decoupling(탈동조화)될 가능성을 배제해선 안 된다. 하지만 완전한 디커플링이 가능하다고는 생각하지 않는다. 미국의 다양한 산업들과 여러 사회 분야 등 미국 전체가 이를 받아들일 준비가 되지 않았기 때문이다. 너무 값비싼 비용을 치러야 하고 결과를 전혀 예상할 수 없다. 양측은 심각한 타격을 입을 것이다. 어떤 사람들은 트럼프가 매파 4인방, 즉 피터 나바로Peter Navarro, 로버트 라이트하이저Robert Lighthizer, 마이클 폼페이오Michael Pompeo, 존 볼턴John Bolton에 둘러싸여 있는 것을 걱정한다. 그들은 강경파이며 중국에 맹공을 퍼붓는다. 그렇지만 이 경쟁에 수반된 온갖 감정에도 불구하고 결국에는 상식과 이성이 승리할 것이다. 예컨대 2018년 10월 월가는 트럼프에게 중국과 미국이 충돌하는 길로 나아가면 미국 경제와 기업들이 힘들어질 거라는 강한 신호를 보냈다. 월가는 하락했고, 이 것이 초기 경고가 되었다.

이 밖에도 양측이 서로 피하고, 현실적으로 고려해야 하는 제약이 많다. 앞서 논했듯이 기본적으로 전면적인 경제적 냉전은 그 가능성을 완전히 배제할 순 없지만 너무 값비싼 대가를 치르는 일이기에 그다지 현실적이지 않다. 중국과의 전면적 냉전에 지속적이고 광범위한 정치적 지지가 형성되기는 어렵다. 그런 방향으로 기류가 만들어질 수는 있지만 그 힘이 강하게 지속되지는 않을 것이다. 농부들은 벌써부터 중국 시장을 영원히 잃을 것이라고 불평하고 있으며, 첨단기술 산업은 지난 30년간 구축된 전 세계 공급망 전체를 분열시켜서는 안 된다는 목소리를 내고 있다.

나아가 한국과 대만을 포함한 미국 동맹국 대부분은 미국과 중국 중 양자택일을 강요받길 원하지 않는다. 싱가포르 외교장관이 며칠 전 워싱턴에서 아주 냉철한 연설을 했는데, 그 핵심은 미국과 중국 어느 한편의 선택을 강요받고 싶지 않다는 것이었다. 중국이 여러 방식으로 제공해오던 사업 기회와 제품은 쉽게 대체될 수 없고, 미국은 대용물을 제시할 수 없기 때문이다. 우리는 미국의 안보 보장에 의존하고 있지만 동시에 중국과 경제적인 관계를 맺지 않고는 잘살 수 없다.

냉정한 몇몇 학자는 미국 정책 입안자들에게 어쩌면 중국을 견제하긴 이미 너무 늦었다는 걸 상기시키기도 했다. 20년 혹은 15년 전이었다면 중국을 견제하는 데 성공했을지도 모른다. 하지만 불행히도 9.11은 거의 17년 동안 미국의 주의를 분산시켰고 그동안 중국에게 경제를 5배나 성장시키는 소중한 기회를 주었다. 또한 트럼프가 거액을 빌렸다는 것을 기억해야 한다. 그는 지난 2년간 거의 1조 9000억 달러(한화 약 2280조 원)의 새로운 적자를 냈다. 그는 중국 제품을 더 이상 구입하고 싶어하지 않으면서도, 중국이 미 국채를 더 사기를 바란다. 두 마리 토끼를 동시에 잡을 수는 없다. 천하의 도널드 트럼프와 그의 강경파 팀이라도 감수해야 할 외부적 제한이 너무 많은 것이다.

최근 화웨이華爲에 대한 전면적인 공격 시도가 성공할지 여부는 좀더 지켜봐야 할 것이다. 명목상으론 미국이 오랜 기간 엄청난 무역적자에 시달렸지만, 동시에 다른 한편으로 미국 기업들은 중국 시장에서 큰돈을 벌었다. 물론 불행하게도 미국 기업 제품일지라도 미국에서 제조된 것은 아니고, 중국, 대만 등지에서 제조된 경우가 많다. 그러나 그렇게 제조된 스마트폰, 의료설비, 반도체, 소프트웨어, 각종 라이선스 등의 판매는 수많은 미국의 선두 기업들에 막대한 수입원을 창출했다. 애플의 경우, 중국 판매량이 전 세계 수익의 거의 20퍼센트를 차지한다. 중국 회사들을 대상으로 한 반도체와 소프트웨어 판매는 인텔의 경우 전체 수익의 23퍼센트, 퀄컴 Qualcomm은 거의 3분의 2를 차지한다.

중국은 세계경제에서 이미 아주 큰 무역국이 되었다. 중국은 2001년 WTO에 가입하여 17년 만인 2016년에 미국을 제치고 세계 최대 무역국이 되었다. WTO 통계에 따르면, 현재 중국과의 무역 관계가 가장 중요한 국가, 다시 말해 중국이 최대 무역 파트너인 국가는 124개국인 반면, 미국이 주요 무역 파트너 관계인 국가는 56개국에 그쳤다.

중국은 지난 20년 동안 중국만의 글로벌 상업 및 통신 인프라 체계를 구축해왔다. 만일의 사태와 최악의 시나리오에 대비했다는 뜻이다. 기본적인 일상에 필수적인 상업과 통신 인프라를 미국에 완전히 차단당하더라도 대처할 수 있는 대안을 마련한 것이다. 100퍼센트는 아니지만 거의 준비를 마쳤다고 보면 된다.

지불 시스템의 경우 대표적으로 비자와 마스터 카드가 있다면, 중국에는 유니온페이가 있다. 최근 대부분의 은행 간 거래는 스위프트SWIFT, Society for Worldwide Interbank Financial Telecommunication를 사용할 텐데, 이는 미국이 지배하는 은행 간 결제 시스템으로, 미국은 스위프트를 이용해 이란, 북한, 러시아에 제재를 가하고 있다. 그러자 중국은 자체적인 위안화 국제결제시스템Cross-Border Interbank Payment System(CIPS)을 개발했다. 위안화 국제결제시스템은 즉각적인 대체품이 아니라 보완책으로 제공되었지만, 중국과 미국이 군사적으로 대치할 경우, 중국은 스위프트에서 차단될 가능성을 배제할 수 없다. 그럴 경우에 대비한 나름의 대안이 있는 것이다. 이제 한국과 대만의 여러 은행도 위안화 국제결제시스템에 가입했다. 스위프트와 위안화 국제결제시스템은 대등한 위치에 나란히 서게 되었다.

이와 비슷한 사례는 아주 많다. 페이스북, 왓츠앱WhatsApp의 맞은편엔 위챗WeChat이 있다. 위성 위치확인시스템인 GPS에 맞먹는 베이더우北斗도 생겼다. 둘 다 훌륭하고 효율적인데 상업적인 목적에서는 베이더우의 정확도가 더 높다. 또한 5G를 둘러싸고 누가 표준과 사양을 디자인하고 정할 것인지 경쟁하고 있다. 어떤 면에서 중국은 중국만을 위해 이 상업 인프라를 구축한 것이 아니라, 다른 많은 국가에도 예비 타이어처럼 사용할 수 있는 대안으로 제공할 것이라 생각된다. 예컨대 어떤 국가들이 미국의 제재를 우회해서 이란과 거래하고 싶다면, 위안화 국제결제시스템을 통해 미국의 감시와 방해를 받지 않고 돈을 주고받을 수 있다.

기본적으로 내 주장은 전면적인 군사적 대치라는 측면에서는 투키디데스의 함정에 대해 걱정할 필요가 없다는 것이다. 그러나 무역, 투자, 기술, 통신과 같은 다른 분야에서의 대치는 한동안 계속될 것이다. 그것에 익숙해질 준비를 해야 한다. 어떤 이들은 서로 다른 경기를 동시에 하는 법을 익혀야 한다고 말한다. 규칙이 전적으로 동일하지는 않은 두 개의 코트에서 미중 양국과 각각 플레이해야 한다는 것이다. 어떤 국제관계 학자들은 세계경제가 멀티플렉스 영화관처럼 기능할 것이라는 흥미로운 비유를 하기도 했다. 많은 상영관 가운데 두 개의 주요 상영관, 즉 중국 중심 상영관과 미국 중심 상영관이 있고, 다행히 두 상영관에 다른 시간대에 들어갈 수 있어서 둘 중 하나를 선택할 필요가 없다. 경제대국이자 강대국인 미국과 중국도 세계경제가 멀티플렉스 영화관과 같다는 것을 인지해야 한다. 물론 공식적으로는 다른 관객을 위해 다른 영화를 상영하는 두 개의 분리된 상영관이지만, 여전히 한 지붕 아래 있고, 전력 공급과 같은 기본 인프라를 공유하고 있다. 여기에는 어떤 함의가 있는가? 양국이 같은 행성에 살고 있으며 기후변화나 지구온난화 같은 문제로 함께 고통받는다는 의미다. 당신이 다른 이에게 해를 가할 수 있듯 상대 역시 마찬가지다. 우리는 동시에 매우 상호의존적이다. 따라서 서로에 대해 무모하고 적대적인 전략을 광범위하게 혹은 장기간 펼칠 수는 없다. 이것이 앞으로 일어날 일이고 여기에 익숙해져야만 한다.

누리엘 루비니Nouriel Roubini처럼 서브프라임 모기지 사태를 성공적으로 예측해서 유명해진 예언자들이 있다. 그는 세계가 '발칸화'될 것, 즉 갈가리 찢어질 것이라는 무시무시한 경고를 했다. 나는 그의 예측에 신빙성이 떨어진다고 생각한다. 미국은 많은 동맹국과 경제체들에게 편을 택하라고 강요하는 반면, 중국은 같은 전술을 따르지 않기 때문에 그런 일방적인 노력은 헛된 일일 것이다. 가까운 미래에 중국이 무역 파트너들에게 편을 정하라고 강요하지는 않을 것이다. 중국은 "양쪽 모두와 사업을 해도 괜찮다", "선택하지 않아도 된다"고 할 것이다. 미국만이 양자택일을 강요한다면 그것은 효과가 없을 것이다. 많은 국가가 단순히 협력을 거부할 것이다. 현재까지는 미국에 너무 의존적이라 선택의 여지가 없는 캐나다와 멕시코만

185　：
5장
중국 부상의 세계적 의의

이 협조적일 듯하다. 그 외 영국이나 독일과 같은 국가는 화웨이 보이콧에 동참하기를 거부했고, 확실히 그들은 무역 전쟁의 확전에 기여하지 않을 것이다. 보호주의자들이 활개치면 세계 곳곳의 경제가 힘들어질 것이다.

그렇다면 킨들버거 함정은 어떠할까? 중국은 아주 무책임하고 약하며 전적으로 책임질 준비가 되어 있지 않으니 이를 걱정해야 할까? 국제 질서가 무너지고 있으며, 특히 미국이 리더십 역할에서 물러서는 경우 우리를 구해줄 책임감 있는 주요 강대국은 없는 것인가? 이는 조지프 나이가 킨들버거 함정을 설명할 때 1920~1930년대의 리더십 공백을 가리키며 한 지적이다. 당시 대영제국은 제1차 세계대전 이후 더 이상 리더십을 발휘할 능력이 없었고, 미국은 그 공백을 메울 수 있을 만큼 강하기는 했지만 제1차 세계대전 직후 고립주의로 기울었다. 그 결과 리더십 공백이 생겼다. 찰스 킨들버거Charles Kindleberger는 그의 가장 영향력 있는 저서에서 대공황에 대한 이야기를 탁월하게 분석했다.[4] 이 책은 1929년 월가의 붕괴가 어떻게 확산되었고 전 세계적 불황을 촉발시켰으며 결국 가장 참혹하고 파괴적인 제2차 세계대전까지 야기하게 되었는지 분석한다. 기본적으로 조지프 나이는 우리가 같은 실수를 되풀이하게 될 것을 우려했다. 또한 1930년대에 관세법인 스무트 홀리법Smoot-Hawley Tariff Act을 통과시키면서 전 세계에 무역전쟁의 불을 지폈던 것도 미국이었다는 사실을 기억해야 한다. 당시 미국은 관세를 거의 65~75퍼센트까지 올려서 그야말로 무역 파트너들의 격렬한 보복을 촉발했고 세계경제를 폭락으로 몰아넣었다.

우리는 슬픈 역사를 반복할 것인가? 그럴 가능성은 높지 않다는 것이 내 답변이다. 조지프 나이는 한편으로 특히 지난 20~30년간 미국의 역할을 과대평가하는 경향이 있다. 지금은 세계 무대에 많은 이해당사자가 부상하고 있어서 집단적으로 트럼프에게 거부 의사를 표할 것이다. 그들은 유엔, WTO 등 기존 다자간 합의에 여전히 충실할 것이다. 그 합의에서 혜택을 누리고 있으며, 그와 같은 제도적 합의 없이는 성공할 수 없기 때문이다. 초기에는 미국이 제2차 세계대전 이후 제도 확립에 핵심적인 역할을 했겠지만, 더 이상 미국이 유일하고 중요한 기둥이라 할 수 없다. EU, G20, BRICS도 존재한다. 그들은 기존의 다자간 합의를 보호하기 위해 집단적으로 할 수 있는 모든 것을 시도할 것이며, 여기에는 세계화와 다자간 합의에서 많은 득을 본 중국도 포함된다.

또한 조지프 나이를 비롯하여 내가 만났던 많은 미국 학자는 중국의 의지와 비서방국 혹은 개발도상국의 집단적 의지, 인도나 다른 주요 국가들이 집단적으로 할 수 있는 것들을 완전히 과소평가하는 경향이 있다. 예를 들어, 지난 아시아유럽정상회의Asia Europe Meeting(ASEM)[5]에서 51개국 정상이 모여 "우리는 우리의 장기적인 약속을 준수하며 유엔, 파리협정Paris Agreement,[6] 이란 핵 협상[7] 등 규칙에 기반을 둔 무역 시스템을 지지할 것"이라는 분명하고 단정적인 메시지를 발표했다. 이는 트럼프에 대한 반박과도 같다. 나는 이것이 연대가 지금 당장 풀리지 않을 것이라는 강한 메시지라고 생각한다.

그리고 중국을 단순히 현상타파 국가로 규정하는 것은 옳지 않다. 중국은 국제 질서의 전복을 원하지 않는다. 이는 중국의 이해관계에도 부합하지 않는다. 중국은 어떤 초강대국도 규범과 규칙을 일방적으로 명령할 수 없는 다극화된 세계multipolar world의 도래를 꿈꾼다. 중국은 기존 다자간 합의의 강력한 옹호자이며 앞으로도 그럴 것이지만, 모든 규범과 규칙을 무비판적으로 계승하지는 않을 것이다. 잘 작동하는 부분도 있지만 결함도 있고, 시대에 부합하지 않는 부분들도 있기 때문이다. 많은 합의가 60~70년 전에 고안되었고, 많은 비서방 국가가 세계경제에서 중요한 역할을 하게 되리라는 것을 고려하지 않았다. 이를테면 IMF 총재는 항상 유럽인이고, 세계은행 총재는 늘 미국인이어야 하는 것은 아니다. 서유럽과 미국이 지배적인 강대국이었고 그들이 주된 기여를 했던 1960년대에는 괜찮았을지 몰라도, 비교적 동등한 위치의 주요 국가들이 많아진 상황에서 이제는 그들도 책임을 나누고 동등한 발언권을 가져야 한다.

중국은 기득권층이 늘 반기지는 않는 일종의 개혁안을 들고 올 것이다. 중국이 염두에 두고 있는 것은 많은 규범과 규칙은 계승할 의향이 있지만 위계는 계승하지 않겠다는 것이다. 위계는 규범과 규칙으로부터 분리되어야 한다. 핵심 집단에, 즉 공동의 리더십에 합류하는 새로운 구성원들이 꽤나 많이 있을 수 있다. 중국이 현존하는 다자간 합의에 가져오려는 개혁안은 무엇일까? 중국은 신흥경제국, 특히 개발도상국에 더 많은 발언권과 책임을 부여하는, 보다 대표적인 거버넌스 체계를 요구할 것이다. 또한 세계은행과 IMF 등 다자간 기구들이 개발도상국의 요구에 더 잘 반응하고, 기술 혁신을 포함하여 세계 공동체에서 일어나고 있는 심오한 변화들로 인해 생긴 새로운 도전에 대응하기를 요구할 것이다.

끝으로 한 가지만 더 예를 들자면 중국은 현재 사이버 공간에서 모든 거래가 가능한 국가로, 전자상거래에 관한 새로운 글로벌 프로토콜의 가장 강력한 지지자 중 하나다. 개별 소규모 사업체와 작은 기업들이 다국적 기업, 거대 기업들과 중개인, 중재자들을 건너뛰고 국가 간 거래를 하도록 허용함으로써 그들은 고객이나 공급원을 쉽게 식별할 수 있으며, 이 디지털 혁명에서 손쉽게 이득을 볼 수 있다. 알리페이Alipay나 애플페이Apple Pay 같은 결제 시스템이 보편적으로 채택된다고 상상해보라. 전 세계적으로 작은 상품이나 소포들이 별다른 제약 없이 집으로 배송될 수 있다고 상상해보라. 그렇게 되면 중앙아메리카의 커피 재배업자들은 스타벅스에 원두를 판매할 필요가 없어진다. 한국의 고객들에게 직접 팔 수도 있고 예약 주문을 받을 수도 있다. 그리고 블록체인 기술이 수확, 로스팅, 유통의 전 과정을 추적하며 그 제품이 유기농이고 안전하며 신뢰할 수 있음을 보장할 것이다.

그런 점에서 중국은 결국 현존하는 다자간 합의의 중요한 옹호자가 될 것이다. 한편 중국에 대한 많은 격려 또한 필요하다. 중국은 때로 영토분쟁에 관해서는 상당히 공격적인데, 중국도 국제사회의 일원으로 사회화될 필요가 있다. 우리는 중국이 규칙을 준수하거나 보다 책임감 있게 더 큰 역할을 할 때 더 긍정적인 피드백을 줘야 한다. 반대로 중국이 바람직한 길에서 벗어날 때는 때로는 주의를 주고 때로는 우호적인 제안을 해야 한다. 중국은 우리 하기 나름이다. 모든 것은 우리가 장기적으로 중국과 어떤 관계를 맺느냐에 달려 있다.

끝으로 흥미로운 지도를 살펴보자. [도표 7]은 매킨지글로벌연구소McKinsey Global Institute 연구팀이 제작한 것으로 널리 인용되고 있다. 몇 달 전 『이코노미스트the Economist』에서 표제기사를 쓰면서 이 지도를 차용해 '중국의 세기China Century'가 여전히 잘 진행되고 있다는 강력한 메시지를 전달하고자 했다. 이 지도는 세계경제의 진정한 무게중심이 시기별로 어디에 위치했는지를 보여준다. 2000년 전에는 무게중심이 중앙아시아 서부에 위치했으며, 그 후로 약 1600년 동안은 거의 이동하지 않았다. 그 당시에는 기술이 아주 천천히, 점진적으로 변했으며, 한편에는 중국과 인도 고대 문명, 다른 편에는 지중해를 둘러싼 고대 문명만 있었다. 요컨대 거의 1600년 동안 경제력이 안정적으로 분포되어 있었던 것이다. 그러다가 콜럼버스의 신대륙 발견과 함께 토지 확장과 식민화가 시작되었다. 그리고 19세기 초에 산업혁명이 본격화되면서 경제의 중심이 빠르게 서쪽으로 이동했다. 19

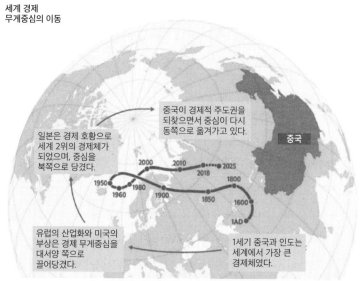

세계 경제
무게중심의 이동

중국이 경제적 주도권을
되찾으면서 중심이 다시
동쪽으로 옮겨가고 있다.

일본은 경제 호황으로
세계 2위의 경제체가
되었으며, 중심을
북쪽으로 당겼다.

중국

2000   2010   ●●●●● 2025
                2018
1950   1800
     1980
1960   1900   1850   1600
                                1AD

유럽의 산업화와 미국의
부상은 경제 무게중심을
대서양 쪽으로
끌어당겼다.

1세기 중국과 인도는
세계에서 가장 큰
경제체였다.

[도표 7] 여전히 잘 진행되고 있는 중국의 세기
출처: *the Economist*, 2018. 10. 27.

세기 초부터 제2차 세계대전 종전 후 미국이 거대하고 강력한 경제대국으로 정점에 오를 때까지 경제의 중심은 빠르게 곧장 서쪽으로 이동했다. 이 무게중심은 순전히 미국의 무게 때문에 북대서양의 북반구 한가운데로 이동했다.

그러나 그 후 일본과 새로 산업화된 호랑이들로 구성된 아시아 경제체들이 점차 따라잡으면서 중심이 살짝 동쪽으로 이동했다. 그리고 2000년 이후에는 단기간에 훨씬 더 빠르게 동쪽으로 이동했다. 예측에 따르면 앞으로 중심은 더 동쪽으로 이동해서, 400년 전 처음 시작했던 지점과 매우 가까워질 것이다. 그러고 나서 인도의 영향으로 남쪽으로 약간 이동할 것이라고 하는데, 인도 경제도 빠르게 성장하며 무게중심에 영향을 줄 것이다. 이 역사적인 패턴이 시사하는 바는 다양하다. 역사적인 상태常態, 즉 서양이 부상하기 전 훨씬 더 오래 지속됐던 정상적인 패턴으로 돌아가고 있다는 것이다. 제2차 세계대전 이후에 자라난 우리는 종종 이러한 관점을 잃어버리고 오랜 역사를 잊고 지낸다. 우리는 미국과 서양이 지배하는 세상에 태어나 그것을 당연하게 여겼으며, 영원할 거라 믿게 되었다. 그러나 역사에서 지침을 얻는다면 그것은 타당한 가정이 아니다.

몇 년 전, 토론토에서 열린 멍크디베이트Munk Debate[8]에서 21세기가 중국의 세기가 될 것인지를 놓고 달변가들의 흥미로운 토론이 있었다. 긍정하는 편에는 니얼 퍼거슨Niall Ferguson과 데이비드 리David Li, 반대하는 편에는 헨리 키신저Henry Kissinger와 파리드 자카리아Fareed Zakaria가 서로 토론을 벌였다. 퍼거슨의 발언을 인용하는 것으로 이 글을 마무리하겠다. 대단한 달변가인 퍼거슨은 개회사에서 아주 강력한 메시지를 담은 문장으로 핵심을 전달했다. "21세기는 중국의 세기가 될 것이다. 대부분의 세기가 중국의 세기였기 때문이다." 간단명료한 발언 뒤에, 그는 다음과 같이 덧붙였다. "19세기와 20세기가 예외였을 뿐이다. 정도의 차이는 있었지만 지난 20세기 중 18세기 동안 중국은 가장 큰 경제체로 간주되었다."

(강연일 2019년 6월 3일)

6장

중국의 부상과
세계 경제 질서의 미래
The Rise of China and the Future of the Global Economic Order

:

카럴 더휘흐트 Karel De Gucht
브뤼셀자유대 유럽연구소 소장,
전 EU 통상장관

"언젠가 전쟁터가 사라지고, 무역에 시장을 개방하며, 다른 의견에 마음을 여는 그런 날이 올 것이다"라는 빅토르 위고 Victor Hugo의 명언이 있다.[1] 모든 사람에게 이런 날이 올 수 있기를 기대한다. 나는 무역이 전 세계 모든 국가를 협상 테이블로 모이게 하는 촉매가 될 수 있다고 믿는다.

세계화의 첫 번째 물결이 휩쓸고 난 1914년, 세계 무역은 전 세계 GDP의 16퍼센트였다. 그러나 오늘날에는 국경 간 거래와 투자를 제외하고도, 상품과 서비스 수출만 그 두 배가 넘는다. 수출품의 대부분은 전 세계 노동자와 전문가들이 만들어 보낸 부품과 소프트웨어, 물류, 즉 수입 상품과 서비스다. 상품은 글로벌 가치사슬 global value chains[2]을 거쳐, 최종 목적지에 도착한다. 지역적·세계적 가치사슬에서 자신의 자리를 찾는 것은 국가가 책임져야 할 몫이다. 하지만 이와 같은 자리 확보는 상품과 서비스의 경제적 교환의 문제일 뿐만 아니라, 정치적 문제이기도 하다.

협력과 경쟁 사이에서 균형을 찾으려는 과정 속에서, 전 세계적으로 '세력권sphere of influence'을 만들고 유지하기 위한 수단으로 무역이 점점 더 활용되고 있다. 덩샤오핑은 1985년 "국제사회에서 우리 역할은 경제 성장 규모에 따라 결정된다"고 했다. 정치권에서는 다자간 무역 개방을 위한 협력을 약속하고 있지만, 실제로는 자신이 소속된 모임에 최대한 많은 '친구'를 모으거나 끌어들이려는 노력으로 보인다. 이와 동시에 누군가를 그 모임에서 제외하려는 노력도 이루어지고 있다. 카를 폰 클라우제비츠Carl Von Clausewitz[3]의 말을 조금 바꾸어 말하면, "무역은 다른 수단에 의한 정치의 연속"이다.

그러나 2016년 세계 무역과 세계화는 예상할 수 없는 방향으로 흘러갔다. 글로벌 비전에 대한 초기의 열정적 지지도 사그라들고 있다. 한때는 긍정적이고 열린 마음으로 반겼지만 이제는 점점 문을 닫고 있다. 이제 모두가 자신의 작은 마을로 물러서기를 원한다. 국제 무역의 혜택, 세계 성장과 빈곤 퇴치의 잠재력은 이제 자국의 생산과 일자리, 자국의 국민과 국가를 위한다는 노골적인 명분 속에 사라져가고 있다.

외부인과 세계화는 이제 위협, 심지어 싸워야 할 적으로 간주되고 있다. 하지만 우리는 여전히 중국산, 멕시코산 옷을 입고, 한국산 스마트폰을 쓴다. 오늘날 세계화는 모든 문제의 원흉으로 비난받지만, 세계화를 통해 이뤄낸 과거의 성공을 기억한다면, 이는 터무니없는 비난이다. 황금기였던 1960년대를 기억하는가? 그것은 세계화 덕분이었다. 유럽의 역내 단일시장 출현과 통합 역시 세계화 덕분이었다. 폴란드가 유럽연합 합류 이후 누린 경제 성장도 세계화 덕분이었고, 세계무역기구wto 우루과이라운드(1986~1994)[4]로 공산품 관세가 획기적으로 줄어들면서 세계 경제 성장에 탄력이 붙었던 것도 세계화 덕분이었다. 그런데 왜 우리는 세계화에 감사하기는커녕 이를 적대시하고 있는가?

우리는 무역을 개방하고 국제 시장에서 함께할 때, 사회가 성장할 수 있음을 지켜봤다. 자급자족의 사회는 미래 가능성이 없는, 가난한 사회다. 북한이 좋은 사례다. 이것을 반박할 만한 예는 없다. 그런데 왜 우리는 이런 사회로 퇴보하기를 원하는가?

어떤 국가가 세계 시장에서 수입을 제한한다면, 그만큼의 수출을 기대할 수 없다. '상호주의reciprocity'는 통합된 세계경제에서 지켜지고 있는 WTO의 핵심 원칙이다. 수출하려면 수입해야 하며, 수입 없는 수출은 불가능하다. 수입은 또한 다양성을 제공한다. 그것은 소비자에게 새롭고 보다 저렴한 상품과 서비스를 선택할 수 있는 기회를 준다. 무역 협상의 미덕은 '기브 앤 테이크give and take'에 있다. 하나를 양보하고 다른 하나를 얻는 것이다.

물론 때로는 무역이 일종의 경제적 혼란을 초래하기도 한다. 노동시장이 세계화되고 새로운 일자리가 만들어지는 가운데, 누군가는 일자리를 잃기도 한다. 하지만 이런 부작용을 지나치게 과장해서 두려움과 분노를 조장해서는 안 된다. 정책 입안자들은 국민들을 위해 '대안적 사실alternative facts'을 뒤로하고 더 큰 그림을 그릴 책임이 있다. 단편이 아닌 전체 그림을 보여주어야 한다.

그 시작은 모든 것이 더욱 디지털화되고 있으며 자동화 수요가 증가하고 있음을 인정하는 것에 있다. 이러한 동향은 무역이 미치는 영향보다 훨씬 더 큰 변화를 고용시장에 만들어내고 있다. 공업, 제조업, 자동차 산업 등 모든 부문이 기술적으로 발달함에 따라 필요한 일손도 줄어들고 있다. 예를 들어, 벽돌 쌓기 로봇인 '샘SAM: Semi-automated Mason(반자동 석공)'은 하루에 3000개의 벽돌을 쌓을 수 있다. 인간보다 6배나 빨리 벽을 세울 수 있는 속도다.

하지만 세계는 디지털화에 큰 거부감이 없으며, 오히려 두 팔 벌려 환영하는 것처럼 보인다. 세계에서 가장 먼저, 가장 많이 디지털화된 국가인 한국을 봐도 그렇다. 알다시피 디지털화는 비용과 속도에서 효율적이다. 생산성을 높이고 스트레스를 줄인다. 하지만 이는 사회적 파장을 무색하게 한다. 디지털화는 전통적인 일자리를 압박하고, 실업을 초래하며(제조업 실업의 약 80퍼센트는 기술 발전 때문이다), 자연스레 분노를 일으킨다. 하지만 로봇 팔을 탓하는 것보다 뼈와 살을 가진 사람, 이민자나 외부인을 탓하는 편이 훨씬 더 쉬울 것이다.

자국 우선주의, 보호주의로 가는 것은 문제의 해결책이 아니다. 단기적으로는 편할지도 모르지만, 그것은 계략에 불과할 뿐 진정한 의미의 발전은 아니다. 우리는 좀더 멀리 내다봐야 한다. 우여곡절에도 불구하고 세계는 성장과 번영을 향한 올바른 궤도에 올라섰으며, 다시 출발선으로 되돌아가는 위험을 무릅쓸 수는 없다. 미국과 같은 나라가 보호주의와 경제민족주의로 돌아간다면, 유럽, 한국 등 뜻을 함께하는 국가 모두 세계 자유무역의 깃발을 들어야 한다. 대안이 있음을 증명하는 것은 우리에게 달려 있다. 자유무역주의, WTO 원칙 준수와 인권·환경·노동의 국제적 기준 설정이 미래이며, 보호무역주의는 이미 과거의 유물임을 증명해야 한다.

이 모든 것에 대한 중국의 입장은 무엇인가? 나는 중국이 무역 자유화의 중요성과 그 혜택을 이해하고 있다고 믿는다. 중국은 이를 위해 노력하고 있으며, 기록적인 시간에 놀라운 성과를 보여주었다. 지난 사반세기 동안 중국 경제는 눈부시게 성장했다. 지금 중국이 세계의 파이 한 조각을 원하듯, 모두가 중국의 파이 한 조각을 원하고 있다. 중국은 장난감, 철강에서 시작해 호텔, 축구 구단을 사들이고, 할리우드에까지 손을 뻗으며 전세계적으로 부상하고 있다. '메이드 인 차이나Made in China'와 '메이드 바이 차이나Made by China' 라벨은 이제 어느 곳에서나 볼 수 있다.

중국은 세계화의 '성공' 사례로 알려져 있다. 중국은 국제화의 중요성을 깨달았다. 고립되어서는 성장할 수 없으며, 빈곤에서 벗어날 수도 없다는 것을 알게 되었다. 다른 국가들과 마찬가지로 중국도 양자무역협정이나 특혜무역협정을 통해서 국경 밖으로 시장을 넓혀왔다. 이러한 맥락에서 역내 포괄적 경제동반자협정Regional Comprehensive Economic Partnership(RCEP)[5]을 신중히 지켜볼 필요가 있다. RCEP에는 총 16개국이 참여하고 있으며, 이는 전 세계 인구의 절반 가량에 해당한다. 이렇게 다양한 참여자들이 모여서, 얼마나 큰 포부를 달성할 수 있을지에 대해서는 다소 의구심이 생기지만, 전략 지정학적geostrategic 타당성은 분명하다.

아이러니하게도 중국은 자유무역에서 세계적 리더 역할을 수행하기 위해 노력해왔다. 2017년 스위스 다보스에서 열린 세계경제포럼World Economic Forum에서도 미국이 '미국 우선주의America First' 기조를 강화하면서 생겨난 큰 공백을 중국이 채웠다. 한 번 더 강조하지만, 한 국가가 세계경제에 참여하고자 하고 그 속에서 핵심 일원이 되고자 한다면, 자국 우선주의와 보호주의로 돌아가서는 안 된다. 돌아간다면 기회를 놓칠 것이다. 세계경제는 그 누구를 위해서도 멈춰주지 않는다.

따라서 미국이 태평양 국가들과의 무역협정인 환태평양경제동반자협정 Trans-Pacific Partnership agreement(TPP)[6]에서 탈퇴한 것은 다소 의아한 일이다. 이는 사상 최대 규모의 자유무역협정FTA이자, 오바마 대통령의 아시아 중심 정책pivot to Asia의 핵심이었으며, 아시아 태평양 지역뿐 아니라 전 세계에서 미국의 전략 지정학적 입지를 강화할 수 있는 협정이었다. 무역협정이라기보다 '봉쇄 정책containment policy'에 가깝다는 지적까지 있었다. 역내에서 가장 큰 경제대국인 중국을 포함하지 않고 있다는 사실은 중요한 시사점을 준다. 하지만 중국과 무역정책에 관한 대담한 발언을 고려했을 때, 트럼프 대통령은 왜 TPP 탈퇴를 원했을까? TPP가 무산되면 결국 TPP의 대항마 격인 중국 주도의 RCEP가 모멘텀을 얻을 것으로 예상할 수 있다.

이는 곧 중국이 어떤 유형의 경제 주체인가라는 중요한 질문으로 이어진다. 중국이 다른 국가에 WTO 원칙 준수를 상기시킨다는 것은 고무적이지만, 규칙을 지키라고 요구하기 위해서는 일단 스스로 규칙을 지켜야 한다는 것을 명심해야 한다. 실제로 중국은 국제 원칙을 잘 지키지 않고 있다. 중국은 시장에 더 자유롭고 결정적인 역할을 부여하기 위한 개혁을 발표했지만, 실제 행동과 국가 주도의 이니셔티브는 그러한 선언과 모순되는 것처럼 보인다. 세계는 중국이 '언행일치' 하는지 지켜볼 필요가 있다. 어떤 면에서는 중국도 세계화 인식에 어느 정도 부정적 영향을 미치고 있다.

중국은 현재 수출 규모에 비해 지나치게 큰 생산체계를 가지고 있다. 이는 우려되는 부분이다. 중국은 국내외 경제적 의무 사이에서 균형을 맞추는 데 어려움을 겪고 있다.

중국의 기업들이 여전히 정부의 강력한 지원과 보조금을 받으며 통제되고 있는 것은 분명하다. 이는 사실상 국영기업State-Owned Enterprises(SOE)이다. 유럽에서 정부의 경제적 역할은 게임의 규칙을 명확히 정하고, 도로와 교육 등 인프라를 제공하는 데서 끝나지만, 중국에서는 정부가 경제와 산업 정책에서 포괄적인 역할을 맡는다.

의도적인 정부 개입과 막대한 보조금 지원 관행으로 생산자가 생산량을 제한할 책임과 욕구를 없앤 덕분에 중국은 생산과잉 상태다. 과잉생산이 다 팔린다면, 왜 생산을 줄이겠는가? 하지만 생산된 것은 팔아야 하고 내수 시장은 포화 상태다. 따라서 중국은 시장 왜곡의 위험을 감수하더라도 정상가격보다 훨씬 낮은 가격에 수출품을 해외에 파는 덤핑에 의

존할 수밖에 없다. 이렇게 볼 때 중국의 세계화 구호인 '가자, 세계로走出去, Go Global'는 적절한 시점에 등장했다. 중국은 공정가격이나 상호주의와 같은 국제 원칙을 준수하지 않고 값싼 상품을 세계 시장에 쏟아냈다. 게다가 중국이 수출하는 것은 생산된 상품에 그치지 않는다. 중국에는 인프라, 노동력, 자본도 모두 생산과잉 상태다.

2015년 중국 투자자들은 유럽의 기업들을 연달아 인수하며 무려 200억 유로(한화 약 27조 원)를 쏟아부었다. 투자금의 대부분(70퍼센트)은 국영 기업에서 나온 것이다. 예를 들어, 중국의 대형 국영 화학 기업인 켐차이나ChemChina는 이탈리아의 타이어 생산업체 피렐리Pirelli를 인수하고 스위스의 종자기업 신젠타Syngenta에 역대 최대 규모의 인수 제안을 했다.[7] 이처럼 중국의 해외사업 확장이 진행 중이다.

하지만 중국은 유럽, 더 나아가 세계를 분할하고 패권을 거머쥐기 위해 '수표책 외교checkbook diplomacy'[8]를 활용하고 있는가? 중국은 예전에 유럽의 주요 3개국 독일, 프랑스, 영국에만 관심을 뒀으나, 지금은 남부 유럽, 베네룩스 3국, 동유럽에까지 시선을 두고 있는 듯하다. 유럽으로의 투자도 부동산, 레크리에이션/문화 활동, 농업, IT, 금융 사업에 이르기까지 더 많은 지역과 다양한 분야로 확대하고 있다.

중국은 파트너와 정보 수집에 적극적인 수집가다. 이는 자국을 대표할 경쟁력 있는 기업을 키워내기 위해서다. 하지만 과연 공정하게 경쟁하고 있는가? 중국은 세계 시장에 참여할 수 있지만 세계는 중국 시장에 참여할 수 없는 사례를 우리는 종종 목도해왔다. 알 만한 정책 입안자들이 어처구니없이 순진한 태도로 중국과 함께하는 미래에 대해 거론할 때마다 놀라지 않을 수 없다. 중국이 그만큼 매력적임은 틀림없다. 하지만 다른 국가의 시장, 특히 공공조달 분야의 시장 진입을 원한다면 당연히 자국 시장도 다른 시장에 열어야 한다는 점을 강조하고 싶다. 현재 중국은 이렇게 하고 있지 않다. 이는 호혜적 관계라 할 수 없으며 결코 공정하지 않다.

결국 중국은 세계화와 보호주의를 동시에 보여주고 있다.

중국 시장에서 국제 기업과 그 제품은 중국 기업과 동일한 자유를 누리지 못하고 있다. 시장 진입이 자유롭지 않고, 매장을 여는 과정에도 어려움이 더 크다. 예를 들면, 유럽 기업은 중국 은행에 투자할 수 없다. 국제 기업은 중국인 노동자만 고용해야 하고, '중국산' 요소가 있어야 하며, 영업기밀 공개, 지적재산권 포기, 중국 기업과의 합작을 강요받는 등 많은 제약과 차별에 직면하고 있다. 이는 알려진 사례의 일부일 뿐이다. 중국은 무단 복제와 위조도 서슴지 않는다. 국제 기업을 압박하여 알아낸 정보를 활용해 동일한 제품을 저렴하게 만들어 동일한 국제 시장의 동일한 소비자에게 판매한다. 이는 시장 공정성에 어긋난다. 자유무역은 어느 한쪽만을 위한 것이 아니다. 중국과 협력 관계를 맺을 때는 상호주의를 우선순위에 놓을 필요가 있다. 중국도 '윈윈 협력'에 성실하게 임해야 한다.

중국은 다른 국가의 정치, 안보, 동맹 관계 등에 압박을 가하기 위해 종종 외국 기업에 보복을 가하거나 자국의 경제적 영향력을 활용하기도 한다. 한국이 사드 배치를 결정했던 당시에도 중국은 한국의 주권적 결정을 철회시키기 위해, 특정 한국 기업을 표적으로 삼고 중국인에게 한국 관광 자제 권고를 내렸다.

중국 투자를 받기 위한 경쟁으로 인해, 중국에 시장경제지위Market Economy Status(MES)[9]를 부여할 것인가와 같은 중요한 경제적 결정에서 아시아와 유럽의 의견이 엇갈리고 있다. 중국은 시장경제지위를 인정받기 위해 안간힘을 쓰고 있지만, 아직 필요한 전제조건을 맞추지 못하고 있다. 유럽과 다른 국가들은 중국의 시장경제지위 인정에 앞서 중국이 기준을 충족하도록 해야 할 책임이 있다.

하지만 서로 연대하여 중국에 한목소리를 내는 것은 쉽지 않다. 특히 유럽의 경우에는 더욱 그렇다. EU 집행위원회에서 제안된 많은 중요한 정책, 예를 들면 국제공공조달기구International Procurement Instrument와 무역구제제도Trade Defence Instruments 등이 EU 이사회에서 채택되지 못했다. EU 회원국들이 유럽 전체의 이익보다 자국의 이익을 우선시하면서 벌어진 결과다. 예를 들어, 철강 산업이 중요한 국가들은 자국 산업 보호를 원하고, 철강 생산을 못하는 국가들은 싸게 수입하기를 원한다. 그 사이에서 중국은 서로 다른 이해관계를 지닌 유럽 국가들을 어떻게 싸우게 만드는지 잘 알고, 계속해서 싸움을 붙이고 있다.

유럽은 이런 일이 일어나지 않도록 해야 한다. 뿔뿔이 흩어져 압박에 넘어가서는 안 된다. 그렇지 않으면 장기적으로 패배할 것이다. 공동의 목표를 가지고 함께 힘을 합칠 때 더 존중받을 수 있으며, 중국을 상대로도 마찬가지다.

가능한 해결책은 향후 FTA의 토대를 마련할 수 있는 EU와 중국 간의 포괄적 투자협정이다. 이를 통해 시장 진입이 가능할 뿐만 아니라, 투자자 보호에 필요한 안전 장치를 제공하고 중국에서 활동하는 EU 투자자들에게 더 공정한 시장을 보장할 것이다. 하지만 지난 4년간의 협상 결과는 실망스러웠다.

EU와 중국은 상호의존적 무역관계를 가지고 있다. EU는 중국의 가장 큰 무역 파트너이며, 중국은 EU의 두 번째로 큰 무역 파트너다. 양측의 무역 규모는 하루 평균 14억 유로(한화 약 1조 9000억 원) 이상이다. 하지만 EU의 상품무역 적자 때문에 무역수지가 맞지 않는다. 2016년에는 약 1740억 유로(한화 약 235조 원)가 적자였다. 무려 하루 평균 5억 유로(한화 약 6750억 원)의 적자를 기록한 셈이다(2015년에는 1800억 유로, 즉 한화 약 243조 원이라는 사상 최대 적자를 기록했다).

EU가 중국과의 서비스 무역에서 흑자를 누린다고 해도(2015년 총 서비스 무역은 637억 유로, 한화 약 86조 원이었다) 막대한 규모의 상품무역 적자를 만회하기에는 턱없이 부족하다. 게다가 개별 EU 회원국이 신규 투자와 자본을 원하고 필요한 상황이기 때문에, 여전히 중국이 우위에 있다. 2016년 중국의 EU 투자는 거의 400억 달러(한화 약 48조 원)에 달했지만, EU의 중국 투자는 23퍼센트 하락해 10년간 최저치인 80억 달러(한화 약 9조 6000억 원)에 그쳤다.

나는 전 EU 통상장관으로서, 각 회원국에게 정중하지만 단호한 태도로 통상 정책은 개별 회원국에 우선하여 EU의 배타적 권한exclusive competence[10]이 인정되는 사항임을 계속 상기시키며 한 발짝 물러서도록 설득해야 했다. 예를 들어 중국산 태양광 패널의 보조금과 덤핑 남용 사건을 조사하기로 결정하고, 각 회원국 대표들에게 조언과 의견을 구했다. 당시에는 4명만이 반대했다. 일주일 후 중국의 리커창 총리가 독일 베를린을 방문했는데(참고로 독일은 유럽에서 유일하게 중국과의 교역에서 흑자를 낸 국가다), 동일한 대표들이 모인 그다음 회의에서 갑자기 20명이 반대를 표했다. 다행히 나는 고집이 센 만큼 계속해서 끝까지 밀어붙였고 인내심을 가지고 버틴 끝에 승소했다.

중국은 유럽, 아시아 시장에 덤핑을 계속할 것이다. 중국이 기준을 충족하지 않고 시장경제지위를 얻는다면, 상황은 더욱 악화될지도 모른다. 그렇게 되면 불공정한 무역 관행에 대해 책임을 묻는 것이 지금보다 어려워질 것이다. EU 통상장관으로 있었을 당시 무역구제조치의 4분의 3이 중국을 상대로 한 것이었다. 나는 자유무역을 강하게 지지하지만, 이를 위해 국제적 의무, 인권, 환경, 공정한 경쟁이 희생되어서는 안 된다고 생각한다.

그러나 EU 무역구제제도와 관련 조치들은 개편이 시급하다. 이처럼 역내 산업을 보호하기 위해 필요한 보상 체제가 적절히 마련되지 않은 상태에서 중국에 시장경제지위를 부여하게 된다면, 유럽은 중국의 시장독점에 대응할 방도가 없을 것이다.

중국이 생산과잉을 해결하는 또 다른 방법은 시진핑 주석이 추진하고 있는 '일대일로Belt and Road Initiative(BRI)' 정책이다. 중국인들은 과거를 낭만화하곤 하는데, 이 정책이 그러하다. 시진핑 주석은 마르코 폴로를 유명하게 만든 무역로인 중세 실크로드의 재건을 원한다. 일대일로 정책은 2013년 시작된 '연계connectivity' 프로젝트로, 경제적·정치적·군사적 측면에서 큰 파급효과를 지닌다.

도로, 철도 등 육로를 연결하는 일대-帶는 중국 시안西安에서 출발해 이란, 이라크, 시리아, 터키 등 중앙아시아를 경유하여 불가리아, 루마니아, 체코 공화국을 지나 독일 뒤스부르크까지 이어지는 가스·오일 수송로를 포함한다. 이 네트워크는 동남아시아와 남아시아까지 연결되기 때문에 동아시아 무역에서 중국의 지배력이 강화될 뿐만 아니라, 역내 경제 성장에서 중국의 투자가 지니는 중요성이 더욱 커질 것이다.

해로를 연결하는 일로-路는 '해상 실크로드Maritime Silk Road'로 항구와 해안 인프라를 중심으로 진행되고 있다. 한 루트는 지중해와 홍해 통로를 거쳐 여러 아프리카 항구를 활용해 인도양까지 연결된다. 또 다른 루트는 동중국해와 남중국해 분쟁 지역을 포함하며 태평양까지 이어진다.[11]

이 해상 루트는 공교롭게도 중국의 다른 숨겨진 프로젝트 '진주목걸이 전략String of Pearl Strategy'[12]에서 제안된 지점을 고스란히 따라가는 것처럼 보인다. 이 전략은 논란이 되고 있는 군사적 계획으로, 인도 태평양 지역에서 미 해군의 지위에 잠재적인 위협이 될 수 있다. 터키의 보스포루스 항구에서 조만간 중국 함대가 지나가거나 들르는 것을 보게 될지 궁금하다. 이런 일이 일어나지 않기를 바랄 뿐이다.

중국은 인접 지역의 다른 인프라 프로젝트에도 투자를 계속하고 있다. 일반적으로 접근이 불가능했던 지역에 접근하기 위해, 파키스탄에서처럼 (최대 400억 유로, 한화 약 54조 원 규모의) '경제회랑Economic Corridor'을 구축하려 노력하고 있다. 이런 투자는 중국이 인도양 지역으로 영향력을 확장하는 데 기여하고 있으며, 인도와 같은 국가로부터 경계의 대상이 되고 있다.

시진핑 주석은 인프라와 경제적·정치적 힘의 상관관계를 잘 이해하고 있다. 그래서 물리적 인프라 건설을 넘어, 더 넓은 차원에서 인프라에 대한 고민을 시작하고 있다. '정보 실크로드Information Silk Road' 구상은 금융·기술·통신 분야에서의 통합을 꾀한다. 이는 2015년 IMF의 통화바스켓에 편입된 중국 위안화의 국제화에 더욱 무게를 실어줄 것이다.[13] 하지만 어디서도 '공식' 루트의 구체적 계획은 찾을 수 없을 것이다. 누가 포함되고 빠지는지는 어디까지나 중국의 재량에 달려 있다. 포함되기 위해 치러야 할 대가가 무엇일지 궁금해지는 대목이다.

모든 것을 종합해볼 때, 일대일로는 세 대륙과 해양, 금융 시장, 사이버 공간 등을 모두 아우르는 막대한 비용이 들어가는 중국의 거대 프로젝트다. 그 목적은 분명히 "중국의 상품과 기술, 자본, 사람, 문화가 전 세계 구석구석까지 뻗어나갈 수 있도록" 만드는 것이다. 궁극적으로 중국은 "해외의 에너지 공급 경로를 다각화하고, 수출을 통해 생산과잉을 해결하며, 외환보유액의 운용 수익률을 높이기 위해 주변 지역과 실질적 통합을 이루고자" 한다.

이러한 이니셔티브에 대한 자금 조달은 실크로드 인프라 펀드Silk Road

Infrastructure Fund를 통해 이루어져왔으며, 동시에 아시아인프라투자은행AIIB을 통해서도 이루어져왔는데, 여기에는 놀랍게도 많은 유럽 국가가 창립 멤버로 포함되어 있다. 물론 한국도 창립 멤버 중 하나다. 중국이 주도하는 AIIB가 처음부터 가지고 있던 중요한 임무는 미국 중심의 세계은행, 유럽 중심의 IMF, 일본 중심의 아시아개발은행Asian Development Bank(ADB)과 직접 경쟁하는 것이다. 이를 통해 중국은 국제 금융기관 속에서 목소리를 낼 수 있는 창구를 마련했다. AIIB가 성공을 거둘 수 있을지는 좀더 지켜봐야겠지만, 한 가지 분명한 사실은 대부분의 국가가 참여하기를 원하고 있다는 것이다. 세계은행, 아시아개발은행과의 합의나 공동 프로젝트가 승인되었거나 예정된 것으로 알고 있다. 이런 시도가 AIIB를 자유주의 시장체제 속에 편입시키는 계기가 되기를 기대할 수도 있겠지만, 좀더 두고 볼 일이다.

실행의 차원에서, 일대일로에는 거리, 타이밍, 컨테이너 사이즈, 철도 보상, 선박 등 여러 장애물이 분명히 존재한다. 상호주의와 협력의 차원에서도 일대일로는 여전히 불확실성이 많고 일방적인 구상이다. 대부분의 컨테이너는 중국이 생산과잉을 내보내고 수출을 확보하기 위해 사용되고 있다. 그 결과 컨테이너들은 가득 채워져서 중국을 출발하고, 유럽에서 거의 텅 빈 채로 중국으로 돌아간다. 특히 중국의 철도 연결 보조금을 고려할 때 경제적 실행 가능성도 우려된다.

하지만 더 작고, 덜 개발된 국가의 입장에서는 정말 매력적인 정책이다. 중국의 투자를 통해 얻을 것이 가장 많기 때문이다. 인프라와 수송 개발의 측면에서 특히 그렇다. 일대일로는 중앙아시아, 아프리카 등지에서 중국의 무역 입지를 다질 수 있을 뿐만 아니라, 중국이 위협적 존재가 아닌 '친구'로 떠오를 수 있는 기회가 될 수도 있다.

더구나 유럽이 인권, 법치주의, 환경보호 등의 조건을 중요하게 생각하는 것과 달리, 중국은 조건 없이 상품, 서비스, 차관을 제공하는 것처럼 보인다. 하지만 중국이 그것들을 무료로 제공할 것이라고 순진하게 믿어서는 안 된다. 그들도 분명 원하는 대가가 있다.

중국의 정치적 지원을 받고 중국 시장에 진입하면 막대한 이득을 얻을 수 있지만, 거기에는 대가가 뒤따른다. 인프라를 위해서는 그 프로젝트의 건설 현장과 근로직, 관리직에 더 많은 중국인을 고용해야 한다. 차관을 받는 대신에, 희토류, 원자재나 토지에 접근을 허용해야 한다. 인프라와 개발 프로젝트라는 허울 속에서 이루어지는 원자재 착취는 심각한 문제다. 중국 제품과 노동력의 넘핑 문제 외에도 희귀 광물과 상아의 불법 거래가 촉진될 수 있다.

개인적으로 아시아나 아프리카에서 이루어지는 중국의 활동 중 일부는 해당 국가, 특히 개발도상국의 발전에 도움이 되지 않는다고 생각한다. 중국의 개입으로 인해 이 지역의 많은 국가가 중국에 의존적인 관계를 형성하는 것처럼 보인다. 중국은 이 국가들에게 책임지는 경제 활동을 독려하지 않는다. 반면 유럽은 이 지역의 개발도상국들과 진정한 의미에서 평등한 협력 관계를 만들기 위해 노력하고 있다. 아프리카 전역에서 유럽의 일반특혜관세제도Generalised System of Preferences를 경제동반자협정Economic Partnership Agreement으로 전환하고 있는 것이 한 예다.

한쪽에 크게 의존적인 관계를 호혜적인 관계로 조정하는 것은 쉽지 않다. 하지만 이런 조정은 장기적으로 볼 때 양쪽 모두에 도움이 된다. 세계 시장으로의 통합 강화, 지속 가능한 성장, 무역 개발, 빈곤감소에 기여할 수 있기 때문이다. 유럽은 최혜국 조항Most Favoured Nation Clause(MFN)도 포함시켰는데, 간단히 말하자면, 해당 국가들이 더 이상 유럽보다 중국에 더 많은 시장 진입을 허용하지 않을 거라는 의미다.

더 광범위한 프레임워크로 FTA도 있다. 아시아에서 EU는 이미 한국, 싱가포르, 베트남과 FTA를 맺었다.[14] 한국은 아시아 국가 중에서 가장 먼저 EU와 FTA를 체결했다. FTA 체결 후 5년 내에 한국의 교역량은 3분의 1 상승했고, 양측 모두에서 일자리와 경제적 기회가 생겨났다. 지금 EU는 일본과 협상 중이며 중국과 투자협정 체결을 시도하고 있다.[15] 더 나아가 유럽이 아세안ASEAN(동남아시아국가연합)과 지역무역협정Regional Trade Agreement을 맺고, 아세안도 단일 시장을 가진 경제 공동체가 된다면, 지역 간 무역의 새로운 시대가 열릴 것이다. 이는 양측 모두에 큰 전략 지정학적 가치를 가져다줄 거라고 믿는다. 아세안 회원국과의 양자간 FTA는 이러한 지역 간 협력 관계의 발전에 중요한 디딤돌이 될 것이다.

세계에서 가장 큰 경제체인 유럽과 미국의 범대서양무역투자동반자협정Transatlantic Trade and Investment Partnership(TTIP)이 우선순위에서 뒤로 밀려나는 것처럼 보이면서, 세계 무역의 향방을 좌우하고 국제 표준을 세우기 위한 힘겨루기에 거의 모든 국가가 앞다퉈 끼어들며 치열한 각축전이 벌어지고 있다. 빠르게 변화하는 세계 속에서 중국과 같은 국가는 세계 경제 성장에 기여하고 있지만, 인권, 환경 문제의 많은 부분을 무시하고 있다. TTIP는 이런 모든 분야에서 더 높은 표준을 제정함으로써, 이러한 추세를 완화하는 데 도움이 될 것이다. 제3국이 미국이나 유럽에 수출하고자 한다면, 이러한 표준과 규정을 국제적 차원에서 존중하며 지켜야 한다. 이는 다자적 (WTO) 시스템의 부활과 개편에도 촉매가 될 것이다.

TTIP가 중국에 대해 완충 역할을 하지 않는다면, 국제 표준이 유럽이나 미국의 기대 수준보다 낮아질 위험이 있다. 새로운 참여자가 오늘날 국제 경제의 질서를 완전히 뒤바꿔놓을 수도 있다. 결과적으로 한쪽이 잃은 세력권은 다른 한쪽이 얻게 된다.

나는 큰 기대를 걸었던 협정인 TTIP가 어떻게 될 것인지 숨죽여 지켜보고 있으며, 유럽의 이 협정 추진을 지지한다. 포기하기에는 너무 많은 것이 걸려 있기 때문이다. 유럽과 미국 모두 상대편 시장으로의 자유로운 진입이 가능해지는 것이 얼마나 중요한지 잘 알고 있다. 유럽과 미국 간의 무역이 늘어나면, 다른 국가에서 생산된 원자재, 부품 등의 투입 요소에 대한 수요를 증가시켜, 결국 경제 성장과 일자리 창출, 개발 촉진으로 이어질 것이다.

유럽은 지금 입장을 고수하고, 포괄적이고 원대한 포부를 지닌 협정을 계속해서 추구해야 한다. 예전보다 더욱 공격적인 보호주의 추세가 나타나도 기대 수준을 낮추거나 위축되지 말아야 한다. 유럽은 관망세를 취하거나 미국을 따라 고립 상태로 들어가는 것이 아니라, 국제 무역에서 더 적극적으로 선도적인 역할을 수행하기 시작해야 한다. 유럽은 앞으로 발을 내디뎌야 한다. 힘을 합쳐 함께 행동하고, 무역 자유화를 위해서 목소리를 내며, 새로운 시장 참여자들이 국제사회의 책임감 있는 일원이 될 수 있도록 해야 한다. 하지만 더 중요한 것은, 유럽이 환경·노동 기준 및 인권에 관한 높은 수준의 기준을 스스로 지켜나가야 한다는 점이다. 그렇지 않으면 유럽도 전략 지정학적 이점을 잃을 수 있다.

미국과 달리 유럽은 아시아에 강력한 군사적 배치가 없으며, 이는 경제적·사회적 파트너십 구축에 장점이 될 수 있다. 하지만 중국은 이와 다르게 움직인다. 예를 들어 중국은 최근 남중국해에서 군사력을 증강하고 인공섬을 건설해 군사기지화하고 있다. 그 이유는 무엇인가?

해수면 위의 차원에서는, 세계에서 가장 붐비는 해상 무역 통로에 대한 접근 문제가 있다. 그리고 해수면 밑의 차원에서는, 증가하는 인구를 먹여 살릴 신선한 어류 자원이 있다. 하지만 좀더 깊숙이 아래로 내려가면, 판도라의 상자가 있다. 세계에서 가장 풍부하고 아직 개발되지 않은 석유와 가스 자원이다. 스프래틀리 군도Spratly Islands(중국명 난사군도南沙群島, 베트남명 쯔엉사 군도長沙群島) 지역에만 약 177억 톤의 풍부한 천연자원이 매장되어 있을 것으로 추정된다. 이 모든 것이 중국의 통제 아래 놓이게 된다면 어떻게 될까?

중국은 '어느 한 국가가 힘을 독점하지 않는 다극화 세계'를 약속한다. 하지만 전 세계에 걸쳐 커지고 있는 중국의 영향력과 자유주의적 세계질서의 원칙과 규칙에 대한 중국의 현재 행동과 태도, 소위 '자유 무역'을 철저히 통제하려 하는 중국 지도부의 노력 등을 보면 그 약속을 믿기는 어렵다.

(강연일 2017년 9월 19일)

제3부

일대일로

1장

일대일로 전략 구상:
이념과 현실
"一帶一路"战略构想: 从理念到现实

:

장위엔張宇燕
중국사회과학원 세계경제정치연구소 소장

'일대일로_帶_路' 전략 구상은 시진핑 주석이 2013년 처음으로 제시했다. 이 구상은 중국의 국가전략목표와 연결되어 있으며, 전략목표를 어떻게 정의할 것인가에 대해서는 여러 의견이 있다. 중국공산당 제18차 전국대표대회의 한 보고서는 국가 주권, 안보, 발전 이익을 언급했는데, 실제로 중국 국가전략목표의 범주를 구성하는 3대 기둥이 바로 국가 주권, 국가 안보, 발전 이익이다. 발전 이익은 이 세 가지 목표 중에서도 가장 기초가 된다. 주권과 안보도 중요하지만, 만약 경제 발전의 목표를 실현하지 못하고, 장기적이고 빠른 경제 성장을 유지할 수 없다면 전체적인 안보와 주권 역시 보장될 수 없기 때문이다.

그렇다면 발전 이익에는 어떤 내용이 있을까? 크게 다섯 가지를 들 수 있다.

첫 번째는 시장이다. 많은 사람이 중국 경제 발전의 가장 중요한 기둥으로 수출을 꼽고 있다. 중국은 현재 세계 최대의 상품 수출국으로, 세계 수출 1위다. 하지만 동시에 아주 거대한 수입국이기도 하다. 작년 중국의 수입 증가율은 마이너스 14퍼센트였고, 이는 한국을 비롯한 주변국에 아주 큰 영향을 끼쳤다. 현재 한국의 가장 큰 무역 파트너는 중국이고, 한국 역시 중국의 아주 큰 무역 파트너다. 이처럼 중국은 수출과 해외수출시장에 큰 관심을 갖고 있다. 시장 안보란 수출입 문제일 뿐만 아니라 해외자산 문제이기도 하다. 최근 몇 년 동안 중국은 해외에 많이 투자했는데, 해외 투자에 관한 통계에 따르면, 2014년 말 중국의 해외 자산은 저량貯量[1] 기준으로 이미 8000억 달러(한화 약 960조 원)에 달한다. 따라서 중국은 시장 안보와 수출입이 매우 중요하다.

두 번째는 사원과 에너지다. 중국은 석유는 물론 칠광석, 구리, 알루미늄 등이 매우 부족하다. 중국의 에너지 해외 수입 의존도를 보면, 현재 전체 석유 소비량의 60퍼센트 이상을 해외에서 수입하고 있다. 물론 이 수치는 한국보다 조금 낮지만 중국 경제는 덩치가 너무 커서 2억 톤이 넘는 석유를 수입하고 있으며, 해외 에너지원에 대한 의존도가 매우 높다. 구체적으로, 중국이 자원과 에너지에 관심을 갖는 주된 이유는 공급 중단에 대한 우려와 가격 안정 때문이다. 현재 유가를 비롯한 원자재 가격이 큰 폭으로 떨어지고 있다. 유가 폭락은 많은 국가, 특히 러시아, 사우디아라비아 같은 원유 수출국에는 큰 타격을 주었지만, 중국에게는 좋은 소식이다. 유가 하락으로 중국은 2015년 원유 수입에 2014년보다 1000억 달러(한화 약 120조 원)나 적은 비용을 지불했다. 따라서 중국은 유가 안정과 에너지 안보에 관심을 기울이고 있다. 현재 에너지 기업을 비롯한 중국의 여러 기업이 해외로 나가 투자나 합병을 하고 있다.

세 번째는 기술 진보다. 중국 현 정부는 기술 진보에 큰 관심을 보이고 있다. 중국이 제시한 경제 발전의 주요 목표 중 하나는 혁신이다. 중국의

R&D 투자는 이미 GDP의 2퍼센트를 넘어섰는데, 이는 선진국에 비하면 아직 멀었지만 개발도상국 중에서는 상당히 높은 편이라고 할 수 있다. 중국은 기술 진보의 측면에서 어느 정도 성과를 거두었으며, 그 분야에서 아주 훌륭한 기업들이 있다. 예를 들어, 통신설비와 휴대전화를 생산하는 기업 화웨이는 휴대전화 분야에서 한국의 삼성과 중국 본토 시장을 두고 치열하게 경쟁하고 있다. 중국에는 좋은 기업들이 있지만 중국이 발전하려면 과거에 그랬듯이 앞으로도 선진국의 앞선 기술을 배우고, 수용하고, 참고해야 할 것이다. 기술 진보에 있어서는 여전히 외부 시장, 특히 선진국에게서 배울 점이 많다.

네 번째로 우리가 논하는 국가 이익에서 주로 관심을 가지는 것은 통화 금융이다. 여기에는 많은 문제가 포함된다. 예를 들어 금융 협력을 하려면, 안정적인 국제 금융 환경을 찾아야 한다. 금융 영역에서 큰 폭의 환율 변동은 중국에 매우 큰 영향을 끼친다. 알다시피 2015년 8월부터 2016년 초 사이 위안화 환율은 큰 폭으로 변동했고, 이와 같은 환율 파동은 투자와 무역은 물론 자본의 흐름에까지 영향을 미쳤다. 2015년부터 2016년까지 1년이 넘는 시간 동안 4조 달러(한화 약 4800조 원)에 육박했던 중국의 외환 보유고는 2016년 현재 3조 2000억 달러(약 3840조 원)로 8000억 달러가 감소했다. 이에 따라 중국은 큰 폭의 환율 변동과 자본 흐름이 중국 경제의 장기적 성장에 미치는 영향에 매우 주목하고 있다. 그 밖에 중국은 위안화의 국제화에도 큰 관심을 기울이고 있다. 위안화의 국제화는 중국의 대외 개방에 있어서 이미 중요한 정책적 방향이 되었다. 중국은 위안화의 국제화를 추진해 거래 시 가능한 한 위안화로 가격을 산정하고 결제하고 있다. 주 목적은 환리스크를 회피하고, 중국과 주변국의 경제 일체화를 강화하기 위함이다.

다섯 번째는 국제 규칙과 국제 제도다. IMF, 세계은행, WTO 등 세계적으로 많은 국제 기구가 있다. 이러한 국제 규칙과 국제 제도는 상당수 세계 각국의 경제적 이익과 그들의 발전 요구를 고려하고 있지만, 어떤 규칙들은 중립적이지 않다. 중립적이지 않은 규칙이란 동일한 규칙이 국가마다 다른 의미로 다가온다는 뜻이다. 예를 들어, 얼마 전 환태평양경제동반자협정Trans-Pacific Partnership agreement(TPP)[2]이 통과됐다. TPP가 통과됐으니 12개 회원국의 무역과 투자는 계속해서 발전해나갈 것이지만 역외 국가들의 상황은 그렇지 못할 것이다. 내가 만난 캄보디아 학자와 관료들은 베트남이 TPP 회원국이 된 이후 원산지 기준으로 인해 캄보디아가 미국이나 일본으로 수출하는 방직물이 차별대우를 받거나 시장 점유율을 잃을까봐 걱정하고 있었다. 이처럼 많은 국제 규칙은 중립적이지 않다. 어떤 국가에는 더 좋을 수 있지만 다른 국가에는 손해를 끼칠 수 있다. 그래서 중국은 국제 규칙이 가능하면 중립적이고 전 세계를 포용할 수 있도록 관심을 기울이고 있다.

'일대일로' 전략 구상의 핵심은 중국의 이러한 발전 이익을 지키려는 것이다. 2013년 하반기 시진핑 주석이 동남아를 방문해 '해상 실크로드' 건설을 제시했고, 같은 해 중앙아시아를 방문해 '실크로드 경제벨트' 건설을 제시하면서 일대일로는 시작됐다.[3] 일대일로의 주요 내용은 아프로-유라시아 대륙과 인근 해양의 상호 연계互聯互通에 힘써 연선沿線 국가들의 다원적·자주적·균형적이고 지속 가능한 발전을 실현하는 것이다. 이 몇 가지 단어는 특히 중요한데, 연선 국가들에게 단일한 모델을 강요하는 것이 아니라 다원적 발전을 추구하기 때문이다. 그 목적은 국제 문제에 적극적으로 참여하는 중국의 자세와 책임감 있는 대국으로서의 면모를 부각시키는 데 있다. 일대일로의 한쪽에는 동아시아 경제권이 있고 다른 한쪽에는 선진적인 유럽 경제권이 있으며, 이 사이에는 수많은 개발도상국이 존재한다.

'일대일로'의 '대帶'는 세 개의 육로를, '로路'는 두 개의 해로를 뜻한다. 세 개의 육로는 중국-중앙아시아-러시아-유럽으로 이어지는 길과 중국-중앙아시아-서아시아(페르시아만과 지중해 포함)로 이어지는 길, 그리고 중국-동남아시아-남아시아-인도양에 이르는 길이다. 두 개의 해로는 중국 연해 항구-남중국해-인도양-유럽으로 이어지는 길과 남중국해-남태평양으로 이어지는 길이다. 이 다섯 개의 길을 합쳐 일대일로라 부른다.

일대일로의 주요 협력 분야는 여섯 가지가 있다. 첫째는 인프라의 상호 연계다. 신흥 경제체와 개발도상국은 인프라 건설에 매우 취약하다. 이런 결함은 이들 국가의 경제가 오랫동안 안정적으로 발전하는 데 영향을 끼친다. 중국은 여러 해에 걸쳐 도로, 교량, 공항, 항구 등 인프라 건설 방면에서 상당한 경험과 하드웨어, 능력을 축적했다. 또한 중국은 통신 분야에서도 강점을 지니고 있기 때문에, 차이나텔레콤中國電信, 차이나유니콤中國聯通과 같은 통신사도 인프라의 상호 연계에 중요한 역할을 할 것이다. 둘째는 무역 투자 협력으로, 투자를 촉진하고 각국의 무역을 활성화시키는 것이다. 셋째는 금융 협력, 넷째는 인문 협력, 다섯째는 생태환경보호 협력, 여섯째는 해상 협력이다.

일대일로 전략 구상의 함의에 대한 중국 국내 학자들의 정의는 네 가지로 정리할 수 있다. 첫째, 일대일로는 중국과 주변국의 협력에 있어 향후 얼마간 중요한 근거가 된다. 둘째, 일대일로를 통해 새로운 형태의 지역 협력 메커니즘과 글로벌 거버넌스 구축을 적극 시도해볼 수 있다. 지역 협력에는 현재 다양한 형태가 있는데, 어떻게 새로운 형태의 지역 협력을 구축할 수 있을까? 중국이 글로벌 거버넌스에 적극 참여하려면 어떻게 해야 할까? 일대일로를 통해 적극적으로 시도해볼 수 있다. 셋째, 경제외교의 새로운 플랫폼이다. 중국 경제외교에는 양자·다자간 FTA와 같이 무역 투자 분야에서의 다양한 협력이 존재한다. 일대일로는 이와 관련 있으면서도 새로운 플랫폼이다. 넷째는 일대일로를 통한 중국의 전면 개방이다.

시진핑 주석은 일대일로 구상을 제시한 뒤 '일대일로 건설 사업 추진 영도소조推進'一帶一路'建設工作領導小組'를 출범시켰다. 장가오리張高麗 국무원 부총리가 조장이 되어 구체적인 규획과 설계를 맡았다. 가장 중요한 정부 문서는 「일대일로 공동 건설 추진을 위한 비전과 행동推動共建'一帶一路'的愿景與行動」이다. 이 문서는 중국의 '일대일로'를 이해하는 데 아주 결정적인 문서로, 기본 원칙과 목표, 비전과 행동이 잘 나타나 있다.

'일대일로'의 기본 원칙은 무엇인가? 첫째, 유엔의 취지와 원칙을 준수해야 한다. 중국은 따로 독자적인 방식을 취하려는 것이 아니라, 유엔의 취지와 원칙을 충실히 지키고자 한다. 둘째, 개방성과 포용성을 유지한다. 여기서 말하는 개방성이란 일대일로가 특정 국가에만 열려 있는 것이 아니라는 뜻이다. 일부 중국 학자의 집계에 따르면 연선 국가는 50여 개국이라고도 하고 60개국이라고도 한다. 하지만 지금은 기본적으로 50여 개국인지, 60여 개국인지, 아니면 70여 개국인지 따지지 않는다. '일대일로'는 개방적이고 포용적인 체제이기 때문이다. 셋째, 무역 투자, 금융 협력 등의 분야에서 국제적으로 통용되는 원칙을 준수한다. 기존의 국제적 원칙을 준수하고, 추가로 무언가를 요구하거나 판을 새롭게 짜거나 완전히 다른 규칙을 만들지 않겠다는 것이다. 예를 들어 투자 영역에는 다양한 규칙이 존재한다. OECD에는 그들 나름의 투자 규칙이 있으며, 어떤 국가인지에 따라 투자 조건, 대출 조건, 원조 조건 등 일련의 규칙이 정해져 있다. 중국의 일대일로 건설은 이와 같이 국제적으로 통용되는 원칙을 준수하고자 한다.

넷째, 인문 교류를 중시한다. 무역 투자와 같은 경제 분야 외에도 인문 교류를 진행하고, 여기에는 민간 교류民心相通가 포함된다. 끝으로 조화를 강조하고, 아시아 방식을 구현한다. 아시아 방식이란 양자·다자간 협력에 있어 다른 국가의 편의와 감정을 고려한다는 뜻이다.

그렇다면 일대일로를 어떻게 추진해야 할까? 첫째, 목표 조율과 정책 소통을 위주로 삼는다. 둘째, 높은 융통성과 유연성으로, 한 가지 모델과 잣대를 강요하지 않는다. 셋째, 획일성을 추구하지 않는다. 넷째, 연선 국가 발전과 지역 협력 계획을 적극적으로 연계한다. 일대일로 전략 구상을 시행한 이후, 연선 국가 발전과 지역 협력 계획의 적극적인 연계는 적지 않은 진전을 보였다. 예를 들어 중국은 러시아와 일부 중앙아시아 국가들이 출범시킨 유라시아경제연합Eurasian Economic Union(EAEU)과 일대일로를 연계했는데, 이는 대단한 성과다. 다섯째, 협력 내용과 방식을 지속적으로 개선한다. 여섯째, 시간표와 로드맵을 공동으로 제정한다. 언제, 어떤 일을 어떤 방향으로 진행할 것인지에 대해 시간표와 로드맵이 있어야 한다. 끝으로 협력 기본 협정과 비망록을 체결한다. 이렇듯 「일대일로 공동 건설 추진을 위한 비전과 행동」에서 제시하고 있는 목표와 방안들은 현재 어느 정도 성과를 거두었는데, 이에 대해서는 뒤에서 다시 논하도록 한다.

중국 정부가 제시한 일대일로 건설의 발전 목표는 중국의 미래 발전 목표와 서로 부합한다. 첫째, 중고속 경제 성장 유지라는 목표에 부합한다. 중국의 경제 성장 속도는 둔화되고 있다. 2000년대에는 연평균 약 10퍼센트의 성장을 했으나, 2015년은 7퍼센트로 감소했으며, 2016년에는 6.5~7퍼센트의 성장이 예상된다. 중국의 경제 성장은 고속 성장에서 중고속 성장으로 바뀌었다. 2020년까지 향후 5년간 중국의 경제 성장률은 6.5퍼센트의 마지노선을 지켜야 한다. 6.5퍼센트인 이유는 중국이 2010~2020

년 10년 동안 1인당 국민소득과 국가 전체 GDP를 2배로 늘리겠다는 아주 방대하고도 엄격한 목표를 세웠기 때문이다. 이 목표를 실현하려면 2016~2020년 5년 동안 반드시 6.5퍼센트 이상의 경제 성장률을 유지해야 한다. 따라서 큰 목표가 정해진 후에는 중국 경제 성장률의 마지노선이 6.5퍼센트라는 것에 특히 주목해야 한다. 6.5퍼센트 성장이 뒷받침되지 않는다면 목표도 이뤄질 수 없다. 중국이 설정한 목표는 중고속 성장이기 때문에 6.5퍼센트면 충분하다. 둘째, 국민 생활 수준과 질적 향상에 부합한다. 셋째, 국민 소양과 교육 수준 향상에 부합한다. 넷째, 생태환경의 총체적 개선에 부합한다. 다섯째, 각 분야별 제도의 성숙과 완성에 부합한다. 최근 통과된 제13차 5개년 계획(2016~2020)을 보면 향후 5년간 중국의 발전 목표를 알 수 있는데, 나는 "각 분야별 제도의 성숙과 완성"이라 표현했지만, 그에 상응하는 원문은 "인권을 실질적으로 보장하고 재산권을 효과적으로 보호한다"이다.

중국은 제13차 5개년 계획과 정부업무보고에서 5대 발전 이념을 제시했는데, 혁신을 특히 강조했으며, 조화, 녹색, 개방, 공유를 기본 방향으로 제시했다. 중국을 이해하고, 향후 5년간 중국이 경제 분야에서 하려는 일을 이해하려면 바로 혁신, 조화, 녹색, 개방, 공유를 알아야 한다. 우선, 중국의 향후 경제 성장은 주로 혁신에 달려 있다. 앞서 언급했듯 중국의 발전 이익과 '일대일로'는 서로 연결되어 있다. 조화에는 여러 과제가 있는데, 국내와 국외의 조화, 국내 서로 다른 지역 간의 조화, 발달 지역과 낙후 지역 간의 조화, 산업 간의 조화를 이뤄야 한다. 녹색은 주로 환경보호, 에너지 절약 및 오염물질 배출 저감 등이다. 개방은 일대일로와 가장 밀접하게 연결되어 있다. 마지막으로 공유란 국내외 모든 사람이 발전의 혜택을 누릴 수 있도록 하는 것을 말한다. 이것이 중국의 5대 발전 이념이다.

'일대일로' 건설을 구체적으로 이해하려면 어떠한 분야를 살펴봐야 할까? 물질적 측면, 제도적 측면, 통화적 측면, 이념적 측면의 네 가지 차원에서 일대일로를 이해해보고자 한다.

첫째, 물질적 차원은 주로 인프라를 가리킨다. 인프라의 상호 연계를 전제로 초지역적 생산 네트워크와 공동시장을 건설하려는 것이다. 물질적 측면의 두 번째는 산업 사슬의 확장을 통해 각국의 생산 요소와 시장을 긴밀히 연계하고 융합시키는 것이다. 여기에는 자원과 노동시장이 포함되며, 전체 산업 사슬이 이것들을 연결시키고 있다. 다음으로는 인프라와 설비 제조 등과 같은 분야에서 중국이 갖고 있는 강점을 살려 국내 산업 업그레이드를 통한 대외 생산능력 협력을 이끄는 것이다. 일각에서는 일대일로 건설의 주목적이 중국 내 과잉생산능력을 수출하는 것이라고 말하는데, 이는 정확하지 않은 표현이다. 물론 중국은 인프라와 설비 제조 분야에서 강점을 지니며, 시멘트나 강철 분야에 존재하는 대량의 과잉생산능력을 밖으로 내보내고자 한다. 하지만 중국이 생산능력 협력을 논할 때는 중국의 생산능력을 수출하려는 것뿐만 아니라 협력에 더 주된 목적이 있다. 예를 들어 2016년 1월 시진핑 주석은 사우디아라비아를 방문하여 생산능력 협력 프로젝트에 관해 논의했다. 이는 중국의 생산능력을 사우디아라비아에 수출하려는 것이 아니라 사우디아라비아의 에너지 비축 기술과 설비를 중국에 도입하려는 것이었다. 사우디아라비아는 석유 생산과 운송, 비축 분야에 강점이 있는 반면, 중국은 이 부분에 취약하다. 중국은 석유 소비대국이지만 석유 비축에 있어서 여전히 매우 뒤처진다. 여러 데이터를 종합해봤을 때 현재 중국의 석유 비축량은 한 달 남짓 쓸 수 있는 정도밖에 되지 않는다. 미국, 일본, 한국과 비교해보면 그 격차는 매우 크다. 중국은 비축 능력과 비축 기술 측면에 취약하지만, 사우디아라비아는 이 분야에 생산능력이 있다. 중국은 생산능력의 수출만을 원하는 것이 아니라 도입도 원하며, 이것이 생산능력의 협력이다.

둘째, 제도적 측면은 국제 규칙, 국제 제도를 말한다. 앞에서 어떤 국제 규칙들은 중립적이지 않다고 언급했는데, 어떻게 하면 이 중립적이지 않은 국제 제도를 더욱 중립적으로 만들 수 있을까? 전 세계가 국제 제도로부터 혜택을 받는 상황은 같아야 한다. 국제 규칙이 특정 국가나 특정 국가 단체에 편향되거나, 그들이 규칙을 제정함으로써 최대의 이익을 얻도록 보장해서는 안 된다. 중국은 일대일로를 통해 제도 중립화에 적극적인 역할을 하겠다는 입장이다. 한 가지 더 중요한 것은 제도적 측면에서의 협력을 통해 국제 거래 비용을 줄이는 것이다. 지금은 국가마다 투자 규칙, 무역 규칙, 세수 규칙이 모두 달라서 거래 비용이 너무 높다. 예를 들어 중앙아시아 국가들은 중국과 직접적으로 투자협정이나 무역협정을 맺지 않았고, 제도적 환경의 차이가 커서 거래 비용이 매우 높다. 따라서 일대일로 건설을 통해 거래 비용을 대대적으로 낮추고 국제 무역과 투자를 편리하게 하려는 것이다. 중국은 일대일로가 제도적 측면에서 중국뿐 아니라 관련국 전체를 편리하게 해주길 바라고 있다.

셋째, 통화적 차원에서 중국이 가지고 있는 생각은 국제통화시스템을 다원화하는 것이다. 이번 금융위기가 발생하게 된 배경에는 많은 원인이 있지만, 금융위기의 영향력이 이토록 컸던 이유 중 하나는 바로 달러에 대한 세계의 의존도가 너무 높았기 때문이다. 이에 국제통화시스템의 다원화에 대한 공감대가 형성되었다. 국제통화시스템의 다원화를 추진하는 방식에는 여러 가지가 있는데, 그중 하나는 국제금융 분야의 협력을 강화하는 것이고, 또 다른 하나는 위안화의 국제화다. 위안화는 이미 IMF 통화바스켓에 편입되었는데,[4] 위안화의 특별인출권Special Drawing Rights(SDR) 편입은 중국 내부에서도 논란이 많다. 대다수는 좋은 일이라고 여기지만 중국에 부담을 주는 것도 사실이다. 예를 들어 SDR에 편입되었으니 자국의 자본시장을 점진적으로 개방하라는 압력을 받을 것이다. 환율 메커니즘의 형성 과정에서 국내 자본 시장과 금융 서비스업 등을 더욱 시장화해야 한다. 이는 또한 중국 국내의 금융 안정과 금융 안보를 건드리게 된다. 일장일단이 있지만 전체적으로 봤을 때는 장점이 단점보다 크다.

끝으로, 이념적 측면의 핵심은 일대일로를 통해 국제 이해와 신뢰를 증진시켜, 자유무역 이념이 사람들의 마음속에 더욱 깊이 파고들게 하는 것이다. 오늘날 국제 무역은 성장이 매우 느리다. 2015년 국제 무역 성장률은 전 세계 경제 성장률보다 낮았다. 1990~2008년 18년 동안 국제 무역 성장률은 줄곧 6퍼센트 이상이었지만 세계경제는 3.2퍼센트 성장에 그쳤다. 다시 말하자면 1990~2008년 국제 무역 성장은 세계 경제 성장의 2배였다. 그런데 2015년에는 국제 무역은 약 2.5퍼센트 성장했고, 세계경제는 3.1퍼센트 성장했다. 국제 무역 성장은 이미 세계 경제 성장보다 낮아졌고, 2016년에는 더 낮아질 것으로 전망된다. 국제 무역의 성장 속도가 둔화된 가장 큰 원인은 보호무역주의가 팽배해 있고 자유무역 이념이 사람들의 마음속에 아직 깊이 자리잡지 못했기 때문이다. 따라서 일대일로를 통해 자유무역을 촉진하고 '실크로드 정신'을 고양하려는 것이다. 실크로드 정신이란 평화 협력, 개방 포용, 상호 학습, 호혜 공영을 말한다. 이념적 차원에서 구체적으로 해야 할 일은 '실크로드 방식'으로, 즉 쉬운 것부터 먼저 하고 어려운 것을 나중에 하며, 일정한 절차에 따라 점차적으로 심화 발전시키고, 이익을 구별하는 것이다. 이익 구별이란, 중국은 대국으로서 작은 국가들, 특히 저개발국가들과 사소한 것까지 따져가며 모든 이익을 취하려 들면 안 된다는 것을 가리킨다. 이익을 구별하여 양보해야 할 때는 양보한다는 뜻이다. 중국은 특히 개발도상국들이 발전하는 중국이라는 열차에 탑승하는 것을 환영한다. 급행열차에 타도 좋고 편승하는 것도 환영한다. 이러한 측면에서 중국은 대국으로서의 면모를 보이고자 한다.

물론 일대일로 건설에는 아주 다양한 형태의 리스크가 존재한다. 첫째로 일부 국가나 지역들의 인프라 여건이 매우 열악하다는 것이다. 도로, 항구, 공항 등이 제대로 갖춰져 있지 않아 일대일로를 건설해 연계하고 싶어도 난이도가 너무 높고 대량 투자가 필요하다. 둘째로 긴 회수 주기와 낮은 수익률이다. 인프라 투자는 대량 투자가 필요한데 회수 주기가 길고 수익률이 낮은 편이어서 극복이 쉽지 않은 지점이다. 셋째로 각국의 제도적 인프라의 차이가 크다는 것이다. 제도와 계약, 계약에 대한 준수와 이행, 법원 판결 이후 이행 가능 여부, 이행의 정도와 이행까지 걸리는 시간 등이 국가별로 차이가 커서 거래 비용이 높아진다. 넷째로 일부 연선 국가 내부의 이해관계가 다르다는 것이다. 개방을 하려면 국내 이익집단들의 반발에 부딪치게 되고, 그렇게 되면 그 국가의 대외정책에까지 영향을 미친다. 다섯째로 일부 국가나 지역의 경우 지정학적 리스크가 크다는 것이다. 정권의 안정과 같은 지정학적 리스크는 자국의 의지만으로 결정할 수 있는 것이 아니며 외부 세력의 영향을 받게 된다. 예를 들어 중동의 일부 지역은 계속해서 전쟁 상태에 있으며, 몇몇 국가는 전쟁까지는 아니더라도 매우 긴장된 국면에 놓여 있다. 끝으로, 서로 다른 역사, 민족, 종교, 문화에 따라 어떤 문제에 대해 인식의 차이가 존재한다는 것이다. 종교가 다르면 거래 과정에서의 일을 이해하는 데 있어 많은 문제가 발생한다.

비록 이와 같은 리스크와 도전이 있지만 중국의 일대일로 건설은 지난 2년여 동안 적지 않은 성과를 거두었다. 몇 가지 수치와 사실을 간략하게 소개하겠다. 중국은 관련국들과 여러 협정을 맺었는데, 일대일로는 먼저 러시아가 주도하는 유라시아경제연합EAEU과 이미 연계를 시작했다. 또한 몽골의 '초원의 길' 프로젝트, 인도네시아의 '해양 강국' 전략, 카자흐스탄의 '누를리 졸Nurly Zhol(광명의 길)' 프로젝트, 파키스탄의 프로젝트와도 연계를 시작했다. 그 밖에 구체적인 협정을 보면, 중국-몽골-러시아 간의 국제수송 문제에 관한 협약인 중-몽-러 경제회랑Economic Corridor이 이미 통과되었다. 현재 중국의 도움으로 모스크바에서 카잔Kazan에 이르는 고속철을 건설하고 있으며, 이미 탐사 작업이 시작되어 본격적으로 시행되고 있다. 또한 중국과 러시아의 동부 천연가스 파이프라인 사업도 중국 쪽 부분은 이미 공사에 들어갔다. 중국과 유럽을 잇는 대륙교大陸橋, Land Bridge 철도 운행 횟수도 크게 증가했는데, 2015년에 중국에서 유럽으로 가는 철도의 운행 횟수는 2014년에 비해 1.7배 증가하는 등 70퍼센트의 성장 속도를 보이고 있다. 중국-중앙아시아-서아시아 경제회랑은 이미 협의에 들어갔다. 예를 들어 중국과 타지키스탄은 양자간 협력 계획 요강에 합의했고, 파키스탄과는 480억 달러(한화 약 57조 6000억 원) 규모의 중국-파키스탄 경제회랑을 구축하기로 합의했다. 또한 방글라데시, 중국, 인도, 미얀마BCIM를 연결하는 경제회랑을 건설하려고 하는데, 현재 국가별로 각자의 프로젝트를 구축하기 시작했다. 중국 측 프로젝트는 이미 완성되었고, 나머지 국가들은 좀더 연구할 시간이 필요한 상황이다. 인도네시아는 자카르타와 반둥을 잇는 고속철도가 이미 착공되었으며, 스리랑카는 핵심 항구의 제2기 공사가 시작되었다. 중국은 이미 17개국과 제도화된 생산능력 협력을 진행하고 있다. 그중에는 역내 포괄적 경제동반자협정Regional Comprehensive Economic Partnership(RCEP)[5]도 포함되어 있다. 중국은 이미 RCEP 추진에 들어갔으며, 2016년 내에 실현될 수 있기를 고대하고 있다. 수치를 살펴보면, 최근 2년여 동안 중국의 일대일로와 관련된 사업 대출은 1000

억 달러(한화 약 120조 원)를 넘어섰다. 중국은 이를 위해 별도로 '실크로드 펀드'를 조성했으며, 이 펀드에는 이미 8개의 투자 프로젝트가 개설돼 있고, 관련 금액만 벌써 40억 달러(한화 약 4조 8000억 원)를 넘어서는 등 일련의 성과를 거두고 있다.

중국 기업의 해외 진출 방식은 다양하다. 예를 들어 경제외교 영역에서는 자유무역협정과 양자간 투자협정 등이 있다. 산업협회에서는 기업의 해외 진출을 독려하고 과열 경쟁을 방지한다. 금융기관에는 국책은행과 민간은행이 관련되며, 국책은행에는 개발은행, 수출입은행이 있다.[6] 앞서 언급한 실크로드 펀드도 여기에 포함된다. 아시아인프라투자은행AIIB 역시 일대일로를 위한 것이라고 말하는 사람이 많은데, 완전히 옳다고는 할 수 없다. AIIB는 인프라 투자로 일대일로와 관련은 있지만, 오로지 일대일로만을 위한 것이라고 할 수 없다. 일부 금융기관이 배후에서 일대일로를 지원하고 있기는 하다. 연구기관들은 정책과 투자에 관한 자문을 하고 있으며, 중국사회과학원 세계경제정치연구소도 일대일로에 관해 많은 연구를 하고 있다. 이외에도 준정부기관 등이 있다.

요컨대 '일대일로' 전략 구상은 그 이름에서도 알 수 있듯이 중국적 특색이 매우 강하다. 호혜 공영 같은 것들은 다른 나라도 언급한 적이 있지만 일대일로는 중국이 제시한 단어이며 개념이자 이념이다. 일대일로는 개발도상국을 우선 범위로 하여 중국의 전면적 발전과 세계의 발전을 추진하는 것이다. 이는 매우 중대한 의의를 갖는다.

지금까지 일대일로가 무엇인지에 대해 설명했는데, 그렇다면 무엇이 '아닌지'에 대해 몇 마디 부연하고자 한다. 첫째, 일대일로는 미국과 서구 선진국이 주도하는 국제 체제에 필적하는, 독립적이고 경쟁적인 체제가 아니다. 그것은 중국이 자신만의 방식으로 다른 나라, 특히 개발도상국들과 함께 발전해 나아가고자 하는 총체적 이념으로, 판을 새롭게 짜거나 자신만의 세력 범위를 형성해 선진국에 대항하려는 것이 아니다. 둘째, 일대일로는 단기간에 실현될 수 있는 프로젝트가 아니다. 5개년 계획처럼 5년 안에 일대일로를 실현하자는 것이 아니다. 오랜 시간이 필요하며, 방향성을 지니고 전략적인 이념으로, 몇 년 만에 완성될 수 있는 것이 아니다. 셋째, 일대일로는 폐쇄적인 체제가 아니라 개방적인 체제다. 개발도상국을 우선 범위로 지정한 것이지 꼭 그 국가들만 참여 가능한 것은 아니다. 일례로 호주도 일대일로의 연선 국가다. 일본 경제학자들을 만나면 "일본은 일대일로에 포함되는가, 일본과 한국은 한 번도 언급된 적이 없는 것 같다"는 질문을 받는데, 이에 대한 대답은 "당연히 포함된다"이다. 여기에는 의심의 여지가 없다. 일대일로는 개방적 체제이지 폐쇄적인 체제가 아니다.

(강연일 2016년 3월 29일)

2장

일대일로 이니셔티브와 중국 경제 거버넌스의 현대화

"一带一路"倡议与经济治理现代化

:

펑웨이장馬維江
중국사회과학원 세계경제정치연구소
국제정치경제연구실 실장

'일대일로一帶一路'는 '판을 새롭게 짜서' 현행 세계경제체제에 필적하는 새로운 체제를 만들려는 것이 아니라는 견해에 전적으로 동의한다. 우선은 중국이 그럴 만한 능력이 없고, 더욱 중요한 것은 그럴 의사도 없기 때문이다.

먼저 현 단계 '일대일로'에 관한 일부 견해에 대해 논평을 하고자 한다. 예컨대 일대일로가 중국의 과잉생산능력을 해외로 수출하려는 계획이라는 견해가 있다. 이런 관점은 중국 국정의 복잡성과 일대일로 이니셔티브에 대한 중국 정부의 기대를 과소평가한 것이다. 물론 과잉생산능력도 중국 경제가 직면한 중대한 문제지만, 이를 위해 이렇게 광범위하고 많은 자금을 쏟아부어야 하며, 규정 요건이 까다로운 계획을 세워야 할 정도로 심각하지는 않다.

또한 일대일로는 개방적인 경제체제를 구축하려는 것이며, 이를 기회로 중국의 개방 수준을 한층 더 끌어올려야 한다는 견해가 있다. 이 견해가 틀린 것은 아니지만 충분히 전면적이지 않다. 시진핑 주석은 일찍이 중앙경제공작회의에서 '일대일로'는 중국공산당 중앙위원회(이하 중공중앙)가 정치·경제·외교·사회발전 전반을 총괄하며 내린 중대한 전략적 방침이자, 새로운 개방 확대로 가는 중요한 조치라고 지적했다. 뒤의 말만 보면 '일대일로' 이니셔티브에는 확실히 개방적인 체제를 구축하는 측면이 있다. 그러나 나는 일대일로가 종합적인 발전 지향을 지닌 이니셔티브이자 전략임을 나타내는 앞의 말이 더 중요하다고 생각한다. 일대일로 이니셔티브의 총체적 목표나 임무를 고도로 요약할 수 있는 표현은 중국공산당 제18기 중앙위원회 제3차 전체회의(이하 18기 3중전회)에서 제기된 "거버넌스 체계와 거버넌스 능력의 현대화"라는 목표다. 이 목표는 두 가지 방향으로 세분화할 수 있다. 하나는 중국 자체의 국가 거버넌스 체계와 거버넌스 능력의 현대화를 추진하겠다는 것으로, 이는 대내적 요구이자 완수해야 할 임무다. 다른 하나는 대외적 측면으로, 지역 내지 전 세계 거버넌스 체계와 거버넌스 능력의 현대화를 추진하는 데 힘써야 한다는 것이다.

이어서 상술한 견해에 대해 경제적 관점에서 다음의 세 가지 측면을 상세히 논하도록 한다. 첫째로 실천적 관점에서 중국이 어떤 방면의 조정과 개혁을 했는지, 이러한 조정과 개혁이 거버넌스 개념의 어떤 변화를 반영하는지에 대한 논의다. 둘째로 이념적 측면에서 일대일로 건설이 거버넌스에 어떤 새로운 요구 사항이 있는가에 대한 논의다. 셋째로 중국이 발전과 개방의 과정에서 직면한 세 가지 함정과 일대일로 이니셔티브와의 관계에 대해 논하고자 한다.

우선 실천적 맥락에서 보자면, 거버넌스 현대화라는 개념은 18기 3중전회에서야 비로소 제기되었으며, 이전에 제기된 네 가지 현대화(공업 현대화, 농업 현대화, 국방 현대화, 과학기술 현대화)보다 한참 뒤에 나왔다. 네 가지 현대화는 주로 물질적 층위의 구체적인 영역에서의 현대화로, 체제의 변혁을 비교적 적게 건드려서 상대적으로 추진이 용이하다. 그에 비해 거버넌스 현대화는 제도와 관념의 변혁과 직결된다. 이는 물질적 층위에 대한 변혁이 장기적으로 축적된 기반 위에서의 적응적 조정으로, 관련 범위가 훨씬 넓으며, 난이도도 높다.

일부 이념에 있어서 현 정부는 이전 정부에 비해 확실히 명확한 변화와 발전을 보여주었다. 예컨대 현 정부는 경제 성장 목표를 이야기할 때, 성장률 수치의 사수를 강조하는 것이 아니라, 합리적인 구간이라는 개념을 제시한다. 이러한 변화는 중국의 성장 목표가 훨씬 유연해졌음을 반영한다. 중국은 경제 성장 속도가 둔화될 때 경제 구조조정을 희생하는 대가로 경제 성장을 계속 견인하지 않고, 이를 받아들일 수 있는 전략적 신념을 가지고 있다.

2000년 이후 10여 년 동안 중앙정부 업무보고에서 경제 성장 목표에 관해 서술할 때 대부분 '~전후'라는 표현을 사용했다. 예컨대 2004년은 '7퍼센트 전후', 2005~2011년은 '8퍼센트 전후'라는 표현을 썼다. 실제 성장으로 볼 때, 이 기간 동안의 성장률은 목표치보다 훨씬 높았다. 가장 낮았던 해가 8.7퍼센트 성장했으며, 높았던 해에는 11.9퍼센트에 달했다. 실제치가 항상 목표치를 현저하게 웃도는 것은 다음과 같은 습관적인 심리를 조성했다. 즉 자동적으로 '~전후'라는 두 글자를 간과하고, 목표에서 언급된 숫자가 마지노선이라고 생각하며, 중국은 이 숫자보다 낮은 실제 성장률을 용인할 수 없다고 여기는 것이다.

2014년 리커창 총리가 정부업무보고에서 '7.5퍼센트 전후'라는 목표를 제시했는데, 그해 실제 성장률은 7.4퍼센트를 기록하여, 외부의 수많은 논란과 의문을 불러일으켰다. 중국이 성장 마지노선을 지키지 못했다는 식의 목소리가 무성했다. 2015년 중국이 제시한 성장 목표는 7퍼센트 전후였는데, 실제 성장률은 6.9퍼센트에 불과했다. 그러자 한 기자가 리커창 총리에게 "경제 성장률이 '7퍼센트대가 무너졌는데破七' 마지노선을 유지하지 못했다는 뜻이냐"고 질문했고, 이에 리커창 총리는 "정부업무보고에서 제시한 것은 '7퍼센트 전후'이며, 6.9퍼센트는 당연히 '7퍼센트 전후'라는 목표에 속하는 것"이라고 대답했다. '~전후'라는 표현이 불러일으킬 수 있는 오해와 곡해를 피하기 위해, 2016년 정부업무보고에서는 예상 성장 목표를 6.5~7퍼센트의 '구간'으로 바꿔서 표현했다. 새로운 표현이 나온 이후에도 여러 의문이 제기되었는데, 이를테면 왜 상한선을 두는가에 대한 것이었다. 실제로 6.5~7퍼센트라는 목표는 2015년에 제시한 7퍼센트 전후라는 목표와 기본적으로 일치한다. 7퍼센트 전후라는 것은 사사오입의 논리로 보면, 실질적으로 6.5~7.4퍼센트의 구간을 포함하기 때문이다. 2016년에는 6.5~7퍼센트라고 명확하게 제시했지만, 그 의미는 여전히 7퍼센트 전후라는 것이며, 동시에 이 구간에서 상대적으로 낮은 성장률을 기록하더라도 중국의 전략적 신념으로 이것 또한 받아들일 수 있음을 강조했다. 이는 중국이 거버넌스 목표에서 더 이상 GDP 경제 성장 속도만을 평가기준으로 삼지 않는다는 것을 반영한다. 경제구조 조정과 패러다임 전환 과정에서, 성장 이외에도 완수해야 할 다른 중요한 임무들이 있는데, 이러한 임무와 관련된 목표들은 단기적으로 성장 속도와 충돌할 수 있다. 이는 고속으로 달리는 자동차에 비견할 수 있는데, 지금 주행 방향을 조정하고 바꾸려면 먼저 해야 할 일은 속도를 낮추는 것이다. 만약 고속을 유지한 채 강제로 커브를 튼다면 아마 차가 전복될 것이다. 중국 경제 성장이 브레이크를 밟으며 속도를 낮추는 것은 상당 부분 능동적인 조정의 결과다.

현 중국 정부가 환경, 기후변화와 관련된 에너지 소비지표를 강제적인 규제로서 전면에 내세운 것은 이전에 비해 상당히 달라진 점이다. 이전 정부도 "구조 개선, 효율 제고, 소비 절감, 환경보호라는 기초 위에서" 성장 목표를 실현하자고 제기한 적은 있지만, 실제로 명확하고 강제력 있는 규제 지표를 내놓지 못했다. 그러나 현 정부는 2016년 정부업무보고에서 전통적인 경제 성장률, 소비자 물가지수 상승폭, 신규 고용, 등록 실업률, 수출입, 국제수지 등의 목표 외에 "단위 GDP당 에너지 소비 3.4퍼센트 이상 감소, 주요 오염 물질 배출의 지속적인 감축"이라는 목표를 특별히 제기했다.

중앙정부의 거버넌스 정책 조정은 지방정부에 대한 기대나 요구에서도 나타났다. 예컨대 지방정부가 일대일로 이니셔티브에 단계적으로 연계할 때, 적응적 조정이 필요하다. 예전에는 중앙정부가 어떤 큰 전략을 내놓으면, 지방정부는 보통 이 전략에서 정책상의 혜택이나 프로젝트상의 집중 지원을 얻고, 전략과의 연계를 통해 정책상의 저지低地를 만들기를 원했다. 이런 저지가 생기면 마치 물이 낮은 곳으로 모이는 것처럼 각종 정책과 보조금 등이 지방정부로 집중되고, 이로써 더 많은 투자를 유치하여 경제 성장을 견인할 수 있었던 것이다. 이것이 전통적인 발상이었다.

그러나 일대일로 이니셔티브가 나온 후에는, 지방정부가 해야 하거나 중앙정부에서 지방정부가 해야 한다고 기대하는 것은 더 이상 정책상의 저지 만들기를 모색하는 것이 아니라, 지방정부가 체제 메커니즘, 공공서비스 수준과 능력 등에서 혁신을 일으켜 각 지역이 경쟁적으로 혁신의 고지高地를 만드는 것이다. 각 지방정부의 연례 업무보고를 비교해보면, 일대일로 규획 발전과 관련해서는 중앙정부의 전략 의도에 대한 각 지방정부의 이해가 부단히 깊어지면서, 정책상의 저지에서 혁신의 고지로의 전환이 매우 뚜렷하다.

예를 들어, 2014년 닝샤후이족자치구寧夏回族自治區는 "자체 시범지구를 전체 실크로드 경제벨트 건설 규획에 포함시키도록 노력하겠다"고 제기했다. 이때는 실크로드 경제벨트 이니셔티브가 나온 지 얼마 되지 않아, 닝샤 측에서는 어떻게 하면 이 기회를 통해 특혜 조건이 많고, 대형 프로젝트가 실행되는 시범지구, 산업단지 등을 건설할 것인지를 고민했다. 즉 투자 유치를 통해 경제 성장을 견인하고자 했던 것 같다. 그러나 2015년에 닝샤 측은 정부업무보고에서 국가 일대일로 전략을 앞세워 상하이 자유무역구의 경험을 벤치마킹하여 국제무역 단일창구 관리모델을 시범적으로 운영하고, 자유무역, 서비스업 개방 등의 개혁을 시범적으로 실시하겠다고 제기함으로써, 관심의 중점이 성장 유지, 프로젝트 유치, 특혜 요구에서 체제 메커니즘 개혁으로 이동했다. 또한 상하이 자유무역구에서 이미 시행하고 있는 수많은 훌륭한 제도적 혁신, 예를 들어 네거티브 리스트,[1] 설립 전 투자에 대한 내국민대우 등의 방법을 닝샤에 도입하고 싶어했다. 2016년에 이르자 닝샤는 한층 더 나아가 국가의 일대일로 건설에 깊숙이 녹아들고, 국제무역 규칙에 주도적으로 연계하며, 국가 개혁개방 관련 정책 조치를 먼저 시행하여 투자, 무역, 금융 등 각 영역의 편리화를 추진하겠다고 제안했다. 1년 전과 비교해보면, 제도 혁신에 초점을 맞추는 것 이외에도 혁신을 추진하는 데 있어서 자신의 주체성을 더욱 강조했다.

중앙정부와 지방정부를 막론하고 일대일로의 틀 아래에서 중국이 실현하고자 하는 것은 더 이상 많은 투자와 높은 에너지 소모를 조건으로 하는 기존의 고성장 방식을 단순히 되풀이하는 것이 아니다. 대신 정책부터 능동적으로 조정하는 것을 시작으로, 과거와 구별되고 거버넌스 이념과 제도에 있어서 발명과 혁신이 있는 새로운 길을 걷고자 한다. 일대일로의 전체 전략은 아직 완전하게 전개되지 않았으며, 어떤 학자들은 이를 아주 오랜 시간이 걸리는 세기의 프로젝트로 간주한다. 기존의 실천을 보면 조정이 대세임을 알 수 있다. 그러나 조정의 전체적인 모습을 추단하려면, 지금의 제한된 실천에만 기대는 것은 부족하며, 실천의 이면에 있는 이념의 변화에서부터 시작해야 할 것이다.

중국은 혁신, 조화, 녹색, 개방, 공유의 5대 발전 이념을 제기했다. 이 이념들도 일대일로 건설 속에 관철될 수 있으며, 건설의 실천으로 인해 충실해질 수 있다.

첫째는 혁신이다. 중국공산당 18기 5중전회에서는 혁신을 "발전을 이끄는 제1동력"으로 끌어올렸다. 혁신 이념은 일대일로 건설의 다양한 층위와 각각의 고리를 관통할 것이다. 예를 들어 이론적 층위에서, 일대일로는 자유화, 시장화에 관한 신자유주의 이론의 일부 주장을 뛰어넘어, 중국을 포함하는 광대한 개발도상국의 자체 발전 실천에 더욱 부합하는 새로운 이론과 방법을 제기해야 할 것이다. 그러나 이것이 일대일로가 시장 자체를 부정해야 한다는 뜻은 아니다. 18기 3중전회에서 중공중앙은 「전면적 개혁 심화의 몇 가지 중대 문제에 관한 결정關於全面深化改革若干重大問題的決定」을 통과시켰는데, 여기서 "자원 배분에 있어서 시장이 결정적 역할을 하게 한다"는 표현이 처음으로 제기되었다. 이전에는 시장의 역할과 위상이 기초적인 것에 그쳤지만, 지금은 사용된 어휘가 '기초적'에서 '결정적'으로 바뀌었으며, 이는 시장의 중요성 또는 자원 배분에서의 시장의 역할을 더 높은 위치로 끌어올린 것이다.

시장을 중시하는 것은 신자유주의가 시장의 중요성을 강조하는 것과 모순되지 않는다. 중국은 시장을 반대하는 기초 위에서 '판을 새롭게 짜려는' 것이 아니다. 오히려 시장의 중요성에 대한 중국의 인식은 더욱 심화되었다. 그러나 "자원 배분에 있어서 시장이 결정적 역할을 하게 한다"는 말 뒤에는 바로 "정부의 역할을 더 잘 수행한다"는 뒷말이 이어진다. 신자유주의 이론의 전제는 상대적으로 건전한 소프트 및 하드 인프라 시장이 존재한다는 것이며, 이 가정은 선진국의 상황과는 매우 부합한다. 그러나 일대일로의 수많은 연선沿線 국가와 지역, 심지어 중국의 일부 저개발 지역에는 효과적인 시장이라는 가정이 사실상 성립하지 않는다. 이럴 때는 시장을 확대하고 시장 운영 효율을 증가시킬 수 있으며 공정한 시장 환경과 질서를 수호할 수 있는 시장 강화형 정부가 더욱 절실하다. 따라서 정부의 역할을 더 잘 수행하는 것과 자원 배분에 있어서 시장이 결정적 역할을 하게 하는 것은 따로 분리할 수 없다.

이러한 이론적 혁신은 시장의 역할을 부정하는 데서 비롯하는 것이 아니라, 시장이 중요한 역할, 심지어 결정적 역할을 한다고 하는 신자유주의 명제를 인정하거나 포용한 후, 개발도상국의 실제 상황, 특히 중국의 자체 발전 실천을 결합해 기존 이론에 대해 수정하고 발전시키는 것이다. 이는 원래의 신자유주의 이론을 새로운 발전 경제학 이론의 특수 사례로 수용한다. 보다 포용적인 이론적 틀에서 볼 때 신자유주의 이론은 하나의 특수 사례다. 특이한 점은 효율적 시장 가설efficient market hypothesis을 전제로 한 이론이라는 점이다. 그런데 새로운 이론은 이 전제를 느슨하게 한다. 이 이론상의 혁신에 걸맞게 정책적·메커니즘적으로도 새로운 조치를 채택하도록 요구해야 한다. 물론 이런 새로운 메커니즘과 정책들은 일대일로의 실천적 발전에 있어서 끊임없이 검증되고 보완되어야 한다.

둘째는 조화의 이념이다. 일대일로 건설은 국내와 국외, 역내와 역외, 공공 부문과 민간 부문에까지 관련되기 때문에, 반드시 조화의 사고를 통해 수많은 이해당사자의 관심과 이익을 총괄해야 한다. 이것이 바로 거버넌스governance와 통치government의 근본적인 차이점이다. 통치는 종종 위에서 아래로의 강제적인 구조다. 그러나 일대일로에는 주권을 초월하는 정부가 존재하지 않아 통치의 방식을 통할 수 없고 거버넌스의 방식으로만 추진할 수 있으므로 조화가 매우 중요하다. 반드시 유연한 조화 메커니즘을 채택하여 다양한 파트너를 만족시켜야 한다. 중국도 이러한 방식으로 하고 있다. 일대일로 양자간 협력의 틀을 예로 들면, 중국과 연선 국가들은 매우 유연한 협조적 협력 방식을 채택했다. 쌍방이 원하기만 하면, 적절한 방식을 찾아 각자의 수요와 이익을 조절할 수 있는 것이다. 구체적으로 적어도 세 가지 서로 다른 유형의 조화 메커니즘이 있다. 중국의 경우는 국가발전개혁위원회(발개위)가 주도하는 조화 메커니즘, 상무부가 주도하는 조화 메커니즘, 외교부가 주도하는 조화 메커니즘이 있다. 발개위는 타지키스탄과의 「실크로드 경제벨트 건설 공동 추진에 관한 협력 양해각서關於共同推進絲綢之路經濟帶建設的合作諒解備忘錄」의 체결을 주도했다. 상무부도 「중화인민공화국 상무부와 몰디브 공화국 경제 발전부의 중-몰 경제무역연합위원회 틀 아래 '21세기 해상 실크로드' 건설 공동 추진에 관한 양해각서中華人民共和國商務部和馬爾代夫共和國經濟發展部關於在中馬經貿聯委會框架下共同推進"21世紀海上絲綢之路"建設的諒解備忘錄」, 「중화인민공화국 상무부와 네팔 정부 재정부의 중-네 경제무역연합위원회 틀 아래 '실크로드 경제벨트' 건설 공동 추진에 관한 양해각서中華人民共和國商務部和尼泊爾政府財政部關於在中尼經貿聯委會框架下共同推進"絲綢之路經濟帶"建設的諒解備忘錄」 등 일부 협력 문서 체결을 주도했다. 외교부는 「중화인민공화국 정부와 헝가리 정부의 실크로드 경제벨트와 21세기 해상 실크로드 건설 공동 추진에 관한 양해각서中華人民共和國政府和匈牙利政府關於共同推進絲綢之路經濟帶和21世紀海上絲綢之路建設的諒解備忘錄」 등 문서의 체결을 주도했다. 이 가운데 발개위가 주도하는 메커니즘은 구체적이고 사전 준비가 끝난 중대 건설 협력 사업의 실현을 보장하는 데 치중하고 있다. 상무부가 주도하는 메커니즘은 주로 무역 자유화, 자유무역구와 관련된 조치의 협력이다. 외교부가 주도하여 체결한 메커니즘은 경제 발전 전략에서의 연계를 더욱 강조하며 훨씬 거시적이다. 이상에서 알 수 있듯이, 양자간 협력의 틀이라도 실제 필요에서 출발해 양측 협력의 관심과 초점에 따라 일대일로는 이미 서로 다른 협력 메커니즘으로 변화했다. 이는 '일대일로' 건설의 추진이 매우 탄력적이고 유연하다는 것을 설명한다.

보충할 만한 점은 중국이 수많은 국가와 양자 협의를 할 때, 일대일로 이니셔티브가 이미 양측의 관계를 반영하는 지표가 됐다는 것이다. 중국은 과거 WTO 가입 이후 양자 회담에서 종종 상대국에게 "중국의 완전한 시장경제 지위를 인정하라"고 촉구했다. 더 이른 시기에 중국은 다른 국가들과 교류하면서 상대국에게 하나의 중국을 인정해야 하며, 대만이 중국의 일부임을 인정해야 한다고 특별히 강조했다. 이러한 상징적 관심 변화의 맥락도 중국 발전 상황의 변화를 반영한다. 과거 중국은 "시장경제 지위를 인정하라"거나 "하나의 중국을 인정하라"고 강조했는데, 그 형식상의 방점은 '인정'이라는 두 글자에 있었다. 지금은 협력을 논할 때 상대방이 '일대일로' 이니셔티브를 지지해주는 것을 더 바란다. 인정을 구하는 것에서 지지를 구하는 것으로의 변화는 비교적 현저한 변화다. 지지한다는 것은 인정한다는 것뿐만 아니라 공동 투자, 리스크 공동 분담을 의미하며, 공동 사업의 조화와 협력을 촉진하는 메커니즘을 수립하는 것이다.

녹색 발전 이념은 일대일로 중에서도 아주 중요하다. 연선의 일부 지역과 중국 내 일대일로 핵심 지역, 예컨대 신장新疆, 티베트西藏, 칭하이青海 등지는 비교적 생태가 취약한 지역으로, 발전과정에서 특히 녹색 발전 이념을 따라야 한다. 아시아인프라투자은행AIIB과 같이 일대일로 건설을 지탱하는 일부 중요한 기구는 이미 그 설립 이념 속에 녹색 발전의 요구를 설정하고 있다.

개방 이념은 일대일로 건설이 지속적으로 지지를 받는 힘의 원천이다. 일대일로가 처음 제기되었을 때, 많은 사람이 이 이니셔티브의 소위 '진짜 의도'에 대해 의구심을 품었으며, 그것이 대국 간 게임의 도구나 진영을 가르는 장벽이 되지 않을까 두려워했다. 그러나 나중에 영국, 독일, 프랑스 등 유럽의 주요 선진국을 비롯해 전 세계 57개국이 AIIB의 창설 회원국이 되면서 일대일로 건설의 개방성 문제에 대한 의구심이 상당 부분 해소되었다. 중국의 태도는 매우 명확하다. 이 협력에 참가하고자 하면 누구든 일대일로 건설의 구성원이 될 수 있다는 것이다. 개방을 통해 일대일로가 형성하는, 서로 연결되고 통일된 거대한 시장 공간에서 이 지역이 더 큰 규모의 분업을 수용하고, 전문화 수준을 촉진하여, 궁극적으로 지역 생산력을 제고하고 각 연선 국가의 '파이'를 키운다.

공유는 연선 국가와 기구, 사람들을 움직여 일대일로 건설을 전개하게 하는 격려이자 보장이다. 공유 발전 이념의 본질은 평등한 주체 간의 상생 발전을 추앙하는 것이다. 참여자가 자신의 능력과 기여도에 따라 성과를 공동으로 향유하는 것이 보장되어야 각자의 적극성을 충분히 자극할 수 있다. 그렇기 때문에 중국 측은 일대일로 건설이 한 사람의 원맨쇼가 아니라 각 측의 공동 참여를 환영해야 하고, 세력권을 형성하려는 것이 아니라 각국의 공동 발전을 지지해야 하며, 나만의 뒷마당을 조성하는 게 아니라 각국이 함께 누리는 백화원百花園을 건설해야 한다고 특별히 강조한다.

혁신, 조화, 녹색, 개방, 공유라는 5대 발전 이념에 따라 일대일로 건설을 추진하는 것은 경제 거버넌스 현대화라는 요구에도 부합하고, 연선 지역이 활력 넘치고 환경 친화적이며 평화롭고 포용적인 새로운 슈퍼 성장 벨트가 되는 데 도움이 된다는 것을 쉽게 알 수 있다.

마지막으로 일대일로와 몇 가지 함정을 뛰어넘는 것의 관계에 대해 간단히 논하고자 한다. 첫 번째는 투키디데스의 함정²이다. 신흥 강대국과 기존 강대국 사이에 충돌 내지 전쟁을 피할 수 없다는 이 관점은 역사 속 고대 그리스 아테네와 스파르타의 관계에 착안해 당대 미중 간의 갈등을 설명한다. 일대일로의 추진은 투키디데스의 함정을 뛰어넘는 데 도움이 된다. 일대일로는 삼자 협력을 강조하며, 중국은 역외 제삼자와 공동으로 연선 지역의 협력 프로젝트를 추진하고, 공동으로 시장을 개척하며, 생산능력을 발전시키길 바란다. 끊임없이 축적되고 서로 긴밀하게 얽혀 있는 공통 이익은 충돌을 완화하거나 진정시키는 데 도움이 된다.

두 번째는 국제분업의 함정이다. 이는 한 나라의 경제 자원이 장기간 글로벌 생산 체인의 말단에 묶여 있는 것을 말한다. 그러나 일대일로는 그 자체로 큰 공간, 광범위한 시장 공간을 만들어 중국과 연선 국가에 도움이 되고, 이 거대한 공간의 분업 체인 속에서 끊임없이 업그레이드해 생산성을 높이자는 취지다.

세 번째는 중진국의 함정이다. 현재 중국은 이 문제를 우려하고 있다. 리커창 총리도 '양회兩會'³ 기간에 이 문제를 특별히 언급하며, 향후 5년을 중국이 중진국의 함정을 넘어서는 데 있어 결정적 시기로 간주했다. 일대일로는 중국이 국내와 국외라는 두 시장과 두 가지 자원을 모두 활용하여 중진국의 함정에 대응하는 경제 회생 공간을 확대하는 데 도움이 된다. 중국 경제의 안정적이고 건전한 발달도 장차 연선 국가들에 보답하여 각국이 중진국의 함정을 뛰어넘는 도약력을 증가시키도록 할 것이다. 사실 이 방면에서 중국은 한국에서 배울 점이 많다. 한국은 중진국의 함정을 뛰어넘어 고소득 국가의 반열에 진입하는 데 성공한 소수의 경제체 중 하나이며, 중국은 한국의 경험을 중시한다.

요컨대, '일대일로'는 역외 국가, 연선 국가, 중국 등 관련 이익 주체들에게 발전의 난관을 넘어 경제 도약을 실현하고 거버넌스 체계와 능력의 현대화를 추진할 수 있는 새로운 기회를 열어주었다.

(강연일 2016년 3월 29일)

3장

실크로드의
역사지리적 배경과 일대일로
丝绸之路的历史地理背景与"一带一路"

:

거젠슝葛劍雄
푸단대 중국역사지리연구소 석좌교수

'일대일로—帶—路'의 정식 명칭은 '실크로드 경제벨트와 21세기 해상 실크로드'로, '일대'와 '일로'는 모두 '실크로드' 개념과 밀접한 관계가 있다. 그래서 전 세계뿐만 아니라 중국에서도 대다수가 '일대일로'를 실크로드의 재구축이나 역사 속 실크로드의 연장선이라고 생각한다. 실크로드의 역사지리적 배경을 알고 나면 사실 그들 사이에 직접적인 관계가 없다는 걸 깨닫게 될 것이다.

역사 속 실크로드는 중국 내륙에서 허시후이랑河西回廊을 거쳐 신장新疆을 통해 오늘날 우즈베키스탄의 사마르칸트에 이르는 길을 가리킨다. 이것이 가장 이른 시기 독일 지리학자 리히트호펜Ferdinand von Richthofen (1833~1905)이 확정한 실크로드다. 그러나 오늘날 중국에서 실크로드라는 개념은 크게 확대되어, 중국에서 외부로 통하는 모든 길을 실크로드라고 부른다. 그래서 남방 실크로드, 서남 실크로드, 북방 실크로드, 초원 실크로드, 해상 실크로드 등 다양한 실크로드가 있다.

실크로드는 어느 한 사람이 전문적으로 개척한 것이 아니다. 중국인들은 실크로드가 중국에서 출발한 만큼 고대 중국이 주도적으로 개척한 것으로 줄곧 알고 있지만, 사실 이 길은 오래전부터 존재했다. 예컨대 3200년 전 상商나라에 부호婦好라는 이름의 왕후가 있었다. 오늘날 허난성河南省 안양安陽에 그녀의 묘가 있는데, 그 안에서 발견된 옥기玉器의 원료는 허톈和田 청옥青玉으로, 신장 허톈 쿤룬산崑崙山에서 나는 것이었다. 이는 3200년 전에 이미 신장에서 지금의 허난으로 통하는 길이 있었음을 의미한다.

중국의 밀, 황소, 양, 말, 그리고 청동과 같은 것들은 3000~4000년 전에 서아시아, 중앙아시아에서 신장을 거쳐 중국으로 전해졌다. 또한 오늘날 신장에서는 3000여 년 전 고분에서 유럽 백인의 유골이 발견되었다. 이를 통해 3000여 년 전에 서양인, 유럽인, 중앙아시아인이 서쪽에서 신장으로 왔다는 것을 알 수 있다.

그러나 우리는 중국 중원 지역 사람이 중앙아시아에 도달했다는 증거를 찾지 못했다. 더구나 당나라에 이르러서도 당나라 시인은 "봄바람이 위먼관玉門關을 넘지 못한다"[1]고 여겼다. 오늘날 둔황敦煌의 위먼관 서쪽으로는 봄이 없다고 생각한 것이다. 이는 중원 사람들의 인식에 오늘날 신장과 중앙아시아는 기후가 좋지 않아서 사람들이 살기에 적합하지 않았음을 말해준다. 당나라 사람의 또 다른 시 구절은, "서쪽으로 양관陽關을 벗어나면 아는 이조차 없네"[2]인데, 그들은 둔황에서 서쪽으로 양관을 나서면 오랜 친구를 찾을 수 없다고 생각했다. 그들 마음속에 양관 서쪽은 당나라 본토와는 다른 민족, 다른 문화, 다른 종교가 있는 땅이었다.

1877년 청나라 후기에 이르러서야 독일의 지리학자 리히트호펜이 이 중요한 교통로를 발견하여 '실크로드'라고 이름 붙였다. 그는 기원전 2세기부터 중국의 뤄양洛陽, 장안長安에서 중앙아시아의 사마르칸트에 이르는 이 무역 노선이 형성되었다고 생각했다. 그는 이 노선의 주요 교역품이 실크라고 생각했기 때문에 이름을 실크로드라 지었다. 그렇다면 리히트호펜은 왜 기원전 2세기를 실크로드의 시작으로 간주했을까? 이는 사실 한 무제漢武帝(기원전 156~기원전 87) 때 장건張騫(?~기원전 114)의 서역 출사를 가리킨다. 그러나 알다시피 장건의 서역 출사는 주로 군사적·정치적 목적을 위한 것이었다. 우선, 한 무제는 장건에게 원래 치롄산祁連山 서쪽에서 살다가 나중에 오늘날의 아프가니스탄으로 이주한 월지月氏(대하大夏)와 이리伊犁강 유역으로 이주한 오손烏孫을 다시 치롄산으로 불러들이게 하여 함께 흉노를 치고자 했다. 그러나 서역에 많은 나라가 있고 한나라에 없는 물산이 있다는 것을 알게 된 한 무제는 두 번째로 장건을 파견하여, 서역의 군주들이 장안으로 와 자신에게 충성을 맹세하고 알현하도록 설득하게 했다. 실크는 장건이 서역의 군주들에게 줄 하사품으로 가져간 것이지 무역을 하기 위한 것이 아니었다. 이 크고 작은 서역국에서 사자를 파견해 장건과 함께 장안으로 돌아오자, 한 무제는 더욱 사람을 계속 보내야 할 필요성을 느꼈다. 따라서 한 무제는 장건이 두 번째 출사에서 돌아온 이후, 매년 10여 차례 사절단을 파견했다. 사절단은 실크와 황금을 가지고 서역이나 더 먼 곳으로 가서 그들을 장안으로 데려왔다. 이는 정치적인 목적에서 비롯된 것이지, 무역이나 경제적 이익을 위한 것이 아니었다. 이렇게 해서 대량의 실크가 서역으로 전해졌다.

그러나 서역에서는 딱히 실크에 대한 수요가 없었기 때문에, 현지 상인은 실크를 계속 서쪽으로 가져가 중앙아시아, 과거 페르시아를 거쳐 결국 로마까지 운송했다. 로마는 인구가 많고, 경제가 발전했으며, 상업이 번창했기 때문에 실크가 로마에 유입되자 강한 수요가 생겼다. 게다가 실크로드는 사실 운송 능력에 한계가 있었다. 종종 자연적이거나 인위적인 이유로 교통이 두절되어, 실제로 로마까지 운반할 수 있는 실크의 양은 그리 많지 않았다. 따라서 늘 공급이 수요를 따라가지 못했고 황금보다 비싼 값에 거래되기도 했다. 그러자 생명의 위협을 무릅쓰고 산 넘고 물 건너 중국 실크를 서역으로 실어 나르는 상인들이 생겨났다.

그러나 한나라, 당나라, 혹은 이후의 왕조 모두 외부의 수요를 전혀 이해하지 못했기에 현지 상인과 같은 적극성이 없었다. 중국은 예로부터 스스로 세계의 중심이라고 여겼으며, 모든 것을 다 갖추고 있었고 완벽한 자급자족이 가능했기 때문에 외부의 것을 필요로 하지 않았다. 시간이 더 지난 후에는 심지어 외부 세계를 이해하려는 흥미나 동력마저 결핍했다. 중국 역사를 살펴보면 그 누구도 경제적인 목적이나 외부 세계를 이해하려는 목적으로 중국을 떠난 것이 아님을 알 수 있다.

시진핑 주석은 베이징 '일대일로' 포럼에서 고대 여행가 세 명을 언급했다. 당나라의 두환杜環(?~?), 이탈리아의 마르코 폴로Marco Polo(1254~1324), 아라비아의 이븐바투타Ibn Battūtah(1304~1368?)이다. 이 세 사람은 분명 모두 여행가다. 마르코 폴로는 중국을 다녀간 후 여행기를 썼고, 모로코에서 태어난 이븐바투타는 중국을 여러 차례 오가며 기록을 남겼다. 그러나 두환은 자발적인 여행가가 아니었다. 그는 당나라의 장수를 따라 싸우다가 오늘날 카자흐스탄의 잠불Dzhambul(옛 탈라스)까지 갔고 그곳에서 아랍인에게 포로로 잡혀 바그다드로 끌려갔다. 그는 아라비아에서 12년간 머물다가 아라비아 상선을 타고 중국 광저우로 돌아갔으며 다시 고향인 장안, 즉 오늘날의 시안西安으로 돌아갔다. 이 세 사람은 장거리 여행자라는 공통점이 있지만, 뒤의 두 사람은 자발적이고 두환은 수동적이었음을 알 수 있다.

현대인으로서는 이해하기 어렵고, 중국인조차 이해하기 어려운 것은 고대 중국에 정상적인 대외무역이 없었다는 점이다. 중국의 통치자들은 자신을 천하 공동의 주인으로 여겼다. 한편으로 천조天朝는 그 자체로 뭐든지 있었기에 외부 세계에 의지할 필요가 없었다. 외부 세계에 마음에 들거나 필요한 것이 있으면 천하가 본래 그의 것이니 조공을 바치거나 헌납해야지 어떻게 황제나 중국의 통치자가 돈을 내고 사오겠는가? 중국은 실제로 조선, 고려, 일본, 류큐, 동남아와 분명히 오랫동안 무역을 해왔으나, 스스로는 이를 인정하지 않는다. 중국은 이를 다른 번속국藩屬國이나 소국이 자발적으로 조공한 것으로 간주한다.

고대 중국은 상인의 사회적 지위가 낮았으며, 상업은 예로부터 중시되지 않았다. 중국의 전통 관념에서는 농업이 근본이었으며, 수공업과 상업은 있어도 그만 없어도 그만인 말단, 특히 상업은 말단 중에서도 말단이었다. 게다가 중국은 줄곧 자신의 육상 변방을 빈틈없이 통제하고 있어 백성이 마음대로 국경을 벗어날 수 없었다. 당나라 승려 현장玄奘(602~664)이 인도로 불경을 찾으러 가려고 했을 때조차, 변경에 도착해서도 국경을 넘을 방법이 없어 결국 몰래 넘었다. 다행히 변경을 수비하는 장관도 불교 신자여서 현장을 슬그머니 풀어줬다. 그러지 않았다면 오늘 우리는 당나라에 이런 승려가 있었다는 사실을 알지 못했을 것이다.

백성의 해상 통행도 엄격히 금지되었다. 특히 명·청은 백성의 해상 통행을 막기 위한 조처를 거듭했다. 예를 들어 송나라 때 일시적으로 백성의 해상무역을 허용했지만, 중국 본토에서만 가능했을 뿐 고려나 일본으로는 갈 수 없었다. 민간의 해외무역도 장기간 금지되어, 대부분 밀수나 무장밀매를 할 수밖에 없었다. 중국의 해외무역은 지금 우리가 생각하는 것만큼 발달하지 않았다. 가장 개방적인 시대에도 주로 외국인이 중국에 무역하러 온 것이지, 중국인이 외국으로 나간 게 아니었다.

요컨대, 역사적으로 중국은 이 실크로드를 한 번도 능동적으로 이용하지 않았으며, 실크 무역의 중간에서 이익을 얻는 일도 드물었다. 이 길에서 장사를 했던 것은 주로 중앙아시아인으로, 역사 속의 소그드인, 즉 오늘날의 카자흐스탄과 투르크메니스탄 일대 사람들이었다. 또 회골인回鶻人도 있었다. 회골인은 원래 몽골과 네이멍구內蒙古의 몽골고원에 살았는데 9세기에 주요 구성원이 오늘날 신장 타림강 유역으로 이주하여 지금의 신장 위구르인으로 발전했다. 그 밖에 페르시아인도 있었고, 가장 영향력 있고 수적으로도 가장 우세한 아라비아인도 있었다. 당·송 시기에 중국의 대외 무역이 발달했다고 흔히 이야기하는데, 사실 이 두 왕조에서는 외국인이 중국에 와서 하는 무역이 주된 것이었다.

마찬가지로 시진핑 주석은 베이징의 포럼에서 침몰선 흑석호黑石號를 언급했다. 흑석호는 지난 세기 인도네시아에서 발견되어 성공적으로 인양되었다. 이 배에서는 6만여 점의 도자기가 나왔는데 모두 푸젠성福建省에서 생산된 것이었다. 당시 중국의 주요 수출품이 도자기였음을 알 수 있다. 이 선박에서는 동전도 많이 발견되었는데 모두 당나라 연호가 새겨져 있었다. 이 선박은 푸젠성에서 도자기와 찻잎, 실크를 싣고 먼저 지금의 인도네시아로 갔던 게 분명하다. 아마 상인들은 당나라 동전으로 그곳에서 후추, 향신료를 구입한 후 아라비아까지 갔을 것이다. 그러나 이 배의 주인은 아라비아인으로, 중국인이 자발적으로 수출한 것이 아니라 아라비아 상인이 장사를 한 것이다.

그렇다면 해상 실크로드는 중국인들이 자발적으로 개척한 것일까? 역시 아니다. 중국은 항해 능력이 없던 것이 아니라 일찍이 기원 초기, 즉 서한西漢 말기에 한나라의 배가 이미 황지국黃支國[3]과 일반적으로 지금의 스리랑카로 추정되는 이부정국已不程國에 도착했다. 한나라는 전문적으로 역사譯使, 즉 통역을 담당하는 관리를 두었다. 그러나 동한東漢이나 그 이후에 가서는 이러한 기록을 찾아볼 수 없다. 사실 이유는 간단하다. 수많은 인력과 물자를 써서 마침내 그곳에 도착했으나 한나라에 꼭 필요한 상품이 전혀 없었던 것이다. 따라서 경제적으로 득보다 실이 더 많았기에 이후 더 이상 이런 항해를 할 필요가 없었다.

그렇다면 왜 해상 실크로드가 등장했을까? 주요 원인은 755년 당나라에 안사安史의 난이 일어났기 때문이다. 안사의 난이 일어나자 당나라는 결국 서역을 포기했으며, 티베트족의 선조인 토번족吐蕃族은 이 기회를 틈타 세력을 확장하여, 오늘날의 신장, 칭하이青海, 간쑤甘肅, 네이멍구 일부와 심지어 산시陝西 일부까지 차지했다. 전란이 끊이지 않아 육상 실크로드는 두절되었다. 그래서 아라비아인들은 자신들의 발달한 항해 기술을 이용해 바다를 통해 중국의 광저우, 취안저우泉州, 닝보寧波, 양저우揚州, 덩저우登州로 갔다. 아라비아인들은 해상무역을 시작한 이후 그 경제적 효과가 육상무역보다 훨씬 크다는 것을 깨달았다. 우선 당 중기 이후 남쪽의 경제가 부단히 발전하면서, 도자기, 실크, 찻잎, 일용품과 같이 수출할 수 있는 물자는 이미 강남과 동남 연해 지역에서 주로 생산되고 있었다. 예컨대 도자기는 주로 푸젠에서 생산되었으며, 푸젠은 조선造船도 발달해 있었다. 해상무역의 경제적 효과가 육로보다 훨씬 좋았기에, 전란이 가라앉은 후에도 이 머나먼 실크로드를 다시 이용하는 사람은 없었다. 755년 이후 서구 학자들이 언급하는 실크로드는 이미 중국 내륙에서 서아시아로 통하는 길이 아니라, 신장과 중앙아시아 사이의 지역적 교통로였다.

해상무역은 아라비아인들에게 예상하지 못했던 이익을 가져다주었다. 당시의 선박은 모두 목재로 만들어져서 비교적 가벼웠다. 해상에서 선박이 전복되는 것을 방지하기 위해, 원래 아라비아인들은 선박 하단에 돌이나 물을 채워 선박 자체의 중량을 늘렸다. 그러나 중국에 도착한 후 중국의 도자기가 매우 저렴하다는 것을 알고는 돌이나 물 대신 도자기를 구매해 선박 하단을 채웠다. 여기에는 많은 자본금이 들지 않았다. 그래서 침몰한 배들이 인양되면 수만 점 또는 수십만 점의 도자기가 발견되는 것이다. 이렇게 중국의 값싸고 질 좋은 도자기가 대량으로 아라비아로 운송되고, 나중에는 유럽으로까지 전파되었다. 이 때문에 많은 사람이 유럽이 오랫동안 도자기를 생산할 능력이 없었다는 오해를 하게 되었는데, 사실 유럽인은 이미 도자기를 만들 줄 알았다. 다만 중국의 도자기가 너무 저렴했던 것이다. 그럴 수 있었던 이유 중 하나는 해상무역에 의존해 운송비가 거의 들지 않았기 때문이다.

해상 실크로드를 통해 서아시아의 물건과 아라비아의 상품, 동남아의 향신료, 후추 등이 비교적 쉽게 중국으로 들어왔다. 당시 아라비아 선박은 앞서 언급한 흑석호처럼 대부분 중국에서 인도네시아를 거쳐 남아시아로 갔다가 다시 아라비아로 갔기 때문에, 육상에서처럼 중국의 물자만 실어나를 수 있었던 게 아니라 항로에 있는 물자는 모두 쉽게 거래할 수 있었다. 예를 들어 청화자기 생산에 꼭 필요한 원료인 청금석靑金石은 오늘날의 이란과 아프가니스탄에서 생산되었다. 원래 육로 교통으로는 중국에 수송할 수 있는 양이 적고 종종 품질도 좋지 않았다. 당나라 때 이미 청화자기를 생산할 수 있었지만, 생산량이 많지 않고 품질도 좋지 않았다. 해상 실크로드가 개통되자 서아시아의 청금석이 대량으로 중국에 들어와 청화자기를 생산하는 최고의 원료가 되었다. 원나라에 이르러 중국의 청화자기는 이미 대외무역의 주력 상품이 되었다. 무슬림과 아라비아인이 청화자기를 매우 좋아했으므로 청화자기는 주로 해외로 수출되었다. 오늘날 세계에서 청화자기 예술품을 가장 많이 소장하고 있는 박물관은 첫 번째가 이스탄

불의 톱카프 궁전이고, 두 번째가 이란의 국립박물관으로, 중국이 아니다.

해상 실크로드는 전적으로 아라비아인과 페르시아인에 의해 개척되고 통제되었다. 예컨대 당나라 후기가 되면 광저우의 아라비아인과 페르시아인은 이미 자신만의 커뮤니티를 형성했는데, 이를 번방蕃坊이라 불렀다. 이 번방을 관리하는 장관도 외국인이었으며, 번장蕃長이라 불렀다. 푸젠의 취안저우는 당나라 때부터 송나라 때까지 아라비아 특색의 도시가 형성되었다. 지금도 취안저우에 가면 당시 아라비아인들이 남겨놓은 청진사淸眞寺(이슬람 사원) 유적이나 묘지와 비석을 볼 수 있는데, 아라비아어가 써 있는 것도 있다. 송나라의 시박사市舶司는 오늘날 세관이나 대외무역국에 해당하는데, 취안저우 시박사 장관을 지낸 포수경蒲壽庚(1245?~1284?)도 아라비아인의 후손이었다.

오늘날 일대일로를 볼 때, 우리는 그것이 역사의 재연이나 연장에 불과한지, 아니면 위대한 혁신인지 제대로 이해해야 한다. 내 결론은 혁신 쪽이다. 그러므로 여기가 역사 속의 실크로드인지, 아니면 이곳에서 실크가 생산되는지는 지나치게 생각할 필요가 없다. 실제로 일대일로는 아주 새로운 개념으로, 실크로드라는 명칭을 차용했을 뿐이다. 역사 속의 실크로드는 모두 외부에서 주도적으로 개척하거나 중국에 진출한 것이지, 중국인이 스스로 창조하거나 주도적으로 발전시켜나간 것이 아니다. 그러나 오늘날 일대일로는 시진핑 주석이 주도적으로 제기한 것이다. 문제는 어떻게 하면 상대방의 호응을 이끌어내고 협력하게 할 수 있는지다. 시진핑 주석은 카자흐스탄과 인도네시아에서 처음 일대일로 이니셔티브를 제기했는데,[4] 외부의 반응이 엇갈리는 것을 볼 수 있다. 예컨대 카자흐스탄은 가장 적극적이었고, 인도네시아는 카자흐스탄만큼 적극적이지는 않으며, 일부 국가는 전혀 호응하지 않았다.

특히 중국공산당 제19차 전국대표대회(19차 당대회) 이후 시진핑 주석은 직접 이 개념을 발표했다. 그는 일부 중국 학자들처럼 '일대일로'를 중국의 전략이라 부르지 않고, "나의 이니셔티브"라 불렀다. 이 두 개념의 차이를 구별할 수 있을 것이다. 전략은 한 국가가 주도적으로 추진하는 큰 계획에서 비롯되며, 자신의 입장에서 더 많은 것을 생각한다. 그러나 이니셔티브는 단지 제안일 뿐이며, 다른 국가와 상대방의 호응이 필요하다. 그렇다면 현재와 미래의 일대일로 건설에서 중요한 것은 어떻게 서로 통할 수互通 있는지다. 서로 통하는 것에는 여러 가지가 있지만 결국 중요한 것은 사람 간의 마음이 통해야 한다. 또한 서로에게 이익이 되어야互利 하며, 윈-윈 할 수 있음을 강조해야 한다. 일대일로를 고대 실크로드로만 간주한다면, 역사적으로 윈-윈은 존재한 적이 없다. 경제적으로는 외국이 이익을 얻었을지 모르나, 고대 중국은 적어도 중국이 정치적으로는 이겼다고 생각했다. 중국은 외래 무역을 '조공'으로 보거나, 정치적 이익만 따지고 경제적 이익은 고려하지 않았다. 그러나 중국이 일대일로를 당초 서구 식민주의가 아프리카에 들어갈 때와 같이 일방적인 대외 확장과 같이 바꾼다면 상대방의 호응을 얻지 못할 게 분명하다. 따라서 이번에 중국은 일대일로의 목표가 이익공동체의 형성이어야 함을 명확히 한 것이다. 이익공동체가 형성되어야만 이런 성과가 지속되고 장기적으로 발전할 수 있기 때문이다. 이것이 바탕이 되어야 일대일로의 궁극적 목표인 인류운명공동체 건설도 실현할 수 있다.

알다시피 중국은 공산당이 집권한 나라이며, 내 세대는 어려서부터 '공산주의의 실현'이라는 목표를 들고 자랐다. 매우 강력한 이데올로기를 지닌 이러한 정치적 목표는 외부 세계에 받아들여질 수 없다. 또한 중국에서도 공산주의 실현은 요원한 것이라고 생각한다. 이는 수백수천 년 이후

에나 가능한 일이다. 덩샤오핑이 말했듯이 중국은 지금 사회주의 초급 단계에 불과하며, 이 초급 단계를 벗어나려면 수백 년은 더 있어야 한다. 그러나 이제 인류운명공동체라는 새롭고 포용적인 개념이 제기되었다. 또 최근 시진핑 주석은 중국의 이데올로기, 중국의 방식, 중국식 모델, 중국식 제도를 수출하지 않을 것이며, 수입도 하지 않을 것이니 다른 국가도 그들의 것을 수출하지 말라고 했다. 이는 사실상 인류의 서로 다른 문화, 다른 이데올로기, 다른 종교 신앙, 다른 문명이 공존할 수 있고 함께 발전할 수 있다는 개념을 제기한 것이다. 따라서 인류운명공동체는 포용적이고 개방적이며 점진적으로 달성할 수 있는 목표다. 물론 지난한 과정이겠지만, 우선 일부에서부터 단계적으로 해나갈 수 있으며, 세계 각국에 더 쉽게 받아들여질 거라고 생각한다.

인류운명공동체를 건설하려면 우선 구체적인 일대일로부터 시작해야 한다. 처음에 중국 정부가 발표한 문건에서 '일대'는 실크로드 경제벨트를 가리킨다고 했다. 구체적으로는 중국 신장에서 중앙아시아로 통하고 유럽으로 이어지는 벨트다. 그리고 또 다른 벨트, 예컨대 중국에서 베트남, 타이를 거쳐 말레이시아, 싱가포르로 가는 것과 윈난雲南에서 라오스, 미얀마를 거쳐 인도까지 가는 것은 실제로는 구상에 불과하다. 당시 해상 실크로드는 푸젠이 출발지라고 했다. 처음에는 그렇게 하고 싶었지만, 나중에 실제 상황이 그렇지 않다는 것을 알게 되었다. 예를 들어 푸젠이 해상으로 발전하려면 우선 바다 건너편의 대만과 마주치게 되어, 푸젠은 한때 해서海西 경제구를 건설하고자 했다. 하지만 누가 그것을 '해서'라 하는가? 물론 대만이며, 대만의 협력이 필수적이다. 대만이 협력하지 않는다면 해서 경제구는 있을 수 없다. 게다가 중국의 해상 교통 수송 현황을 보면, 상하이는 세계에서 가장 큰 컨테이너 부두이며, 최근에는 4세대 무인자동화 부두가 건설되었다. 닝보, 광저우, 선전深圳, 칭다오青島, 톈진天津, 다롄大連도 푸젠보다 기존 여건이 우수하다. 따라서 지금 우리가 말하는 해상 실크로드는 어떤 지역적 제약도 받지 않는다. 시진핑 주석은 광시성廣西省 베이하이北海로 시찰을 갔을 때, 이곳도 해상 실크로드의 중요한 출발지여야 한다고 말했다. 중국의 경제 발전을 외부와 연계해 함께 발전시킬 수만 있다면, 중국의 물자를 각지로 실어 나르거나 세계 각지에서 이 물자를 들여올 수만 있다면, 어떤 프로젝트가 경제의 세계화를 촉진할 수 있다면, 이는 모두 일대일로에 속한다고 생각한다.

중국 내부에서는 어디가 진짜 실크로드의 출발지인가를 놓고 각 지방이 다툰 적이 있다. 예를 들어 시안이 우리가 진짜 실크로드의 출발지라고 하자, 뤄양이 우리야말로 진짜라 하고, 심지어 상하이에서도 실크는 우리 농가에서 생산된 것이니 우리가 진짜 출발지라고 했다. 이는 모두 일대일로를 잘못 이해한 것이다. 최근 몇 년 동안 진정으로 발전한, 새로운 일대일로를 건설한 곳은 역사적 자원의 영향을 받지 않았음이 증명되었다.

예컨대 충칭重慶은 자신들이 역사 속 실크로드인지 한 번도 따진 적이 없었다. 그러나 충칭에서 신장을 거쳐 유럽으로 가는 육상 수송로인 '위신어우渝新歐'[5] 철로를 최초로 개통했다. 충칭은 이미 세계 최대의 노트북 생산 기지가 되었으며, 전 세계 생산량의 3분의 1을 차지하고 있다. 어떻게 하면 비교적 짧은 시간에 이 노트북을 유럽으로 운반할 것인가가 충칭의 최대 과제인데, 이 육상 수송로가 바로 이 문제를 해결한다. 이 노선은 신장을 거쳐 유럽으로 가는 현재 개통된 철도 수송선 가운데 유일하게 흑자를 낼 수 있는 것이라고 알려져 있다. 따라서 오늘날 일대일로의 건설에 있어, 역사적 자원이 있으면 가장 좋겠지만, 역사적 자원이 없더라도 충분히 건설이 가능하다. 일대일로는 역사와 필연적인 관계가 없다. 예전에 한국인 친구가 일대일로 계획에 왜 한국이 빠져 있는지 질문한 적이 있다. 이에 대해 정부의 방안은 몇 가지 예를 든 것일 뿐, 사실 새로운 경제협력을 구축할 수만 있다면 그것이 곧 일대일로라고 대답했다.

또 다른 예로, 간쑤는 줄곧 자신이 역사 속 실크로드의 가장 중요한 소재지라고 여겼다. 이는 물론 사실이다. 육상 실크로드는 확실히 간쑤 경내에 1000여 킬로미터가 있다. 그러나 오늘날, 미래의 일대일로 건설에서는 간쑤에 어떤 유리한 조건이 있는지 발견하지 못했다. 당초 모든 물자가 간쑤를 거쳐간 것이 아니냐고 현지 학자가 논박했다. 나는 이렇게 되물었다. 당시에는 운송 수단이 사람, 말, 낙타라서 매일 조금씩밖에 이동할 수 없었기 때문에, 간쑤를 지나는 데만 20~30일, 심지어 그 이상이 걸려서 간쑤 경내에서 먹고 자고 식량을 구하고 물자를 저장해야 했지만, 지금은 기차가 간쑤를 지나는데 이럴 필요가 있을까? 그들은 앞으로 고속철이 건설될 것이라고 했는데, 나는 고속철이 완공되면 간쑤를 통과하는 시간이 더 짧아져서 좋을 것이 없다고 했다.

나는 중국에서 전문가, 학자와 정부 관리들에게 역사적 자원과 경험을 지나치게 중시하지 말라고 이야기해왔다. 오늘날 중국 국내 정세와 국제 환경은 예전과는 완전히 달라졌다. 따라서 우리는 더 이상 역사적 개념에 머무르지 말아야 진정으로 미래의 일대일로를 구축할 수 있다. 시진핑 주석이 줄곧 강조해온 이익공동체를 진정으로 실현하고, 마침내 인류운명공동체를 구축할 수 있는 것이다.

이런 목표가 생겼다면 경제 리스크와 정치 리스크에 대비해야 한다. 이는 개방적인 시스템이며, 중국도 스스로 세계경제의 일부로 편입되기를 바라고 있기 때문이다. 예를 들어 중국은 줄곧 위안화의 국제화를 원했고, 위안화는 이미 IMF의 주요 통화로 자리잡았다.[6] 중국 경제의 대외의존도는 이미 점점 높아지고 있으며, 일부 선진 도시와 지역의 경제는 주로 대외무역에 의존하고 있다. 이런 상황에서 세계에 경제위기가 나타나면 중국도 피해갈 수 없다. 한편, 세계는 이미 다사다난하고 무질서한 단계로 접어들었고, 최근 몇 년간 관련 전문가들조차 예상치 못한 정치 리스크와 변화가 수없이 발생했다. 따라서 중국은 일대일로를 추진하는 과정에서, 자국의 일을 잘 처리해야 할 뿐만 아니라 외부에서 발생할 수 있는 정치 리스크와 경제 리스크도 경계해야 한다.

예를 들어 중국은 리비아에 큰 투자를 하고 많은 공사를 수주했지만, 리비아에 내전이 발생하고 카다피Muammar Gaddafi(1942~2011)가 피살되면서 리비아는 국내적으로 아직 안정을 되찾지 못하고 있다. 내가 알기로 중국이 리비아에 투자한 사업은 거의 모두 폐기되거나 훼손되어 회복할 수 없는 상태다. 또 다른 예로, 파키스탄은 미래 일대일로 건설의 주요 거점으로, 중국의 총 투자는 600억 달러(한화 약 72조 원)를 넘어설 것으로 보인다. 파키스탄은 중국과 이미 어느 정도 이익공동체를 형성하고 있지만, 마찬가지로 리스크도 존재한다. 테러 활동, 종교 갈등, 파키스탄 내부의 정치적 충돌, 서로 다른 지역 간의 경제적 불균형, 주변 국가와 지역이 파키스탄에 미치는 영향 등이 모두 리스크가 될 수 있다.

그렇다고 일대일로를 추진하지 말자는 것이 아니다. 일대일로가 각 방면의 이익을 더욱 고려하도록 하자는 것이다. 역사적으로 실크로드의 원활한 소통은 어떤 정치 세력이 이 일대를 장악하는 것에 의존했다. 예를 들어 한나라, 당나라가 가장 강성했을 때 실크로드의 안전이 보장될 수 있었다. 그러나 앞으로 세계는 더 이상 어느 한 나라에 의존할 수 없으며, 중국, 미국, 러시아를 막론하고 자기 혼자만의 힘에 기대어 이러한 정치 리스크를 해소할 수 없다. 유일한 방법은 일대일로 연선沿線의 각종 정치 세력과 국가가 잘 협력해서 서로 이롭게 하고 공동의 이익을 형성하는 것이다. 그래야만 이후 나타날 수 있는 리스크에 대비하거나, 리스크가 발생한 후에도 다자간 협력을 통해 그 영향을 최소화할 수 있다. 예컨대 이 일대에 무슨 내란이 발생하면 교민을 철수시켜야 하는데, 국제적인 공조가 있다면 더 쉽게 진행할 수 있다.

진정으로 서로 통할 수 있다면, 공동의 이익도 크게 향상시킬 수 있다. 예컨대, 현재 중국이 개통한 신장에서 중앙아시아를 거쳐 유럽으로 가는 교통 노선은 비교적 큰 장애물에 부딪혔다. 원래 소련이 건설한 철도는 넓은 레일을 사용했는데, 중국과 유럽은 그것보다 좁은 국제 표준 레일을 사용한다. 현재 중국 기차는 아라산阿拉山 입구를 벗어나면 모든 화물을 내려서 카자흐스탄 기차에 옮겨 실어야 한다. 이 과정은 정상적인 상황에서 거의 10시간이 걸리며, 중국 기차는 텅 빈 채로 돌아가야 한다. 기차가 벨라루스에 도착해서 다시 유럽으로 들어갈 때, 이런 과정을 또 반복해야 한다. 어떻게 바꿀 것인가? 레일의 규격을 통일할 것인지, 혹은 더 좋은 방법이 있을지 가장 적절한 방식을 찾기 위해서는 각 측의 협의가 필요하다.

유사한 문제는 실제로 더 많이 있다. 각국의 구체적인 제도, 국가별 통화, 일 처리 방식, 문화적 차이는 더 크다. 이 과정에서 작고 구체적인 문제든, 크고 복잡한 문제든, 국가 간에 상호 이해와 협조를 통해야만 공동의 이익을 찾을 수 있다. 따라서 한편으로는 각자의 전통을 지키고 문화적 다양성을 유지해야 하며, 다른 한편으로는 서로 다른 민족, 국가, 종교, 제도 사이에서 공통 이익을 최대한 많이 찾아낼 수 있어야 한다.

역사상의 실크로드가 우리에게 시사하는 바는, 비록 과거 중국은 수동적이었지만, 만약 실크로드가 없었다면 얻지 못했을 물질적·정신적 외래 문화를 많이 얻었다는 것이다. 예를 들어 불교는 주로 육상 실크로드를 통해 중국에 전해졌으며, 또한 중국이 이렇게 많은 인구를 먹여 살릴 수 있었던 이유 중 하나는 명나라 이후 바다를 통해 중국에 고구마, 감자, 옥수수, 땅콩, 고추, 담배와 같은 새로운 식량 작물이 많이 전해졌기 때문이다. 중국 남부의 산간지역과 구릉지대는 식량 작물 덕분에 충분히 개발될 수 있었다. 더불어 가장 많았을 때 2억 명이었던 명나라 인구가 청나라에 와서는 4억 명을 돌파하고 5억 명에 육박했다.

우리가 실크로드의 긍정적인 경험을 계승하고 발양할 수 있다면, 미래의 '일대일로'는 중국의 면모를 바꿀 뿐만 아니라 세계를 새로운 시대로 이끌 수 있을 것이다.

(강연일 2017년 12월 18일)

제4부

동북아 안보와 한반도

1장

안보 딜레마 속에서의
한중 관계
安全困境中的中韩关系

:

리빈李彬
칭화대 국제관계학과 교수

한중 안보 관계에 대한 평소의 소회를 크게 세 가지 측면에서 허심탄회하게 논하고자 한다. 첫째는 5차에 걸친 북한의 핵실험에 관한 것이고, 둘째는 사드 문제이며, 셋째는 한중 간 안보 협력 회복 방안에 대한 개인적인 의견이다.

북한의 핵실험

먼저 북한의 핵실험에 관해 살펴보자. 한중 간에는 안보 문제가 사실 그렇게 많다고 할 수는 없다. 문제가 있다 해도 사소한 것들이다. 사활이 걸린 가장 중요한 안보 문제는 바로 북한의 핵무기 계획이다. 이는 우리 생명과 직결된 중요한 이슈다. 따라서 한중 관계를 논할 때 통상 북한의 핵무기 능력에서 시작해야 할 것이다.

순서	날짜	위력(킬로톤)
1차	2006.10.9.	0.7~2
2차	2009.5.25.	2~5.4
3차	2013.2.12.	6~16
4차	2016.1.6.	7~10
5차	2016.9.9.	10~30

[표 1] 1~5차 북한 핵실험

[표 1]은 5차에 걸친 북한의 핵실험에 관한 통계다.[1] 핵실험의 위력에 대해서는 크게 신경 쓰지 않아도 된다. 지하 핵실험으로 발생한 핵폭발의 위력이 지진파로 바뀌고, 이 지진파가 다시 지진 관측소에서 관측되는데, 이는 상당히 부정확하기 때문이다. 위력을 역추적하는 것은 별로 정확하지 않다. 상대적인 규칙이 있어서 위력이 커졌는지 작아졌는지를 알 수 있을 뿐, 아주 정확한 데이터는 얻기 힘들다. 따라서 위력에 관한 데이터는 상대적인 수치다. 여기서 주목할 것은 북한의 제1차 핵실험으로, 그 위력이 이상하리만치 작다는 사실이다. 북한의 제1차 핵실험은 위력이 1킬로톤도 안 되는 것으로 알려져 있다. 하지만 다른 나라의 핵실험 사례를 보면 첫 번째 핵실험 위력이 대부분 10~20킬로톤 정도, 즉 1~2만 톤에 도달하는 데 아무런 문제가 없었다. 미국, 소련, 영국, 프랑스, 중국, 인도, 파키스탄은 첫 번째 핵실험에서 가뿐히 10~20킬로톤 정도의 위력을 보여주었고, 아무런 문제도 일어나지 않았다. 북한은 핵실험 전 중국에 위력이 4킬로톤이 될 거라고 통보했지만, 실제로는 1킬로톤에도 미치지 못했다는 것이 일반적인 견해다. 왜 이런 상황이 발생했을까? 주의 깊게 살펴볼 만한 문제다.

먼저 북한의 핵 장치에 대해 살펴보자. [그림 1]은 인터넷에서 쉽게 찾을 수 있는 사진이다.[2] 이 사진을 통해 핵 장치의 대략적인 크기를 추측해

[그림 1] 북한이 핵탄두를 소형화해 탄도미사일에 장착할 수 있게 됐다고 주장하며 공개한 사진
『노동신문』, 2016. 3. 9.

볼 수 있는데, 지름이 대략 0.8미터로 추정된다. 간단한 계산을 통해 지름 0.8미터짜리 핵 장치의 중량이 얼마나 될지 알아보자.

핵 장치 안에 폭약 외에는 아무것도 들어 있지 않다고 가정해보자. 이는 좋은 가정이다. 복잡한 내용물을 다 따져서 계산하든, 폭약만 들어 있다고 가정하든 산출 결과는 비슷할 것이기 때문이다. 세세하게 따질 필요도 없고, 세부적인 내용을 알 수도 없다. 그러니 세부적인 것들은 차치하고, 핵 장치 안에 폭약만 담겨 있다고 가정해보자. 핵 장치의 부피에 폭약의 밀도를 곱하면 질량이 나온다. 사진 속 핵 장치는 지름이 0.8미터이니 반지름은 0.4미터다. 그런 다음 폭약의 밀도를 알아내 계산하면 질량은 대략 0.5톤이 된다. 지름 0.8미터, 중량 0.5톤 정도의 핵 장치는 현재 북한이 보유하고 있는 미사일에 충분히 탑재 가능하다. 따라서 북한의 핵 장치가

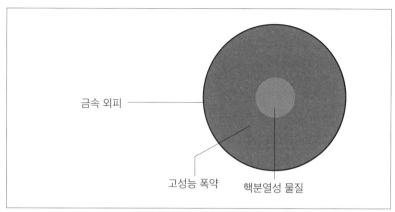

금속 외피

고성능 폭약　　핵분열성 물질

[그림 2] 보수적 설계의 내폭 장치

북한 미사일에 탑재될 수 있을 것으로 판단된다.

　북한의 제1차 핵실험은 왜 위력이 작았으며, 북한이 어떤 경로와 방법으로 미사일 탑재 능력을 갖추게 되었는지 추측해보자. 이 문제에 대해서는 북한이 제1차 핵실험에서 사용한 핵 장치의 설계가 일반적인 것과 달랐다고 생각한다. 다른 국가에서 핵실험을 할 때의 일반적인 핵 장치는 보통 보수적인 설계를 채택한다. [그림 2]는 핵 장치 설계도다. 핵 장치의 겉면은 금속으로 되어 있고, 안은 폭약으로 채워져 있다. 붉은색 부분이 폭약이고, 가장 안쪽에 있는 것은 핵분열성 물질이다. 중량을 계산할 때 중앙의 핵분열성 물질은 고려하지 않았는데, 포함하든 하지 않든 계산에는 큰 영향을 미치지 않는다. 핵 장치의 부피와 중량의 관계를 계산할 때 이 부분은 신경 쓰지 않아도 된다. 이것이 일반적인 내폭형 핵무기다.

　핵무기 설계를 처음 시작하는 국가의 경우, 폭약의 에너지가 안쪽의 핵분열성 물질로 전달되어야 하는데, 그 효율이 높지 않다. 즉 폭약에서 생성된 에너지의 극히 일부만이 핵분열성 물질로 전달되기 때문에 핵무기의 효율이 아주 낮으며, 그렇기에 상당히 많은 폭약이 필요하다. 폭약을 많이 쓰는 또 다른 이유는 경험이 없어서 폭약이 얼마만큼 필요한지 모르기 때문이다. 이럴 경우 불필요한 여분을 많이 남기게 된다. 이와 같은 이유로 아주 많은 양의 폭약이 필요하다. 경험이 없을 때 많은 양의 폭약을 사용하여 첫 번째 핵실험의 성공을 보증하려고 하는데, 이를 보수적인 설계라 한다. 보수적인 설계에서는 대략 0.5~1킬로그램의 핵분열성 물질이 핵분열을 일으킬 수 있다. 핵분열성 물질을 아무리 많이 사용해도, 안에서는 0.5~1킬로그램만이 핵분열을 일으키고 나머지는 낭비된다. 그러나 최소한 0.5~1킬로그램의 핵분열성 물질이 있어야 핵분열을 일으킬 수 있다. 여기서 발생한 위력은 10~20킬로톤, 즉 1~2만 톤 정도다.

어떤 국가가 핵무기 장치를 소형화하려 한다면 어떻게 해야 할까? 일반적으로는 폭약의 에너지 전환 효율을 높여서, 폭약 에너지가 핵분열성 물질로 더 많이 전달되도록 해야 한다. 이러면 폭약이 많이 필요 없고 조금만 사용해도 되기 때문에 소형화가 가능하다. 또 다른 방법은, 경험을 많이 쌓는 것이다. 경험이 많아질수록 불필요하게 남는 폭약의 양이 적어지고, 결국 사용하는 폭약의 양도 갈수록 줄어든다. 이렇게 하면 소형화된 핵 장치를 얻을 수 있다. 이것이 일반적인 소형화의 길이다.

그러나 북한의 제1차 핵실험은 그렇지 않았다. 북한은 급진적이고 극단적인 설계를 채택했으며, 비교적 적은 양의 핵분열성 물질을 사용했다. 북한은 2킬로그램을 사용했다고 밝혔는데, 진짜 2킬로그램인지는 확실치 않지만 일반적인 양보다는 적었을 것이다. 목표 위력은 4킬로톤이었다. 앞서 언급했듯 핵실험은 일반적으로 10~20킬로톤의 위력을 가지는데, 북한이 설계한 핵 장치의 위력은 4킬로톤이었다. 그렇다면 북한은 왜 이렇게 이상한 설계를 했을까? 북한이 어딘가에서 이런 설계를 배웠다고 추측해볼 수

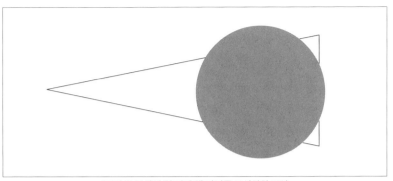

[그림 3] 북한의 첫 번째 핵 장치를 도식화한 모양

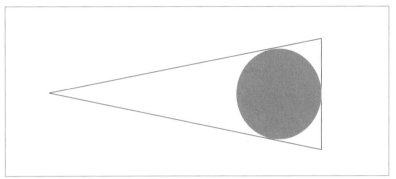

[그림 4] 핵탄두 소형화 이후의 모습

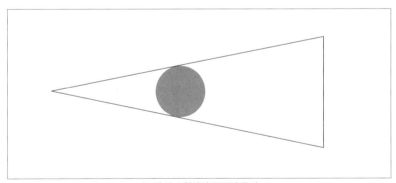

[그림 5] 소형화의 궁극적 목적

있다.

　[그림 3]은 북한의 첫 번째 핵 장치를 간략히 도식화한 모양이다. 핵 장치는 재진입체라고도 하는데, 붉은색 삼각형 부분이 핵 장치 혹은 재진입체다. 핵 장치가 이렇게 생겼다면 핵탄두의 크기가 너무 커서 재진입체 안쪽에 탑재할 수 없다. 그래서 소형화가 필요하다. 소형화하면 [그림 4]와 같이 핵 장치 안쪽에 탑재할 수 있게 된다. 중국과 같은 대다수 국가는 이 정도면 충분하지만, 일부 국가는 이 정도 소형화로는 부족해서 더욱 작게 만들려고 한다. 소형화의 목적은 [그림 5]처럼 핵탄두를 최대한 재진입체 앞쪽에 탑재하는 것이다. 질량 중심을 앞쪽으로 보낼수록 탄두의 조준 정확도는 높아진다. 한 국가가 자신의 핵무기로 다른 국가의 핵무기를 공격하고자 한다면 이렇게 해야 한다. 만약 다른 국가의 핵무기를 겨냥하는 것이 아니라 커다란 지역 표적area target을 노린다면 이런 소형화는 아무런 의미가 없다. 사실상 이런 필요가 있었던 나라는 미국과 소련뿐이었다. 따라서 북한은 1990년대 초 어딘가에서 이 같은 설계를 배운 것으로 짐작된다.

　다시 이 문제로 돌아와보면, 북한의 핵무기 계획은 그 방향과 노선이 다른 국가들과 다르다. 소형화 자체는 북한에 원래 문제가 되지 않는다. 문제는 핵 장치의 위력을 보증할 수 없다는 것이다. 위력을 통제할 수 없으며, 위력의 신뢰도가 높지 않다. 따라서 북한은 위력을 강화하고 위력의 신뢰도를 높이는 일에 주력해야 한다. 다시 말해 북한의 주요 목적과 임무는 핵 장치의 질량과 크기를 줄이는 소형화가 아니라, 핵 장치의 위력과 그 신뢰도를 보증하는 것이다.

　중국에서 토론하다 보면 어떤 전문가들은 북한이 작은 위력을 선호한다고 주장하기도 한다. 북한이 위력이 작은 핵무기를 설계하는 까닭은 그들이 작은 위력을 선호하기 때문이라는 것이다. 하지만 이는 잘못된 관점이다. 북한은 점점 위력을 높이고 있으며, 그들은 작은 위력을 선호하는 것이 아니라 어쩔 수 없어서 그런 것이다. 따라서 나는 북한이 작은 위력을 선호한다는 중국 전문가들의 견해에 동의하지 않는다. 북한은 아직 초기 단계이기 때문에 위력을 통제하지 못할 뿐, 큰 위력을 좋아한다.

그러면 5차에 걸친 북한의 핵실험 과정을 다시 살펴보자. 제1차 핵실험에서 북한은 극단적인 설계를 채택한 것으로 보인다. 정확하진 않지만 북한 측 주장에 따르면 핵분열성 물질을 2킬로그램(3킬로그램이나 그 이상일 수도 있다) 사용했으며, 이는 일반적인 양보다 확실히 적다. 그러면서 4킬로톤의 기대 위력을 설계했다. 보수적인 설계가 아닌 이러한 장치는 어딘가에서 배웠을 가능성이 크다. 그러나 북한은 위력의 신뢰도를 보증할 수 없었다. 설계를 배워왔지만 완전히 정통하지는 못해서 결국 위력의 신뢰도가 크게 떨어졌다. 위력이 1킬로톤에도 못 미친 것으로 알려졌는데, 이는 사실상 실패다. 위력의 측면에서 보자면 이번 실험은 실패였다.

그리하여 북한은 제2차 핵실험을 하지 않을 수 없었다. 제2차 핵실험에서는 보수적인 설계를 채택해 더 많은 폭약을 사용했지만 목표는 여전히 4킬로톤이었다. 그러다 보니 소형화라는 목표를 희생해야 했고, 결국 북한은 4킬로톤 정도의 위력을 달성했다. 즉 제2차 핵실험은 소형화를 포기하면서 위력을 보증한 것이다.

제3차 핵실험 때는 일반적인 핵분열성 장치였던 것으로 보인다. 이는 다른 국가들이 첫 번째 핵실험을 할 때와 같은 설계로 돌아간 것이다. 그러나 북한은 상대적으로 소형화에서 경험이 쌓였다. 북한이 고농축 우라늄을 사용했는지 여부는 확실치 않으나, 차차 이 문제를 고려하게 될 것이다. 어쨌든 북한은 이때 통상적 수준인 1~2만 톤, 즉 10~20킬로톤의 위력에 도달하게 되었다.

제4차 핵실험 때 북한은 수소탄 핵실험을 했다고 발표했다. 하지만 수소탄 핵실험이 아니라 증폭핵분열탄이었을 것으로 추정된다. 증폭핵분열탄이란 소량의 핵융합 물질을 주입해 핵분열성 물질의 사용 효율을 높인 핵장치를 말한다. 즉 핵융합으로 핵분열을 돕는 핵 장치다. 북한은 왜 이와 같은 실험을 했을까? 마찬가지로 위력을 강화하고, 위력의 신뢰도를 제고하기 위해서다. 이번 핵실험으로 북한은 핵무기의 위력을 보증할 수 있음을 확인하게 되면서, 위력의 신뢰도에 대해 더 많은 자신감을 갖게 되었다. 뿐만 아니라 소형화에서도 진전이 있었다. 고농축 우라늄을 사용했는지에 대해서는 알 수 없으나, 증폭 효과가 제대로 발휘되지 못했다는 것이 일반적인 관측이다. 핵융합 물질을 사용했는데도 증폭 효과가 제대로 나타나지 않은 것이다.

제5차 핵실험도 증폭장치였을 것이다. 증폭장치란 앞서 언급했듯 핵융합 물질을 이용해 핵분열 효과를 제고시키는 것이다. 제5차 핵실험에서도 분명 증폭을 일으키는 효과가 있었을 것이며, 북한 미사일에 탑재할 수 있는 소형화된 장치였을 것이다. 더 이상의 자세한 설명은 생략하도록 한다. 북한 미사일의 크기와 그것이 감당할 수 있는 하중을 비교해보면 북한의 이 같은 핵 장치가 북한 미사일에 충분히 탑재될 수 있음을 알 수 있다.

북한 미사일의 발전과 어려움에 대해 간략하게 정리해보자. 북한은 현재까지도 운용 가능한 장거리 미사일이 없으며, 대기권 재진입과 같은 실험에서 난항을 겪고 있다. 장거리 미사일을 시험하려면 장거리 미사일 탄두가 대기권으로 다시 진입하는 실험을 해야 하는데, 북한으로서는 큰 난제다. 북한은 국토 면적이 한정되어 있어서 본토에서 이런 실험을 할 수 없기 때문이다. 만약 외부로 발사하여 실험한다면, 현재의 국가 안보 상황에서 북한은 실험 결과를 직접 관측하기 어려울 것이다. 발사하고 난 뒤엔 낙하지점을 통제할 수 없다. 재진입체가 어떤 지역에 떨어졌을 때, 그 지역에서 북한이 보지 못하게 할 수도 있다. 예를 들어 북한이 태평양 중부에 장거리 미사일을 쏘려고 한다면, 아무도 북한이 그 먼 곳까지 와서 실험 결과를 확인하도록 놔두지 않을 것이다. 따라서 이런 어려움이 있다.[3] 그러나 아주 불가능한 일도 아니기 때문에 우리는 북한의 배가 실험 결과를 관측하지 못하도록 이런 어려움을 가중시킬 방도를 강구해야 한다. 이런 측면에서 한중은 협력의 여지가 있다. 그렇다면 우리는 장거리 미사일과 잠수함발사탄도미사일Submarine-Launched Ballistic Missile(SLBM)에서 북한의 역량이 빠르게 발전하고 있는 것에 주목하고, 이에 대한 경각심을 높여야 한다. 북한은 우리가 생각하는 것보다 훨씬 더 빠른 속도로 원리를 터득해가고 있으며, 이에 대해 각별히 경계해야 한다.

그렇다면 북한의 어떠한 핵 활동이 게임 체인저가 될 것인가? 다음의 두 가지를 들 수 있다. 하나는 첫 번째 핵실험이고, 다른 하나는 첫 번째 장거리 미사일 비행 실험이다. 북한은 이미 첫 번째 핵실험을 통해 게임의 규칙을 바꾸었지만, 다음 규칙은 아직 바꾸지 못했다. 따라서 우리가 우선적으로 해야 할 일은 이 과정을 다시 되돌리는 것이다.

사드 문제

그럼 두 번째 문제로 넘어가서, 중국이 사드THAAD(고고도 미사일 방어체계)에 대해 우려하는 바는 무엇인가? 내가 이해한 바로 한국의 입장에서 사드는 북한의 핵과 미사일 능력에 대한 대응이다. 북한의 핵무기와 미사일 능력은 계속해서 발전하고 있고, 한국으로서는 이 위협에 대응할 방법

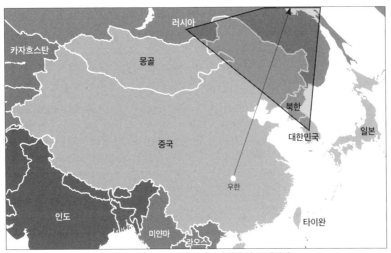

[그림 6] 중국의 대륙간탄도미사일과 사드 레이더

이 필요하다. 사드가 그중 한 가지 방법이다. 적어도 내가 관찰한 바로는 한국은 사드 배치 결정을 내리기 전까지 오랜 시간 망설였다. 물론 내 이해가 틀렸을 수도 있다.

중국이 우려하는 것은 크게 두 가지다. 하나는 정치적인 우려로, 한국과 미국이 군사 동맹을 강화해 중국과 맞서려는 것이 아닌가 하는 점이다. 다른 하나는 기술적인 우려로, 주로 레이더에 관한 것이다. 일부 학자들은 주로 정치적인 우려를 표명하고 있지만, 나는 주로 기술적인 측면에서 이를 살펴보고자 한다.

[그림 6]에서 화살선은 중국의 대륙간탄도미사일Inter-Continental Ballistic Missile(ICBM) 궤적이다. 중국이 대륙간탄도미사일을 발사하여 핵 반격을 한다면, 이 방향으로 발사를 하게 될 것이다. 미사일이 어디서 발사될지는 모르지만, 내 고향인 우한武漢에서 발사된다고 가정해보자(우한에도 한강漢江

이 흐른다). 사드 레이더는 한국의 모처에 배치될 것이다. 특정 지역을 염두에 둔 것은 아니고, 대략 한국 중부 지역에 배치된다고 가정했다. 어느 지역에 배치하든 큰 차이는 없다. 한국에 배치된 레이더가 북한이 쏜 미사일을 관측하려다 보면 중국의 탄도미사일 궤적을 보지 않을 수 없을 것이다. 도대체 사드 레이더의 역할이 무엇인가에 관해 많은 논란이 있기 때문에, 특별히 이 기하학적 관계도를 그려보았다.

사드 레이더가 얼마나 멀리 볼 수 있는지, 즉 탐지거리가 얼마나 되는지는 레이더 자체의 운용 방식과 목표물의 레이더 반사 면적radar cross-section(RCS)이 얼마나 큰지, 혹은 목표물이 얼마나 눈에 띄는지에 달려 있다. 여기서는 중국의 핵탄두가 얼마나 눈에 띄는지에 달렸다. 중국과 미국 등지의 대다수 연구자들은 중국의 대륙간탄도미사일이 사드 레이더 탐지거리의 가장자리에 있는 것으로 보고 있다. 탐지할 수도 있고 못할 수도 있는 정도의 거리라는 것이 대다수 연구자의 생각이다. 그들은 다음과 같은 가정을 하는데, 사드 레이더가 탐지하는 부분이 바로 탄두의 앞부분, 정확히 말해서 재진입체라는 것이다. 쉽게 설명하기 위해 자꾸 탄두라고 말하고 있지만, 사실은 재진입체가 맞다. 어쨌든 이 가정에 따르면, 사드 레이더가 탐지하는 것은 탄두의 앞부분이다. 따라서 얼마나 멀리까지 관측이 가능하냐면, 대략 중국 대륙간탄도미사일의 탄두를 볼 수 있을 정도다. 탄두의 일부를 볼 수도 있고 보지 못할 수도 있는 그런 위치인 것이다. 사실상이 가정에는 문제가 있다.

[그림 7]의 삼각형은 재진입체다. 레이더가 재진입체를 앞쪽에서 본다면 대부분의 전자파가 레이더로 반사되어 돌아오지 않고 다른 곳으로 굴절 반사된다. 뾰족한 부분에 닿은 전자파만이 레이더로 반사되어 돌아오기 때문에, 이때의 레이더 반사 면적은 매우 작다. 앞서 언급한 계산들은

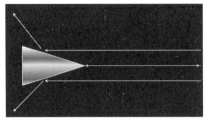

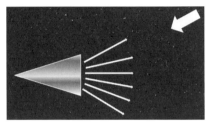

[그림 7] 재진입체 앞부분의 레이더 반사 면적   [그림 8] 재진입체 뒷면의 레이더 반사 면적

이 작은 면적의 반사로 얻어진 것이니, 이렇게 계산된 산출값도 아주 작다.

실제로 레이더가 재진입체의 뒷면을 향한다면 결과는 완전히 달라진다. [그림 8]과 같이 전자파를 쏘면 서로 다른 곳에서 많은 반사가 일어난다. 일반적으로 재진입체 뒷면은 매끄럽지 않기 때문에 다량의 전자파가 반사되어 레이더에 잡히게 된다. 다시 말해 재진입체 뒷면은 앞부분보다 레이더 반사 면적이 훨씬 크다. 이 같은 결과가 의미하는 바는 무엇일까? 만약 사드 레이더가 한국에 배치된다면 그것은 중국 탄두의 뒷면을 볼 수 있는 아주 특수한 위치에 있게 된다. 순전히 거리가 가깝기 때문만이 아니라 그 위치 자체가 특수하다. 한국의 사드 레이더는 중국 탄두의 뒷면을 볼 수 있는 위치에 있으며, 탄두 뒷면은 레이더 반사 면적이 아주 크기 때문에 한국의 사드 레이더는 아주 멀리까지 볼 수 있다.

그렇다면 이는 어떤 결과를 가져올까? 첫째, 미국의 미사일방어Missile Defense(MD) 체계에 중국을 저지할 수 있는 시간을 많이 주게 될 것이다. 둘째, 진짜 탄두와 가짜 탄두를 식별하는 데 도움을 줄 수 있을 것이다. 중국은 진짜 탄두에 가짜 탄두를 많이 섞는 방식으로 미국의 미사일방어를 돌파할 수 있다. 만약 뒤쪽에서 탄두를 본다면 진짜 탄두와 가짜 탄두 사이의 차이를 알아낼 수 있고, 그러면 진짜와 가짜를 식별할 수 있다.

따라서 나는 이것이 안보 딜레마라고 생각한다. 한국이 사드 레이더로 중국을 해칠 생각은 없더라도 기술적으로 중국에 실제 피해를 주게 되는 것이다. 이런 상황에서 우리는 안보 딜레마를 감소시키고 완화할 수 있는 조치들을 취해야 한다. 이를 위해 나는 한국에 배치될 사드 레이더를 일부 개조하거나, 또는 사드보다 낮은 급의 레이더를 배치해 중국의 우려를 줄이는 방식 등 다양한 방안을 제안했다. 그러면 북한에 대한 한국의 대처 능력을 유지하면서 중국에 해를 가하지 않을 수 있다.

한중 간 안보 협력 회복 방안

세 번째 문제로 넘어가서, 한중 간 안보 협력을 어떻게 회복할 수 있을지 논의하고자 한다. 우리가 현재 직면하고 있는 수많은 어려움은 전통적인 안보 문제다. 북핵 문제, 사드 문제가 모두 여기에 포함된다. 앞서 나는 사드 레이더 개조를 통해 양측의 안보 우려를 줄이자는 제안을 했지만, 이런 화해가 금방 이루어질 수 있는 것은 아니다. 그럼 어떻게 해야 할까? 그간의 경험에 비추어보면, 전통적인 안보 측면에서 문제가 발생했을 때, 비전통적인 안보 협력으로 양자간 협력의 기초를 개선하여 상호신뢰를 새롭게 쌓아야 한다. 나는 그것이 '핵 안전'에서 시작되기를 바란다. 영어에는 안전safety과 안보security라는 두 단어가 있지만, 중국어에서는 '安全'이라는 한 단어로 표현된다. 내가 말하는 핵 안전은 핵 사고 예방을 의미하는 것으로, 한국에서 열렸던 '핵안보정상회의Nuclear Security Summit, 核安全峰會'[4]와 같이 핵 테러 방지를 뜻하는 안보 개념이 아니다. 중국과 한국은 이 핵 안전 분야에서 협력을 강화해야 하며, 여기서부터 시작하면 된다. 핵 안전은 비전통적인 안보 문제이기 때문에, 협력을 할 때 민감도가 너무 높지 않고,

양측이 우려하는 부분도 많지 않아서 정치적 걸림돌이 적은 편이다. 중국과 한국 사이에는 핵 안전 보장과 관련된 협력 루트가 많다. 그렇기 때문에 핵 사고 방지에 관해서는 상대적으로 쉽게 진행할 수 있다.

끝으로 양국이 공통적으로 가지고 있는 목표에 대해 간략히 논하고자 한다. 나는 양국이 북한 영변 5메가와트 원자로의 안전 문제에 대해 협력하기를 희망한다. 북한은 영변에 5메가와트 원자로를 가지고 있는데, 안전상 문제가 매우 심각한 상태다. 이는 핵폭발 실험으로 방사능이 유출되는 것보다 훨씬 더 위험하다. 북한이 핵실험을 하면 보통은 방사능 유출을 염려하는데, 이 5메가와트 원자로에서 나오는 방사능 유출 위험이 더 크다. 이 원자로는 중국에서 100킬로미터, 한국에서 200킬로미터 떨어진 아주 가까운 곳에 있다. 한국에서 더 멀긴 하지만 한반도에는 서북풍이 자주 불기 때문에 방사능이 유출된다면 중국과 한국 모두 위험해진다.

왜 이 원자로를 걱정해야 할까? 영변 원자로는 가스로 냉각하고, 흑연을 감속제로 사용하는 가스 냉각식 흑연 감속 원자로다. 이것은 1980년대에 지어졌으며, 1994년 북미 제네바 합의에 따라 가동이 중단되었다가 2003년 재가동되었다. 2007년 6자 회담에서 영변 원자로 폐쇄 및 불능화에 합의함에 따라 2008년 6월, 북한은 이 원자로의 냉각탑을 폭파했다.

[그림 9]는 5메가와트 원자로 냉각탑의 폭파 장면이다. 북한은 더 이상 핵을 개발하지 않겠다는 결심을 보여주기 위해 냉각탑을 폭파했다. 나중에 6자 회담이 중단되면서 북한은 핵 활동을 재개했으며, 2013년 이 5메가와트 원자로를 재가동시켰다. 냉각탑을 폭파시켜서 냉각탑이 없는데 어떻게 했을까? 북한은 인근의 보통 강물을 원자로의 냉각 시스템으로 끌어와 냉각수로 사용했다. 그러다 2014년에 사고가 발생했다. 추측하건대 깨끗하지 않은 강물의 이온이 냉각 파이프를 막은 것으로 보인다. 냉각 파이

[그림 9] 영변 원자로 냉각탑 폭파

프가 막히자 또다시 가동이 중단되었고, 그 후 수리와 가동을 계속 반복하고 있다. 가동하다 문제가 생기면 중단하고, 중단했다가 안 되겠으면 한동안 고쳐서 다시 가동하고 있다. 지금 이 원자로가 저출력 가동 상태인지 간헐적 가동 상태인지는 확실하지 않지만, 어쨌든 풀가동 상태는 아니다. 가장 심각한 문제는 냉각 시스템 문제가 해결되지 않았다는 점이다. 냉각탑이 없어서 물을 끌어오고 있는데, 이 물이 깨끗하지 않아 냉각 파이프가 쉽게 막힌다.

일본 후쿠시마 원전 사고 당시 냉각 시스템에 문제가 있었다는 사실을 기억해야 한다. 만약 영변 5메가와트 원자로에 사고가 발생한다면 후쿠시마 원전과 똑같은 양상을 띨 것이다. 출력이 낮아 방사능 물질은 훨씬 적겠지만, 사고가 난다면 같은 유형일 것이며, 영변은 거리도 가까워서 각별히 주의해야 한다. 후쿠시마도 중국, 한국과 가깝기는 하지만, 바람이나 물이 흘러가는 방향에 위치한다. 다시 말해 바람은 중국, 한국을 먼저 거쳐서 일본으로 가고, 물도 중국, 한국을 먼저 거쳐서 일본으로 간다. 따라서 후쿠시마 원전 사고 때 실제로 많은 방사성 물질이 미국 캘리포니아로 흘러갔다. 하지만 영변 원자로에서 사고가 난다면 그렇게 운이 좋을 수 없을 것이다. 위력은 작아도 거리가 너무 가깝다.

그렇다면 중국과 한국은 어떻게 해야 할까? 이 5메가와트 원자로 내부에 어떤 안전 사고 위험이 잠재해 있는지 평가하기 위한 양국 공동 실무팀 구성을 제안하고자 한다. 문제가 있을 수 있다는 것 정도만 알 뿐, 구체적인 것은 양국의 원자로 안전 전문가들이 연구해야 한다. 양측이 나름대로 견해가 있을 테니 함께 의견을 나누고 공동 실무팀을 구성해야 한다. 이일은 빨리 추진할수록 좋다. 현재 우리는 5메가와트 원자로가 어떤 상태인지 알지 못하며, 위성을 통해서만 볼 수 있다. 중국이 일부 상황을 보고 있고, 한국도 일부 상황을 보고 있을 텐데, 양국이 관련 정보를 공유해야 한다. 만약 원자로가 풀가동되었거나, 영변에서 핵 사고가 발생할 경우 양국은 관련 정보와 상황을 공유해야 한다. 중국과 한국은 북한의 영변 원자로 재가동에 반대해야 한다. 북한의 모든 핵무기 계획에 반대해야겠지만, 특히 사고 발생 가능성이 높은 이 5메가와트 원자로에 반대해야 한다. 다른 문제에 있어서는 약간의 이견이 있어도 상관없지만, 북한의 5메가와트 원자로 재가동 반대에 있어서만큼은 양국이 공통 노선을 걸어야 할 것이다. 이것은 안전이 달린 문제이기에 상대적으로 양국이 쉽게 공감대를 형성할 거라고 생각한다.

(강연일 2016년 9월 29일)

2장

한반도 그레이트 게임Great Game의 재개: 중국의 관점

A Renewal of the Great Game in the Korean Peninsula: A Chinese Perspective

:

리난李枏

중국사회과학원 미국연구소 연구원

한반도 주변국들은 지금 한반도를 새로운 시각으로 바라보고 있다. 처음에는 북핵 문제로, 그다음에는 미국의 아시아 재균형 정책rebalancing to Asia으로, 끝으로는 사드 배치 결정으로 생겨난 큰 변화다. 이러한 배경에서 모든 관련국의 대외 정책이 '새로운 게임'으로 옮겨가고 있다.

중국

2016년 7월 사드 배치 결정 이후, 중국의 한반도 정책 변화에 대해 많은 질문을 받았다. 나는 중국이 다음의 세 가지 원칙에서 변함이 없을 거라고 생각한다. 첫째, 중국은 한반도 평화와 안정 유지를 지지하며, 한반도가 혼란에 빠지는 것을 원하지 않는다. 둘째, 중국은 북한의 핵·미사일 실험을 단호히 반대하며, 이는 중국이 유엔의 대북 제재 결의안을 충실히 이행할 것임을 의미한다. 셋째, 중국은 북한과 전통적인 우호 관계를 유지할 것이다. 북한이 중국식 모델을 따르려는 의지는 없어 보이지만, 중국의 빠른 경제 성장을 목도하며 사회주의 국가도 부유해질 수 있다는 교훈을 얻을 수 있다. 중국은 북한의 관심을 경제로 돌릴 수 있기를 바라며, 북한이 경제 체제를 개혁할 방법을 찾는 데 도움을 주고자 한다.

현재 중국은 한반도 정책을 조정하고 있다. 중국의 관심사는 세 가지다. 첫째, '한미 동맹만으로 북핵 문제를 해결할 수 있는가'다. 한국과 미국은 중국과 러시아의 이해관계를 고려하지 않고 결정을 내리는 것처럼 보인다. 즉 주변국의 도움 없이 한미 동맹만으로 문제를 해결하려 하고 있다. 둘째, 미일 동맹과 한미 동맹의 차이는 잘 알려져 있으며, 그중 하나는 한미 동맹이 대북 공조 차원에서 작동한다는 것이다. 하지만 최근 한국 정부의 결정 이후, 중국은 한미 동맹이 북한 외 다른 국가들에도 적용되는 것인지 의문을 갖게 되었다. 셋째, 박근혜 대통령은 북한의 정권 교체에 대해 자주 언급하는데, 이것이 한국의 새로운 대북 전략인가? 이상의 세 가지 문제가 중국이 가장 우려하는 바다.

미중 관계의 현실은 복잡하다. 우선, 중국은 동아시아정상회의East Asia Summit(EAS), 유엔, 세계은행, IMF 등 지역적·세계적 포럼에서뿐만 아니라 다른 수많은 양자간·다자간 기구 및 조직에서도 미국과 협력해왔다. 미국과 중국은 서로에게 매우 중요한 무역 파트너다. 양국 간 교역 규모는 2011년 처음으로 5000억 달러(한화 약 600조 원)가 넘었다.

하지만 미중 관계에는 문제도 많고, 일부 문제는 아주 심각하다. 미국의 입장에서 볼 때, 기존 세력의 반발이 의심되거나 실제로 나타날 경우 신흥 세력은 분개하고 조급함을 느끼며, 이에 두려움을 느끼는 기존 세력은 도전을 막기 위한 행동을 취할 수 있다. 중국의 입장에서는 미국의 정책이 중국의 성장을 억누르고 지연시키며, 중국이 세계적인 강대국으로 부상하지 못하도록 중국의 부활을 좌절시키고 있다고 믿는 여론이 많다. 관료적 이해에 양국의 불신이 깊이 박혀 있다면, 협력은 환상에 불과하다.

　중국과 미국은 앞으로 갈 길이 멀지만 양국 간에 직접적인 충돌이 있을 것 같지는 않다. 양국 관계의 조율은 어려운 문제지만, 여기에 제3국이 끼어들면 문제는 한층 더 복잡하고 위험해질 수 있다. 중국과 미국은 각자의 역사와 냉전 시대의 유산, 지리적 위치 덕분에 양국 관계와 지역적으로 민감한 사안들을 존중해왔다. 미국은 북한 문제로 골머리를 앓고 있으며, 동시에 중국은 미국이 자신의 주변국, 특히 한반도와 교류하는 것에 신경을 곤두세우고 있다. 미국과 중국은 동맹국을 포함한 다른 국가들에 영향을 미치지만, 다른 국가들의 행보 역시 미중 관계의 안정성에 영향을 미친다. 따라서 좋은 미중 관계를 유지하기 위해서는 제3국을 어떻게 관리할지도 중요한 문제다.

미국

　오바마 정부는 북한에 7년간 '전략적 인내Strategic Patience' 정책을 실시했다. 간단히 말해, 북한에 어떤 양보도 하지 않겠다는 뜻이다. 하지만 이 정책에는 큰 결점이 하나 있는데, 미국이 협상에 나서지 않는 한, 한반도 비핵화는 불가능하다는 것이다. 협상이 아무 소용없다고 주장하며 협상을 거부하는 측에서도, 힐러리 클린턴 전 국무장관이 그랬던 것처럼, 대화 자체가 일종의 견제 장치가 될 수 있다는 점은 인정할 필요가 있다.

　중국의 관점에서 미국의 '기다리기 작전Waiting Game'은 이 지역으로부터의 철수나 심지어 무관심으로 비칠 수도 있다. 오바마 외교정책의 업적은 미얀마, 쿠바와의 관계 회복 성공, 이란과 핵 협상 타결,[1] 테러와의 전쟁 종식뿐만 아니라 대북 정책으로도 평가받을 것이다. 앞의 평가는 "미국이 전략적 인내 정책을 성공적으로 계속 추진할 수 있는가?"라는 질문을 던진다. 하지만 그 답은 확실하지 않다. 미국에 대한 위험이 너무 커지면 미국은 원칙적 입장을 버리고 양자회담에 나서야 할 수도 있다.

한국

박근혜 대통령의 대북 정책은 잘 알려져 있으므로 생략하고, 한중 관계에 대해 간략히 설명하겠다. 한국은 당근과 채찍을 적절히 섞어 쓰는 창조적 전략을 활용해야 한다. 중국 정부가 박 대통령을 '오랜 친구'로 칭하고 박 대통령이 중국의 전승절戰勝節 행사에 참석할 만큼 양국은 돈독한 관계를 유지해왔다. 하지만 양국은 현재 어려운 상황에 직면해 있다. 중국은 한반도가 혼란에 빠지기를 바라지 않으며, 한국도 한반도가 강대국 간 갈등과 충돌의 각축장이 되기를 원하지 않는다. 양국이 의사결정 과정에서 외교와 협상을 배제하고 군사적 힘에만 의존한다면 상호 신뢰는 떨어질 수밖에 없다. 따라서 지금의 '전략적 동반자 관계Strategic Partnership'를 유지해야 한다.

북한

북한에는 많은 변화가 일어나고 있다. 새로운 농업 정책으로 농촌 지역도 크게 바뀌었다. 최근 북한이 자국 경제에 더 관심을 쏟고 있다는 것에는 의심의 여지가 없다. 북한은 매년 한미연합군사훈련이 실시될 때마다 모든 활동을 멈춰야 한다는 이유로 연합 훈련의 중단을 계속해서 요구하고 있다.

북한의 외교 정책에서 북미 관계는 최우선 과제 중 하나다. 북한 당 간부들의 발언을 보면, 미국이 결국에는 북한에 화해의 손을 내밀 것이라 믿는 듯 보인다. 또한 북한은 러시아, 중국과의 관계 개선에도 힘쓰고 있다.

나는 북한의 경제 발전과 사회적 변화에 맞춰 적절한 대북 정책을 마련해야 한다고 생각한다. 북한의 핵·미사일 실험 문제만 신경 쓰고 있는데, 경제적·사회적 측면에서도 극적인 변화가 나타났다는 것을 기억해야 한다. 북한이 어떻게 경제 자립, 인민생활 개선, 사회적 변화 등을 이루어낼 수 있을지는 아직 의문이며, 계속 면밀히 지켜봐야 할 문제다.

러시아

한반도 문제에 있어 러시아는 '잊혀진 관련국'이다. 러시아는 한반도 문제에 이해 관계가 있고, 관련 정책을 펼 만한 역량도 있다. 2014~2015년에는 북러 관계에 눈부신 진전이 있었다. 고위급 회담이 여러 차례 열리면서, 러시아는 북한의 고위급 간부들이 가장 많이 방문한 국가가 되었다.

2015년 11월, 러시아와 북한은 '위험한 군사행동 방지에 관한 협정'도 체결했다. 참모급 회담에서 체결된 이 협정은 양국의 군사적 접촉이 증가했음을 시사한다. 2016년 2월에는 '불법 입국자 및 체류자 수용과 송환에 관한 협정'도 맺었다. 특히 이 협정은 북한이 핵실험을 한 지 불과 몇 주 뒤에, 그리고 장거리 미사일 발사 며칠 전에 체결되었다는 점에서, 러시아가 북한이 도발적이고 호전적인 행동을 자행하는 상황에서도 북한과 정치적 협력 관계를 유지하는 것에 적극적이었음을 보여준다.

경제적 측면에서도 상당한 진전이 있었다. 2014년 5월 러시아가 옛 소련 시절 북한에 빌려준 110억 달러(한화 약 13조 2000억 원) 가운데 90퍼센트 정도를 탕감해주기로 하면서 채무 문제가 해결되었다. 또한 양자간 무역 증진을 위해 북러 기업협의회가 설립되었으며, 북한은 러시아 기업가들이 북한 내에서 사업을 하는 데 도움을 주기 위해 비자 규제 완화에 동의했다.

이러한 변화는 소련 붕괴 후 북러 관계가 지금 정점에 올랐음을 보여준다. 특히 북한은 러시아의 크림반도 합병을 지지했고, 이후 러시아는 북한 인권 문제가 유엔 안보리 안건으로 채택되는 것에 중국과 함께 반대표를 던지며 북한을 옹호했다.

러시아는 독립적으로 움직이지만, 한반도 비핵화와 전쟁 방지 등 자국의 목표와 일치하는 선에서는 미국, 중국, 일본, 한국과 협력할 것이다. 러시아는 북한의 핵미사일 실험 중단만으로도 만족할 것이며, 완전한 비핵화를 장기적인 목표로 보고 있다. 러시아는 대북 외교 정책에서 아직 6자 회담 형식을 선호한다.

이러한 맥락에서 동북아에서는 한반도를 둘러싼 '새로운 게임'이 시작될 것이다. 동북아 지역에서 우리는 두 개의 선을 그릴 수 있다. 첫째, 한국, 중국, 일본의 경제를 잇는 선이다. 이들은 서로 크게 의존하고 있으며, 이러한 상호의존성이 모두에게 혜택을 주었다는 증거도 있다. 경제 성장과 1997년 아시아 금융 위기 후 더욱 가까운 경제 관계를 구축해왔으며 GDP, 무역 규모, 해외자본유입 등 많은 지표를 기준으로 볼 때도 세계적 경제 강국으로 올라섰다. 둘째, 고조되고 있는 전략적 경쟁도 하나의 선으로 그릴 수 있다. 전략적 경쟁의 증가는 국가 간의 상호 신뢰 저하로 이어지고 있다. 나는 경제가 다른 국가를 움직이기 위한 수단이 되지 않기를 바란다. 이 두 개의 선이 평행을 이룬다고 생각하지도 않는다. 두 선은 서로 아주 깊이 개입하며 상호작용한다. 하지만 전략적 경쟁으로 상호 신뢰가 저하되면, 국가 간 경제적·협력적 관계에 부정적인 영향을 미칠 것이다. 각국의 의사결정 과정이 전략적 경쟁에 따라 이루어진다면, 결국 경제적·협력적 관계가 모두 무너질 것이다. 이는 모든 국가가 각별히 조심해야할 문제다.

다른 이의 행동을 변화시키려면 진심을 다해 대화하고 협력해야 한다는 중국 속담이 있다. 그런 후에야 그들의 행동을 변화시킬 수 있고, 우리가 원하는 것을 하도록 설득할 수 있다는 것이다. 이것이 바로 '중용中庸'이다.

마지막으로 덧붙이고 싶은 말은 한반도 평화를 위한 최선책은 대화와 협력이라는 것이다. 2016년은 김일성종합대학 개교 70주년이며, 서울대학교도 개교 70주년을 기념하고 있다. 언젠가 한국고등교육재단 주관하에 남북 최고의 두 대학이 한반도에서 개교 75주년, 또는 80주년을 함께 기념하는 모습을 볼 수 있다면 정말 기쁠 것이다. 나는 한국 친구들에게 언젠가 대동강변에서 대동강 맥주를 함께 마시자는 이야기를 하곤 하는데, 그 꿈이 현실이 되기를 바란다.

(강연일 2016년 7월 27일)

3장

동북아에는
왜 지역 안보 구조가 부재한가?

Why is There No Northeast Asian Security Architecture?

:

왕둥王棟
베이징대 국제관계학원 교수

동남아에는 소위 아세안ASEAN(동남아시아국가연합) 방식이라는 뚜렷한 지역 안보 구조security architecture가 존재하는 반면, 동북아에는 이러한 안보 구조가 없다는 점에서 "동북아에는 왜 지역 안보 구조가 부재한가?"라는 질문은 흥미롭고 중요하다. 동북아에서 지역 안보 구조의 부재가 발생하게 된 몇 가지 요인에 대해 간략히 살펴보자.

첫 번째 요인은 방해물 역할을 하는 북한이다. 북한은 국제사회의 비난과 제재에도 핵무기 개발에 집착하고 있으며, 이는 동북아의 안보 구조를 만들려는 노력에 큰 장애물로 작용한다.

북한의 제4차 핵실험[1]과 이에 따른 한미 양국의 사드 배치 결정으로 지역 내 안보 딜레마가 심각해지면서, 동북아 지역의 안보 역학 관계는 더욱 제로섬 게임이 되었다. 그 결과 최근 동북아에서는 중국과 북한이 한편이 되고, 미국과 한국, 일본이 다른 한편으로 나뉘는 블록bloc 경쟁이 나타나고 있는데, 아직은 초기지만 잠재적으로 위험하며 점점 증가하는 경향을 보인다.

중국은 북핵 문제에 '이원적 접근법'을 제안했다. 즉 북한의 비핵화와 평화 협정 회담을 동시에 추진하자는 것이다. 또한 중국은 유엔 대북 제재의 포괄적이고 균형적인 이행을 요구해왔다. 안타깝게도 미국을 포함한 다른 국가들은 중국의 제안을 전적으로 받아들이지 않고 있으며, 한국 또한 비슷한 태도를 보이고 있다.

6자 회담으로 북한의 핵 개발 계획이 중단되고, 중단기적으로 동북아 평화와 안정이 확보되면, 6자 회담 체제가 점차 일종의 다자간 지역 안보 구조로 발전할 수 있다는 기대가 한동안 있었다. 학자와 정책 입안자들은 동북아 안보협력기구처럼 6자 회담에 기반한 제도화된 안보체제의 구축을 제안해왔다. 그러한 안보 협의는 협력적 안보를 추구함으로써 참가국 간의 상호 신뢰를 향상시키고 지역적 평화와 안정을 증진하면서 협력과 상호작용을 위한 제도적 기반을 마련할 것이다.

중요한 것은 이러한 관점이 안보와 국제 정치를 이해하는 '현실주의' 패러다임의 거부를 의미한다는 점이다. 그것은 우리가 무정부적인 세계에 살고 있으므로 안보를 보장하는 최선책은 스스로 책임지거나 동맹 체제를 강화하는 것이라고 간주한다.

동북아에서 지역 안보 구조가 부재하게 된 두 번째 요인은 영토 분쟁이다. 동북아 지도를 들여다보면 이 지역이 수많은 영토 분쟁에 휩싸여 있다는 사실에 놀랄 것이다. 몇 개만 열거해도, 일본과 러시아의 쿠릴열도(일본명 북방영토) 분쟁, 중국과 일본의 댜오위다오釣魚島(일본명 센카쿠열도尖閣列島) 분쟁, 한국과 일본의 독도獨島(일본명 다케시마竹島) 분쟁이 있다. 이러한 영토 분쟁은 동북아의 지역 안보 협력을 개선하려는 노력을 크게 저해하는 요소다. 국내 정치나 민족주의와 얽혀 영토 분쟁이 더 복잡해지면서,

많은 지역 행위자regional actors가 달성 가능한 안보 협력의 수준이 크게 낮아졌다.

세 번째 요인은 지역 내 민족주의의 부흥이다. 많은 학자와 전문가들은 동북아 안보 협력을 어렵게 만드는 중요한 원인으로 동아시아에서 고조되고 있는 민족주의를 지적해왔다. 민족주의로 인해 한국, 중국, 일본을 포함한 많은 지역 행위자의 외교 정책 수립에 제약이 커지고 있다. 예를 들어, 아직도 계속되고 있는 중일 댜오위댜오 분쟁은 민족주의 정서의 위험성을 보여주고 있다. 자국 내 민족주의 정서의 압박 하에, 양국 정부는 공격적 태도를 취할 수밖에 없다. 더 큰 문제는, 양국 국민들이 미디어의 영향으로 상대 국가에 대해 굉장히 부정적인 시각을 갖게 되면서, 안정적이고 건강한 중일 관계의 기반을 심각하게 침해한다는 것이다. 중일 관계는 동북아 평화와 안정의 초석이라는 점에서 심각한 문제다.

끝으로 네 번째 요인은 미국의 '아시아 회귀 전략Returning to Asia'—'아시아 중심 정책Pivot to Asia' 또는 '아시아 재균형 정책Rebalancing to Asia'이라 부르기도 한다—과 안보 딜레마다. 아이러니하게도 미국의 아시아 회귀 전략은 미중 간의 전략적 불신을 크게 키우는 결과를 낳았다. 아시아로 중심축을 옮긴다는 외교정책 아래 미국은 인도, 베트남, 싱가포르 등의 국가와 안보 협력을 강화했을 뿐만 아니라, 호주, 필리핀은 물론 일본, 한국과의 동맹 관계도 더욱 강화했고, 이로 인해 중국의 전략 분석가와 정책 입안자들의 불안감이 커졌다. 중국의 전략 분석가 대다수는 미국의 전략적 움직임을 중국 봉쇄까지는 아니더라도 적어도 포위하려는 시도로 보기 때문이다.

중국을 봉쇄하려는 것처럼 보이는 미국의 외교적 노력으로 인해, 중국의 입장에서는 오히려 핵 실험을 하면서 문제를 일으키는 북한이, 부정적 영향이 있기는 해도 미국의 전략적 압박을 사실상 제한하고 힘의 균형을 맞추는 데 도움이 되며, 따라서 북한을 협상 테이블로 끌어내기 위해 군이 강하게 압박할 필요가 없다고 생각하게 된다. 실제로 미국의 한반도 사드 배치 결정과 남중국해 영토 분쟁에 대한 개입으로, 중국은 대북 제재가 과연 자국에 도움이 되는지 의문을 갖게 되었다. 따라서 북핵 문제 해결을 둘러싼 의견 차에 더해, 미국의 아시아 회귀 전략은 미국과 중국의 상호 불신을 키우고, 한반도와 동북아 전반의 안보 상황을 한층 더 복잡하게 만들고 있다.

지금 우리는 전형적인 안보 딜레마 상황에 빠져 있다. 이는 자국의 안보를 강화하려는 한 국가의 노력이 다른 국가에게는 공격적으로 비춰질 것임을 의미한다. 불행히도 동북아의 안보 상황에서 이런 딜레마는 점점 심각해지고 있다. 문제는 이 상황에 어떻게 대처하느냐이다. 전략 분석가와 정책 입안자들이 이 문제를 해결하기 위해 열심히 일해야 할 것이며, 이는 동북아에서 우리가 직면하고 있는 긴급한 도전 중 하나다.

동북아의 안보 딜레마는 사실상 미국이 주도하는 동맹 체제와 우리가 구상하는 다자간 안보 구조가 양립할 수 없음을 보여준다. 이를 해결하기 위해서는 미국 중심의 양자간 동맹 체제가 일종의 지역적 안보 구조 속에서 구현되는 위계적이지 않고 포괄적인 다자주의multilateralism와 조화를 이루어야 한다. 또한 힘의 균형이라는 현실주의 논리가 협력적 안보의 논리로 보완되고, 심지어 협력적 안보의 수준을 넘어서야 한다. 미·중·일과 한·미·중의 삼자 간 대화는 양자주의와 다자주의의 논리가 조화를 이루고, 상호 불신을 제거하며, 전략적 신뢰 관계를 구축하고, 동북아의 평화와 안정을 저해하는 장애물들을 해결하는 데 기여할 것이다.

장기적 관점에서 동북아에 일종의 다자간 지역 안보 구조가 구축되기 위해서는, 북한이 '현상타파revisionist' 국가에서 '정상normal' 국가로 전환되어야 한다. 다시 말해, 북한이 핵무기를 통해 안보와 체제 정당성을 확보할 수 있다고 믿는 국가에서 경제 성장을 이뤄내고 북한 주민의 삶을 개선할 때 정당성이 생겨난다는 것을 이해하는 국가로 변화해야 한다. 이를 위해 동북아의 모든 관련국은 북한을 상대로 평화적인 발전 전략을 추구할 필요가 있다.

(강연일 2016년 7월 27일)

4장

중국의 국제 전략과
아태 안보 질서에 미치는 영향
China's International Strategy & Implication to Asia-Pacific Security Order

:

장저신張哲馨
상하이국제문제연구원 아태연구소 연구원

이 글의 주제는 중국의 국제 전략과 그것이 아시아 태평양 지역의 안보 질서에 미치는 영향이다. 앞서 왕둥 교수가 동북아의 지역 안보 구조에 대해 소개했는데, 나는 그 문제를 조금 다른 각도에서 다루고자 한다. 우선 동북아 지역 내 경제적·정치적·사회적 역학관계와 전반적인 국제적 분위기를 논의의 출발점으로 삼겠다. 이러한 내용에 대한 이해 없이는, 안보 분야에서의 중국의 행동을 이해하기 어렵다. 그런 다음 오늘날의 미중 관계에 대해 논한 뒤, 지역 안보의 미래에 대한 함의를 생각해보겠다.

먼저 동북아 지역 내 경제적·정치적 역학관계부터 살펴보자. 2008년의 글로벌 금융위기 이후 이 지역에서 일어난 상황, 즉 구조적으로 발생한 중요한 모든 상황의 근본적인 이유는 무엇인가?

첫 번째 요인은 당연히 세계경제의 침체다. 세계경제가 예전만큼 좋지 않고, 사람들은 미래에 대한 희망을 잃기 시작했다. 두 번째 요인은 중국과 한국을 포함해 모든 국가에서 나타나고 있는 사회적 불평등의 심화다. 나는 한국인 친구로부터 한국 경제가 실제로는 매년 최소 2~2.5퍼센트 성장하고 있지만 젊은이들이 체감하는 한국 경제는 빠르게 악화되고 있다고 들었다. 이와 같은 간극은 어디서 오는가? 사회적 불평등의 대가는 무엇인가? 끝으로 세 번째 요인은 중국의 부상이다.

동북아 지역에서 구조적으로 발생한 모든 상황의 기저에는 이 세 가지 요인이 깔려 있다. 불안감과 민족주의가 고조되고, 사회적·정치적·경제적 변화의 잠재적 위험성도 있다. 이는 오늘날 중국이 직면한 가장 중요한 과제이기도 하다. 미중 갈등도 깊어지고 있는데, 이는 사드 배치 문제를 야기시킨 부분적인 원인이기도 하다. 또한 '아세안+3'와 '아세안+6', 즉 역내 포괄적 경제동반자협정Regional Comprehensive Economic Partnership(RCEP)[1] 등 다자간 경제통합이 늦춰지면서 관련 논의도 힘을 잃고 있다. 북한과 같은 잠재 위험 요소가 있고, 최근 프랑스에서 일어난 종교인 테러 사태[2] 등 예전에는 상상할 수 없었던 비전통적 안보 위협도 늘어나는 추세다.

이런 상황 속에서 중국은 어떤 입장을 취하고 있으며, 어떻게 대응할 것인가? 2012년 시진핑 정부의 집권 이후, 중국은 이런 모든 과제를 자각하기 시작했고 이에 따라 예전과는 달라진 국제 전략을 채택하기 시작했다. 물론 후진타오 시대부터 변함없이 이어져온 것도 많지만, 분명 일부 변화도 있었다. 이렇게 나타난 변화를 다섯 가지 측면에서 설명해보자. '중국몽中國夢'은 새로운 개념이지만, 그 실체는 중국의 '부흥rejuvenation'이라는 오래된 꿈이다. 하지만 이 오래된 야망은 새로운 접근 방식으로 이루어지고 있다.

첫째, 평화로운 부상이다. 중국은 아직 평화적으로 부상하고 있으며, 적어도 이를 위해 노력하고 있다. 과거에는 안보 문제에 대부분 사후적인 차원에서 반응했으나, 지금은 선제적인 입장을 취하고 있다. 예를 들어, 아프리카에 평화유지군을 더 보내는 문제에 있어서 중국은 다른 나라의 압력이 없었으나 병력을 30만 명 감축했다. 이는 후진타오 시대에는 볼 수 없었던 선제적 조치다.

둘째, '새로운 유형의 주요 강대국 관계'(신형대국관계)다. 미중 관계가 악화되고 있는 것은 양국 간의 갈등이 확대되고 있기 때문만이 아니라, 과거에 너무 크고 막연한 기대를 걸었기 때문이기도 하다. 이제는 좀더 실용적으로 접근할 필요가 있다. 예를 들어, 과거 미중 정상회담을 할 때면 늘 '신형대국관계'에 대해 거론했는데, 2015년 시진핑 주석의 방미 기간(9월 22일~28일)에 나왔던 공동성명에서는 '상생하는' 결과나 상호 존중에 관한 언급은 없었다. 대신 비대립·비분쟁을 강조했다. 이는 양국이 지금 당장 합의점을 찾는 것보다 양국 관계를 적절히 관리하는 것이 더 중요함을 깨달았다는 의미다. 따라서 양국은 미중 관계 관리에 더욱 노력을 기울이고 있으며, 이것은 보다 실용적인 접근이다.

셋째, 중국의 주변국 외교 전략이다. 동의하지 않는 사람들도 있겠지만, 몇 년 전까지만 해도 중국은 주변국과의 외교를 미중 관계의 함수 정도로만 간주했다. 다시 말해, 한국을 포함한 주변국과 중국의 외교적 성과는 미중 관계에 달려 있었다. 시진핑 집권 전이었던 2012년 이전에는 이런 경향이 있었다. 하지만 시진핑은 주변국과의 외교를 그 자체로 매우 중시했다. 즉 중국의 주변국 외교 정책은 과거의 주변부적 위치에서 오늘날 중심적 위치로 상승했다. 이는 중국이 주변국과 좋은 이웃 관계를 맺지 않는다면 세계는 물론 역내에서도 강대국으로 인정받을 수 없다는 것을 점차 깨닫고 있기 때문이다.

넷째, 중국의 국제적 기여다. 2012년에는 상호 이익을 위한 '상생협력合作共贏, win-win cooperation'과 같은 표현이 중국 지도층 내에서 크게 유행했다. 하지만 오늘날에는 "중국이라는 고속열차에 무임승차를 환영한다"[3]는 말을 흔하게 들을 수 있다. 중국 경제가 모멘텀을 잃고 있다는 점에서 쉽지 않은 일이지만, 일대일로와 다른 이니셔티브 등을 통해 중국은 아직 고속열차를 끌고 갈 여력이 있다. 그리고 중국은 언제나 주변국들의 합류를 환영한다. 다행히 한국은 이미 함께하고 있다.

다섯째, 핵심 이익의 수호다. 과거 중국은 필리핀이나 베트남의 남중국해 영유권 주장에 비교적 소극적으로 대응했으며, 공개적으로 적극 반박에 나서지는 않았다. 물론 그들에게 항의를 표시하며 물밑 교섭을 벌였지만, 2002년 체결된 "남중국해 분쟁 당사국 행동 선언Declaration on the Conduct of Parties in South China Sea(DOC)"[4]을 벗어나지 않는 선에서 그쳤다. 하지만 오늘날 시진핑 주석은 좀더 '실리적 사고'를 제시했는데, 중국의 핵심 이익에 대한 도전을 더 이상 용납하지 않겠다는 뜻이다. 왕둥 교수가 지적했듯, 미국이 주도하는 또 다른 중국 이익 침해가 시작될 수도 있기 때문이다.

요컨대 중국의 국제 전략은 보다 선제적이고 단호해졌으며, 이전보다 더욱 실용적으로 접근하고 있다. 이와 함께 중국의 안보 전략도 약간 변했다. 약 3년 전부터 중국은 새로운 아태 안보 구조를 구상해왔다. 왕둥 교수는 "동북아에는 왜 지역 안보 구조가 부재한가?"에 대해 이야기했는데, 나는 중국이 구상하는 새로운 안보 구조에 대해 논하고자 한다. 시진핑 주석과 리커창 총리는 이에 대해 여러 번 언급했으며, 이는 중국이 주도하고 참여하는 모든 대화 채널에서 공통적으로 언급되는 주제다. '샹그릴라 대화The Shangri-La Dialogue'[5]에서도 새로운 안보 구조와 아태 질서 등이 논의되었다. 과연 어떤 질서를 말하는 것인가?

여기에는 기본적으로 세 가지 질서가 존재한다. 첫째는 '허브 앤 스포크hub-and-spoke'[6]라 불리는 미국 주도의 질서다. 둘째는 힘의 균형을 맞추려는 아세안 중심의 질서다. 셋째는 중국과 러시아가 주장하는 국가 간, 특히 강대국 간의 협력이다.

그렇다면 중국의 비전은 무엇일까? 중국이 구상하고 있는 새로운 안보 구조는 협력적 안보 구조다. 지역 협력 체제 속에 북한을 포함시켜야 한다는 왕둥 교수의 의견에 전적으로 동의한다. 북한을 포용하지 않으면 북한은 계속 소외감을 느낄 것이다. 따라서 북한이 정상 국가가 될 때까지 적어도 지역 협력 구조의 일부분에라도 포함해야 한다. 오늘날 논의되는 동아시아정상회의East Asia Summit(EAS)에서 북한은 제외되어 있다. 아세안지역안보포럼ASEAN Regional Forum(ARF)에서도 마찬가지다. 북한은 항상 비난을 받기 때문에 더욱 회피하는 것이다. 따라서 역내 모든 파트너를 포함할 수 있는 포괄적 메커니즘을 구축해야 한다.

또한 이는 강대국 간의 전략적 합의에 기반을 두어야 한다. 그것은 미국과 중국이 모든 것을 결정하는 'G2'가 아니라, 두 국가의 조정coordination에 기반을 둔 'C2'[7]로 가야 함을 의미한다. 예를 들어, 미국은 사드 배치를 결정하기 전에 중국의 동의를 얻었어야 했지만 그러지 않았다. 중국도 미사일 배치를 결정할 때 사전에 미국과 논의하지 않는다. 현재 상황은 그렇다. 하지만 중국은 앞으로는 지역 안보와 관련된 모든 중요한 결정이 미국과 중국의 상호 합의를 기반으로, 즉 'C2'를 기반으로 이루어지기를 바라고 있다.

그리고 지역적 협력의 플랫폼은 다자성에 기반을 두어야 한다. 일대일이 아니라 양방향, 세방향이어야 한다. 환태평양경제동반자협정Trans-Pacific Partnership agreement(TPP)[8]을 예로 들 수 있다. TPP 협상이 비공개로 진행되는 동안, 시민사회의 협상과 다른 플랫폼에서의 논의도 진행되었다. 이렇게 다자간 플랫폼이 동시에 진행되어야 한다.

끝으로 분명히 중국은 '포괄적 안보comprehensive security'를 지지해왔다. 즉 안보를 안보 문제만으로 보지 않는다는 뜻이다. 경제 상황이 좋아지면 민족주의 정서가 수그러들 것이며, 국가 미래에 대한 우려도 줄어들 것이다. 그렇게 되면 안보 문제도 더 쉽게 해결될 수 있다. 이렇게 볼 때, 세계경제의 회복 없이는 남중국해 문제의 해결도 어렵다고 볼 수 있다. 아직은 때가 아니기 때문이다. 미래에 대한 희망을 잃고 있는 상황에서는 커지고 있는 민족주의 정서를 누르고 타협을 이끌어내기 어렵다. 따라서 안보를 튼튼히 하기 위해서는 사회적 통합뿐 아니라 경제적 통합도 이뤄야 한다.

요컨대 중국이 구상하는 미래 안보 구조는 강대국 관계에 기반을 두고, 경제적 협력으로 주도되는 '집단 안보collective security'다. 중국 정부에서 공식적으로 나온 의견은 없기 때문에 어디까지나 개인적 해석이지만, 이를 염두에 두고 상황을 지켜보면 좋겠다.

그럼 이를 어떻게 달성할 수 있을까? 이런 맥락에서 중국에서는 자강自强에 대한 목소리가 높아지고 있다. 경제적 협력으로 주도되는 안보 논의도 요구된다. 리커창 총리가 RCEP, '아세안+3' 등의 협상에서 좀더 속도를 내자고 주장하는 이유이기도 하다. 중국이 내륙 아시아에 일종의 안보체제를 구축하려는 움직임도 있다. 아직 연합이라 부를 정도는 아니고, 중국, 러시아와 중앙아시아 국가 파키스탄과 인도 등으로 구성된 안보 협력 메커니즘에 가깝다. 미국 주도의 '허브 앤 스포크' 체제에 맞서 아시아 내륙 지역 차원의 안보체제가 형성되는 구도로 해석된다. 미국의 영향력이 늘어나면서 중국이 이에 대응해 균형을 맞추려 하기 때문이다. 중국 자체를 위협적 요소로 본다면 상황이 위험하게 변하고 있다고 볼 수 있지만, 중국뿐만 아니라 국제사회의 많은 학자도 중국의 부상을 미국과 힘의 균형을 맞추는 움직임으로 이해하고 있다. 이 지역 전체를 미국이 지배하는 것이 반드시 좋은 것은 아니기 때문이다.

마지막으로 남중국해 분쟁 중재 사건에 대해 짧게 언급하겠다. 상설중재재판소Permanent Court of Arbitration(PCA)는 국제적으로 법적 구속력을 갖는 재판소가 아니라 사설 재판소다.[9] 이는 주권 문제를 중재할 적법성을 갖고 있지 않는데, 남중국해 분쟁 중재 사건은 상당 부분 섬과 암초의 주권 분배에 대한 근본적 근거이기 때문에 중국이 반발한 것이다. 하지만 이는 중국이 법리적 접근법을 따르지 않겠다는 의미는 아니다. 2014년 즈음부터 중국은 세계 문제에 대해 정치적이거나 군사적인 접근보다 법리적 접근을 취해왔다. 예컨대 중국이 어떻게 법리적 접근을 잘할 수 있을지에 대한 전문지식을 활용하기 위해, 내가 몸담고 있는 상하이국제문제연구원 아태연구소의 몇몇 전문가가 중국 외교부에 초빙되었다. 또한 남중국해와 동중국해 중재 문제 등을 위한 수많은 법률 센터가 중국에 설립되었다. 이처럼 중국 정부는 국제 문제에 대한 법리적 접근에 많은 관심을 기울이고 있으며, 앞으로 더욱 법리적 접근을 따를 전망이다.

이러한 배경에서 미중 관계에 대해 몇 마디 덧붙이고자 한다. 앞서 말했듯이 미국의 아태 지역 지배는 결코 좋지 않다. 어떤 국가든, 한 지역을 한 국가가 지배하는 것은 좋을 수 없다. 하지만 미국의 아시아 재균형 정책Rebalancing to Asia을 보면, 너무 지나치고 너무 빠르게 군사적으로 움직이고 있다는 생각이 들지 않는가? 몇 년 전, 오바마 대통령은 미국이 경제, 문화(사람 대 사람), 안보의 세 가지 차원에서 재균형을 추구할 것이라 했다. 오늘날 상황은 어떠한가? 차기 대통령의 첫 3개월 동안 통과가 불가능한 TPP를 제외하고 보면, 미국이 이 지역에 어떤 경제적 협력을 기여하고 있는가?

미국의 아시아 재균형 정책으로 과거 지역 통합의 좋은 모멘텀이 완전히 무너졌다. 6년 전만 해도 '아세안+3', 새로운 아태안보협회 등에 대한 논의가 있었지만, 미국의 아시아 재균형 정책으로 이러한 모든 논의가 중단되거나 미뤄졌으며 심지어 취소되기도 했다. 따라서 미국의 과도한 아시아 재균형 정책은 중국의 강한 반발을 불러일으켰다. 이러한 점에서 중국의 대응뿐만 아니라, 미국의 아시아 재균형 정책이 어쩌면 너무 과도한 것은 아닌지에 대해 아태 지역의 모든 국가가 숙고할 필요가 있다. 물론 이 지역에서 미국의 존재감이 빠르게 약화되는 것은 좋지 않으며, 특히나 트럼프의 대통령 당선 가능성이 있는 현재 상황에서는 더욱 그렇다. 그렇지만 트럼프가 당선된다고 해도 미국이 한국에서 철수하는 일은 없을 것이므로 지나치게 우려할 필요는 없다. 그러나 그렇게 된다면 분명 지역 내 긴장을 조성하는 나쁜 신호를 보낼 것이며, 이는 미국을 포함한 모든 국가에게 결코 좋지 않다. 따라서 이 지역에서 미국의 존재감이 빠르게 약화되는 일은 없어야 한다.

또한 안보, 경제, 전략적 영향력 등에서 미국과 중국 모두 자제하고는 있지만 패권 경쟁이 심화되고 있다. 하지만 많은 이가 우려하는 것처럼, 새로운 냉전이 시작되는 일은 없을 거라고 생각한다. 미중 전쟁의 시작을 막고 있는 세 가지 기제가 있다고 보기 때문이다.

첫째는 전쟁의 두려움에 대한 균형이다. 전쟁의 두려움은 모두 알고 있다. 오늘날 어떤 국가도 전쟁을 원하지 않는다. 하지만 두려움의 정도에 불균형이 존재한다면 전쟁은 일어날 수 있다. 상대적으로 전쟁을 덜 두려워하는 국가가 더 도발적인 행동을 하는 경향이 있기 때문이다. 하지만 오늘날 미국과 중국 양국 모두 갈등과 대치 없이 관계를 유지하는 것의 중요성을 알고 있으며, 이것이 최후의 안전 장치다. 둘째는 경제적·사회적 영역에서의 복잡한 상호의존 관계이며, 셋째는 양자간·다자간 플랫폼의 존재다.

제2차 세계대전 당시에는 다자간 플랫폼과 공동 규범이 없었지만, 오늘날 세계 시스템은 다르다. 적어도 수백 개의 다자간 플랫폼이 있으며, 기본적으로 국제사회는 상호 대응과 협력에 관한 공동 규범도 있다. 이러한 기제로 새로운 냉전은 없을 거라고 본다. 그러나 미국의 아시아 재균형 정책이 계속되면 지역 차원의 준準연합 또는 전략적 연합 관계가 만들어지기 시작할 수 있다.

궁극적으로, 중국은 아직 미국과 전방위에서 경쟁할 수 있는 위치에 있지 않다. 언젠가 중국이 미국만큼 강해지고 지금처럼 강경 노선을 취하게 된다면, 그때는 더 큰 문제에 봉착할 수도 있다.

이러한 모든 상황이 아태 지역에 함의하는 바는 무엇인가? 우선, 중국에 대해 아직 너무 크게 우려할 필요는 없다. 중국의 전략적 청사진은 이미 결정되었으며 분명하기 때문이다. 다시 말해, 중국의 예상 밖의 행동은 많지 않을 것이다. 2016년 7월 25일 중국과 아세안 외무장관들이 공동성명에서 남중국해 영토 분쟁은 더 이상 없을 거라고 발표했다.[10] 이러한 것들은 남중국해 분쟁 중재 사건 이후 남중국해 안정화 시대의 시작을 알리는 계기가 될 것이다. 이에 따라 앞으로 더 이상 놀랄 일이 없을지도 모른다.

또한 미국 주도의 '허브 앤 스포크' 동맹 체제가 우세를 점하더라도 중국을 포용할 수 있어야 한다. 그렇지 않다면 중국은 미국에 대항하기 위해 자체적인 연합을 구축할 것이다. 지역 포럼은 남중국해 문제에 과도하게 쏠린 관심을 다소 줄일 필요가 있다. 아세안지역안보포럼ARF은 지금 긍정적 변화를 보여주고 있다. RCEP와 '아세안+3'도 앞으로 나아가야 한다.

다행히 사드 배치 이후 중국은 한국에 아직 어떤 강경 대응도 하지 않고 있다. 특히 안보, 경제적 차원에서 추가 대응을 하지 않을 가능성도 있다. 지금과 같은 시기에 모든 안보 문제의 최종 해결책은 경제적 통합에 있기 때문이다. 또한 북한 문제는 향후 아태 안보 구조를 시험대에 올릴 것이다. 상황이 어떻게 변화하는지 함께 지켜봐야 할 것이다.

(강연일 2016년 7월 27일)

오늘날 한반도의
두 국가와 중국
China and the Two Koreas Today

오드 아르네 베스타Odd Arne Westad
예일대 역사학과 교수

이 글에서 다루고자 하는 문제는 정말 빠르게 변화하고 있기에 이에 대해 이야기하는 것은 분명 쉽지 않은 도전이다. 매일까진 아니더라도 일주일만 지나면 눈에 띄게 변할 정도이고, 시시각각 변하고 있는 문제도 있다. 따라서 거시적 관점을 갖기 쉬운 역사학자가 오늘날 한반도의 두 국가와 중국의 관계에 대해 한국인에게 과연 도움이 되는 이야기를 할 수 있을지 의구심을 가질 수도 있다. 하지만 오래된 역사를 이해하는 것은 오늘날과 미래의 상황을 이해하고 한중 관계가 향후 수년간 어떤 방향으로 움직일지 예상하는 데 지대한 영향을 미친다. 과거가 현재나 미래를 결정짓는다고 말하려는 것은 아니다. 다만 나처럼 공공정책대학원에서 공직으로의 진출을 희망하는 학생들에게 역사를 가르치고 있다면, 역사로부터 자유로워질 수도 있지만 동시에 그로부터 오는 제약도 있다는 점을 이해할 필요가 있다.

역사가 미래를 결정짓는다고 생각한다면, 광범위한 측면에서 인간 존재

295 ：

5장
오늘날 한반도의 두 국가와 중국

를 결정짓는 많은 것에 대해 잘못 생각할 수 있다. 우리는 역사에 갇힌 죄수가 아니다. 어떤 질문 앞에서도 우리는 자기 자신과 가족, 국가에 최선이라고 생각하는 것을 스스로 결정한다. 하지만 이 결정은 과거에 만들어진 조건 속에서 내려진다. 오늘 우리 앞에 어떤 선택지가 있는지 알기 위해서는 이 조건을 이해하는 것이 중요하다. 이것이 이 글의 목표로, 과거의 구조적 상황을 살펴보고 이를 지금의 선택과 연결 지어 생각해보고자 한다. 이런 의미에서 이 글의 주제는 주로 현재, 간단히 말하면 오늘날의 정책적 선택에 관한 것이다.

우리는 많은 것이 빠르게 변화하는 역사적으로 흥미로운 순간에 있다. 솔직히 말해서 오늘 이 문제를 살펴보는 이유는 빠르게 변화하고 있는 국제 상황 때문만은 아니다. 나는 1년에 두 차례 동아시아 국제관계와 역사를 주제로 열리는 사흘간의 강연에 초청받았다. 하버드에서는 '라이샤워 강연'이라고 부르는데, 저명한 하버드 학자이자 케네디-존슨 행정부 시절 주일 미국 대사였던 라이샤워Edwin Oldfather Reischauer(1910~1990)의 이름을 딴 것이다. 나는 라이샤워 정신을 따라 지난 600여 년간의 한중 관계에 대해 강연을 하는 도전을 하기로 결정했다.[1] 첫 번째 강연에서는 14세기 후반 명明(1368~1644)과 조선(1392~1910)의 등장으로 시작해 오늘날까지 약 500년에 걸친 한중 관계의 역사를 다루었고, 두 번째 강연에서는 그 후 100년의 역사를 다루었다. 세 번째 강연에서는 최근 3주간의 한중 관계를 다루었는데, 당시 상황이 굉장히 빠른 속도로 변화하고 있었기 때문에 현재에 대해 이야기하려면 비교적 제한된 범위로 좁혀서 볼 필요가 있다고 생각했기 때문이다. 이 글에서는 세 번째 강연 내용을 주로 다루되, 최근 베이징에 머물면서 느낀 것을 덧붙이고자 한다. 하지만 본격적인 논의에 앞서, 19세기 말까지 중국과 조선의 관계를 다루었던 첫 번째 강연의 내용을 간략히 설명하겠다.

트럼프 대통령은 시진핑 주석의 발언을 전하며 한국이 역사적으로 중국의 일부였음을 몰랐다고 했다.[2] 이는 첫째, 물론 사실이 아니고, 둘째, 트럼프 대통령이 얼마나 역사에 무지한지 보여주며, 셋째, 중국 주석의 관점 역시 어느 정도 보여준다. 트럼프 대통령이 대화에서 세부 내용을 약간씩 놓치는 경향이 있다는 점을 감안하면, 시진핑 주석이 정말로 그런 말을 했는지는 모르겠다. 하지만 시진핑 주석이 그런 맥락에서 뭔가 언급했다면, 이는 현 중국 지도부가 과거 한중 관계가 실제로 어떠했는지를 제대로 파악하지 못하고 있음을 분명히 시사하고 있다고 본다. 따라서 이 부분에 대해 잠깐 짚고 넘어가도록 하겠다.

내 하버드 라이샤워 강연 제목은 '제국과 올바른 국가: 지난 600년간의 중국과 한국Empire and Righteous Nation: China and Korea over 600years'이었다. 나는 '제국' '국가' '올바른'이라는 용어를 의도적으로 선택했는데, 한국과 중국의 오랜 관계에 대해 의미 있는 용어라고 판단했기 때문이다. 한국이 중국의 일부였던 적은 없으나, 두 나라는 상당히 흔치 않은 방식으로 오랫동안 긴밀한 관계를 유지해왔다. 우선 오랜 기간에 걸쳐 문화적 공동체였으며, 이런 문화적 연결고리는 정치적·이데올로기적·경제적 관계가 만들어지기 훨씬 전부터 존재해왔다.

하지만 동시에 중국과 한국은 매우 달랐다. 중국은 그 역사 중 대부분의 시간을 제국으로 존재해왔으며, 오늘날에도 여전히 제국이라고 주장하는 이들이 있다. 나 역시 그중 하나다. 중국은 다른 특징을 지닌 여러 지역이 함께 묶여 있는 굉장히 큰 국가이고, 지난 2000년간 존재했던 다른 제국들과 같은 특징을 가지고 있다. 즉 존재 방식의 측면에서 제국의 특징을 지니고 있다. 오늘날 중국은 '민족국가nation state'처럼 행동하는 제국이라고 주장하는 이도 있다. 중국을 제국으로 정의하는 시각에는 논란의 여지가 있지만 나름의 이유도 있다.

반면 한국은 제국의 정의에 부합하는 역사가 없다. 한국과 한국 역사의 독특한 특징은 20세기 후반까지 전 역사를 통틀어 나타나는 놀라울 정도의 통일성과 응집력이다. 이는 과거 한국의 역사에 서로 다른 여러 국가가 존재했다는 것과는 다른 이야기다. 내가 말하고자 하는 것은 세계 역사 속의 다른 비슷한 상황에서 발견할 수 있는 것보다 더 깊은 차원에서 한국의 정체성이 존재해왔다는 점이다. 이는 흥미로운 논의 주제다. 한국이 '진정한 의미에서 국가'라 불릴 수 있는 첫 번째 국가일 수도 있다고 주장하는 역사학자들도 있다. 임진왜란(1592) 전후부터 19세기 말에 걸쳐 나타나는 한국의 정체성이 같은 시기의 중국 제국이나 대부분 유럽 국가들에서 나타났던 수준을 크게 넘어선 것이었기 때문이다. 유럽에서 진정한 의미의 민족주의나 국가 정체성은 19세기에 나타났으며, 기껏해야 프랑스와 영국과 같은 몇몇 국가에서만 18세기에 나타났다. 한국의 독립된 정체성은 그보다 훨씬 전에 형성되었다고 할 수 있으며, 한중 관계를 논할 때 이를 인식하는 것이 중요하다.

한국과 중국은 가깝고 문화적으로 서로 많은 영향을 미쳤다. 어느 한쪽이 다른 쪽에 일방적으로 영향을 준 것이 아니라, 서로 영향을 주고받는 관계에 있었다. 하지만 이들은 매우 다른 두 개의 독립된 실체였으며 그 점은 변하지 않았다. 국가 구성의 측면에서나, 정체성의 측면에서도 달랐다. 중국의 정체성이 제국주의라면, 한국의 정체성은 보다 민족국가적이라 할 수 있다. '제국'과 '국가'의 정의에 대한 내 관점은 여기에서 출발한다.

그다음으로 나는 '올바른'이라는 표현을 사용했는데, 이는 다소 풍자적인 표현으로, 모든 한국인이 올바르다는 의미는 아니다. 물론 그러기 위해 노력해야겠지만, 그런 의미를 염두에 두고 쓴 표현은 아니다. 조선시대부터 오늘날까지 성리학적 사고방식이 한국에 만연해 있음을 강조하기 위해 쓴 것이다. 중국어로 '이义', 한국어로 '의義'라고 부르는 '올바름'의 개념은 한국 인의 정체성 형성에 핵심적 역할을 했다. 조선시대에 '의'는 청렴에 가까운 덕목으로, 형식적 격식을 크게 강조했다. 그것은 주로 양반들 사이에서 더 나은 인간이 되기 위해 행했던 자기 수양을 넘어서, 사람이 지켜야 하는 정해진 규범과 전통적이며 다소 보수적인 기준이 있었음을 의미한다. 한 국인의 마음속에 있는 이러한 기준의 많은 부분이 중국과 연결되어 있었 다. 유학의 기원이 중국에 있음을 고려할 때 여기에는 의심의 여지가 없다. 그러나 이는 동시에 그러한 기준들이 보편적임을 의미했다. 대부분의 한국 인, 특히 양반 계층은 수 세기 동안 이러한 원칙들이 한국의 일반 백성과 지식인들뿐만 아니라 인간이라면 모두가 따라야 하는 가치라고 굳게 믿었 고, 유학의 발원지인 중국에서 특히 더 그래야 한다고 보았다. 따라서 청 대淸代에 조선의 많은 양반은 오랑캐 만주족의 지배하에 있던 중국보다 조 선이 의를 더 잘 실천하고 있다고 생각했다.

이는 중국과 한국의 관계에도 영향을 미쳤는데, 한국인들은 청 제국에 통합되지 않으면서도 종속적인 관계를 지닌 강대국 옆에 사는 것에 익숙해 져야 한다는 것을 의미했기 때문에 그 영향이 아주 중대했다고 생각한다. 그러나 별로 좋아하지도 않고 존경하기도 어려운 청 왕조하에 있다는 것은 한국으로서는 상당히 어려운 상황이었다. 청의 세력 확장과 공격을 피하기 위해 조심스럽게 균형을 유지해야 했고, 때로는 청의 압박이 위협적이었지 만, 한국은 이를 놀라울 만큼 잘 해냈다. 중국에서 청이 건국된 이후 주변 국 가운데 유일하게 청의 내정 간섭을 받지 않은 국가가 한국이다. 그 전에 는 간섭을 받았지만 청 이후에는 한국 내정에 직접적으로 개입하려는 시도가 없었으니 성공적으로 해냈다고 볼 수 있다. 하지만 양국 관계를 규정하기 위해 만들어진 각종 용어와 의례의 형식, 접근 방식의 측면에서 다른 문제가 있었다. 이는 더 복잡한 문제였고, 따라서 한국은 정치적인 측면보다 문화적인 측면에 더 집중했다. 충분히 이해할 수 있는 선택이라고 생각한다. 청과 조선의 정치적 교류는 상당히 제한적이었다. 조공이란 것도 있었고, 조선에서 새로운 왕이 즉위할 때에 황제의 수도인 베이징에서 사절단을 보내기도 했지만, 교류가 많았던 것은 아니다. 한국 쪽에서 의도적으로 이를 제한하고자 했기 때문이다. 한국은 공식적으로 중국과 밀접한 관계를 유지함으로써 독립을 유지할 수 있었을 뿐 아니라, 중국의 영향력을 제한하려는 의식적인 노력이 없었다면 생겨날 수 있었던 더 심각한 간섭을 막을 수 있었다. 이는 오늘날의 상황에서도 유념할 필요가 있다.

19세기 말에 동북아의 국제적 지형은 크게 바뀌었다. 오랜 도전과 쇠락 후에 청 제국이 무너졌다. 대다수의 한국인은 이것이 과거에 늘 있었던 일시적 몰락일 뿐 중국 제국의 종말로 이어질 것이라고 믿지 않았다. 다시 일어설 것이라 생각되었던 청 제국은 결국 완전히 무너졌고, 그 자리에는 새로운 외교 정책의 근간으로서 중국 국가 정체성의 원칙을 세우려고 했던 다양한 중국 정부가 들어섰다. 국민당이나 이후 공산당 형태의 중국 민족주의가 생겨나면서, 주변국의 입장에서는 안정적인 질서 체계가 확고하게 자리잡고 있었던 과거에 비해 중국의 상황에 대처하는 것이 훨씬 더 어려워졌다.

기존 체계가 무너지면서 가장 큰 고통을 겪은 국가는 한국이었다. 19세기 후반부터 일본의 침략이 있었고, 20세기 초에는 일제의 식민 지배로 수난을 겪었다. 한국을 중국과 떼어놓으려는 의도로 시작된 일본의 개입은 점차 '정착형 식민주의Settler Colonialism'로 바뀌었는데, 이는 한국인의 정체성을 말살하고 일본인의 정체성으로 전환하려는 것으로, 한국이 과거 중국을 포함한 어떤 강대국과의 관계에서도 경험한 적 없는 것이었다. 한중 관계 500년의 역사에서 놀라운 점 가운데 하나는 프랑스와 알제리, 영국과 아일랜드의 역사 속에서 나타났던 것과 유사한 정착형 식민주의가 발견되지 않는다는 것이다. 그런 시도는 유일하게 일제강점기에만 나타났다.

따라서 20세기에는 새로운 한중 관계가 형성되었다. 새로운 정체성을 찾으려는 중국의 시도는 많은 한국인을 자극했으며, 민족주의와 공산주의를 막론하고 한국인의 사고방식에 큰 영향을 미쳤다. 이는 부분적으로는 오래전부터 존재했던 중국과의 동질감 때문이었지만, 많은 한국인과 중국인은 양국 국민이 서로 비슷한 어려움에 직면하고 있다고 느꼈다. 일본과 서구 열강의 제국주의적 침략에 부딪쳤다는 점에서 이러한 시각이 틀린 것은 아니다. 정치적 대안은 약간 다른 방향으로 발전했지만, 20세기의 대부분 시기에 중국과 한국의 상황은 크게 다르지 않았다. 나는 이것이 특히 사실이라고 생각하며, 하버드에서의 두 번째 강연에서 한국의 소위 전통적 형태와 공산주의 형태의 민족주의 기원에 대해 상세히 설명했다. 이렇듯 서로 다른 근대화 구상이 중국을 그대로 따라한 것은 아니지만, 1890년대 이후 중국에서 나타난 유사한 사상들과 밀접하게 연결되어 있다. 나는 그 강연에서 1920년대부터 시작된 한국과 중국의 공산주의가 어떻게 일제 저항기 동안 다양한 방식으로 상호 영감을 주었으며, 중국에서 국공내전國共內戰[3]이 벌어지고 한국이 남북으로 분단된 1940년대에 어떻게 비판적으로 영향을 주고받았는지 길게 설명했다. 이것이 공산주의 측면에서의 오랜 유대 관계다.

이는 결코 쉬운 관계가 아니었다. 비공산주의 계열의 민족주의 진영에서도 한중 관계가 쉽지 않았지만, 어렵기는 공산주의 진영에서도 마찬가지였다. 한국 공산주의자들은 공산주의 운동이 시작된 아주 초창기부터 자신들이 중국공산당이나 공산주의 운동의 일부로 보이는 것을 원하지 않았던 것 같다. 만주 등지에서 한중 연합군으로 싸울 때조차 그들은 중국과 다른 정체성을 갖기 원했는데, 이후 한국 공산당을 이끌고 북한을 세운 많은 한국인이 중국공산당의 일원이었음에도 그랬다. 정체성의 측면에서 분명한 차이가 있었다. 오늘날 중국과 북한의 관계를 생각할 때 이를 기억할 필요가 있다. 비록 중국과 북한의 관계는 전에도 기복이 있었지만, 일방통행인 경우는 없었다. 하지만 오늘날 중국과 북한의 관계는 과거 그 어느 때보다도 나빠졌으며, 심지어 매우 빠른 속도로 악화되고 있다.

이제 오늘날의 상황과 그에 대한 내 견해, 그리고 앞으로 일어날 수 있는 일들에 대해 논해보자. 나는 오늘날 중국이 한국에 대해 '불협화음' 내지는 '부조화'의 정책을 펴고 있다고 생각한다. 중국은 어떤 것에 조화를 이루지 못한다는 비판을 정말 싫어한다. 시진핑 주석을 비롯한 현 중국 지도부는 국내, 국외, 경제 등 모든 부문에서 핵심 목표 중 하나로 조화和諧(허셰)를 강조하고 있으며, 실제로 상당한 진전을 이루어냈다. 중국의 외교 정책을 비판하는 입장이지만, 비판에 앞서 중국이 지난 수십 년간 이루어낸 긍정적 변화는 인정해야 한다고 본다. 내가 1970년대 후반 중국을 처음 방문했을 당시, 중국은 찢어지게 가난하고 공포에 사로잡힌 사회였으며, 사람들은 힘겹게 살았다. 그 이후 중국은 모든 중요한 분야에서 많은 긍정적 변화를 만들어냈다. 지금 중국인들은 20세기 역사의 그 어느 때보다도 더 부유하고 건강하며 자유로운 삶을 누리고 있다.

하지만 이는 동시에 중국이 부상하면서 새로운 과제에 직면하고 있다는 의미이기도 하다. 국내적 문제도 많지만, 국제적 차원의 과제도 점차 증가하고 있으며, 그 안에서 한국과의·관계는 더욱 중요한 문제로 떠오르고 있다. 여기에는 물론 북한 문제의 영향이 크지만, 더 큰 그림에서 볼 때 강대국으로 부상하고 있는 중국의 국제적 위상과도 관련 있다. 앞으로 중국이 진정한 강대국으로 올라서면 다른 국가와의 관계는 한층 더 중요한 문제가 될 것이다. 대영제국은 19세기에, 미국은 20세기에 이를 깨달았다. 세계적인 포부가 있는 강대국이 되는 것은 어려운 일이다. 많은 것을 동시에 고려해야 하며, 하고 싶은 것에 우선순위를 정해야 한다. 그런 의미에서 중국 지도부는 한국 관련 문제를 외교 정책의 우선순위에 두어야 하는 현 상황이 그리 달갑지 않을 것이다. 내가 '부조화된' 접근을 강조하는 이유는, 중국이 아직도 좋은 정책, 최선의 정책을 찾기 위해 애쓰고 있기 때문이다. 한국에 대한 중국의 정책은 굉장히 여러 개다. 그중 최선의 정책이 무엇일지를 두고 지도부 내의 어려움이 큰데, 이 부분에 대해서는 추후 다시 설명하도록 하겠다. 한국 측에서는 중국이 외교 정책에 있어서 굉장히 통일성이 있는 접근을 하고 있다거나, 모든 정책 뒤에 심오한 비밀이 감춰져 있다거나 최소 10년 이상의 장기적 관점에 따라 정교하게 계획된 의도가 있다고 생각하는 경우가 많다. 그러나 이러한 생각은 현실과 괴리가 있다. 굉장히 빠른 속도로 부상한 다른 국가들과 마찬가지로, 중국은 주변국을 포함한 문제들에 어떤 입장을 취해야 할지를 두고 결정의 어려움을 겪고 있으며, 이 때문에 조화를 이루지 못하는 정책들이 쏟아지고 있다.

여기에는 기본적으로 두 가지 방향, 다시 말해 두 가지 큰 문제가 걸려 있으며, 그것들은 서로 다른 종류의 접근법에 의해 움직인다. 하나는 한반도에서 일어날 수 있는 일에 대한 두려움이고, 다른 하나는 중국이 특히 장기적으로 얻을 수 있는 기회와 가능성에 대한 인식이다.

우선 두려움에도 두 가지가 있다. 여기에 순위를 매겨보면, 중국 지도부의 첫 번째 두려움은 미국의 지원 속에 이루어지는 한반도 통일이다. 그렇게 되면 미국이 빠르게 진행되는 통일 과정을 좌지우지하게 될 것이고, 결국 중국의 가장 중요한 주변국 중 하나가 미국의 주도하에 놓이면서 미국의 동맹국이 될 것이다. 이는 냉전 말기 독일의 상황과 비슷하다. 이것이 중국의 가장 큰 두려움이며, 아마도 중국의 관점에서는 최악의 상황일 것이다.

두 번째 두려움은 북한 정권의 갑작스러운 붕괴와 이로 인해 발생하는 불안정한 상황에 대한 것이다. 솔직히 나는 중국에서 꽤 많은 시간을 보내면서 이 부분에 대해 약간 냉소적으로 생각하게 되었다. 두 번째 시나리오에 대한 중국의 두려움이 인도적 차원의 문제는 아니라고 본다. 난민이 대거 몰려온다면 힘들긴 하겠지만, 이로 인한 두려움은 아니라는 것이다. 북한 내 식량 수급 상황이 악화되면서 대규모 기아 사태가 발생할 것에 대한 우려도 아니다. 중국은 북한의 식량난을 이미 오랫동안 지켜봐왔고, 이를 방치하는 것에 대해 그렇게 큰 양심의 가책을 느끼지 않았다. 즉 이는 인도적 차원의 두려움이 아니라 전략과 파급효과의 측면에서 가지는 두려움이자, 동북아 지역 전체에서 발생할 수 있는 불안정한 상황에 대한 두려움이다. 북한 정권이 빠른 속도로 붕괴되는데 확인되지 않은 대량살상무기가 있고, 미국을 포함한 다른 강대국들이 알려지지 않은 많은 변수를 근거로 "핵미사일이 어디에 있으며, 누가 그것들을 통제할 것인지" 등과 같은 문제를 해결하려 하는 것에 대한 두려움 말이다. 이런 것들은 어떤 강대국도 감수하고 싶어하지 않는 위험이라 할 수 있다.

이런 상황에서 상당한 개입이 빠르게 뒤따를 것으로 예상된다. 이는 나중에 생길 수 있는 기회나 어떤 기대 때문이 아니라, 상황이 심각하게 악화될 수 있다는 두려움에 사로잡혀 일어날 것이다. 이는 내가 중국의 고

위급 친구들과 대화를 나누며 듣는 이야기이며, 중국은 이를 염두에 두고 군사적 준비를 하고 있다. 상황이 어떻게 될지 모르기 때문에, 모든 군대는 많은 다양한 시나리오에 대비해야 하므로, 당연히 중국도 이런 준비를 하고 있다. 국경지대의 일부를 중국이 통제한다는—여기에는 여러 이유가 있을 수 있다—완충지대 시나리오도 그중 하나다. 하지만 이는 북한에 특정 상황이 발생했을 때만 활용 가능한 계획이다. 필요하다고 판단될 경우 중국군이 국경지대를 넘어 북한 내부로 더 깊숙이 들어가는 것을 포함해, 위기 상황에 대비한 다른 계획들도 있다. 이러한 문제에 중국이 얼마나 두려움을 느끼고 있는지 알 수 있다.

하지만 두려움이 전부는 아니다. 동시에 기회에 대한 것이기도 하다. 그 중 일부는 앞서 언급했던 더 먼 과거에서 비롯되었다. 때문에 최근 우려스러운 상황이나 중국이 경제적 압박 수단을 이용해 자국의 이익을 앞세우려는 시도를 보면, 무역, 투자, 기술 도입의 측면에서 현재 한국과의 관계가 전반적으로 중국에 얼마나 중요한지를 자꾸 잊어버리는 듯하다. 한국의 입장에서는 중국이 굉장히 중요한 시장이자 경제 파트너이기 때문에, 중국이 한국을 경제적으로 완전히 끊어내면 한국이 얼마나 큰 타격을 받을지에 대해 우려가 큰 것이 당연하다. 하지만 실제로 그런 일은 일어나지 않을 것이다. 중국에게도 한국이 그야말로 매우 중요하기 때문이다.

전체적인 무역과 투자 규모를 고려할 때, 한국은 중국에 전 세계에서 세 번째로 중요한 경제 파트너다. 따라서 한국을 끊어내면 중국도 자국에 막대한 피해를 초래할 수밖에 없다. 산둥성山東省을 가보면 이 지역에 대한 한국 투자의 중요성을 직접 볼 수 있다. 지금 중국 연해 지역에는 약 4만 개의 한국 기업이 여러 형태로 들어와 있다. 이는 중국공산당이 자랑하는, 또 충분히 자랑스러워할 만한 변화의 일부다. 따라서 한국을 경제적으로 끊어내는 것은 불가능하며, 그런 일은 없을 것이다. 중국은 이 부분에서도 기회를 보고 있으며, 한국도 더 넓은 의미에서 기회를 찾아야 한다. 그 자체로 정치적 문제를 해결할 수는 없지만, 의미 있는 연결고리가 있다는 것은 중요하다.

현재 북한의 상황으로 인해, 특히 최근 들어 한중 관계의 장기적 전망에 대해 상당히 열린 사고를 가진 사람들이 나타나고 있다. 이들 중 일부는 상황이 허락한다면 한국이 아시아에서 중국의 가장 가까운 우방국이 될 수도 있다고 말한다. 어느 정도 타당한 의견이라고 본다. 한국과 중국은 영토 분쟁이나 무역 분쟁도 없고, 경제적으로도 상호 보완적이다. 여기에 걸림돌이 되는 것은 물론 북한 문제이며, 이에 대한 중국의 우려도 점점 커지고 있다. 중국 지도부 중 일부는 지금이 미국과의 충돌 없이 동아시아를 중국에 유리한 방향으로 재편하기에 좋은 기회라고 생각하는 듯하다. 중국 지도부에서는 트럼프 행정부가 동아시아 지역에서 미군을 철수하거나 군비를 감축하는 방향으로 움직일 거라고 예상하곤 한다. 아직 판단하기는 이르지만 이러한 예상이 맞다면, 중국이 중심이 되어 이 지역을 실질적으로 통합하는 정책을 펼 수 있는 절호의 기회일지도 모른다. 중국의 지난 역사나 영향력, 경제 성장을 고려할 때 이런 방향으로 가는 것은 자연스러운 일이다.

문제는 중국이 어떤 시스템을 구축할 것인가이다. 지금까지 동북아나 동남아에서 해왔듯이 중국이 필요하고 원하는 것만 해결되면 된다는 식으로 주변국에 중국의 뜻을 강요하는 시스템이 구축될 것인가? 아니면 통합의 긍정적 측면을 강조하는 형태가 될 것인가? 다시 말해, 미국이나 대영제국이 그랬던 것처럼, 중국이 최소한 국제 관계에서 일종의 공공재를 일정 수준 제공할 것인가? 중국은 국제적으로 책임감 있는 강대국으로 보여야 할 필요성이 커지고 있고, 특히 이는 한국에 영향을 미칠 수 있다. 갈등을 악화시키거나 조장하는 것이 아니라, 갈등 해결에 기여하는 강대국으로 보이는 것이 중국 지도부에 중요한 문제다. 비록 북한 정권이 붕괴되거나 중국이 용납할 수 없는 행동을 할 경우 중국이 어떻게 대응할지 결정할 때 그것이 결정적인 요인이 되지는 않겠지만, 중국 지도부에서 이러한 부분도 염두에 두고 있다는 점을 인지할 필요가 있다.

이제 정책적 선택지에 대해 살펴보자. 나쁜 소식은, 오늘날의 한반도 정세가 안정적이라고 판단된다면, 이것이 곧 중국이 선호하는 해법이라는 점이다. 중국은 가능하다면 지금의 한반도 정세가 당분간이라도 유지되기를 바란다. 앞서 말했듯, 기회나 가능성에 대한 기대보다 두려움이 더 크기 때문이다. 중국인, 특히 대부분의 정책 입안자들은 현상 유지가 적어도 당분간은 최선이라고 보는 것 같다. 이는 나쁜 소식이다.

최근 중국에서 지내면서 느낀 점은, 중국 지도부가 북한의 상황을 점점 더 불안정하다고 보고 있다는 것이다. 상황이 빠르게 변화하고 있음은 분명하다. 현 정부의 핵심 참모들은 북한과 관련된 두려움과 우려를 공개적으로 표명하고 있다. 물론 우려는 늘 있어왔지만, 예전과는 분명 달라진 모습이다. 때로는 유엔 등에서의 우려 표명이 중국의 이익에 더 부합된 적도 있었지만, 지금은 상황이 다르다. 트럼프의 당선이나 동아시아 다른 곳에서 일어나는 재편 등과 크게 상관 없이 북한과의 관계를 직접적으로 둘러싼 현실적인 우려가 있는 듯하다.

여기에는 많은 요소가 있지만, 그중 하나가 핵무기 개발이고 새로운 종류의 미사일 개발도 중요한 문제다. 예전에 한국 언론과의 인터뷰에서 언급한 적이 있는데, 어디까지나 내 추측이지만, 중국은 북한에서 우리가 보지 못하는 무엇인가를 보고 있다는 강한 의구심이 든다. 이는 전에 없던 새로운 유형의 무기를 시험한다는 여섯 번째 핵실험과 관련 있을 수도 있다.[4] 금융권에서 자주 쓰이는 표현을 빌리자면, 이런 가능성은 이미 시장에 어느 정도 가격이 반영되었다고 생각한다.

더 큰 문제는 미사일 기술과 관련 기술의 개발이다. 북한이 미국 본토의 어느 지역이라도 공격할 수 있는 대륙간탄도미사일ICBM을 개발했다고 인식된다면, 정말로 심각하게 불안정한 상황이 발생할 것이다. 이론적 가능성만으로도 크게 불안정한 상황이 만들어질 것이며, 특히 현 미국 정부의 기조를 고려할 때 이는 다른 형태의 보복으로 이어질 수 있기에 중국은 당연히 이에 대해 우려하고 있다.

중국의 또 다른 걱정은 북한 내부에서 나오고 있는 중국에 대한 언급으로, 그중 일부는 공개되기도 했다. 하지만 중국에서 들은 바에 의하면, 북한 지도부 내부에서 나오는 중국에 대한 말들은 공개적으로 드러난 수준보다 훨씬 심하다고 한다. 북한 측의 말은 간단히 말해 "중국은 우리 적들과 한편이 되었다. 이제 중국은 북한의 적이며, 중국의 영향력에 저항해야 한다"는 것이다. 중국에 경종을 울리는 이러한 표현들은 부분적으로 과거에 그 원인이 있다. 여기에는 과거 역사가 굉장히 중요하다. 북한에 대한 중국의 전반적 입장은 역사적 관계까지 포함하기 때문이다. 중국의 지역적·국제적 위치도 점점 더 문제가 되고 있다. 이 지점에서 북한이 정말 큰 실수를 저질렀을지도 모르는 일이다. 중국 지도부에서 갈수록 더 많은 이들이 북한과의 관계를 따로 떼어놓고 보거나 한중 관계의 맥락에서만 보는 것이 아니라, 지역, 나아가 국제적 맥락에서 바라보고 있기 때문이다. 그렇게 본다면 문제는 더욱 심각해진다. 중국은 사실상 전 세계에서 동맹국이 한 개, 파키스탄까지 포함하면 한 개 반인 국가이기 때문이다. 동맹 관계라면 어느 정도 존중해야 하며, 국제적 위상을 가진 신흥 강대국이라면 더욱 이를 필요로 한다. 그런데 북한처럼 전적으로 의존적인 동맹국이 공개적으로, 심지어 내부적으로도 존중의 태도를 보이지 않는다면 문제가 심각하다. 중국공산당 지도부의 한 참모는 이렇게 물었다. "북한이 중국을 존중하지 않는다면, 어떻게 필리핀이나 베트남 같은 국가가 우리를 존중하기를 바랄 수 있겠는가?" 이는 흥미로운 질문일 뿐만 아니라 중국에서 점점 더 자주 제기될 중요한 질문이기도 하다.

북한에 대한 다른 시각도 있다. 그중 일부는 제도적 성격을 갖는데, 사람들이 어떤 위치나 자리에 있는지에 따라 결정된다는 점에서 그렇다. 일부 시각은 사람들이 이 지역이나 중국의 미래에 대해 바라는 점에서 개인적 성격을 띤다. 흥미로운 점은 이런 생각들이 변화하고 있다는 것인데, 최근 들어 지도부 내에서 더 높은 지위에 있을수록 북한과 북한의 행동에 대해 회의적 태도를 보인다. 불과 몇 달 전과 거의 정반대로 달라진 상황이다. 지금은 군대나 외교부 등의 기관보다 오히려 중앙위원회 국제부 자문위원이나 소규모 지도부가 북한의 행동에 가장 신경을 많이 쓰고 있다. 과거의 양상과 비교할 때 흥미로운 변화다.

끝으로, 중국이 단기적으로 원하는 것이 무엇인지에 대한 개인적인 의견으로 이 글을 마무리하고자 한다. 중국이 북한의 핵미사일 실험에 대한 대화의 물꼬를 트는 것이 더 시급하다고 보는 것은 분명하다. 예전의 6자회담과 완전히 동일하지는 않더라도, 그와 유사한 형태가 되어야 할 것이다. 이는 조건 없이 시작되어야 하며, 당장의 핵 폐기는 아닐지라도 최소한 핵미사일 개발 동결을 목적으로 해야 한다.

중요한 것은 중국에서 최근 이 부분에 대한 우려가 커지면서 국제적 사찰을 고집하고 있다는 점이다. 중국 측은 국제적 사찰 없는 문제 해결이 어렵다고 지적하고 있는데, 흥미로운 대목이다. 중국이 국제사회, 적어도 유엔과 협력해서 북한에 사찰이 제대로 이루어질 수 있도록 필요한 압박을 가한다면, 시도해볼 만한 기회라고 생각한다. 중국이 앞으로 북한 문제에 더 협조적 태도를 보일 것이라는 보장은 없지만, 중국의 두려움과 관심사를 파악함으로써 중국과 협력할 수 있는 기회가 예전보다 많아졌음을 의미한다.

2017년에 한국과 미국에 새 정부가 들어선 만큼, 중국이 구체적으로 어떤 준비가 되어 있는지 살펴보는 것은 좋은 방법이다. 중국이 오랜 걱정과 두려움을 이유로, 북한 정권의 붕괴로 직결될 수 있는 그 어떤 것도 원하지 않는다는 입장으로 후퇴할 가능성도 있다. 지금과 같은 기본적인 입장으로 돌아갈 가능성도 충분히 있으며, 이는 외교관계에서 드물지 않게 일어나는 일이기도 하다. 그렇다 해도 지금 상황은 놓치기 아쉬운 기회다. 북중 관계에서 처음으로 중국의 우려가 다른 걱정들과 직접적인 관계가 없기 때문이다. 이는 중국 자체의 문제로, 많은 중국인이 생각하지 못했던 방식으로 중국에 직접적 영향을 줄 수 있다. 따라서 이 기회를 어떻게 함께 활용할 것인지가 우리 앞에 놓인 중요한 과제다. 이번 과제에 실패한다면 다음 과제는 더욱 어려워질 것이다. 북한의 핵무기 개발 계획을 막을 수 있는 기회가 그리 많이 남지 않았으며, 시간적 여유도 줄어들고 있다.

바람직한 결과를 도출하기 위해 한국은 어떻게 의미 있는 기여를 할 수 있을까? 동북아의 미래에 대한 다른 강대국들의 생각과는 관계없이, 동북아 국가들은 어떤 방식으로 새로운 관계의 구축을 통해 역사적 한계를 극복할 수 있을 것인가? 이에 대한 논의는 추후의 과제로 남겨둔다.

(강연일 2017년 5월 24일)

제5부

변화하는 중국과 역사 인식

1장

천하체계, 21세기 중국의 세계 인식과 미래 전망

天下概念与未来问题

:

자오팅양趙汀陽
중국사회과학원 철학연구소 연구원

천하는 중국 고대의 이상理想이다. 전하는 바에 따르면 이 천하체계는 주공周公[1]이 만들었다. 물론 이 명칭은 내가 붙인 것이다. 주공이 만든 것은 당시 중국의 천하 분봉체계, 즉 봉건체계다. 그러나 주공의 실험은 천하 개념의 의도를 부분적으로 나타낸 것일 뿐, 개념으로서의 천하와는 상당한 거리가 있다. 알다시피 주 왕조가 끝난 다음, 진시황(기원전 259~기원전 210)이 중국에 대일통大一統의 국가를 건설했다. 그 후로 천하는 사라지고 천하체계도 끝났으며, '대일통'의 중국만 남았다. 진시황 때부터 청나라까지 일관된 제도로, 2000여 년 동안 대일통의 국가가 줄곧 이어졌다.

오늘날 우리가 천하 개념을 논하는 것은 무슨 의미가 있을까? 이는 아주 흥미로운 질문이다. 천하는 일종의 이상으로서, 그것의 주요 기능은 이론의 척도를 제공하는 것이다. 길이를 재는 자처럼 우리는 그것을 이용해 많은 일을 가늠할 수 있다. 천하가 언제 실현될 수 있는지, 혹은 과연 실현될 수 있는지는 열린 문제다. 고대 서구에도 플라톤의 이상국가와 같은 것이 있었다. 이 역시 상상 속의 이상적인 정치체제다. 이상은 이상국가, 이상사회, 이상제도 등에 관해 끊임없이 지속되는 일종의 사상적 전통이다. 토마스 모어(1478~1535)의 유토피아Utopia, 칸트(1724~1804)의 영구평화, 마르크스(1818~1883)의 공산주의 등을 포함해, 이 세상에는 역사적으로 여러 이상이 존재했다. 천하체계 역시 그런 이상 가운데 하나다. 이상이 있어야 현실도 의미가 있다.

수많은 이상 가운데 천하체계 이론을 제기하려는 까닭은 무엇인가? 주된 배경과 조건은 세계화다. 알다시피 근대사회, 근대세계는 민족국가 체제로 이루어져 있다. 민족국가 체제 아래 '근대성modernity'이란 것이 발전했고, 이것이 나중에 세계화로 발전했다. 물론 처음에 세계화는 구미가 추진하는, 시장을 확대하고 세계경제를 하나로 묶는 세계적 활동이었다. 그러나 세계화는 서서히 전방위적인 세계운동으로 바뀌어, 경제뿐 아니라 정치, 문화, 기술의 세계화가 되었으며, 삶의 모든 측면이 전 세계가 상호작용하는 운동 속으로 휘말려 들어갔다. 세계화로 전 세계 모든 지역과 모든 일이 한데 휘말릴 때, 근대 제도로는 충분하지 않음을 깨닫게 될 것이다. 민족국가 체제든 이른바 국제정치든, 세계화가 초래한 새로운 문제들을 설명하기에는 역부족이고, 세계화가 제기하는 새로운 문제들을 해결하는 일은 더욱 불가능하다. 이는 우리가 새로운 시대에 직면하고 있음을 의미한다. 이 새로운 시대를 어떻게 명명할 것인가? 여기에는 모두의 지혜가 필요할지도 모른다. 예를 들어 세계화 시대라고 부를 수도 있을 것이다. 어쨌든 그것은 근대에 대한 작별이며, 우리는 새로운 시대로 들어서야 한다.

새로운 세계, 새로운 시대에는 그에 걸맞은 새로운 존재 질서가 필요하다. 여기서 존재 질서는 푀겔린Eric Voegelin(1901~1985)의 개념 'order of being'을 차용한 것이다. 존재 조건이 바뀌었으면 새로운 존재 질서를 수

립해야 한다. 천하체계가 가리키는 것이 바로 이러한 질서다. 이는 세계 내부화의 질서로, 세계 전체를 세계의 내부로 만들어 더 이상 서로 대립하는 국가나 지역으로 분열되지 않게 하며, 세계의 부정적인 외부성을 없애는 것이다. 이는 경제학과 정치학에서 많이 쓰이는 용어다. 외부성은 보통 부정적인 외부성을 가리키는데, 이는 늘 도전적인 관계이며, 충돌, 심지어 전쟁까지 초래한다. 외부성을 해소할 수 있다면, 세계의 모든 국가와 지역은 세계의 내부가 되어, 비록 갈등이 생기더라도 이는 내부갈등일 뿐 내부와 외부 사이의 '너 죽고 나 살자' 식의 갈등이 아니다. 이렇게 된다면 각종 어려움과 갈등을 해결할 수 있다는 희망을 가질 수 있다.

방법론으로서의 천하에 대해, 나는 고대 중국의 두 가지 중요한 견해로 거슬러 올라가고자 한다. 하나는 관자管子[2]의 이해다. 관자는 "천하로 천하를 삼는다以天下爲天下"고 했다.[3] 즉 천하를 천하로 만든다let the world be a world, 세상만사를 세계적인 일로 보아야 한다는 것이다. 관자의 견해와 유사하나 관점이 약간 다른 노자老子의 견해도 있다. 노자는 "천하로 천하를 본다以天下觀天下"고 했다.[4] 즉 천하를 있는 그대로 본다see the world as a world, 세계의 잣대로 세계의 일을 이해해야 한다는 것이다. 이 두 가지 원칙 또는 방법론은 우리가 이 세계를 진정으로 이해하려면 이 세계와 같은 크기의 잣대로 이해해야 하며, 그렇지 않으면 세계의 여러 문제를 오독하게 될 것임을 시사한다.

이러한 방법론은 근대 민족국가의 이해 방식을 부정하는 동시에 제국 또는 제국주의의 이해 방식을 부정한다. 민족국가와 제국 간에는 서로 다시 결합할 수 있고, 서로 뒤바뀔 수도 있다. 이는 실력의 크기에 달려 있다. 즉 민족국가가 제국이 될 수도 있으며, 이는 민족국가와 제국이 하나의 정치 논리를 공유하고 있음을 의미한다. 한 민족국가와 다른 민족국가 사이에 갈등이 생기면 어떻게 해결할까? 다른 국가는 외부성이기 때문에, 근대의 정치적 사유에 따르면 이 외부성은 극복해야 할 도전이며, 결국 충돌로, 심지어 전쟁으로 이어지기 쉽다. 제국도 마찬가지다. 제국은 어떠한 법정 경계도 인정하지 않는다. 또한 제국은 반드시 확장해야 하는데, 그것은 세계 도처에 자신의 변경frontier, 즉 세력 범위를 세우고자 하며, 이런 방식으로 세계를 통제한다. 분명 민족국가와 제국이 이해한 세계는 국가의 잣대로 세계를 헤아리는 것이지, 세계의 잣대로 세계를 헤아리는 것이 아니다. 이로 인해 그것은 국가 이익에 따라 세계의 모든 일을 생각하고, 일국의 이익을 잣대로 세계의 모든 문제를 판단한다. 그리하여 전 세계의 이익은 제국의 이익을 우선시해야 한다. 그렇게 되면 이러한 이익의 잣대와 이 세계의 잣대 사이에 비대칭이 생긴다. 작은 잣대로 더 큰일을 헤아리는 것은 매우 이기적인 방법론이다. 각국이 국가의 잣대로 문제를 사고한다면, 충돌과 갈등, 나아가 전쟁을 불러올 것이다.

이와는 달리 천하체계의 방법론은 관자와 노자의 방법론―천하로 천하를 삼고, 천하로 천하를 본다―에 근거한다. 이 방법론은 세계와 같은 규모의 세계 잣대로 세계를 이해할 것을 요구한다. 그래야 세계를 공정하고 정확하게 이해할 수 있다.

천하체계가 실현된다면 가장 직접적인 긍정 효과는 세계 내부화다. 천하체계는 세계 내부화의 한 과정으로 이해할 수 있다. 세계가 내부화에 도달할 수 있다면 적이 사라지고, 적이라는 개념, 정확히 말하자면 절대 적의 개념이 사라지게 될 것이다. 사실상 절대 적의 개념, 또는 불구대천의 원수라는 것은 고대사회에서는 존재하지 않았다. 고대사회는 중국이든 그리스든 상대적인 적, 즉 이익이 불일치하는 적만 있었다. 절대 적이란 정신이 불일치하는 적이다. 절대 적의 개념은 기독교에서 만들어진 것으로, 기독교의 이교도_pagan 개념에서 온 것이다. 이것이 불구대천의 정신적 적의 원형이다. 어떤 사람들은 하나님을 믿지 않는데, 이는 하나님의 하늘을 믿지 않는다고 하는 것과 같으며, 그러면 또 다른 하늘이 있어야 하는데 이는 기독교에서 용납될 수 없는 일이었다. 근대 정치에서 '너 죽고 나 살자' 식의 적수 관계는 이 원형과 관련 있다. 서구 정치가 적의 식별을 핵심 문제로 삼는다는 것은 카를 슈미트(1888~1985)가 명확히 말했다. 그는 『정치적인 것의 개념_Der Begriff des Politischen』[5]에서 이 문제를 다뤘는데, 서구 정치의 본질은 적과 동지를 구별하는 데 있으며, 누가 적이고 누가 동지인지 분명하게 가려내려 한다고 했다.

카를 슈미트의 이해는 정치의 개념을 아주 강력한 사고로 바꿔놓았다. 하지만 문제는 이렇게 강력한 정치적 사고가 아무리 흥미로워도, 그것은 세계의 충돌을 해결할 능력이 없을 뿐만 아니라 매우 위험하다는 사실이다. 그것은 심지어 충돌의 근원이기 때문에 이런 사고 속에는 자살적 논리가 있다. 따라서 나는 이렇게 위험한 정치 개념에 대해 아주 불만이다. 그것은 세상에 이로울 게 없다. 정치 개념이 세상에 이로운 점이 있어야지, 그렇지 않으면 무슨 소용이 있겠는가? 이에 나는 유용한 정치 개념, 즉 천하라는 개념을 제안하고자 한다. 천하라는 개념이 바꾸려는 것은 세계에 대한 이해뿐만 아니라 정치에 대한 이해를 포함한다. 다시 말해 우리는 정치란 무엇인지 새롭게 이해해야 한다. 기독교 이래의 정치 개념, 또는 카를 슈미트가 정리한 정치 개념의 기본 정신은 적과 동지를 구분하고 적과 싸우는, 근본적으로 투쟁의 개념이다. 천하의 개념으로 이해한다면 정치의 개념은 '적을 동지로 만든다_化敵爲友'로 표현할 수 있으며, 이는 적대투쟁의 정치 개념과는 정반대다. 천하 정치의 목적은 적을 동지로 만드는 것이며, 정치는 적을 동지로 만드는 예술이어야 한다. 적을 동지로 만들 수 없다면 정치라는 개념이 되기에는 부족하며 한낱 전쟁의 개념에 불과하다. "전쟁은 다른 수단에 의한 정치의 연속이다"[6]라는 유명한 말이 있다. 이 말은 틀렸다. 전쟁은 정치의 연속이 아니라 정치의 실패다. 정치적으로 방법이 없을 때, 정치적인 방식으로 문제를 해결할 능력이 없을 때나 어쩔 수 없이 전쟁을 치르는 것이다. 따라서 전쟁은 사실상 정치의 실패다. 내가 강조하고자 하는 것은 새로운 정치 개념이며, 그것의 핵심 원칙은 적을 동지로 만드는 것이다. 적을 동지로 만들 수 있다면 그것이 바로 정치다.

천하가 이해하는 정치에는 또 다른 차원이 있다. 현재 통용되는 정치의 개념은 어떤 문제를 의미하는가? 이를 이해하려면 이익을 계산하는 정치 단위가 무엇인지 이해해야 한다. 어떤 정치 단위인지에 따라 발생하는 정치 문제도 달라지기 때문에 정치 단위가 핵심이다. 개인 및 민족국가를 정치 단위로 삼는다면 개인의 이익을 기준으로 한 정치 문제, 또는 민족국가의 이익을 기준으로 한 정치 문제가 발생할 수 있다.

우리는 어떻게 정치 단위의 범위를 확정하는가? 핵심은 이익의 계산 단위에 있다. 이익의 계산 단위는 경제 단위일 뿐만 아니라 동시에 정치 단위이기도 하다. 한 사람이 무슨 일을 하든, 또는 한 국가가 무슨 일을 하든, 핵심은 그 일을 하면서 생기는 이익이 누구에게 돌아가는지, 또는 누구에게 계산이 청구되는지에 달려 있다. 이익의 계산 단위는 경제이지만, 정치 단위를 결정하기도 한다. 현재의 정치이론, 즉 서구가 정의하는 정치이론의 틀에 따르면, 정치의 단위, 즉 이익 계산의 단위에서 가장 작은 단위는 '개인'이고, 가장 큰 단위는 '민족국가'로, 더 큰 이익 계산 단위는 없다. 더 큰 지역적 단위는 사실 연맹인데, 일부 행위를 조절할 수 있을 뿐 이익 계산 단위는 아니다. 이는 서구의 정치이론이 왜 이 세계의 충돌 문제를 해결할 수 없는지를 설명한다. 세계는 정치 단위가 아니고, 이익 계산 단위로 간주되지도 않는 무정부 상태이며, 동시에 사상적으로도 세계에 관한 방법론이나 정치이론이 없기 때문이다. 서구 정치이론에서 가장 큰 이익 계산 단위는 국가이므로, 국가정치밖에 없다. 국가 간의 관계는 국가정치에서 파생된 '국제정치', 즉 국가 간의 이익 다툼이다. 이런 논리라면 세계는 무정부 상태이고, 무정부 상태에서 발생하는 문제들을 설명하고 해결할 수 있는 이론은 없음을 의미한다.

천하의 정치 전통에 따르면, 정치 단위에 대한 이해와 처리가 상당히 다르다. 서구의 정치 단위 계열과는 톱니바퀴가 살짝 어긋나 있는 것처럼 약간 틀어져 있다. 중국 전통 유가儒家가 이해한 것은 이러한 정치 단위 계열이다. 여기서 가장 작은 정치 단위는 '가정家', 그다음은 '나라國'다. 그런데 여기서 '나라'는 민족국가가 아니라 더 큰 시스템에 종속된 제후국이다. 그다음으로 가장 큰 정치 단위는 '천하', 즉 세계 시스템이다. '천하-나라-가정'의 정치 계열로 이해하는 이익 계산 단위는 '국가-공동체-개인'이라는 서구의 계열과는 크게 다르다.

'천하-나라-가정'의 계열에는 어떤 장점이 있을까? 하나는 세계 문제를 처리할 수 있는 정치 개념이 생긴다는 것이다. 이로 인해 우리는 세계 문제를 다룰 때 어떤 이론과 방법론이 필요한지 생각해볼 수 있다. 또 다른 장점은 '천하-나라-가정'과 같은 정치 단위는 고립되고 폐쇄적인 실체가 아니라 '관계'를 그 근간으로 삼고 있어서, 이기적인 배타적 이익을 쉽게 줄일 수 있다는 것이다. 반면 개인이나 민족국가는, 분할할 수 없고, 독립적이며, 다른 어떤 실체에도 의존하지 않고 독립적으로 존재하는 완전한 주권의 실체다. '천하-나라-가정'의 시스템으로 볼 때, 하나의 정치 단위를 정의하는 것은 관계의 네트워크다. 한 가정은 부모, 자녀로 구성된 관계의 결합체이며, 구성원은 서로 의존하여 분할할 수 없다. 천하도 마찬가지다.

천하는 여러 국가가 공동으로 구성하는 관계의 결합체다. 따라서 천하는 제국이나 배타적인 패권이 아니라, 하나의 네트워크이며, 즉 모든 국가가 함께 하나의 관계 시스템을 구성한다. 천하는 가장 큰 관계의 네트워크이고, 천하의 주권은 어느 한 국가에 속하지 않으며, 천하체계 그 자체에 있다고 할 수 있다.

국제이론, 국제정치, 또는 각종 국제전략은 왜 이 세계의 각종 충돌 문제를 해결하지 못할까? 세계이론이 없고 세계정치가 존재하지 않기 때문이다. 국제이론이나 국제정치의 본질은 전쟁 개념이다. 전쟁 개념에는 두 가지가 있다. 하나는 가능한 한 다른 사람을 이기고, 지배하며, 심지어 없애려고 하는 것이다. 두 차례의 세계대전과 다른 수많은 전쟁이 이를 말해준다. 두 번째는 적을 제거할 수 없다면 다른 전략이 필요한데, 소위 세력 균형balance of power, 즉 냉전모델을 만드는 것이다. 따라서 개인의 이성에 기초한 민족국가 체제 정치는 전쟁과 냉전, 두 가지 전략밖에 없다. 그러나 이 두 가지로는 그 어떤 국가의 안전, 이익, 발전 문제도 해결할 수 없다. 오늘날 세계의 충돌은 끝나지 않을 뿐만 아니라, 점점 더 심각해지는 것 같다.

어떤 철학자들은 평화적인 방법으로 세계 평화 문제를 해결할 수는 없을까 고민했다. 가장 유명한 것이 칸트의 영구평화계획이다. 칸트의 영구평화론은 아주 천재적인 구상이며, 특히 200여 년 전에 나왔다는 점에서 더욱 위대하다. 그러나 칸트가 구상하는 실현 조건은 지나치게 가혹하며, 평화연맹을 구성하는 국가들이 가치관과 문화적·종교적으로 매우 유사할 것을 요구한다. 다시 말해 국가 간 유사성이 평화연맹을 구성하는 조건이다. 예컨대 EU는 칸트 이론의 현실적인 산물이다.

그러나 이런 방안에는 두 가지 치명적인 약점이 있다. 첫째, 이런 연맹은 매우 취약해서 모두가 만족하는 이익 분배를 보장하기 어려우며, 연맹의 회원국은 여전히 완전한 주권을 가지고 있기 때문에 연맹은 행동을 조율하는 기구일 뿐, 국가주권을 초월하는 권력이 없다. 따라서 회원국들 간의 이익 충돌을 해결할 힘이 없으며, 무언가 새로운 도전이 발생하면 곧장 무너져버릴 것이다. 우리는 이미 오늘날 EU의 상황을 목도하고 있다. EU는 부채 문제, 난민 문제, 시장 문제 등 수많은 내부 문제가 존재한다. 일부 국가의 부채는 거의 해결할 수 없으며, 영국이 EU를 탈퇴하여 EU는 현재 아주 위태로운 상황에 있다. 따라서 칸트의 평화연맹은 최고 권력이 결핍되었기 때문에 매우 취약하다.

둘째, 칸트의 방안은 응용 범위의 한계가 있으며, 문화가 고도로 유사한 지역에 국한될 뿐이다. 다시 말해, 매우 비슷한 문화와 제도를 지닌 국가여야만 연합할 수 있다. 그렇다면 이 방안은 세계의 다른 지역에는 적합하지 않으며, 전 세계적인 방안이 되기에는 부적절하다. 전형적인 어려움은 칸트의 이론은 새뮤얼 헌팅턴(1927~2008)이 제기한 문명의 충돌 문제에 전혀 답할 수 없다는 것이다. 문명의 충돌이라는 난제는 칸트의 방안으로 해결할 수 없다. 칸트 이론의 적용 범위는 다문화적인 세계보다 작으며, 일종의 지역적인 평화일 뿐이다.

전 세계적인 범위 내에서 평화 문제를 해결할 수 있는 다른 방법은 없을까? 하버마스는 이 문제를 고려했고, 국제법을 세계법으로 격상시킬 수 있다고 생각했다. 그렇다면 무엇을 기준으로 삼을 것인가? 그는 인권을 국제법의 기본 원칙으로 삼았다. 이는 훌륭하고 이상적인 생각이지만, 여전히 커다란 허점이 있다. 그는 정상적인 인성의 도덕 수준을 훨씬 넘어서는 지나치게 높은 도덕 수준을 상상했는데, 이는 매우 의심스러운 점이다. 나는 정상적인 인성의 범위 내에서만 문제를 사고할 수 있다고 생각하며, 이는 공자의 원칙이기도 하다.

　구체적으로 칸트나 하버마스 이론의 허점은 최악의 가능성을 고려하지 않았다는 점이다. 보편적으로 유효한 이론을 구상하려면, 그 이론은 세계 전체에 유효하거나, 모든 문제의 모든 상황에 대해 유효해야 한다. 그러려면 우선 최악의 가능성을 고려해야 하며, 이것이 토머스 홉스(1588~1679)의 공헌이다. 최상의 가능성만 생각한다면 정말 아름답겠지만, 도전을 감당할 수 없을 것이다. 실제 생활에서 심각한 도전은 도처에 널려 있으며, 최악의 가능성이란 여러 심각한 도전을 말한다. 따라서 최악의 가능성을 배제한 이론은 어떤 나쁜 가능성의 도전도 감당할 수 없으며, 각종 위기가 주는 타격도 견뎌낼 수 없다. 심지어 그것은 자가당착적인 일들을 만들어내기도 한다. 예를 들어 하버마스는 인권을 기준으로 세계법을 만들고자 했는데, 그렇게 되면 우리는 수많은 어려움에 봉착하게 된다. 인권이라는 개념 자체가 어느 정도 역설을 담고 있기 때문이다. 우리가 인권을 최고의, 절대로 의심하거나 도전할 수 없는 것으로 정의한다면, 우리는 곧 인권이 한 종류가 아니라 여러 종류임을 깨닫게 될 것이다. 재산권, 생명권, 언론권, 선거권, 발전권 등 서로 다른 인권 사이에 충돌이 일어난다면 어떻게 해야 할까? 각각의 인권이 모두 지고무상至高無上하다면, 각종 인권 사이의 갈등은 해결할 수 없는 문제로 치달을 수 있다. 심지어 각 국가와 지역 간의 인권이 충돌하면 어떻게 해야 할까? 우리는 어떤 인권을 우선시해야 하는가? 누구의 인권을 우선시해야 하는가? 따라서 소위 인권을 세계법의 원칙으로 삼는다는 것은 공허한 말치레이며, 그 어떤 심각한 도전에도 대응할 수 없다.

　따라서 천하이론은 이런 방법을 채택하지 않는다. 천하이론의 방법은 반드시 관계라는 개념 속에서 정치적 토대를 찾아야만 한다. 즉 모두가 인정할 수 있는 관계 말이다. 다시 말해, 우리는 모든 사람을 존중하고, 모든 국가를 존중해야 한다. 모든 국가는 서로 다른 문화적 풍격과 생활방식을 가지고 있을 수 있으며, 심지어 모든 사람이 서로 다른 가치관을 가지고 있을 수도 있다. 이런 것은 상관없다. 만약 모든 사람과 모든 국가가 인정하는, 당신에게 이롭고 내게도 이로운 관계를 함께 정할 수만 있다면, 이런 관계의 집합은 천하를 형성할 수 있을 것이다. 보편적으로 유효한 관계의 핵심 성질은 대칭성으로, 즉 어느 한편이 함께 생존해서 이익을 공유할 수 있는 관계를 보장할 수 있어야 한다. 나는 그것을 '공재共在, co-existence' 관계라 부른다. 천하이론의 철학적 기초는 공재의 존재론ontology of coexistence이라 할 수 있다.

천하는 이상으로서, 그것은 먼 곳에 속한 개념이다. 나는 인류 세계가 천하로 나아가길 바라지만, 이는 아주 지난한 노정이 될 것이다. 우선 현실과 가까운 문제로 돌아가서, 천하로 나아가려면 어떤 조건, 특히 어떤 물질적 조건이 필요할지 생각해볼 수 있다. 바로 이것이 오늘날 이 글로벌한 세계에서 일어나고 있는 일련의 변화다.

지금은 어떤 상황인가? 세계화를 이해하기 위해서는 근대성을 이해해야 한다. 세계화가 일어나고 있는 이 세계는 근대세계에서 자라났다. 따라서 현재의 세계화는 근대성의 수많은 특징을 간직하고 있거나, 근대세계가 남긴 수많은 유산을 물려받았다. 그중 가장 큰 유산은 소위 개인이성individual rationality이다. 근대 이론은 인간 보편이성reason의 응용 방식을 개인이성으로 설명한다. 개인이성은 기본적으로 경제학과 정치학을 기준으로 정의한 이성 개념이다. 모든 사람은 논리적인 방식으로 자기 이익의 최대화를 추구하며, 보다 정확히 말해 개인은 영원히 자기 이익의 최대화를 추구하고, 자기 이익에 대해 순환이나 자기모순이 생기지 않는 선호 우선순위, 즉 '일관성consistency'을 지닌다는 것이다.

　이성을 개인이성으로 정의하는 것의 한 가지 장점은 사람의 행위를 예측 가능한 것처럼 보이게 한다는 점이다. 하지만 이런 이해는 인식론적 오류epistemological fallacy다. 사실상 인간은 예측하기 어렵다. 인간에게는 자유의지와 정신, 감정이 있고, 위장할 수도 있기 때문이다. 게임이론은 개인이성의 '위험회피risk-aversion' 특성을 더욱 강조한다. 이 점은 중요하다. 그것은 행위의 예측 가능성을 증가시켰지만, 여전히 정확한 예측은 하지 못하고 있다. 개인이성과 같은 근대적 유산은 위험하다. 그것은 인간에 대해 단편적으로 이해할 뿐만 아니라 지나친 이기주의를 장려하여 충돌을 조장하는 원인이 된다. 개인이성과 같은 개념을 넘어서지 못한다면 공동안전과 공동발전의 공재 관계를 수립하기 어려울 것이다. 모든 사람 또는 모든 국가가 자기 이익의 최대화만 추구한다면, 분명 다른 사람의 이익을 최소화해야 할 것이고, 그렇게 되면 다른 사람이 동의하지 않아 충돌이 생기는 것을 피할 수 없다. 이 단순한 이치는 개인이성의 논리도 전쟁의 논리라는 것, 다시 말해 개인이성이라는 개념이 논리적으로 모든 충돌의 가능성을 내포하고 있음을 설명한다.

　그렇다면 이성의 개념을 어떻게 바꿔야 할까? 사실상 인류 이성의 개념은 개인이성보다 훨씬 범위가 넓으며, 개인이성으로만 사용되는 것이 아니다. 칸트의 표현에 따르면 인류의 보편이성 개념은 'reason'이다. 경제학과 정치학의 개인이성은 reason의 한 가지 응용일 뿐이며, rationality라 부른다. 이 rationality는 reason보다 작으며, reason의 절반에 불과하다. 내가 찾고자 하는 것이 바로 reason의 또 다른 절반의 내용이며, 나는 그것을 '관계이성relational rationality'이라 부른다. 다만 관계라는 단어가 때로 오해를 불러일으킬 수 있어서 더 정확하게 표현하면 연접이성conjunctive rationality

이라고 해야겠지만, 관계이성이란 표현이 비교적 통속적이다. 관계이성은 reason의 또 다른 응용 방식이며, 개인이성과는 매우 달라서 또 다른 rationality라고 할 수 있다. 관계이성과 개인이성은 reason이라는 동전의 양면과도 같으며, 각기 다른 기능을 지닌다. reason의 또 다른 측면을 보완할 수 있다면 우리는 인류의 이성에 대해 비교적 충분한 이해를 갖게 될 것이며, 비교적 정확하게 이성을 사용할 수 있을 것이다.

이 두 가지 이성의 원칙은 무엇이 다른가? 개인이성의 원칙은 자기 이익의 최대화를 추구하는 것이고, 자신의 이익을 절대적으로 우선시하는 목표다. 이와는 반대로 관계이성이 우선적으로 추구하는 것은 각자 이익을 최대화하는 것이 아니라 상호 피해를 최소화하는 것이다. 목표가 다르고 우선시하는 것이 다르다. 두 가지 이성을 하나로 합친다면 완전한 이성 개념을 구성할 수 있다. 경제학의 위험회피 원칙에 따르면, 우리는 다음과 같이 판단할 수 있다. 분명 안전이 가장 중요하고 이익보다 더 중요하다. 따라서 이성은 위험회피를 반드시 고려해야 하며, 우리는 관계이성을 가장 기본적인 제1원칙으로 삼고, 개인이성을 제2원칙으로 삼아야 한다. 다시 말해 우리는 상호 피해의 최소화를 우선적으로 추구한 다음에 각자 이익의 최대화를 추구해야 한다. 어찌 되었든 상호 피해의 최소화가 각자 이익의 최대화에 우선해야만 하는 것이다. 관계이성이 개인이성에 우선하는 순서를 만들 수 있다면, 혹은 관계이성이 개인이성의 제약 조건constraint condition이 된다면, 건강한 이성 개념을 형성할 수 있고, 공동안전을 수립할 수 있으며, 협력과 공재의 관계를 구축하는 데 유리할 수 있다.

정말 관계이성을 실현하여 그것이 사회 속에서 실천되거나 국가 제도에 반영될 수 있다면, 어떤 효과를 낳게 될까? 관계이성의 주된 효과는 '공자 개선Confucian Improvement'을 촉진할 수 있다는 점이다. 공자 개선이란 무엇인가? 이는 현재 유행하고 있는 파레토 개선Pareto Improvement과 비교해봐야 한다. 이 두 가지 모두 사회의 개선을 나타내지만 기준이 다르다. 일반적으로 어떤 사회에 파레토 개선이 일어나면 이 사회의 총체적 복지가 증진되었다고 생각한다. 파레토 개선의 기본적 의미는, 어떤 사회에서 적어도 한 사람의 이익이 개선되었고 그로 인해 아무도 이익을 손해보지 않았다면 사회의 총체적 복지가 증진되었다고 볼 수 있으며, 이것이 곧 진보라는 것이다.

파레토 개선은 훌륭하지만 여전히 만족스럽지 못한 지점이 있다. 한 가지 해결되지 않은 문제가 남는다. 즉 아무도 손해보지 않았더라도 소수의 이익만 날이 갈수록 증가한다는 것이다. 오늘날 우리가 목도하는 빈부 격차처럼, 사람들은 분명 불만을 품고 있고 그렇기에 여전히 각종 충돌이 존재한다. 파레토 개선은 개인주의에 따라 사회 개선의 기준을 이해하므로, 보편적으로 만족하는 사회를 만들기에는 부족하다.

이와는 달리 관계이성이 창출하고자 하는 사회 개선에는 다른 기준이 있다. 관계이성은 사회 개선이 공자 개선에 도달해야 한다고 요구한다. 사회의 총체적인 개선은 반드시 다음과 같이 나타나야 한다. 즉 이 사회에서 한 사람의 이익이 개선되려면 동시에 다른 사람의 이익도 함께 개선되어야 한다. 또는 한 사람의 이익 개선과 다른 모든 사람의 이익 개선 사이에는 필연적으로 함께 멍에를 맨, 연결되고 연동되는 관계가 있어야 한다. 바꾸어 말하면 공자 개선은 모든 사람이 동시에 파레토 개선을 얻는 것과 같다. 공자 개선은 분명 모두를 만족시킬 수 있다. 물론 이것은 요구 사항이 높은 개선이다. 그것은 프리드리히 하이에크(1899~1992)가 말한 것과 같이 자연적이고 자발적인 진화를 통해서 실현될 수 있는 것이 아니라, 반드시 제도적인 배치를 통해서 실현되어야 한다. 관계이성을 사회 실천에 적용하여 공자 개선이 일어난다면, 천하가 멀지 않았다고 생각한다. 사회 내부에 적용한다면 보편적으로 만족하는 사회가 생길 것이고, 세계의 제도적 배치에 적용한다면 모든 나라가 만족하는 세계 관계망이 생길 것이다. 그것이 바로 천하체계다.

천하체계의 미래 가능성은 기술의 발전과도 관련이 있다. 미래 세계의 가장 중요한 변수, 가장 중요한 변화는 주로 인터넷, 사물인터넷, 인공지능, 바이오테크놀로지, 양자 기술, 소재 기술과 같은 진보를 포함하는 첨단기술의 발전에서 비롯되어야 한다. 이러한 기술 발전은 우리 생활방식을 철저히 변화시키는 동시에, 사회의 구성 조건을 변화시킬 것이다. 아마도 수십 년 후에는 삶이 완전히 달라지고, 모든 문제가 새롭게 정의될 것이다. 그때가 되면 무엇이 이익이고 무엇이 노동이며, 무엇이 정치이고 사회이고 생활인지 재정의될 것이다. 그 시대가 되면 오늘날 대다수의 노동은 사라질 것이다.

그렇다면 사람들은 어떻게 살아야 할까? 이는 흥미로운 문제다. 대다수 사람이 노동할 필요가 없어진다면, 사회의 주요한 일은 다른 사람에게 서비스를 제공하는 동시에 다른 사람의 서비스를 받는 것일 수 있다. 따라서 미래사회에서는 모든 서비스 시스템이 삶에서 가장 중요한 시스템이 될 것이다. 최고의 서비스를 제공할 수 있는 사람이 이 세상을 통제하게 될 것이다. 즉, '서비스가 힘이다Service is power'. 우리가 알고 있는 근대사회의 슬로건이 '아는 것이 힘이다Knowledge is power'라면 미래세계에서는 서비스가 곧 힘이 될 것이다. 최고의 서비스를 제공하려면 최상의 기술 시스템이 있어야 한다. 오늘날 우리는 이미 이러한 소위 최고의 서비스, 즉 인공지능, 사물인터넷, 빅데이터 등을 포함하는 징후들을 목도하고 있다.

그러나 그러한 최고의 서비스들은 당신에게 만족스러운 서비스를 제공하는 동시에 사람들을 통제하기 시작했으며, 사람들은 기술 시스템 속의 데이터로 변했다. 개개인에게 가장 개성적이고 가장 자유로운 삶의 옵션을 제공할 때, 이는 동시에 기술 전제專制로 나아갔으며, 기술이 전체 사회와 세계를 통제하게 될 것이다. 우리는 미래세계의 기술 시스템이 자유와 민주주의를 통해 기술 전제를 만들 것이라는 기이한 역설을 발견하게 될 것이다. 이는 대단히 흥미로운 문제다. 우리는 자유민주와 전제는 대립적이며, 이 두 가지는 양립할 수 없다고 알고 있다. 그러나 미래의 기술 조건에서는 이렇게 상호 모순되는 일들이 한데 결합할 수 있다. 다시 말해, 미래세계의 기술 권력은 자유, 민주, 시장과 같은 수단을 이용해서 전제적 통치를 구축할 것이다. 이것이 바로 지금 우리가 경계해야 할 미래의 위험이다. 이런 위험을 극복하려면 천하체계를 세우는 것이 비교적 좋은 방안이 된다. 천하체계의 제도적 장치가 있어야만 세계 제도의 권력통제 기술 리스크를 활용해 기술 전제의 가능성을 배제할 수 있다. 물론 이것은 하나의 이상이다.

(강연일 2016년 10월 27일)

2장

현장에 있는 것과 없는 것: 조선통신사 문헌으로 본 근세 동아시아 삼국

在场的和不在场的: 从朝鲜通信使文献中看近世东亚三国

：

거자오광葛兆光
푸단대 역사학과 석좌교수

주지하듯 조선통신사는 한국과 일본 간의 일이며, 당연히 이 분야에 대한 한국의 연구 성과는 깊고 풍부하다. 중국인으로서 이 문제를 토론한다는 것은 담이 좀 크다고 할 수 있겠지만, 가르침을 청하는 마음으로 이 글을 시작하려 한다.

내가 논하고자 하는 주제는 네 가지다. 첫째, 최근 들어 중국 학계는 왜 일본과 한국에 보존되어 있는 일부 문헌에 특별한 관심을 보이는가? 둘째, 조선과 일본 간의 통신사 문헌은 왜 중국학자들의 관심을 끄는가? 셋째, 전근대 일본과 조선 간의 정치적·문화적 경쟁이 명청 시대의 중국과 무슨 관계가 있는가? 넷째, 조선통신사 문헌을 연구하는 데 있어 중국학자들은 어떤 지식을 제공할 수 있는가?

1

첫 번째 문제는 최근 10여 년 사이에 중국 학자들이 왜 일본과 한국에 보존되어 있는 역외域外 문헌에 특별한 관심을 갖게 되었는가이다. 중국의 위대한 학자 중 한 사람인 후스胡適(1891~1962)는 1938년 스위스 취리히에서 열린 국제역사학대회International Congress of Historical Sciences(ICHS) 석상에서 「최근 발견된 중국역사 자료Recently Discovered Material for Chinese History」라는 글을 발표했다. 여기에는 많은 내용이 담겨 있는데, 그중에는 일본과 조선에 보존되어 있는 중국 관련 사료에 대한 것도 있었다. 후스가 80년 전에 이 이야기를 했을 때는 특별히 관심을 가지는 사람이 드물었지만, 그로부터 70년이 지난 2000년대 중반부터 중국 학계는 비로소 역외, 즉 한국과 일본의 자료들에 대해 본격적으로 관심을 갖기 시작했다.

그리하여 2007년 나는 '주변으로부터 중국 보기'를 제안했고, 지난 10년 동안 이 분야와 관련된 사료집 3세트를 연이어 출판했다. 첫 번째 세트는 2010년 출간된 『베트남 한문 연행문헌 집성越南漢文燕行文獻集成』으로, 총 25권이다. 여기에는 주로 베이징에 사절로 온 베트남 사신들, 원대元代 이후 꾸준히 중국에 사절로 온 베트남 사신들의 기록이 담겨 있다. 이어서 2012년에는 한국과 관련된 두 번째 자료를 출간했다. 이는 『한국 한문 연행문헌 선편韓國漢文燕行文獻選編』으로, 총 30권이다. 다음으로 2015년에는 20종에 달하는 통신사 문헌에서 선별한 『조선통신사 문헌 선편朝鮮通信使文獻選編』 총 5권을 출판했다.

우리는 10년 동안 이와 같은 일을 하며, 중국 학계의 많은 관심을 이끌어냈다. 중국 학계의 여러 기관도 이 분야에 대한 연구를 시작했다. 예를 들어 난징대, 옌볜대, 네이멍구사범대 등이 이 분야에 관한 연구를 진행 중이다. 이 연구는 최근 10년 사이에 중국 학계에서 영향력을 미치는 거대한 흐름이 되었다. 조선의 연행사와 통신사 문헌이 왜 중국에서 특히 주목받고 있을까? 여기에는 두 가지 이유가 있다고 생각한다.

1990년대 수교 이후 중국과 한국 간의 왕래가 점점 늘어났기 때문이다. 2000년 이후로는 상호 간의 문헌 교류 역시 더욱 활발하게 진행되고 있다. 현재 중국에서는 한국의 여러 문헌을 비교적 손쉽게 구할 수 있다. 그중에는 경인문화사에서 출간된 3000권짜리 방대한 자료집 『한국문집총간』이나 동국대학교출판부의 『연행록전집』도 있다. 이런 문헌들의 입수가 점점 더 쉬워진다. 이 문헌들은 세 분야 학자들의 관심을 불러일으켰다. 첫 번째는 '역외한적域外漢籍'을 연구하는 문헌학자이고, 두 번째는 명청 시대 중국 사회 사상과 역사를 연구하는 역사학자이며, 세 번째는 한중 관계 혹은 국제관계사를 연구하는 전문가다. 중국 학계의 입장에서 볼 때 한국이 보존하고 있는 수많은 중국 관련 한문 사료는 아주 신선하고 중요하다.

다른 한편으로 이러한 관심은 최근 10여 년 동안 중국 학술계에서 일어난 일련의 변화와 관련 있다. 중국은 최근 중국, 동아시아, 세계사와 관련된 연구 방법과 역사관이 점점 변하고 있다. 2010년 이후 우리는 제국과 민족국가 문제, 국가 의식과 지역 문화 정체성 문제, 동아시아 각국 간의 상호 인식과 상호 이해 문제, 상상과 역사 기억의 문제 등에 주목하기 시작했다. 중국 자신에 대한 인식 방법이 변하기 시작했고, 이론도 변하기 시작했다. 이로 인해 중국에 대한 인식이 점차 전통시대에서 벗어났다. 첫째 단계인 전통시대에 중국의 자기인식은 일종의 자기상상으로, '중국으로 중국을 분석'했다. 그러나 둘째 단계인 근대가 되자 '서양을 통해 중국을 이해'했다. 셋째 단계인 지금은 이와 같은 방법들을 바꾸려 하고 있다. 중국의 문화 전통과 유사한 '주변' 지역의 시각에서 중국을 새롭게 인식하려는 것이다. 이것이 우리가 제안한 '주변으로부터 중국 보기'다.

이상이 중국 학계가 한국과 일본이 보존하고 있는 중국 관련 사료에 관심을 갖게 된 두 가지 이유다.

한 가지 짚고 넘어갈 것은, 우리는 이 문헌들을 '역외한적'이라 부르지 않는다는 점이다. '역외한적'이란 주로 해외에 흩어져 있는 중국의 문헌을 가리킨다. 우리가 더욱 주목하는 것은 이 문헌들이 본래 일본, 조선, 베트남 사람들이 당시 유행하던 한문으로 기록한 중국 관련 사료라는 점이다. 중국 학계의 입장에서 이 사료들은 매우 가치 있는데, 대체로 다음의 네 가지 이유를 꼽을 수 있다. 첫째, 이 사료들은 한국과 일본, 베트남의 관점에서 새롭게 중국을 이해하고 바라볼 수 있게 한다. 둘째, 동아시아 각국의 문화적·정치적 상호 연관성과 최후의 분열을 볼 수 있다. 셋째, 역사에 의해 삭제되고 잊힌 역사를 돌아볼 수 있게 한다. 넷째, 한국과 일본이 당시 기록해놓은 사료들을 통해 중국 문헌에서는 찾아보기 어려웠던 상세하고 생동감 넘치는 역사적 디테일을 볼 수 있다.

2

두 번째 문제는 조선통신사 문헌이 왜 중국의 특별한 관심을 받는가이다. 10년 전 일본과 한국의 학자들과 교류하는 자리에서 중국이 통신사 문헌에 대해 이야기하면 한국과 일본의 학자들은 대체로 이렇게 생각했다. 이것은 한국과 일본 사이의 일이고, 한국과 일본 간의 교류인데 중국이 무슨 상관이지? 따라서 당시 그들은 통신사 문헌에 대한 중국의 연구가 불필요하다고 여겼다. 하지만 일국사관에서 벗어나 전체 동아시아의 역사를 살펴보면, 실은 동아시아의 많은 역사가 서로 연결되어 있다는 것을 알 수 있다. 15~19세기 동북아시아에서 조선은 사실상 이 역사적 지역의 중심이었다. 중국과 일본 사이에는 외교가 없었으며, 정식으로 국교를 맺고 왕래를 하지 않았기 때문이다. 조선은 '사대교린事大交隣' 정책을 썼으며, 역사상 수많은 일이 왼쪽으로는 사대하고, 오른쪽으로는 교린을 펼쳤던 조선이라는 무대에서 벌어졌다. 따라서 조선의 통신사 문헌은 전체 동북아시아와 관련 있으니, 한편으로는 명대에서 청대까지의 중국, 다른 한편으로는 무로마치室町 시대(1336~1573)에서 도쿠가와德川 시대(1603~1868)까지의 일본과 연관되어 있다.

일본에 외교사절로 간 조선통신사에 대한 자료는 매우 풍부하다. 하우봉 전북대 사학과 명예교수에 따르면, 통계 낼 수 있는 일본 사행使行 통신사는 65회에 달한다. 통신사의 임무는 선린우호, 정보 탐색과 특별 경조사를 챙기는 일이었다. 현존하는 통신사 문헌 중에 첫 번째 부류는 1420년에 조선의 외교사절로 일본에 갔던 송희경宋希璟(1376~1446)[1]이 쓴 『노송당일본행록老松堂日本行錄』이다. 그의 일본 사행은 1419년 조선의 대마도 정벌과 관련돼 있다. 이는 단순히 조선과 일본 간의 일처럼 보이지만, 나는 최근 연구를 통해 이 사건의 배경에 명나라 중국이라는 요소가 많음을 발견했다. 일본과 조선 사이의 일 같아 보이지만 배후에는 중국적 요소가 있지 않았는가? 따라서 이러한 통신사 문헌이 실제로 다루고 있는 것은 일본과 조선뿐만 아니라 중국도 포함된다.

중국 학계의 입장에서 볼 때, 통신사 문헌은 중국과 동아시아의 역사 연구에 두 가지 측면에서 아주 큰 의의를 지닌다.

첫 번째는 정치사와 외교사적 측면이다. 앞서 이야기했듯 동북아 역사에서 조선은 15~19세기 매우 중요한 중심이었다. 당시 조선은 유일하게 일본과 국교를 맺고 있으면서 중국과도 관계를 맺은 국가였기 때문이다. 따라서 통신사 문헌에는 일본, 조선, 중국 사이의 외교 및 정치적 왕래에 관한 자료가 많이 등장한다. 당시 조선의 역할은 아주 미묘했다. 한편으로 조선은 일본과 중국 사이에서 소식을 전달하는 환승역이었다. 부산에 있는 조선의 왜관倭館과 조선이 명청에 보낸 왜정倭情 공문은 명나라와 청나라 당국에 일본의 정세에 관한 많은 정보를 제공했다. 동시에 통신사의 왕래를 통해 일본도 기회를 틈타 명나라와 청나라 중국의 상황을 이해했다. 통신사와 연행사는 동북아의 이 국가들을 하나로 이어주었다.

그러나 다른 한편으로는 일본과 중국 사이를 가로막는 역할을 하기도 했다. 당시 중국과 일본은 국교를 맺고 있지 않았기에, 일본은 조선에 명나라와 직접 관계를 맺고자 하며 조선을 통해 소통하고 싶다는 뜻을 수차례 제기했다. 그러나 때로 조선은 일부러 차단하는 태도를 취했다. 종종 고의로 일본과 중국을 떼어놓았던 것이다. 조선은 한편으로는 중국에 일본은 오랑캐이니 그들과 왕래할 필요가 없다고 했으며, 다른 한편으로는 일본에 우리는 너희에게 연락의 기회를 주지 않을 것이며, 소식을 전하지도 않을 것이다. 천조天朝 또한 너희와의 왕래를 원치 않는다고 했다. 이는 아주 흥미로운 관계다. 바꿔 말하면 동북아 삼국 간의 많은 일들이 조선이라는 플랫폼에서 벌어졌던 것이다. 이로 인해 조선통신사 문헌에는 우리가 당시 동북아 역사를 이해하는 데 상당히 유용한 사료가 많이 남아 있다. 예컨대 16세기 말기의 임진왜란은 도요토미 히데요시豊臣秀吉(1536~1598)가 조선을 공격하자 명나라가 조선에 출병한 사건인데, 통신사 문헌에 이에 관한 기록이 아주 많다.

두 번째로 우리가 더 관심을 가지는 것은 문화사적 영역이다. 14세기 이전에는 확실히 고대 중국 문화가 동북아 각국에 영향을 미쳤다. 그러나 14세기 이후에는 조선과 일본을 왕래한 통신사의 한문 문헌을 통해, 동아시아 각국이 문화적으로 끊임없이 경쟁하고 비교했음을 알 수 있다. 그러나 이때 일본과 조선 간의 '문화 경쟁'에서 중요한 것은 현장에 없는 참가자 중국이었다. 당시 중국 문화는 동아시아 각국에 지대한 영향을 미치고 있었다. 어느 일본학자에 따르면, 당시 일본 에도江戸 시대(1603~1868)[2]는 쇄국의 시대였는데, 실제로는 두 개의 창구가 존재했다. 하나는 당연히 나가사키長崎였고, 다른 하나는 이키시마壹岐島, 대마도를 통해 부산으로 가는 것이었다. 이런 의미에서 우리는 통신사 문헌을 통해 동북아 삼국의 각종 문화사적 경쟁과 변화에 대해 깊이 있는 토론을 할 수 있을 것이다.

그렇다면 삼국 간의 문화 경쟁은 과연 어떠했을까? 명청 시대의 중국은 이런 문화 경쟁 속에서 어떤 역할을 했는가? 최근 미국, 일본 학자들과 토론하면서 과거 우리가 네 가지 역사를 간과했음을 깨달았다. 첫 번째는 역사에 의해 잊히고 은폐된 역사이고, 두 번째는 현장에 없었던 역사이며, 세 번째는 일어나지 않은 역사, 네 번째는 상상의 역사다. 이러한 것들은 과거 역사학자들의 연구가 충분치 않거나, 우리가 무심코 간과했던 역사다. 동아시아 삼국의 문화사를 봐도 상호 간 문화 경쟁에서 간과되는 것은 현장에 없었던 중국이다. 조선과 일본의 문화 경쟁에서 중국이 어떤 역할을 했는지는 늘 간과되어왔다.

3

몇 가지 예를 들어보자.

첫 번째로 볼 것은 '명분名分'과 '표기법書法'이다. 주지하듯 중국은 역사적으로 명의名義, 이름, 명칭을 유달리 중시하는 유구한 전통이 있다. 그리하여 공자는 "반드시 이름을 바로잡을 것이다"[3]라 했고, 동시에 "기물과 이름만은 남에게 빌려줄 수 없다"[4]고 했다. 고대 동아시아 역사에서, 특히 동아시아의 외교 업무와 역사 기록에서 정명正名, 명의, 명분은 대단히 중요했다. 국가와 국가 간의 문서에서 호칭과 단어 선택은 모두 국가 존엄과 연결되며, 국가 지위, 심지어 국가 이익과도 관련되었다. '후세에 길이 전하는' 것으로서의 역사 서술은 사실을 기록해야 할 뿐만 아니라, 역사상의 인물과 사건에 대해 어떻게 등급과 기준을 정해 엄격한 명칭을 사용할 것인지가 매우 중요했다. 이런 전통은 중국에서 매우 중요한 것이었기에, 중국 고대 유가 경전 『춘추春秋』에서 '정명'의 전통은 매우 오래되고도 중요한 일이었다. 명칭을 틀리는 것은 사실을 틀리는 것과 같았다.

이 점에 있어서 중국은 일본과 조선에도 영향을 주었다. 통신사 문헌에는 어떤 연호와 어떤 명의를 쓸 것인가에 대한 논쟁이 자주 등장한다. 1420년 처음으로 일본에 사행간 조선통신사 송희경은 국서에 '영락永樂'이라는 연호를 사용했다. '영락' 연호를 사용한다는 것은 당시 조선이 명나라의 종주국 지위를 받아들이고, 중국을 천조상국天朝上國으로 받들었음을 의미한다. 그러나 이는 일본을 낮추었기 때문에 일본은 이에 동의하지 않았다. 이 국서상의 연호로 인해 한참 논쟁이 오갔으며, 심지어 당시 조선의 사신이었던 송희경을 사찰에 며칠씩 가두고 연호를 고치라고 요구했다. 동시에 당시의 국서, 즉 조선이 일본에, 일본이 조선에 보내는 국서에서 자신의 서명과 상대국의 명칭이 무엇인지도 매우 중요했다. 특히 일본이 자신을 무엇으로 적을 것인지―일본국왕日本國王으로 적을지, 일본대군日本大君으로 적을지, 아니면 정이대장군征夷大將軍으로 적을지―는 조선에 대한 태도와 중국에 대한 관계와도 관련 있는 문제였다. 조선은 이 사안을 몹시 중시했으며 일본도 마찬가지였다. 당시 조선은 일본이 '일본국왕'으로 써야 하며, 일본국왕과 조선국왕이 대등하게 왕래한다고 여겼다. 그러나 일본은 종종 '일본국왕'이라 쓰지 않고, 일본대군이나 일본 정이대장군으로 쓰고자 했다. 일본인의 입장에선 천황이 있고 일본의 천황은 명나라 황제와 대등하며, 일본의 장군이 조선의 국왕과 대등하다고 여겼기 때문이다. 그래서 이 몇 글자를 놓고 골치 아픈 논쟁이 일어났다.

다른 예를 들자면, 국서에서 피휘避諱[5]를 했는가, 대체 누구의 휘諱를 피해야 하는가의 문제도 있었다. 일본은 때때로 조선의 피휘에 주의를 기울이지 않아 조선 사신들의 항의를 받았다. 조선 국서에 일본국왕이나 정이대장군의 휘가 사용되면 일본 당국도 항의했다. 중국에서 유래한 이 오랜 전통은 영향력이 컸고, 정치적 성격의 국서를 둘러싸고 벌어진 문화 경쟁이 사실상 중국의 문화 전통과 어느 정도 관계가 있음을 알 수 있다.

두 번째는 예의禮義와 습속習俗에서의 힘겨루기다. 통신사 문헌에서 볼 수 있듯이 일본과 조선은 예의와 습속에 있어서도 많은 논쟁을 벌였다. 양국 사절의 왕래에서 어떤 예의는 국가 존엄의 문제와 연관되었다. 사절단의 왕래는 어떤 예의를 따라야 하는가? 예를 들어 일본국왕을 알현할 때는 무릎을 꿇고 고두叩頭를 해야 하는가? 전당에 들어가야 하는가, 아니면 계단 아래 뜰에서만 있어야 하는가? 일본국왕 수하의 대신들을 만날 때는 평등의 예를 갖춰야 하는가, 아니면 존경의 예를 갖춰야 하는가? 이는 모두 전통 예법과 연관되어 있다. 그런데 예법은 중국 유가 문명에서 가장 중요한 것으로, 중국 유가는 예의를 따지는 데 심혈을 많이 기울였다. 이런 측면에서 일본과 조선통신사의 왕래는 이러한 전통의 영향을 많이 받았으며, 예의에 대한 수많은 논쟁이 벌어졌다. 오가는 논쟁 속에서 그들이 내세운 기준은 무엇이었을까? 바로 중국 유가의 제도였다.

마찬가지로 습속에 대해서도 우리는 일본에 간 조선통신사가 일본 풍속에 대해 기술한 많은 자료에 주목했다. 수많은 조선의 사신이 일본인은 야만스럽고 문명적인 생활을 전혀 이해하지 못한다며 일본의 풍속을 비판했다. 그들이 입는 옷과 먹는 음식, 행동거지와 치장 모두 아주 야만스럽다는 것이었다. 조선의 통신사는 남자와 여자 사이에 분별이 없고 남들 앞에서 소변을 봐도 되는 풍속 등을 문명하지 못함의 발현이라고 생각했다. 일본인들이 이렇게 문명하지 못한 풍속을 보였기 때문에 조선의 사신은 스스로 존엄하다고 느꼈다. 이와 같은 문화 간의 상호 경쟁에서 그 기준은 무엇일까? 현장에 나타나지 않은 심판관은 사실상 중국 유가의 영향을 받은 예법으로, 전통 유가가 무엇이 문명이고 무엇이 야만인지에 관해 남겨놓은 기준 체계다.

세 번째는 전통 중국의 정통 '의관'이다. 통신사 문헌에서 보이듯, 조선의 통신사는 시종일관 스스로를 중화 문화의 정통으로 여겼다. 그중에서도 그들이 특히 자부심을 가졌던 것은 자신들이 줄곧 대명大明의 의관 제도를 지킨다는 점이었다. 당연히 조선연행사는 청나라에서 그러한 측면의 자부심을 종종 드러냈으며, 조선통신사도 일본에서 자기 복식의 정통성을 과시하곤 했다. 흥미로운 것은 일본도 종종 복식 면에서 조선통신사와 경쟁했다는 점이다. 일본도 자신들의 의관이 더 오래된 중국 전통에서 기원했다고 자랑했으며, 주면周冕, 위변韋弁, 피변皮弁[6] 등과 같은 전통복식을 내보였다. 조선과 일본도 고대 중국, 특히 한족漢族의 의관이 정통 중화이자 문명의 상징이라고 생각했음을 알 수 있다. 누가 문명하게 입었고 누가 문명하지 않게 입었는지의 기준도 고대 중국 의관과의 유사성에 따라 결정되었다.

네 번째는 예술을 포함한 '학문'과 '문학'이다. 조선통신사와 일본은 이 방면에서도 서로 경쟁했다. 조선통신사는 일본에 갈 때마다 일본의 회화나 서예, 시의 수준이 어떤지, 송대 정주이학에 대한 이해는 어떤지 토론하려 했다. 그들은 시로 이야기를 나누는 와중에 암암리에 경쟁했다. 통신사 문헌에는 이런 유의 자료가 아주 많이 기록되어 있음을 볼 수 있다. 예를 들어 당시의 조선통신사는 일본 학자들을 매우 얕잡아 보았다. 그 일본 학자들이란 당시 가장 위대한 학자였던 하야시 라잔林羅山[7]이나 하야시 노부아쓰林信篤[8]와 같이 '린케林家의 다이가쿠노카미大學頭[9]'로 불렸던 사람들이었다. 그런데도 조선통신사는 그들이 유가의 기상이라곤 전혀 찾아볼 수 없고, 심지어는 졸렬하고 비속하며, 주자(주희朱熹, 1130~1200)의 학설에 대한 이해가 천박하다고 비판했다. 이러한 문화 경쟁을 통해 당시 조선의 사신들은 일종의 존엄과 만족, 자부심을 느꼈다. 마찬가지로 그들은 서예, 시와 회화에 대해서도 상호 경쟁했다. 그러나 여기서도 기이한 것은 무엇이 좋고 나쁜지의 기준이 전부 중국이었다는 점이다. 즉 중국 최고의 시와 비슷한지, 중국의 훌륭한 서예와 비슷한지, 중국 최고의 회화와 비슷한지가 그 기준이었다. 따라서 중국은 현장에는 없었지만 실제로는 문화 경쟁이 벌어질 때마다 시시각각 그 자리에 있었다.

최근 몇 년 사이 문화정체성에 관한 논의가 상당히 주목받고 있다. 문화는 어떤 지역을 하나로 이어주기도 하지만, 때로는 각 지역을 분열시키는 요소가 되기도 한다. 동아시아 삼국에서 한자와 유가, 불교를 포함하는 초기의 전통적인 중국 문화는 동아시아 삼국을 서로 연결시키는 연결고리였다. 그러나 문화 간의 경쟁은 각국의 자존을 유지시켜주었기에, 점점 '나' '너' '그'라는 의식이 생겨났으며, 서로 경쟁하고 분열했다. 따라서 우리는 통신사 문헌 속에 중국이 직접 등장하지는 않지만 실제로는 동북아 문화사의 현장에 항상 있었음을 알 수 있다.

4

끝으로 개인적인 생각을 말하자면, 나는 줄곧 14세기 중후반이 동북아 역사에서 아주 중요한 시기라고 생각해왔다. 1368년, 몽골이 한족이 세운 명나라에 패배해 고비 사막 이북으로 물러난 뒤 중국은 대명왕조大明王朝로 바뀌었다. 1392년 이성계가 고려를 멸망시키고 조선을 세웠고, 같은 해 일본에선 아시카가 요시미쓰足利義滿(1358~1408)[10]가 전 일본을 통일했다. 1400년, 베트남에서는 레黎씨가 쩐陳씨를 몰아내고 레 왕조를 세웠다.[11] 1405년에는 티무르(1336~1405)[12]가 세상을 떠나고 그가 세운 왕국은 서서히 분열했는데, 그의 손자가 계속 집권하면서 명나라와 우호 관계를 유지하기 시작했다. 이때가 동북아 역사상 매우 중요한 시기이자 첫 번째 변화다.

동북아 역사상 두 번째 변화는 17세기 중엽 이후다. 중국이 명에서 청으로 바뀌면서 동아시아는 두 번째로 커다란 변화에 직면하게 된다. 이 두 차례의 변화가 가져온 결과는 무엇일까? 첫 번째 변화로 인해 각국에서는 문화의식의 독립과 국가의식의 각성이 나타났으며, 독자적인 정치와 문화를 꽃피우기 시작했다. 근대 일본의 동양사학자 나이토 코난內藤湖南 (1866~1934)에 따르면, 몽골 시대가 일본 본국 문화의 독립을 자극했으며, 포스트 몽골 시대에는 실제로 중국 주변의 여러 나라가 자각하기 시작했고, 각국의 자기중심주의가 부상하기 시작했다. 두 번째 변화의 시기인 17세기 중엽 명청 교체기에는 이른바 '화이변태華夷變態(화華와 이夷의 관계 역전)'가 동아시아 각국의 문화 독립을 더욱 가속화했다. 따라서 나는 두 번째 변화도 중요하다고 본다.

세 번째 변화는 물론 서양인이 동아시아에 들어와 동북아 삼국이 서로 다른 근대화의 노정을 걷도록 한 것이다. 이 세 차례의 변화는 14세기 중

후반 이후의 동아시아에 매우 중요한 것이었으며, 4~5세기에 달하는 긴 시간 동안 조선통신사 문헌은 동아시아 역사에 관해 아주 풍부한 자료를 제공한다.

통신사 문헌에 대한 한국 학자들의 연구가 매우 깊이 있다고 알고 있다. 그러나 유감스럽게도 한글을 잘 몰라서 한국 쪽 상황을 전혀 파악할 수 없다. 일본 쪽 상황은 조금 이해하고 있는데, 일본에도 통신사 문제에 대해 아주 많은 연구가 이루어져 있다. 주의할 것은 2010년 이전에는 중국에서 통신사에 대한 연구가 전혀 이뤄지지 않았다는 점이다. 내가 검색해본 바로는 2010년 이전에 중국에서 통신사 문제를 언급한 논문은 5편에 불과했고 그마저 아주 간략했다. 따라서 중국 학자들이 통신사 문제를 이해하고 통신사 문헌을 제대로 연구하려면 일본과 한국으로부터 배워야 한다. 통신사 문헌에 대한 일본 학계의 연구는 주로 다음의 세 가지 분야에 집중되어 있다. 첫 번째는 정치사와 외교사이고, 두 번째는 주로 경제사와 무역사이며, 세 번째는 한국이 일본에 끼친 문화적 영향이다. 일본은 이 세 분야에서 뛰어난 연구 성과를 보여주고 있으며, 이러한 연구는 중국 학자들에게 큰 참고가 되었다. 그러나 문제는 일본 학자의 통신사 문헌 연구가 일본 학자의 학술적 배경과 문제의식을 지닌다는 점이다. 한국 학자의 통신사 문헌 연구도 한국의 문제의식과 학술적 배경을 바탕으로 한다. 그럼 중국 학자가 통신사를 연구한다면, 중국 학자는 무엇을 해야 할까?

중국 학자가 통신사 연구에서 할 수 있는 일은 대체로 두 가지다. 첫째, 중국 학자는 통신사 문헌을 활용해 국경을 뛰어넘는 동아시아 지역사 연구를 할 수 있다. 즉 동아시아를 서로 연결된 총체로 파악하여 연구하는 것이다. 이 점에 대해서는 한국 학자들과 더 많은 토론을 해야겠지만, 한국에는 '동아시아'라는 개념이 있고, 일본에도 '동아시아'라는 개념이 강한

데, 왜 중국에는 역사 연구의 측면에서 '동아시아'라는 개념이 희박할까? 이상한 문제다. 나는 일본을 자주 방문하는데 일본 사람들이 자주 쓰는 단어에 '히가시 아지아東ㅈ으ㄱ(동아시아)'가 있다. 그런데 왜 중국 학계에는 여태껏 동아시아 연구에 대한 전통이나 습관이 없었을까? 이것이 첫 번째 문제다. 둘째, 중국 학자는 조선통신사 문헌을 연구하고, 일본과 조선 간의 문화적·정치적 관계를 연구함에 있어 중국적 시각을 제공할 수 있다. 조선과 일본의 시각만으로는 충분하지 않은 것 같다. 중국 학자들도 나름대로 관찰한 결과와 의견을 제공하여 한몫을 할 수 있지 않을까 생각한다.

통신사 연구를 통해 우리가 점차 '문화 경쟁'에서 '학술 협력' 또는 '학술적 상호 보완'으로 나아갈 수 있기를 희망한다. 통신사 문헌이든 연행사 문헌이든, 이러한 자료 연구를 통해 우리는 함께 토론할 수 있다. 최근 몇 년간 나는 일본과 한국의 학자들과 1년에 한 번씩 '국사國史 대화'를 해오고 있다. 중국의 역사교과서는 어떻게 쓰였는가? 중국의 역사교과서는 왜 늘 중국의 입장에 서 있는가? 일본의 역사교과서는 어떻게 쓰였는가? 일본의 역사교과서는 왜 늘 일본의 입장에 따라 기술되는가? 한국의 역사교과서는 어떻게 쓰였는가? 언제나 한국의 입장에 따라 기술되고 있지는 않은가? 우리가 역사에 대해 모두가 받아들일 수 있는 공통의 입장을 찾을 수 있을까 등을 토론하는 자리다. 따라서 조선통신사 문헌 연구는 동아시아 삼국을 이해하는 데 도움을 줄 수 있는 공통의 영역이 되지 않을까 싶다. 한국 독자 여러분의 가르침을 청한다.

(강연일 2017년 2월 24일)

3장

중국의 인구 고령화: 도전과 정책 선택

中国的人口老龄化: 挑战与政策选择

：
쮜쉐진左學金
상하이사회과학원 연구교수, 전 상무부원장

이 글에서는 중국의 인구 고령화, 그리고 인구 고령화가 경제 성장과 사회보장제도에 미치는 영향, 중국이 취할 수 있는 정책적 제안 이렇게 네 부분으로 나누어 설명하고자 한다.

중국의 인구 고령화

[도표 1]은 중국의 인구 변화로, 각각의 지표는 출생률, 사망률, 출생에서 사망을 뺀 자연증가율을 나타낸다. 1959~1961년의 3년 동안 기근으로 인한 출생률의 감소와 사망률의 증가로 증가율이 하락했던 것을 제외하면, 다른 해에는 증가율이 전체적으로 하락하는 추세임을 알 수 있다. 증가율이 하락하는 주된 원인은 출생률의 감소다. 사망률은 상대적으로 안정적인데, 그 까닭은 두 가지 상호 작용하는 힘이 사망률에 영향을 미치기 때문이다. 한 가지 힘은 인구의 기대수명 증가다. 다른 조건이 변하지 않

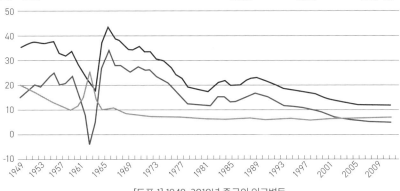

(단위: 퍼밀‰) ── 출생률 ── 사망률 ── 자연증가율

[도표 1] 1949~2010년 중국의 인구변동

는다면 기대수명이 증가할 때 인구의 사망률은 감소하게 된다. 또 다른 힘은 인구 고령화다. 인구 고령화는 조사망률粗死亡率(인구 1000명당 새로 사망한 사람의 비율)[1]의 상승을 가져온다. 사망률 감소를 가져오는 힘과 사망률 증가를 가져오는 힘이 균형을 이룬 결과, 사망률은 비교적 안정적으로 유지되었다. 하지만 미래에는 사망률이 다소 증가할 것이다. 노인이 갈수록 많아지고 있기 때문이다. 현재 중국에서는 매년 약 1000만 명이 사망하고 있으나, 앞으로 약 30년 후에는 매년 2000만 명이 사망할 것으로 보인다.

[도표 2]는 6차에 걸쳐 실시된 인구조사와 2015년에 실시된 전국 1퍼센트 인구 표본조사 데이터다. 중국은 지금까지 인구조사를 총 6번 실시했다.[2] 중국 총인구는 약 6억 명에서 13억 명 이상으로 증가했는데, 반세기가 조금 넘는 시간 동안 2배 이상 증가한 셈이다. 꽤 빠른 증가지만 다른 개발도상국과 비교하면 그렇게 빠른 것도 아니다. 가장 큰 변화는 연령구조의 변화다. 제2차 인구조사를 보면 0~14세 유소년 인구는 전체 인구의 40퍼센트를 차지하고 있는데, 2010년과 2015년에는 16.6퍼센트로 떨어

연도	총인구(백만)	0~14세(퍼센트)	15~64세(퍼센트)	65세 이상(퍼센트)
1953	594.35	36.28	59.31	4.41
1964	694.58	40.69	55.75	3.56
1982	1008.18	33.59	61.50	4.91
1990	1133.68	27.69	66.74	5.57
2000	1265.83	22.89	70.15	6.96
2010	1339.72	16.60	74.53	8.87
2015	1374.62	16.60	72.90	10.50

[도표 2] 총인구와 연령 구조

졌다. 즉 인구 10명당 4명에서 6명당 1명으로 떨어진 것이다. 이는 아주 큰 변화다. 65세 이상 노인 인구를 보면, 1964년에는 100명당 3.6명에서 지금은 10명이 넘는다. 뒤에서 자세히 설명하겠지만, 앞으로 중국 노인 인구 비율은 30퍼센트 이상, 많게는 40퍼센트 이상이 될 것으로 보인다.

[도표 3]은 유엔의 세계인구전망 중 중국 인구에 대한 전망이다. 유엔은 중국 인구를 고위, 중위, 저위의 세 가지 시나리오로 나누어 전망했다. 가장 가능성이 높은 중위 추계를 보면, 중국의 합계출산율Total Fertility Rate(TFR)은 약 1.5명에서 서서히 증가해 2.01명이 될 것이다. 21세기 말이 되면 1쌍의 중국인 부부가 2.01명의 아이를 낳는다는 뜻이다. 저위 추계를 보면, 일단 1.1명 전후로 떨어졌다가 서서히 증가해 1.5명이 될 것이다. 21세기 말이 되면 1쌍의 중국인 부부가 1.5명의 아이를 낳는다는 뜻이다. 고위 추계로 보면 2.5명의 아이를 낳을 것이다.

위와 같은 유엔의 가정이 어떠한 결과를 가져오게 될지 살펴보자. [도표 4]는 중국 인구추계다. 21세기 말이 되면 중국의 총인구는 중위 추계로 9억여 명이 될 것이다. 저위 추계로는 5억여 명이고, 고위 추계로는 한동안 15억 명 이하였다가 21세기 말에 16억 명으로 반등할 것이다. 하지만 이

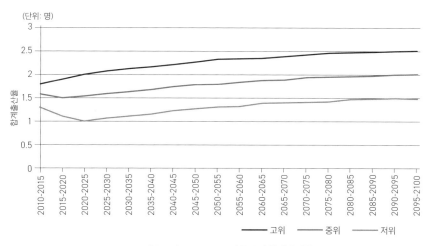

[도표 3] 2010~2100년 중국의 합계출산율
출처: 유엔 세계인구전망, 2010년 개정

것의 전제는 21세기 말까지 1쌍의 부부가 2.5명의 아이를 낳는다는 것이다. 현재 대만·홍콩·마카오의 출산율은 1.1명 전후로, 만약 중국 본토의 출산율이 지금의 대만·홍콩·마카오처럼 변해간다면, 중국의 인구는 저위 추계로 갈 것이다.

다음으로, 세 가지 추계에 따른 고령화 결과를 살펴보자. 중위 추계에 따르면, 21세기 중반 이후 수년 동안 65세 이상 노인 인구 비율은 전체 인구의 약 30퍼센트를 차지할 것이다. 저위 추계에 따르면, 인구가 감소할수록 고령화가 심해지기 때문에 고령화 수준은 수년 동안 30퍼센트 이상, 심지어 40퍼센트 이상에 달할 것이다. 고위 추계에 따르면, 고령화 수준은 대략 20~25퍼센트가 될 것이다. 현재 일본의 고령화 수준이 25퍼센트다. 이러한 유엔의 전망은 가설에 기초하고 있으며, 중국의 인구가 앞으로 어떻게 발전할 것인가는 미래의 젊은 부부들이 자녀를 몇 명 낳을 것인가에 달려 있다. 이는 불확실성이 크다.

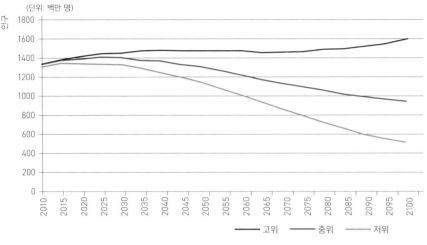

[도표 4] 2010~2100년 중국 인구추계

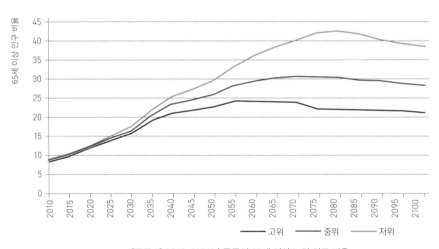

[도표 5] 2010~2100년 중국의 65세 이상 노인 인구 비율

중국은 실제로 인구변천 과정을 겪었다. 중국은 1970년대에 출산율 급감을 경험했다. 1950~1960년대에는 1쌍의 부부가 5~6명의 아이를 낳았지만, 1979년이 되자 단 10년 만에 중국의 평균 출산율은 2~3명으로 떨어졌다. 1990년대 초가 되자 중국의 출산율은 더 낮은 수준으로 떨어졌으며, 그 후로도 계속해서 떨어지고 있다. 안타깝게도 현재 출산율에 대해서는 정확한 공식 지표가 나와 있지 않지만, 많은 학자가 1.5명 이하일 것으로 추정하고 있다. 국가통계국의 2015년도 전국 1퍼센트인구 표본조사에 따르면 중국의 출산율은 1.05명으로, (현재 대만·홍콩·마카오의 출산율인) 1.1명에도 못 미친다. 물론 사람들은 이 수치가 과소평가된 것이라고 생각한다.

중국인의 기대수명은 2000년에 71.4세로, 남성은 69.63세, 여성은 73.33세였다. 2010년에는 74.83세로 증가해, 남성은 72세, 여성은 77세였다. 상하이 주민의 기대수명은 이미 83세에 달해, 남성은 80세, 여성은 85세로 일본과 비슷한 수준을 보이고 있다.

한편, 중국은 출생율이 매우 낮으며, 사망률도 낮은 편이어서, 증가율은 0.5퍼센트 이하를 기록하고 있다. 출생률은 약 13퍼밀(‰), 사망률은 약 7퍼밀이다. 현재 중국 전체 인구에서 노인 인구가 차지하는 비율은 10.5퍼센트에 달하고 있다.

인구 고령화가 경제 성장에 미치는 영향

이상으로 중국의 인구 변화에 대해 간략히 논했다. 이제 인구 고령화가 경제 성장에 미치는 영향을 살펴보자. 인구 고령화가 우선적으로 영향을 미치는 것은 노동력이다. 중국의 노동력 공급은 계속해서 하락하고 있다.

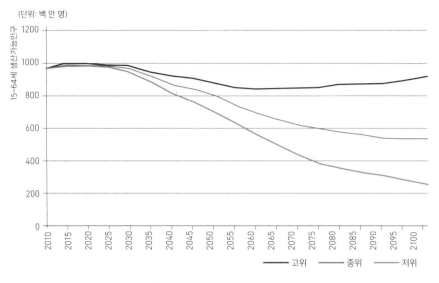

(단위: 백 만 명)

[도표 6] 2010~2100년 중국의 생산가능인구

[도표 6]을 보면 2012년부터 중국의 생산가능인구는 매년 수백만 명씩 감소하고 있으며 4년 연속 하락세다. 중국의 노동비용은 빠르게 상승하고 있으며, 저축률은 감소하고 있다. 특히 젊은 층의 저축률, 가계 저축률이 하락하고 있다. 또한 가계와 정부의 부채율이 증가하고 있으며, 특히 모두가 관심을 갖고 있는 지방정부의 부채는 현재 약 18조 위안(한화 약 3060조 원)에 달하고 있다. 그리고 기업의 투자율, 특히 민간기업의 투자율이 매우 빠르게 감소하고 있다. 노동력이 감소하고, 투자도 감소하고 있는 것이다. 중국은 국제 시장에서 노동집약적 제조업에 비교우위를 갖고 있는데, 수출이 감소함에 따라 많은 사람이 위안화 평가절하를 예측하고 있다.

이러한 변화들로 인해 중국의 경제 성장률은 하락하고 있다. 노동력 측면에서 보자면, 현재 중국에는 10억 명에 가까운 노동력이 있다. 하지만 중위 추계에 따르면, 중국 전체 인구는 9억여 명, 15~64세의 생산가능인

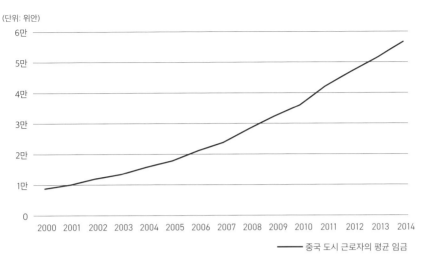

(단위: 위안)

6만

5만

4만

3만

2만

1만

0

2000 2001 2002 2003 2004 2005 2006 2007 2008 2009 2010 2011 2012 2013 2014

—— 중국 도시 근로자의 평균 임금

[도표 7] 인구배당효과 종료와 노동 희소성 증가: 도시 평균 임금 상승

구는 5억여 명으로 감소할 것이다. 저위 추계로 보면, 전체 인구는 5억여 명, 생산가능인구는 2억여 명으로 감소할 것이다. 고위 추계로 보면, 생산가능인구는 일단 감소하다가 서서히 반등할 것이다. 하지만 21세기 말에는 현재보다 1억 명 정도 줄어들 것으로 예측된다.

[도표 7]은 중국의 노동비용, 즉 도시의 평균 임금에 관한 것이다. 연봉의 단위는 위안이다. 2000년 중국 도시근로자의 평균 연봉은 1만 위안(한화 약 170만 원)이 채 되지 않았다. 하지만 빠르게 증가해 지금은 5만 위안(한화 약 850만 원)에 달하고 있다. 인구 고령화가 진행됨에 따라 임금이 빠르게 증가한 것을 알 수 있다.

투자와 수출은 오랫동안 중국의 경제 성장을 이끌어온 두 가지 엔진이었다. 하지만 중국은 노동집약형 제조업에서 갖고 있던 비교우위를 잃었기 때문에, 일부 제조업의 생산능력과 제조기업, 특히 외자 제조기업들이 중국에서 방글라데시, 베트남, 심지어 남미 국가와 같은 다른 개발도상국으

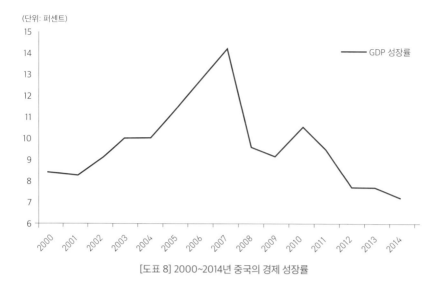

(단위: 퍼센트)

[도표 8] 2000~2014년 중국의 경제 성장률

로 이전하고 있다. 전반적으로 글로벌 경제 회복의 둔화 역시 중국의 수출에 좋지 않은 영향을 끼치고 있다.

중국의 경제 성장률은 2000년 이후 빠르게 상승했지만 2007년부터 하락하기 시작했다. 2014년의 경제 성장률은 7퍼센트 이상이었지만, 2015년은 6.9퍼센트, 2016년은 6.5퍼센트로 예상된다. 어떤 국제기구에서는 6.4퍼센트로 예측하기도 한다. 여전히 높은 수치이긴 하나 하락세가 매우 뚜렷하다.

내가 속해 있는 상하이사회과학원 연구팀은 2013년에 미래 경제에 대한 시뮬레이션을 실시했다. 이 시뮬레이션 결과는 낙관적인 편으로, 2015년 경제 성장률을 7.3퍼센트로 예상했으나 실제로는 6.9퍼센트였다. 2020년은 6.5퍼센트일 것으로 예측했는데, 일각에서는 이를 달성하기가 쉽지 않을 것으로 예상하고 있다. 2050년에는 중국의 경제 성장률이 3퍼센트대로 떨어질 것이다. 세계적으로 3퍼센트대면 아주 형편없는 것은 아니지만,

연도	GDP 성장률 (퍼센트)	생산 요소 기여도		
		노동투입	자본투입	총요소생산성 (TFP)
2015	7.33	-0.30	7.51	0.12
2020	6.52	-0.17	5.18	1.50
2025	5.80	-0.42	3.38	2.84
2030	5.16	-0.57	2.54	3.19
2035	4.59	-0.57	1.95	3.21
2040	4.08	-0.49	1.48	3.09
2045	3.63	-0.67	1.07	3.23
2050	3.23	-1.11	0.70	3.64

[도표 9] 경제 성장 예측 및 원천: 기준 시뮬레이션
출처: 상히이사회과학원 연구팀

중국으로서는 꽤 장기적인 성장률 하락 과정이 될 것이다.

하지만 핵심은 성장률을 구성하는 요소들의 기여도에 어떤 변화가 일어나는가이다. 먼저 경제 성장에 대한 노동의 기여도를 보면, 2015년 GDP 성장률 7.33퍼센트포인트에서 -0.3퍼센트포인트를 기여했고, 자본은 7.51퍼센트포인트, 총요소생산성Total Factor Productivity(TFP)은 0.12퍼센트포인트를 기여했다. 이 세 가지를 합치면 7.33이 된다. 하지만 노동의 기여도는 갈수록 마이너스 폭이 확대될 것이다. 중국의 노동력은 2015년 이전부터 계속해서 감소하고 있기 때문이다. 따라서 2015년의 -0.3퍼센트포인트에서 2050년엔 -1.11퍼센트포인트로 계속 떨어질 것이다. 투자, 자본의 기여도 역시 점차 감소할 것이다. 경기 하락 이후에는 많은 투자의 회수율이 떨어질 것이다. 앞으로는 중국 경제 성장에서 총요소생산성이 중요한 기여를 하게 될 것이며, 2050년의 3퍼센트에서 총요소생산성의 기여가 가장 클 것이다. 핵심은 이 총요소생산성을 어떻게 늘리냐는 것인데, 이는 정부 정

책과 관련이 있다.

인구 고령화가 사회보장제도에 미치는 영향

세 번째로 인구 고령화가 사회보장제도에 미치는 영향에 대해 논하고 자 한다. 알다시피 인구 고령화가 가져온 직접적인 영향은 질병에 대한 영향이다. 학계에서 쓰는 용어 중에 역학적 이행epidemiologic transition(질병 구조의 변화)이라는 말이 있다. 인구 고령화는 소득 수준 및 생활 수준 향상과 더불어 중국의 도시와 농촌에 역학적 이행을 가져올 것이다. 역학적 이행의 중요한 측면은 중국의 주요 사망 원인이 전염병에서 비감염성 만성질환 Non-communicable diseases(NCDs)으로 이행했다는 것이다. 자료에 따르면 중국 도농 주민의 사망률 가운데 심장병, 뇌혈관 질환, 종양의 세 가지 질병이 전체 사망 원인의 67퍼센트 이상을 차지한다. 다시 말해, 사망자의 3분의 2 이상이 이 세 가지 질병으로 인해 사망하는 것이다.

우리는 기대수명과 건강수명에 대해 연구하고 있다. 이 분야의 데이터는 아직까지 완벽하지 않지만, 일부 연구를 보면 중국의 건강수명과 기대수명 사이에 비교적 큰 격차가 있음을 알 수 있다. 물론 건강수명에는 여러 정의가 있다. 현재 농촌과 도시에서 건강수명과 기대수명의 격차는 대략 10년 정도인데, 이는 인생의 약 10년을 건강하지 못한 상태에서 보낸다는 뜻이다. 최근 중국 정부는 '건강 중국 2030' 규획을 제정하고, 현행 보건의료 시스템을 헬스케어 중심의 보건의료 시스템으로 전환할 것을 주장하고 있다. 하지만 중요한 것은 우리가 어떻게 하면 구체적인 정책 조치를 통해 이 같은 목표를 실현할 수 있는가이다. 우리에겐 규획뿐만 아니라 구체적인 정책이 필요하다.

2010년 상하이 루이진瑞金 병원의 닝광寧光 교수가 진행한 조사에 따르면, 1980년에 1퍼센트에 불과했던 중국 성인 당뇨병 환자가 2010년에는 11.6퍼센트까지 늘었는데, 도시 거주 성인의 14.3퍼센트와 농촌 거주 성인의 10.3퍼센트가 당뇨병 환자였다. 이 조사는 현장에서 임의로 표본을 골라 당뇨병 검사를 했기 때문에 환자의 70퍼센트가 자신이 병에 걸린 줄도 모르고 있었다. 여기에는 여러 요인이 있는데, 가장 큰 원인은 생활 수준이 개선된 이후 고칼로리 음식, 당분, 지방, 그리고 고칼로리는 아니지만 혈압에 큰 영향을 주는 소금 등을 과도하게 섭취했기 때문이다. 그에 비해 육체노동이나 체력단련은 갈수록 줄고 있어 비감염성 만성질환을 많이 야기하고 있다.

이러한 역학적 이행은 보건의료 체계에 아주 큰 영향을 미치고 있으며, 이 때문에 가계나 정부 모두 갈수록 과중한 의료비를 부담하고 있다. 전 세계 수많은 실증 연구를 보면, 나라마다 차이는 있겠지만 노인 의료비가 청장년의 3~5배에 달한다. 이는 매우 자연스러운 일로, 인구 고령화는 중국의 의료비 증가가 GDP 성장을 훨씬 웃돌게 될 것임을 의미한다.

역학적 이행은 예방이 치료보다 훨씬 중요함을 시사한다. 예방을 하는 것이 훨씬 비용이 적게 들고 효과는 더 크기 때문이다. 세계보건기구의 한 연구에 따르면, 예방에 1위안을 더 쓸 때마다 8위안 이상의 치료 비용을 절약할 수 있다고 한다. 따라서 예방이 갈수록 중요해지고 있다. 하지만 중국의 현행 보건의료 시스템은 3차 의료 서비스에 집중되어 있어서 베이징, 상하이의 수많은 3차 의료기관은 언제나 사람들로 붐빈다. 최근 한 여성이 어머니를 모시고 베이징 셰허協和 병원에 갔다가 24시간 동안 줄을 서고도 해당 전문의에게 진료 접수를 하지 못해 분통을 터뜨린 일이 있었다. 이런 현상은 중국의 1차 의료 서비스가 매우 부실하다는 것을 말해준

(단위: 억 위안)

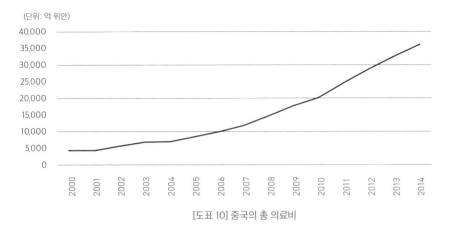

[도표 10] 중국의 총 의료비

다. 이는 1차 의료기관에서 일하는 의료진의 월급이 매우 적어 실력이 좋은 의사들이 1차 의료기관에서 일하기를 꺼리기 때문이다. 그렇다 보니 1차 의료 서비스 수준이 낮아 사람들은 3차 의료기관으로 몰리고 있다. 하지만 문제는 어떻게 하면 의료 서비스를 제공하는 사람들에게 예방 서비스를 제공하도록 독려하고 촉진할 것인가이다. 이는 정책을 통해 풀어나가야 할 문제다.

[도표 10]은 중국의 총 의료비로, 2000년 5000억 위안(한화 약 85조 원) 미만에서 2015년 3조여 위안(한화 약 510조 원)으로 증가했다. 2015년 중국의 GDP가 60조여 위안(한화 약 1경 200조 원)인데 총 의료비가 GDP의 5퍼센트가 넘는 3조여 위안에 달한다. 10여 년 동안 중국의 총 의료비는 빠르게 상승했고, 이대로 가다가는 가계와 정부의 부담이 매우 커질 것으로 보인다.

또 다른 문제는 환자와 노인을 돌보는 데 있어 가계의 역할이 줄고 있다는 점이다. 가계의 역할이 줄어드는 이유는 가족의 규모가 축소되고 있기 때문으로, 가정마다 자녀 수가 매우 적다. 중국 전통 가정에서는 많은 노인이 딸은 시집보내고 아들과 같이 산다. 하지만 아들의 수가 갈수록 줄고 있으며, 아들이 없는 사람도 많다. 또한 노부부가 성년이 된, 기혼 자녀와 함께 사는 다세대 가정도 점차 줄어들고 있다. 그 밖에 농촌인구의 도시 이주로 인해 농촌 지역에서는 고령화와 노인 돌봄 문제가 더욱 심각해지고 있다. 원래 농촌에서는 아이를 많이 낳기 때문에 고령화 수준이 낮아야 하지만, 수많은 농촌 지역의 고령화 상황은 도시 지역보다 심각하다. 중국 농촌에서는 청장년이 모두 외지로 나가 노인만 있는 마을이 속출하고 있다. 중국에 '싼빠류이주주三八六─九九'라 불리는 마을이 많이 있는데, 중국에서 3월 8일은 여성의 날, 6월 1일은 어린이날, 9월 9일(음력)은 중양절 혹은 노인의 날이다. 즉 마을에 남은 사람이라곤 여성, 노인, 아이뿐이라는 뜻이다. 앞으로 이 문제를 어떻게 해결할 것인가 역시 크나큰 과제다.

한편, 노인이 배우자와 단둘이 살거나 독거노인으로 사는 노인가정空巢家庭[3]의 증가가 나날이 심각한 문제가 되고 있다. 또한 75세 혹은 80세 이상의 고령 노인이 갈수록 많아지는 등 자립 생활 능력이 없는 노인의 비율이 점점 늘어나고 있다. 그들에겐 더 많은 장기적인 돌봄 서비스가 필요하지만, 장기요양 비용은 빠르게 상승할 것이다. 중국에서는 돌봄이 필요한 노인 숫자와 한 사람을 돌보는 데 소요되는 비용 모두 증가하고 있는데, 이는 인건비가 상승하고 있기 때문이다. 따라서 중국은 장기요양을 위한 재원을 어떻게 확보할 것인지, 장기요양 서비스를 어떻게 제공할 것인지를 고민해야 한다. 도시 지역뿐만 아니라 농촌 지역에서도 장기요양 서비스에 대한 수요가 매우 절실한 상황이다.

고령화는 중국의 양로기금養老金(한국의 국민연금에 해당)에도 커다란 영향을 미칠 것이다. 고령화의 주요 지표인 잠재부양지수Potential Support Ratio는 계속해서 하락할 것이다. 잠재부양지수란 노인 인구에 대한 생산가능인구의 비율을 뜻한다. 예를 들어 세 명의 생산가능인구가 한 명의 노인을 부양한다든지, 열 명의 생산가능인구가 한 명의 노인을 부양한다든지 하는 것이 잠재부양지수다. 중국의 잠재부양지수는 매우 빠르게 하락하고 있다. 1982년 제3차 인구조사 때 중국의 잠재부양지수는 12.53이었는데, 2010년 제6차 조사에서는 약 3분의 1이 하락해 8.4에 그쳤으며, 최근 몇 년 동안 더욱 하락했다. 앞에서 언급했던 유엔의 중국 인구 전망에서 중위 추계에 따르면, 중국의 잠재부양지수는 2050년에 2.38로 떨어지고, 2080년에는 1.83까지 떨어질 것이다. 이는 두 명도 안 되는 생산가능인구가 한 명의 노인을 부양한다는 뜻이다. 저위 추계에 따르면, 2050년에 2.10로 떨어지고 2080년에는 1.14까지 떨어질 것이다. 이는 약 한 명의 생산가능인구가 한 명의 노인을 부양해야 한다는 뜻이다. 물론 이는 노인을 65세 이상으로 정의했을 때의 가정이며, 미래에는 70세 혹은 75세가 넘어야 노인이라 할 수 있을지도 모른다. 그렇게 되면 이 비율도 바뀌게 될 것이다.

양로기금은 페이고PAYGO, Pay As You Go를 원칙으로 하며, 양로기금의 수지 균형을 계산하는 공식은 다음과 같다. 즉 양로기금의 소득대체율은 양로기금 가입 근로자의 기여율에 양로기금의 제도부양비를 곱한 값과 같다. 제도부양비란 양로기금을 납입하는 근로자와 양로기금을 수급하는 퇴직자 간의 비율을 말하며, 기여율이란 근로자가 임금의 몇 퍼센트를 납입하는지를 말한다. 양로기금의 소득대체율을 낮추면 거센 정치적 항의를 불러일으킬 수 있기 때문에, 양로기금의 소득대체율을 낮추기는 굉장히 어렵다. 따라서 제도부양비가 감소하는 상황에서는 기여율을 계속 높여야만 소득대체율을 유지할 수 있다. 하지만 기여율을 계속 높이면 기업들도 수많은 어려움에 처하게 될 것이다. 특히 사회보험, 양로보험에 대한 부담률이 이미 충분히 높은 상황에서는 더욱 그렇다. 소득대체율을 낮추는 것도,

기여율을 올리는 것도 모두 힘든 일이며, 매우 험난한 도전이다. 현재 중국 도시근로자의 양로보험 제도부양비는 2.87로 인구 부양지수보다 훨씬 낮은 상태다. 여기에는 중요한 문제가 있는데, 그것은 중국의 수많은 농민공이 양로보험에 가입하지 않았다는 사실이다.

중국이 취할 수 있는 정책적 제안

끝으로 중국이 취할 수 있는 정책적 제안을 제시하고자 한다. 개혁개방 40년 동안 중국 정부는 투자 활성화를 통해 교통, 고속도로, 고속철도 등 인프라 방면에 대규모 투자를 실시했다. 또한 도시 건설, 도시 재개발과 제조업의 생산능력 제고를 위해 대규모 투자를 단행했다. 이러한 투자는 중국 정부의 경제 활성화 정책의 일환으로 진행되었으며, 중국 경제 성장에 커다란 기여를 했다. 하지만 이처럼 투자 활성화 정책을 오랫동안 시행하는 것은 한 가지 문제를 야기했는데, 바로 투자 회수율이 계속해서 하락하고 있으며, 특히 제조업의 투자 회수율이 매우 낮다는 것이다. 또한 중국은 강철, 시멘트, 판유리, 조선 등과 같은 제조업의 생산능력과잉도 매우 심각하다.

따라서 중국은 새로운 정책을 펴야 한다. 새로운 정책이란 인적 자본에 대한 투자를 통해 '제2의 인구 보너스'를 발굴하는 것이다. 세계적으로 많은 연구가 제2의 인구 보너스 개념을 제시하며 인구 보너스 발굴의 중요성을 얘기하고 있다. 많은 사람이 이에 대해 연구하고 있지만 중국은 아직까지 인적 자본에 대해 투자가 부족한 실정이다. 따라서 중국은 교육과 보건의료, 훈련에 대한 투자를 늘리고, 투자 효과를 높이는 데 힘써야 한다.

전 세계의 GDP 대비 교육 재정 투입률은 높은 편으로, 평균 5퍼센트

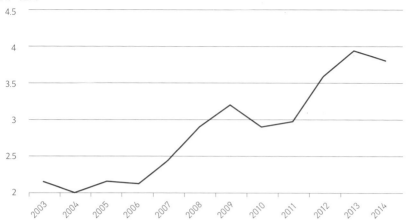

[도표 11] 중국의 GDP 대비 교육 재정 투입률

이상일 것이다. 하지만 중국의 교육 재정 투입률은 여전히 4퍼센트대에 그치고 있다. 게다가 대부분의 투입이 고등교육에 집중되어 있으며, 초중등 교육에 대한 투자는 상대적으로 낮다. 이는 세계 평균과 비교했을 때도 지나치게 낮은 수준이며, 이 제한적인 투자 안에서도 도·농 간, 지역 간 격차가 매우 심각하다.

[도표 11]은 중국 정부의 GDP 대비 교육 재정 투입을 백분율로 나타낸 것이다. 2000년대 초에는 주로 건설에 재정을 투입해서 교육에 대한 재정 투입이 매우 적었다. 교육 재정 투입은 2006년부터 계속해서 증가하다가 한 차례 꺾였으며, 2013년에는 약 4퍼센트 정도까지 증가했다가, 2014년 다소 줄어들었다. 수년 동안 중국 정부의 교육 재정 투입은 4퍼센트에도 미치지 못하는 낮은 수준에 머물러 있었다. 이는 중국 정부가 경제 건설에 치중한 나머지 교육이나 인적 자본에 대한 투자는 상대적으로 소홀했음을 말해준다.

그렇다면 상대적으로 소홀했던 중요한 원인, 교육 투자가 이렇게 적은 이유는 무엇인가? 이는 농촌 아동에 대한 투입이 매우 적기 때문이다. 중국에는 수많은 유수아동留守兒童[4]과 유동아동流動兒童[5]이 있는데, 이들은 상대적으로 교육에서 소외되고 있다. 중화전국부녀연합회中華全國婦女聯合會는 2013년에 보고서를 발표했는데, 이는 2010년의 인구조사 데이터를 기준으로 유수아동과 유동아동 수를 추정했다. 이 보고서에 따르면, 2010년 중국의 유수아동은 6100만 명, 유동아동은 3600만 명으로, 합치면 1억 명에 가까운 아동이 여기에 속하는 것으로 나타났다.

이들은 교육과 보건의료 측면에서 매우 불리한 상황에 처해 있다. 특히 유수아동은 부모와 오랫동안 떨어져 살며 조부모에 의해 양육되기 때문에 부모의 사랑을 충분히 받지 못해 생리적으로 많은 문제를 안고 있다. 따라서 9년제인 의무교육을 12년으로 연장할 것을 제안하고자 한다. 의무교육을 12년으로 연장하면 더 많은 유수아동과 유동아동이 부모와 함께 도시에서 생활하며 고등학교를 다닐 수 있다. 9년에는 초등학교 6년과 중학교 3년만 포함되며, 고등학교 3년은 현재 의무교육에 포함되지 않는다. 부모는 도시에 있고, 아이는 부모와 함께 살기 어렵기 때문에, 농촌의 수많은 아이가 고등학교에 진학할 수 없는 상황이다. 학자들은 아이가 국가의 미래라고 주장한다. 아동에 대한 투자가 부족하다는 것은 곧 국가의 미래에 대한 투자가 부족하다는 것과 같다. 나는 이 말에 전적으로 동의한다. 우리가 미래를 중시한다면 아이들에게 더 많이 투자해야 할 것이다. 이는 중국이 고령화 속에서 경제 성장을 유지하는 데 매우 중요한 측면이다.

앞에서 역학적 이행에 대해 논했는데, 교육의 측면에서 보면 중국은 1차 보건의료를 강화해 건강한 고령화를 촉진해야 한다. 앞서 언급했듯 중국의 1차 보건의료는 매우 취약하기 때문에 중국 정부는 1차 보건의료의 재원 마련과 서비스 제공 측면에 더 큰 역할을 해야 한다. 또한 더 많은 1차, 2차 의료기관들이 헬스케어 중심의 서비스를 제공하도록 독려해서 그들이 예방 문제나 질병의 조기 발견에 더 많은 관심을 갖도록 해야 한다.

사실 중국의 의료 서비스 분야는 혁신의 여지가 많다. 예를 들면, 예방적 의료 서비스는 건강한 생활습관을 기르는 교육과 연계되어야 한다. 중국에는 태극권太極拳이나 기공氣功과 같은 전통적인 건강 수련법이 많다. 1차 보건의료 기관과 지역 의료 기관에서도 이 같은 훈련을 중시하여, 사람들이 약이 아닌 건강한 생활 습관을 통해 건강을 증진할 수 있도록 해야 한다. 그렇다면 1차 의료기관과 2차 의료기관에 성과급 혹은 보너스 제도를 도입해야 한다. 그들이 책임지고 있는 사람들의 유병률有病率이 높아져 업무량이 증가하는 것이 아니라 사람들의 건강 수준이 향상되었다면 그들에게 보너스를 주어야 한다. 즉 헬스케어 중심의 업무 성과 평가를 통해 그들이 건강에 더 많은 관심을 갖도록 독려해야 한다.

중국의 3차 의료는 현재 국유 병원이 주도하고 있을 것이다. 국유 병원은 효율이 낮은 편이어서 중국 중앙정부는 일찍이 사회 역량의 이전을 장려할 것이라고 명확히 밝혔다. 중국의 3차 의료는 더욱 경쟁력을 갖춰야 하며, 비정부 3차 의료기관의 진입 제한을 완화해야 한다. 또한 개인의료 보험과 상업보험이 3차 의료 서비스를 구매할 수 있도록 해야 한다. 이런 식으로 3차 의료의 경쟁을 더욱 독려해야 한다.

중국의 또 다른 심각한 문제는 의료서비스 분야의 가격 왜곡이 무척 심하다는 것이다. 의약품과 첨단 장비를 이용한 검사 가격이 심각할 정도로 높게 책정되어 있다. 의료진의 수입이 저평가되어 있다 보니 의료진이 과도하게 약을 처방하거나 검사를 받게 해서 수입을 올리고 있다. 이로 인해 의료서비스 자원이 대량으로 낭비되고 있으며, 항생제 남용과 같이 과도한

의약품 사용은 공중보건 문제를 야기하고 있다. 중국은 의료 서비스 개혁을 통해 이러한 문제들을 해결해야 한다.

앞서 언급했듯, 양로보험은 인구 고령화로 인해 커다란 도전에 직면할 것이다. 중국에는 현재 도시근로자 기본양로보험, 기관·사업단위 기본양로보험, 도농주민 기본양로보험의 세 가지 공공 양로보험이 있다. 도농주민 기본양로보험의 주요 재원은 사실상 중앙정부와 지방정부의 보조금으로, 기여율은 3분의 1 정도에 불과하며, 60퍼센트 이상이 각급 정부의 보조금으로 충당된다. 도시근로자 기본양로보험은 2차·3차 산업 종사자들이 가입하고 있는 주요한 양로보험이다. 문제는 도시근로자 기본양로보험의 기여율이 매우 높다는 것이다. 현재 공식적인 기여율은 기업이 급여총액의 20퍼센트, 근로자가 본인 월급의 8퍼센트를 부담하여 둘을 합치면 28퍼센트다. 하지만 이렇게 높은 기여율로 인해 저소득 농민공과 비정규직은 비싼 양로보험에 들기 어려우며, 따라서 많은 이가 도시근로자 기본양로보험에 가입하지 않고 있는 실정이다.

중국 국가통계국의 데이터에 따르면, 2013년 도시근로자 기본양로보험의 가입자 수는 2억 4000만 명 넘었지만, 이는 2차·3차 산업 종사자의 45.8퍼센트에 불과하다. 다시 말해, 비농업 부문 종사자의 절반 이상이 기본양로보험에 가입하지 않았다는 것이다. 2013년 약 2억 7000만 명에 달하는 농민공 중 도시근로자 기본양로보험에 가입한 농민공은 5000만 명도 채 되지 않는데, 이는 전체 농민공의 20퍼센트도 안 되는 수치다.

양로기금은 전국적으로 통합되어 있는 것이 아니라 지역별로 따로 묶여있어서 노동력 이동에 걸림돌이 되고 있다. 약 5000만 명에 달하는 50세 이상 농민공 중에는 도시 양로보험도 납부하는 자가 많은데, 그들이 퇴직 후 농촌으로 돌아가면 도시 양로보험을 받지 못한다. 그래서 중앙정부가 전국에 있는 65세 이상 노인에게 무기여식 양로기금non-contributory pensions을 지급할 것을 제안한다. 이 무기여식 양로기금의 액수는 1인당 GDP의 6퍼센트 선에서 제공되어야 한다.

2013년 기준, 중국 1인당 GDP의 6퍼센트는 약 2500위안(한화 약 43만 원)이다. 1년에 2500위안이 큰 금액은 아니지만 그래도 정부에서 정한 최저 생계비보다는 조금 높은 수준이다. 즉 2500위안을 받으면 최저 생계 수준 이상은 올라갈 수 있다. 2500위안은 농촌 주민 1인당 평균 소득의 30퍼센트이고, 도시 주민 1인당 평균 소득의 10퍼센트에 해당된다. 도시와 농촌이 똑같은 액수를 받는다 하더라도 농촌의 소득대비 비율이 더 높기 때문에 농촌 노인들이 체감하는 혜택이 더 크게 느껴질 것이다.

중국의 양로기금은 하루빨리 전국적으로 통합되어야 한다. 전국 통합의 중요한 측면은 양로보험의 기여율을 낮춰야 한다는 것이다. 현재 양로보험의 통합 기여율은 20퍼센트인데, 이 통합 기여율을 12퍼센트까지 낮출 것을 제안한다. 중앙정부는 40퍼센트의 소득대체율을 제공한다. 물론 지방정부도 어느 정도 역할을 할 수 있다.

또한 정년을 연장해야 한다. 중국의 기대수명은 이미 70세를 넘어섰으며, 상하이와 베이징은 80세가 넘는다. 그런데 중국의 평균 정년은 불과 53~54세로, 퇴직이 너무 이르다. 이러한 상황에서는 현행 양로기금 체제를 유지할 수 없다. 그리하여 국제적으로 '전향적 연령Prospective age'이란 개념이 제기되었는데, 사람의 나이는 몇 년도에 태어났는지가 아니라 앞으로 몇 년을 더 살 수 있는지 고려해야 한다는 것이다. 예컨대, 기대수명이 75세에서 85세로 늘어난다고 가정해보자. 기대수명이 75세일 때 60세인 사람은 15년을 더 살 수 있지만 기대수명이 85세로 늘어나면 25년을 더 살 수 있다. 따라서 더 오래, 건강하게 살 수 있기 때문에 앞으로 중국은 정년을 연장할 수 있을 것이다.

하지만 정년을 연장하기 위해서는 노인 근로자들이 은퇴를 미루도록 유도할 수 있는 정책적 뒷받침이 필요하다. 현재 중국의 노인 근로자들은 정년 연장을 원하지 않는데, 그 이유는 퇴직연금이 잘 보장되어 있기 때문이다. 또한 기업들이 노인 근로자를 고용하도록 장려해야 한다. 일본에서는 일을 하고 싶어하는 노인 중 20퍼센트만이 일을 하고 있고, 나머지 80퍼센트는 일자리를 찾지 못하고 있다. 따라서 앞으로는 기업들이 노인 근로자를 고용하도록 어떻게 독려할 것인지도 문제가 될 것이다.

앞서 언급했듯이 중국의 의료 기관에 대해서는 1·2차 의료 기관과 3차 의료 기관에 대해 서로 다른 성책을 취해야 한다.

또한 양로기금은 다층적으로 보장되어야 한다. 특히 개인계좌의 양로기금은 지방정부가 아니라 양로기금 자산회사가 관리해 수익률을 높여야 한다.

그 밖에 도시와 농촌에 살고 있는 노인들의 장기요양 수요에 대해 어떻게 재원을 마련하고 서비스를 제공할 것인지 역시 큰 문제다. 현재 장기요양 보장을 위한 재원을 사회보험을 통해 마련해야 할지, 아니면 일반 세금으로 조달해야 할지에 대한 논쟁이 있다. 사회보험을 통해 재원을 조달할 경우 주로 노동에 세금을 부과하기 때문이다. 하지만 노동력이 갈수록 희소해지고 있으며 인건비가 계속 상승하고 있어서, 노동력에 대해서만 세금을 부과하면 경제 성장에 좋지 않은 영향을 끼칠 것이다. 또한 가난한 이들은 사회보험 가입을 꺼려할 것이며, 그렇게 되면 앞으로도 이들은 보험의 수혜 범위 밖에 있게 될 것이다. 따라서 일종의 대안적 모델은 일반 세금을 걷어서 장기요양 재원을 마련하는 것이다. 중국은 사회적 기업들이 양로보험과 장기요양 제공에 참여하도록 더욱 독려하고, 지역사회와 가정이 장기요양 제공에 더 큰 역할을 발휘하도록 유도해야 한다.

출산 정책도 개혁해야 한다. 중국은 2015년 두 자녀 허용 정책을 내놓았다. 하지만 정부는 빠른 시일 내에 산아 제한을 완전히 없애고, 젊은 부부가 더 많은 아이를 낳고 기르도록 장려해야 한다. 또한 그들이 자녀를 양육할 때 겪는 어려움을 해결할 수 있도록 도와줘야 한다.

마지막으로 언급하고 싶은 것은, 전 세계적으로 출산율이 가장 낮은 나라가 아시아, 특히 동아시아 지역에 있다는 점이다. 이 방면에서 한·중·일은 긴밀히 협력해야 한다. 예를 들어 한국과 일본에는 장기요양보험이 있는데, 중국은 장기요양보험을 어떻게 설계할 것인가에 대해 한국과 일본의 학자들에게서 많은 것을 배웠다. 국가마다 사정이 다 다르며 각각의 실천 중에는 성공한 것도 있고 성공하지 못한 것도 있다. 중국은 이를 좋은 본보기로 삼아야 하며, 이러한 교류와 도움은 매우 유익할 것으로 보인다. 나는 2015년 10월 한국 국민연금공단 산하 국민연금연구원의 초청으로

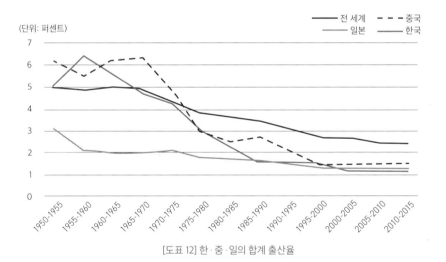

[도표 12] 한·중·일의 합계 출산율

중국의 양로기금 개혁 현황에 관해 강연을 한 적이 있다. 2016년에는 한국의 장기요양보험 관계자를 상하이로 초청해 한국의 장기요양보험 운영 현황에 관한 강연을 듣기도 했다.

[도표 12]를 보면, 1950년대 일본의 출산율은 이미 낮은 편이었으며, 한국과 중국의 출산율은 비교적 높았다. 하지만 시간이 흐름에 따라 삼국의 출산율은 모두 매우 낮은 상태다. 한국은 1.2명, 일본은 1.4명, 중국은 1.5명으로, 전 세계 출산율과 비교했을 때 아주 낮다. 세계 평균 출산율은 2.5명 정도인데, 한·중·일은 모두 1.5명 이하다. 이는 동아시아 삼국에 있어 매우 심각한 위기다. 21세기 말이 되면 한·중·일 삼국의 인구는 큰 폭으로 감소할 것이다. 이는 우리의 미래에 수많은 새로운 도전을 가져올 것이다. 이러한 도전에 맞서 한·중·일 삼국은 서로 더 배우고, 교류하고, 본보기로 삼으며 성장해가야 할 것이다.

(강연일 2016년 12월 6일)

4장

중국 법치의 현황, 도전과 미래

法治在当代中国: 现状, 挑战与未来

：

한다위안韓大元
중국런민대 법학원 원장, 중국헌법학연구회 회장

한 국가를 이해하는 데는 다양한 시각과 접근 방식이 존재하겠지만, 진정으로 한 국가를 이해하려면 우선 그 국가의 법치가 어떻게 세워졌는지, 현실생활에서 법치가 어떻게 운용되는지, 법치가 국가에서 제대로 기능을 발휘하는지를 알아야 한다.

세계화, 정보화, 가치 다원화의 오늘, 법치 문명은 이미 인류가 함께 공유하는 가치가 되었다. 법치의 함의와 기능은 끊임없이 변했고, 각국이 선택한 법치 발전의 노정도 달랐으나 1215년 대헌장大憲章, Magna Carta에서 기원한 핵심 이념만큼은 지금까지도 근본적으로 바뀌지 않았다. 법치는 이미 인류의 공통된 인식이 되었다. 알다시피 대헌장이 우리에게 남긴 소중한 정신적 자산은 국왕도 법 아래 있고, 세금은 법으로 정해져 있으며, 법치와 분권을 통해 자유를 수호하고 공권력의 남용을 제한한다는 것이다. 자유와 법치는 21세기 인류 생활의 기본 방식이자 인류의 생명, 존엄과 안전을 지키며, 평화를 함께 만드는 근본적 보장이다. 자유와 법치의 전통은 인류 생존을 위한 기본 논리에 기초하여, 전체 인류 사회의 법치 발전 과정에 큰 영향을 끼쳤다.

우리는 법치를 통해 한 국가의 과거를 이해할 뿐만 아니라 오늘을 이해해야 하며, 더 중요하게는 그 나라의 미래를 예측할 수 있다. 법치에는 한 국가의 미래와 국민의 기대가 담겨 있기 때문에 강력한 법치 체계와 힘이 없다면 그 국가는 활력과 발전의 동력을 잃고 국민에게 안정적인 미래를 제공할 수 없다. 이 글에서는 중국 법치의 과거, 현재, 도전과 미래라는 네 가지 측면에 대해 논하고자 한다.

법치의 당대적 가치

첫 번째 문제는 당대 법치의 가치를 어떻게 이해할 것인가이다. 2016년 중국런민대학과 한국고등교육재단은 옥스퍼드대학과 함께 1215년 대헌장 800주년을 기념하는 국제포럼을 개최했다. 오늘날 인류가 공유하는 법치, 즉 국왕도 법 아래 있고, 법으로 권리를 보장한다는 사상은 지금으로부터 약 800년 전인 1215년 영국에서 탄생했다. 800여 년 동안 인류는 법치를 공유하고, 인간의 존엄, 자유와 가치를 수호했다. 막강한 공권력 앞에서 인류가 그에 합당한 존엄을 보장하는 까닭은 법치가 우리 개개인의 자유, 권리와 인성의 존엄을 지켜주고 있기 때문이다.

중국에서 법치의 역사는 약 100년 전인 청나라 말기로 거슬러 올라간다. 고대 중국에도 법치라는 단어와 '이법치국以法治國'[1]이라는 표현이 있었지만, 현대의 법치와는 달리 인권 보장과 공권력의 제한이라는 함의를 지니지 않았다. 현대적 의미의 법치는 20세기 초 청말 입헌에서 비롯됐다. 1908년 『흠정헌법대강欽定憲法大綱』[2]의 제정부터 1949년 이전까지는 외국

[그림 1] 해외로 나가는 다섯 대신(1906)

법이 중국 법제의 현대화에 중요한 영향을 미쳤다. [그림 1]은 1906년 당시 청 정부가 헌정憲政 국가 건설에 필요한 서구의 경험을 배우기 위해 세계 각지로 파견한 정부 대신들의 모습을 담은 사진이다. 당시에는 교통이 편리하지 않아서 다른 나라의 헌정 경험을 배우려면 몇 개월씩 배를 타고 프랑스, 독일 등에 가야 했다. 이는 확실히 쉽지 않은 일이었다. 1906년에 찍은 이 사진은 100년 전의 중국이 서구 법치 경험을 배우기 위해 노력했음을 증명한다. 당시 청 정부도 개방적인 이념을 지니고 있었다. 그들은 한 국가가 강성하려면 군사적·물질적으로 강력해야 할 뿐만 아니라 제도가 강력한 것이 더 중요함을 깨달았다. 그리하여 100년 전 중국의 통치자들은 일본, 독일, 프랑스, 미국 등의 헌정 경험에 대한 이해를 통해, 헌법 제도, 법치야말로 한 국가를 강성하게 만드는 가장 중요한 제도이며, 그것은 군대보다 더 강력하기 때문에 서구로부터 법치의 이념과 경험을 배울 필요가 있다고 여겼다.

1949년 중화인민공화국 수립 이후, 현대 중국은 법치 발전의 새로운 여정을 시작했다. 중국공산당원들도 신중국을 건설하는 데 있어 많은 과제에 직면해 있었지만, 가장 중요한 임무는 신중국의 법질서를 세워 법률로 중국 인민의 권리와 자유를 보호하고, 법률로 신중국의 건설을 추진하는 것이라고 생각했다.

1949~1954년은 중국 법제의 형성기다. 1954년에 중화인민공화국의 첫 번째 사회주의 헌법이 제정되면서 신중국의 기본 제도와 기본 국가 체계가 다져졌다. 1954~1966년은 법제 발전의 굴곡기다. 중국 법제는 문화대혁명이 일어나기 전까지 발전했지만 그 과정은 매우 힘겹고 굴곡이 많았다. 1966~1976년은 문화대혁명 시기로, 법제 발전이 크게 훼손되었다.

1976년 문화대혁명의 종결부터 1982년까지는 중국 법제의 회복기다. 10년간 문화대혁명을 겪으면서 중국 인민은 법제의 중요성을 실감했다. 법제도 없이 무법천지였던 10년의 문화대혁명 동안 중국 인민은 권리와 자유를 보장받지 못했고, 나라 전체가 무법 상태에 놓였다. 1976년에 끝난 문화대혁명이 준 가장 큰 교훈은 인권의 존중과 보장에 법제가 있어야 한다는 것이었다. 법제 없이는 인민의 자유와 권리가 보장되지 않고, 인간의 존엄성도 존중받지 못한다. 법제 없이는 개인의 안전도, 나라의 미래도 없다. 그리하여 1976~1982년 중국 정부는 인민의 기대에 부응하기 위해 법제를 회복했다.

그러나 법제가 진정으로 발전한 것은 1982년 현행 헌법의 반포로부터 였다. 오늘날 중국은 법제法制에서 법치法治로 나아가고 있다. 따라서 중국의 법치를 살펴볼 때는 다음과 같은 기본적인 역사적 판단이 있어야 한다. 즉 중국 법치의 진정한 발전은 1982년의 헌법 반포로부터 시작되었으며, 그 역사가 40년이 채 되지 않았다는 사실이다. 40년 법치 역사는 짧기 때문에 우리는 중국의 법치에 큰 기대와 요구를 해서는 안 되며 객관적인 태도를 유지해야 한다. 서구 국가의 법치 발전은 보통 100년이나 200년의 역사를 지니는 데 반해, 중화인민공화국은 70년이 채 안 되었고 중국 법치의 진정한 발전은 문화대혁명을 제외하면 40년이 채 되지 않았다.

중국에서 법제의 변천을 논할 때 짚고 넘어가야 할 중요한 개념이 있는데, 바로 법제法制와 법치法治다. 법제는 법률제도의 약칭으로, 제도의 범주에 속하며 실재하는 것이다. 이에 비해 법치는 법률통치의 약칭으로, '인치人治'에 대비되는 개념으로서 치국의 원칙과 방법을 말한다. 법제가 있다고 반드시 법치가 실현되는 것은 아니며, 인치 사회에서도 법률로 다스릴 수 있고 법제가 존재할 수 있다.

1999년 3월 15일, 제9기 전국인민대표대회(이하 전인대) 2차 회의에서 "중화인민공화국 헌법 개정안"이 통과되었다. 이는 1982년 헌법의 세 번째 개정안이다. 이 개정안은 '의법치국依法治國(법률에 입각한 통치)'을 헌법에 명시하여, "중화인민공화국은 의법치국을 실행하며, 사회주의 법치국가를 건설한다"고 규정했다. 이로써 중국공산당의 정치적 목표를 국가의 발전 목표, 즉 헌정 국가가 되겠다는 것으로 바꾸었다. 공민公民[3]의 권리가 국가기관 및 공직자에게 불법으로 침해받지 않도록 보장하려면, 공민 권리 보장 실현에 있어 법률의 권위를 세우고 '인치'가 아닌 '법치'를 행해야 한다.

2004년 3월, 제10기 전인대 2차 회의에서는 헌법 개정안을 통과시키며 제24조에 "국가는 인권을 존중하고 보장한다"고 명확히 규정했다. 인권의 가치를 헌법에 명기해 국가의 핵심 가치관으로 만드는 것은 중국의 법치 발전에 큰 영향을 미쳤다. 즉 정부는 인권을 존중하고 보장하기 위해 존재하며, 인권은 국가의 최고 가치라는 뜻이다.

2012년 현행 헌법 반포 30주년 기념대회에서 시진핑 국가주석은 중국공산당의 헌법에 대한 기본 이념과 입장을 체계적으로 제시했다. 그는 "헌법은 국가의 장래, 인민의 운명과 직결돼 있고, 의법치국은 우선 헌법에 입각한 통치依憲治國이며, 법에 따라 집권하는 것依法執政의 핵심은 헌법에 따라 집권하는 것依憲執政"이라는 점을 내세워 당대 중국에서 헌법의 중요성을 강조했다.

2014년 10월 중국공산당 제18기 중앙위원회 4차 회의에서는 '중공중앙 의법치국 추진의 몇 가지 중대한 문제에 관한 결정中共中央關於推進依法治國若干重大問題的決定'을 통과시키고, 의법치국 실현의 목표, 원칙, 방법, 개혁 방안과 구체적 임무를 제시했다.

2015년 '국민경제와 사회발전 제13차 5개년(2016~2020) 규획國民經濟和社會發展十三個五年規劃'에서는 향후 5년간의 법치 발전을 위한 구체적인 목표를 명확히 하고, 중국 사회 발전을 지도하는 기본 비전으로 삼았다.

당대 중국에서는 법치를 어떻게 이해하고 있는가? 우리는 왜 법치를 실행해야 하는가? 이에 대해 학계, 정부와 민중은 서로 이해하고 있는 바가 다를 것이다. 학계의 관점에서 법치는 인류 문명의 공통된 자산이다. 법치가 보호하는 자유, 존엄은 인류 공통의 가치이며, 특정 국가의 문화적 특색을 강조한다고 법치의 보편성을 배제할 수는 없다. 그러나 정부의 관점에서 보면, 일부 정부 관료들은 여전히 법치로 국가와 백성을 관리한다는 인식 수준에 머물러 있으며, 법치를 모종의 이익을 실현하기 위한 도구로 간주한다. 이런 이해는 법치의 요구에 부합하지 않는다. 민중의 관점에서 말하자면, 민중은 법치생활을 매우 기대하며 법치의 현실과 이상 사이에서 균형을 찾기를 바란다. 대중의 권리가 침해될 때, 법치가 국민의 권리와 자유를 보호할 수 있기를 바라는 것이다. 현실에서는 법치의 이상과 현실이 때로 충돌하거나 모순되기도 한다. 당대 중국은 법치가 공권력을 제한하고 인권을 보장하는 이념과 제도라는 것에 대해 기본적인 공감대를 형성했다.

중국에서 법치는 이상이자 삶이고, 가치이자 실천 과정이다. 법치는 현대 국가 거버넌스의 기본 형식이며, 그것의 핵심 정신은 관료를 잘 다스리고 권한을 제한하는 것이다. 그러나 이는 기본적인 공감대일 뿐, 완전한 합의점에 도달하기 위해선 더 많은 노력이 필요하다.

중국 법치의 현실

중국 국민의 법치에 대한 기대는 점점 높아지고 있다. 여기서는 법치 이념, 법률 체계, 법치 정부, 사법 독립, 법치와 중국공산당, 법치 문화 등의 측면에서 중국 법치의 현황을 소개하고자 한다.

법치 이념

중국에서 법치 이념의 핵심은 공권력의 제한을 통해 인권을 보장하고, 공정하고 민주적이며 평화로운 사회를 건설하는 것이다. 인권은 법치의 정수精髓이자, 법치가 수호하고자 하는 핵심 가치다. 중국은 1992년 최초의 '인권 백서'를 발표했으며, 2004년 개정 헌법에 '인권 조항'을 추가했다. 2008년에는 최초의 '국가 인권 행동 계획國家人權行動計劃'을 발표했다. 인권의 존중과 보장은 헌법에 규정된 기본 원칙일 뿐 아니라 국가 가치관의 선택이며, 각 사업의 출발점이자 지향점이다. 중국은 27개의 국제인권공약을 승인하거나 서명했다. [도표 1]은 중국인이 생각하는 법치가 무엇인지 보여준다.

법치의 힘은 민중에게 있기 때문에 민중이 생각하는 법치는 우선 인권

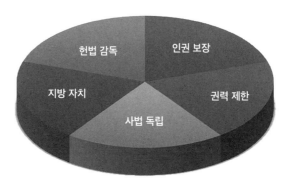

[도표1] 중국 법치의 실질 지표

을 보장해야 한다. 인권이 보장되지 않으면 법치도 존재하지 않는다. 인권을 가장 많이 침해하는 것은 공권력이다. 따라서 우리는 법치로 공권력을 제한해야 한다. 공권력의 남용은 법치와 인권을 가장 많이 침해한다. 공권력의 남용을 효과적으로 방지하려면 독립된 사법 체계가 필요하다. 따라서 사법 독립은 중국의 법치 실현을 보장하는 중요한 요소다. 물론 중국은 대국이므로 지방에 마땅한 자치와 자치권이 주어져야 한다. 고도의 중앙집권만을 강조한다면 법치를 실현할 수 없다. 중앙의 권위도 중요하지만 동시에 지방정부도 적극성을 발휘해야 한다. 따라서 지방 자치도 중국 법치에서 중요한 요소다. 법치의 핵심은 헌법의 권위다. 헌법에 생명력이 있어야 진정한 법치가 있을 수 있다. 따라서 헌법의 감독이나 위헌 심사는 중국 법치의 가장 중요한 요소다. 요컨대 인권 보장, 권력 제한, 사법 독립, 지방 자치, 헌법 감독은 현대 중국 법치를 구성하는 가장 중요한 요소다.

그렇다면 현재 중국의 법치는 과연 어떤 상황에 처했을까? 중국의 법치를 이해하려면 역사적인 시각 외에도, 인권 발전을 중점적으로 고찰해야 한다. 중국은 인권 보장의 측면에서 많은 도전에 직면해 있지만, 중국 인민이 생각하는 법치는 우선 인권이 보장되는 것이다. 인권 보장이란 인간에게 존엄과 자유, 평등을 누리게 하며, 인간이라면 누구나 보호받고 존중받아야 함을 말한다. 2004년 헌법 개정을 통해 "국가는 인권을 존중하고 보장한다"는 조항이 헌법에 명기됐다. 이는 중국으로서는 쉽지 않은 일이었다. 예전에 '인권'이라는 개념은 단지 정치적 개념으로서 불확실한 상태였기 때문이다. 정치적 의미의 인권을 헌법 조문에 담았을 때, 그것은 중국 헌법의 기본 원칙이 되었고, 국가와 정부의 기본 가치관이 되었으며, 동시에 중국공산당의 기본 가치관이 되었다. 우리는 정부와 국가를 왜 필요로 하는가? 우리가 필요로 하는 국가는 개개인의 인권을 존중하는 국가다.

2004년의 헌법 개정으로 중국 사회에는 중요한 변화가 일어났다. 중국 정부는 2011년까지 국제사회에서 27개의 주요 인권공약에 참여했다. 인권은 인류가 공유하는 가치이기 때문에 중국 국내에서뿐만 아니라 국제사회에서도 인권 실현을 약속해야 한다. 중국이 27개의 국제인권공약에 참여하고 비준한 것은 중국이 적극적인 태도로 더욱 개방적인 인권의 입장을 향해 나아가고 있음을 보여준다.

중국은 효과적으로 인권을 실현하기 위해 법치를 추진하는 과정에서 정의의 이념을 강조한다. 공평 정의는 흔히 말하는 공정함이다. 사회 구성원이 규정된 행위 양식에 따라 공평하게 권리와 의무를 실현할 수 있도록 하고, 법적 보호를 받으며, 사회 구성원 간의 권리 공평, 기회 공평, 과정(규칙) 공개와 결과(분배)의 공평을 이룩하는 것이다. 공평의 마지노선을 확보하여 최저한도의 보호를 실행하고, 발전의 기초 위에 차츰차츰 실질적인 공평을 이룩하며, 사법 공정을 통해 사회정의의 실현을 보증한다.

중국 헌법은 인민이 국가 관리에 참여할 권리와 방법을 규정하고 있으며, 법치는 인민의 참여권을 보장해야 한다. 인민의 알 권리, 참여권, 표현권, 감독권을 충분히 보장해 정부의 정책 결정이 "인민에게 정치를 묻고, 인민에게 필요한 것을 묻고, 인민에게 계책을 묻도록問政於民, 問需於民, 問計於民" 하며, 사회 조직의 자치능력을 제고하여 정부와 사회가 긍정적으로 상호 작용하고 효율적으로 연계되도록 해야 한다.

법률 체계

중국은 2011년 중국 특색 사회주의 법률 체계가 기본적으로 형성되었으며, 법률 규범 체계가 기본적으로 성숙했음을 선포했다. 중국의 법률 체계는 세계에서도 가장 복잡한 법률 체계다. 헌법 이외에도 기본 법률, 법률, 행정 법규, 지방 법규가 있고, 자치조례, 단행조례單行條例가 있으며, 중앙 각 부처에는 부처 규장規章이 있고 지방정부도 지방 규장을 제정할 수 있다. 이렇게 거대한 법률 체계 속에서 헌법의 정신과 이념을 어떻게 구현할 수 있을까? 이는 법률 체계에 있어 불확실한 문제다. 수많은 법률 규정이 헌법에 의거해 제정되었지만, 법률이 헌법의 정신에 진정으로 부합하는지는 별개의 문제로, 때때로 많은 도전에 부딪히고 있다.

2015년 9월 말을 기준으로, 현행 헌법을 제외한 중국의 유효한 법률은 총 257건, 행정법규는 총 746건, 지방 법규는 1만 100건, 부처 규장은 2700여 건, 지방정부 규장은 9100여 건, 사법해석은 3000여 건이 있다. 이는 사회생활의 다양한 측면을 포괄하여 법제 미비 문제를 기본적으로 해결했다. 법률 체계에 관한 [도표 2]를 보면, 전체 중국 법률 체계에서 각 부분이 차지하는 비율이 다르다. 가장 많은 것은 경제법 분야로 약 25퍼센트를 차지하며, 다음은 민상법民商法으로 14퍼센트, 그다음으로 사회법,

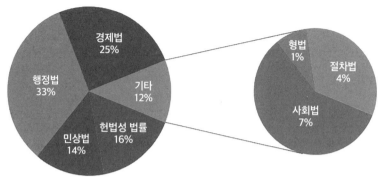

[도표 2] 중국 현행 법률 체계 구조도

절차법 등의 순이다.

현재 중국에서 진행되고 있는 중요한 입법 작업은 민법전民法典 편찬으로, 2020년 완성을 목표로 하고 있다. 오늘날까지 중국에는 민법의 단행법률은 있지만 통일된 민법전은 없다. 민법전의 제정과 편찬을 위해, 전인대가 2016년부터 민법전 편찬 작업에 돌입했다. 크게 두 단계로 나눠 2017년 3월 민법전 총칙을 통과시킨 뒤, 기존의 혼인법, 상속법, 계약법 등을 개정해 2020년 3월까지 민법전 편찬 임무를 완수할 계획이다. 이렇게 되면 중국은 2020년에 민법전을 갖게 될 것이다. 중국의 법률체계는 이미 형성되었으나 아직 통일된 민법전이 없어서 불완전한 상태다.[4]

중국의 법률 체계에서는 의법행정依法行政이 매우 중요한데, 정부가 막강한 행정 권력을 장악하고 있기 때문이다. 공민의 신체적 자유와 재산권에 대한 정부의 침해가 가장 크다. 어떻게 법치의 힘으로 정부를 규제하여 정부가 법에 근거해 행정권을 행사하고 공민의 권리를 침범하지 않게 할 수 있을까? 이는 중국 법치에서 난이도가 가장 높은 동시에 민중의 기대가 가장 큰 문제다. 중국은 법치 정부 건설을 위해 2020년까지 법치 정부의 기본적인 건설을 목표로 '법치 정부 건설 실시 강요法治政府建設實施綱要'(2015~2020)를 발표했다. 법치 정부 기본 건설의 지표는 행정기관의 직권이 법률의 엄격한 규제를 받아 의법행정 수준이 확실히 제고되는 것이다. 따라서 중국 법치의 미래가 어떻게 발전할 것인지는 정부가 얼마나 제대로 법률을 준수하는지에 달려 있다.

요컨대 중국의 법률 체계는 사회주의 법률 체계, 영미법 전통과 대륙법 전통이 혼재하는 혼합 체계를 나타낸다.

사법 독립

헌법에 따르면 법원은 사건을 심리할 때 법에 따라 독립적으로 재판권을 행사하고 법률에만 복종한다. 최근 몇 년간 중국에서 이루어진 사법 개혁의 핵심 목표는 사법 공정 이념 정립, 사법 공신력 제고, 사법 투명성 시행, 민중의 사법참여 확대다. 이에 재판 중심의 소송 체제를 시행하고, 사법 권위를 수호하며, 고문에 의한 자백을 금지하고, 변호사의 업무수행 권리와 피의자의 기본권을 존중하고 보장한다. 사법 개혁의 주요 진전은 사법기관의 독립, 법관의 독립, 사법 절차의 독립이다. 최고인민법원은 중국 전역에 여섯 개 순회 재판소를 설치해, 당사자의 소송 진행을 편리하게 하고, 사법 부정이라는 사회문제를 해결하려고 노력했다. 이는 사법 개혁의 중요한 진전으로, 대중이 정의에 다가가는 것을 가능하게 했다.

중국 사법 개혁의 최종 목표는 사법 독립이다. 중국에서 사법 독립은 주로 사법기관의 독립, 법관의 독립, 사법 설차의 독립으로 나타난다. 예컨대, 중국은 입안등록제立案登記制를 실행하여 인민대중이 편리한 절차를 통해 소송을 제기할 수 있도록 했다.

최고인민법원은 인민이 사법 정의에 가까이 다가서고 편리하게 소송을 제기할 수 있도록 오늘날까지 사법 개혁을 통해 여섯 개 순회 재판소를 설치했다. 이 순회 재판소는 선전深圳과 선양沈陽에 가장 먼저 생겼고, 2016년에는 난징南京, 정저우鄭州, 충칭重慶, 시안西安에 동시에 생겼다. 순회 재판소란 최고법원이 다른 지역에 설치한 일종의 파견 기관이다. 베이징에 있는 최고인민법원에 갈 필요 없이 순회 재판소에 가도 최고인민법원에 가는 것과 동일하기 때문에 현지 민중의 소송이 한결 편리해졌다. 물론 그 효과에 대해서는 평가가 따라야겠지만 이는 중국 사법 개혁의 긍정적인 성과다.

사법 독립은 법관에만 의지해서는 안 되며 변호사 제도도 있어야 한다. 변호사가 사법 정의를 수호하지 못하고 당사자의 권리를 효과적으로 보호하지 못한다면, 사법 독립과 인권 보장은 그 토대를 잃게 될 것이다. 따라서 개혁개방 40년간 중국은 줄곧 변호사 수를 늘려왔고, 변호사의 자유로운 활동을 보장하는 기회를 지속적으로 제공했다. 그리하여 중국 사법 정의의 힘은 변호사로부터 비롯된다는 공감대가 형성됐다.

그렇다면 현재 중국에는 몇 명의 변호사가 있을까? 대략 35만 명 정도다. 최근 10년 동안 변호사 증가율은 10퍼센트 정도다. 변호사 사무실은 2만 5000여 개가 있으며, 매년 7.5퍼센트씩 증가하고 있다. 변호사는 사회 정의를 수호하지만, 충분한 수입이 보장되어야 한다. 변호사에 대해 논하려면 수입을 살펴봐야 하므로, 2016년 변호사 사무실 수입에 대해 이야기해보자. 2016년 중국 변호사의 총수입은 679억 위안(한화 약 11조 5000억 원)이다. 지난 8년 동안 매년 12.8퍼센트씩 증가했다. 변호사가 매년 처리하는 소송건은 330만 건, 비소송건은 100만 건이다. 또한 중국 변호사들은 수많은 공익활동과 법률지원활동에 참여하고 있다. 매년 참여하는 법률지원활동은 50만 건, 각종 공익활동은 230만 건이나 된다. 알다시피 공익활동과 법률지원은 돈이 되지 않는 일이다. 경제적으로 어려운 사람에게 법률지원을 제공하고, 공익활동에 참여하는 것은 사회의 공평 정의 실현에 도움이 된다. 따라서 중국의 사법과 법률 운용에 대해 논할 때, 30만 명이 넘는 중국 변호사의 공헌과 중요한 역할을 분석해야 할 것이다.

변호사 제도는 중국의 사법 정의를 수호하는 중요한 역량으로, 최근 몇 년간 중국 사회에 있었던 억울한 사건, 특히 사형 오판을 바로잡는 데 발휘한 변호사의 역할을 간과해서는 안 된다. 변호사 제도의 존재는 민중에게 안도감을 주고 국가 법치 발전에도 안정적인 힘을 준다.

중국공산당과 법치

중국에서 법치를 논하려면, 중국공산당을 빼놓을 수 없다. 집권당인 중국공산당이 헌법을 얼마나 존중하고 헌법을 어떻게 수호하느냐는 중국의 법치 발전에 중요한 영향을 미친다. 중국공산당은 인민들을 지도하며 헌법과 법률을 제정하는 동시에 "헌법과 법률의 범위 안에서 활동한다". 당의 모든 지도자와 당 조직은 헌법과 법률의 제약을 받으며, 특권을 행사하거나 헌법과 법률을 위반해서는 안 된다. 헌법과 법률을 위반하는 모든 행위는 처벌받는다. 최근 몇 년간 중국공산당은 당내 법규를 강조하며, 일련의 집권활동 법치화 조치를 취하고 법치를 통해 반부패를 추진하며, 헌법에 따라 집권한다는 집권당으로서의 결심을 명확하게 드러냄으로써 법치가 집권활동의 이념으로 자리잡게 했다.

법치 문화

법치는 일종의 문화이자 공민의 생활 방식이다. 중국은 법치 문화의 역할을 강조하고 다양한 형식을 통해 문화를 만들어가고 있다. 중국은 1986년부터 법률 상식 보급 교육을 시행해 5년마다 법률 상식 보급 규획普法規劃

을 제정하여 법률 상식 보급을 법치 추진의 중요한 형태로 만들었다. 1986년부터 2016년까지 30년 동안 법률 상식 보급 교육을 시행하여 법률 상식 보급으로부터 법률 의식 함양으로 나아갔으며, 마침내 사람들의 법치 신념을 확립했다. 법률 상식 보급 사업의 주요 대상은 공직자였고, 동시에 전 국민의 준법의식을 제고했다. 법치 문화의 형성을 통해 정부, 사회적 역량, 공민 개개인이 공동으로 참여하는 사회 거버넌스 기제가 만들어진다.

중국은 최근 2년간 법치 문화를 조성하기 위해 헌법의 날[5]을 제정하고 헌법선서제도를 수립하는 한편 헌법기념관도 건립했다. 헌법의 날, 헌법선서, 헌법기념관은 중국 법치문화의 중요한 지표다. 형식적으로 보이지만 엄숙한 헌법 선서를 통해 적어도 공직자들에게 권력에 대한 책임과 인민에 대한 약속을 실감하게 한다. 선서를 하고도 정치도덕적 약속을 어겼을 때 이런 형식은 공직자를 제약하고 최소한 양심에 법치의 이념을 심어줄 것이다.

법치 발전이 직면한 도전

1978년 개혁개방 이래 40년 가까운 세월 동안 중국의 법치는 이념에서 법률 체계로, 사법에서 법치 정부로, 입법에서 법 집행으로 발전했다. 그러나 여전히 중국은 법치의 이상과 현실 간의 충돌과 갈등에 직면해 있다. 중국 법치의 문제점과 도전 과제는 무엇일까?

첫째, 중국은 경제 세계화로 글로벌 거버넌스에 동참하게 되었으며, 글로벌한 법치관을 확립하고 법치 발전의 국제적 시야를 업그레이드해야 한다. 세계화의 추세 속에서 국가 거버넌스의 함의, 외연, 특징은 모두 심각한 변혁을 겪고 있으며, 인류의 법치 발전은 새로운 도전에 직면해 있다.

중국의 법치 건설에는 기회이자 도전이다. 이는 국내 거버넌스와 글로벌 거버넌스의 체계성을 인식하고, 법치 건설의 근본적인 문제들을 세계화의 배경과 글로벌 거버넌스 구조 속에서 연구하고 해결해야 함을 의미한다. 한편으로 우리는 국가가 글로벌 거버넌스에 참여함에 있어 국제 법치의 합리적인 경험을 거울로 삼는 동시에, 세계화와 현지화本土化의 충돌을 해소하는 데 주의를 기울여야 한다. 합리적인 균형점을 찾아 세계 법질서의 형성에서 중국이 역할을 발휘할 수 있도록 해야 한다.

둘째, 인권 이념과 현실 사이에 충돌이 존재한다. 현 단계에서 중국 특색 사회주의 법률 체계는 이미 형성되었으며, 법제 미비 문제는 기본적으로 해결되었다. "국가는 인권을 존중하고 보장한다"는 문구가 헌법에 명기된 지 12년이 지났지만, 수많은 기초적인 인권 보장 분야에서 실천과 이론의 괴리가 여전히 존재한다. 예컨대, 2016년 중국에서 가장 큰 사회적 이슈 중 하나였던 녜수빈聶樹斌 사건은 중국의 법치화가 얼마나 어려운지를 잘 보여준다. 1995년 당시 녜수빈은 결정적 증거가 부족한 상황에서 고의 살인죄와 강간죄로 사형을 선고받았다. 2016년 12월 최고인민법원 제2순회 재판부는 재심 선고 공판에서, 원심이 인정한 죄목이 사실무근이고 증거가 부족하다며 원심을 파기하고 녜수빈에게 무죄를 선고했다. 이 뒤늦은 판결은 중국의 오랜 '무죄 추정' 이념의 부재를 반영하고 있으며, 중국이 헌법 시행을 추진하고 헌법의 권위를 세우는 데 있어 제도적으로 여전히 불충분했음을 보여준다. 중국에는 형사소송법이 있지만 엄격하게 따르지 않아서 억울한 사건, 허위 조작 사건, 오심 사건이 종종 발생한다.

셋째, 입법과 엄정한 법 집행의 간극이 커서 법률 시행의 사회적 효과가 미미하다. 법치의 효과에 대한 민중의 인식은 법 집행의 실효성에 크게 좌우된다. 그러나 최근 몇 년간 중국이 공포한 수많은 법률 법규와 법 집행의 실효성은 여전히 미흡하다. 예를 들어 환경법, 식품안전법 등 공중 보건과 밀접하게 연관된 법률이 제대로 시행되지 않아 미세먼지, 식품안전사고 등이 사람들의 생활에 심각한 영향을 미치고 있다. 많은 분야에서 법률이 없는 게 아니라 법률이 제대로 시행되지 않는 것이 중국 법치가 직면한 가장 큰 도전 중 하나다.

넷째, 법치 발전의 불균형이 심각하고, 법률 직업, 법학 교육 등에서 동부와 서부가 큰 격차를 보이고 있다. 우선은 법학 교육 발전의 불균형이다. 중국은 14억 인구 대국으로, 동부, 중부, 서부의 발전이 불균형하기 때문에 법률 직업, 법학 교육과 법치 자원이 지역별로 불균등하게 분포되어 있으며, 특히 동부와 서부의 격차가 크다. 자원의 분배에 심각한 불균형이 있으며, 최근 몇 년간 노력했지만, 동부 지역과 중서부 지역 간에는 법률 종사자 수, 규모와 질에서 큰 격차가 있다. 다음은 지역 간 불균형으로, 지역별로 법치 발전의 차이가 크다. 그다음은 도농 간 불균형으로, 농촌의 법치 발전은 도시에 비해 뒤떨어져 있다. 끝으로 분야의 불균형이다. 경제, 정치, 사회, 문화 등 서로 다른 분야가 다루는 법률은 그 발전 상황이 고르지 않은데, 경제 분야의 법치 발전은 비교적 빠른 반면 문화, 정치, 사회 분야에서의 법치 발전은 상대적으로 느리다.

다섯째, 사법 독립성이 부족하며, 사법 공정과 정의가 새로운 도전에 직면해 있다. 중국은 줄곧 사법 개혁을 진행해왔지만, 여전히 사법 독립이 제대로 이루어지지 않고 있다. 사법재판에서는 독립 재판권이 외부의 간섭을 받는 문제가 여전히 존재한다. 사법 행정화[6]의 문제가 두드러지고, 법관의 사법 판단권이 외부 요인의 영향을 받는다. 사법 행정화와 지방화[7]는 사법 독립을 저해하는 중요한 요인이며, 사법 정의와 대중의 기대에 여전히 미치지 못하고 있다.

법치 발전의 미래

　다양한 역사적·현실적 이유로 중국의 법치 발전은 각종 도전에 직면해 있다. 향후 중국의 법치는 어떻게 발전할 것인가? 우리는 중국 법치의 역사를 이해하고, 40년 가까운 세월 동안 중국 법치가 이룬 성과를 살펴보았다. 이와 동시에 대국에서 법치를 실행하는 것의 어려움, 문제점과 당면한 도전들을 살펴보았다. 중국의 미래를 예측하는 데 있어 법치 문제를 비켜갈 수는 없다. 법치만이 중국의 미래이기 때문이다. 세계의 범위에서 보면, 우리는 21세기 문명사회에 살고 있으며 과학기술과 물질문명의 발전을 누리고 행복과 이상을 추구하면서 인권과 인간의 존엄성이라는 위대한 가치를 느끼고 있다. 그러나 다른 한편으로 중국 인민을 포함한 온 인류는 모종의 공포와 불안 속에 살고 있다. 경제와 과학기술이 발전함에 따라 강력한 물질문명 앞에서 인간의 존엄성은 주변화되고 비이성적인 기술이 인류사회와 인류 문명을 위협하고 있다. 이런 상황에서 인간 본연의 가치를 어떻게 지킬지는 법치에 맡길 수밖에 없다.

　법치를 통하지 않는다면 중국은 보편적인 사회적 공감대의 부족, 공권력의 남용과 같은 현재 당면한 도전 과제를 해결할 수 없다. 어떻게 강력한 법치의 힘으로 정의와 평화의 질서를 지킬 수 있을까? 법치의 이상과 현실의 충돌에도 불구하고 법치는 전 인류의 가치가 되었으며, 중국 인민의 가치가 되었다. 법치를 통해서만 사회적 공감대를 형성할 수 있다. 우리는 방관자의 태도로 남의 역사를 평가할 것이 아니라 열린 마음으로 법치의 발전과 진보를 추진하고, '인류운명공동체' 구축을 위해 법치를 보장해야 한다.

향후 중국 법치 발전의 주요 추세는 일곱 가지로 요약할 수 있다.

첫째, 입법의 시대에서 법률 해석의 시대로 진입한다. 중국의 법률 체계는 이미 구축되었으며, 앞으로는 법률의 과학적인 제정에서 법률의 효과적인 적용으로의 전환, 즉 법률 체계의 건설에서 법치 체계의 건설로 넘어가야 한다. 입법, 법률 개정의 틀에서 벗어나 법률 해석으로 사고를 전환하여 법률 제정, 법률 해석, 법률 개정 및 폐지가 함께 중시되는 법치 발전의 경로를 만들고, 특히 법률 해석을 통해 법과 현실 사이의 간극을 좁혀 현실 속의 법률 문제를 해결한다.

둘째, 민주주의에서 입헌주의로 변화한다. 민주주의와 입헌주의의 가치는 상충하는 부분이 있다. 입헌주의는 국가, 사회와 공민, 그중에서도 특히 국가가 헌법에 복종할 것을 요구한다. 다수자의 통치하에서 소수자의 이익을 보호하고, 다양성과 가치의 공감을 존중하며, 헌법 해석과 감독 메커니즘을 완비하여 전통적인 민주주의에서 미래의 입헌주의로 도약해야 한다. 민주주의의 가치는 중국에서 비교적 양호한 토대를 갖추고 있다. 중국인은 모두 민주를 알고, 민주의 가치를 이해한다. 그러나 현대사회에서 민주에 이성이 결여된다면, 민주주의도 법치를 파괴하고 입헌주의를 파괴할 수 있다. 중국에서 나타날 수 있는 민주주의의 법치에 대한 침해를 어떻게 방지할 것인가? 가능한 선택은 입헌주의의 입장을 고수하는 것이다. 다수자의 자유와 권리를 보호하는 동시에 소수자의 권리와 자유, 특히 언론의 자유, 사상의 자유를 보호하여, 인민이 헌법에 따라 공민으로서의 권리와 자유를 충분히 행사할 수 있도록 해야 한다. 정부는 공민들이 법에 따라 정부를 비판하고 다른 의견을 제시할 권리를 행사할 수 있도록 허용해야 한다. 입헌주의의 가치는 관용적이고 다원적인 정치에 있다. 국가권력은 인민으로부터 나오므로, 모든 사람은 자신의 의견과 건의를 발표할 권리가 있다.

셋째, 행정화, 지방화된 사법에서 중립적이고 독립적인 사법 체계로 변화한다. 헌법은 인민법원의 독립적인 재판권 행사를 규정하고 있다. 미래의 사법 체계는 독립, 전문화와 직업화의 방향으로 나아가야 하며, 더욱 공정하고 권위 있으며 통일된 사법제도를 구축해야 한다. 중국에서 모두가 사법 독립을 말하지만, 진정한 사법 독립을 실현하는 것은 매우 어렵다. 법치의 경험에 비추어보면 사법 독립이 없는 나라는 법치의 목표를 달성할 수 없다. 인민의 진정한 권리와 자유를 효과적으로 보장하는 제도는 독립적이고 중립적인 사법이다. 중국은 재판장 제도, 법관 정원 제도, 모든 법원의 판결문 공개 제도, 최고법원의 지도적 판례 등을 통해 사법 독립을 실현하기 위해 노력하고 있다. 따라서 앞으로 중국은 그 과정이 순탄치 않을지라도 사법 독립의 측면에서 많은 성과를 거둘 것으로 기대된다.

넷째, 국가 거버넌스 체계가 정책 조정에서 법률 조정으로 이행하여, 국가 거버넌스의 법치화를 실현한다. 역사적 이유로 중국의 국가 거버넌스는 정책에 의해 대규모로 진행되었다. 하지만 법치가 발전함에 따라 국가 거버넌스도 정책 조정에서 법률 규범화로 넘어가는 추세다. 법치 체계 구축 과정에서 국가 거버넌스는 정책 수단에서 법률 수단으로 전환될 것이며, 국가 거버넌스 체계의 법치화 수준도 제고될 것이다.

다섯째, 집권당의 활동이 헌법과 법률의 구속을 받고, 헌법지상憲法至上이 최고의 치국治國 철학이 된다. 중국에서 모든 민족, 국가기관과 무장 세력, 각 정당과 사회단체, 기업 사업 조직은 헌법을 활동의 근본 원칙으로 삼아야 하며, 헌법의 존엄성을 지키고 헌법 실시를 보장할 의무를 지닌다. 헌법지상의 이념은 집권당의 모든 활동에 관철되고, 집권당을 포함한 모든 주체의 활동은 헌법과 법률의 구속을 받아 그 어떤 개인과 조직도 헌법 위에 군림할 수 없다.

여섯째, 법치 발전의 불균형을 극복하고, 국가 법치의 균형 발전을 이룩한다. 국가는 균형적으로 발전해야 한다. 정치, 경제, 문화 등에서 균형적으로 발전해야 할 뿐만 아니라 동서부에서도 균형 발전이 이루어져야 한다. 이는 국가가 이행하는 헌법의 의무다. 지역, 직업, 교육 등에서 법치의 조화를 중시하고, 법치 발전의 불균형 현상을 극복한다.

일곱째, 효과적인 위헌심사 제도를 확립하고, 헌법의 권위를 수립한다. 민주주의에서 입헌주의로 나아가려면 건전한 헌법 해석 제도와 감독 제도가 필요하다. 이 측면에서는 한국의 헌법재판소 제도가 좋은 사례를 제공한다. 그러나 앞으로 중국이 위헌심사에 있어서 한국식 헌법재판소 제도를 채택할지, 미국식 사법심사 제도를 채택할지, 프랑스식 헌법위원회 제도를 채택할지, 아니면 영국식 의회 주권의 위헌심사를 고수할 것인지는 여전히 모색 중이다. 어떤 제도를 구축하든 효과적인 위헌심사가 없다면 진정한 중국의 법치란 존재할 수 없다.

효과적인 위헌심사 메커니즘의 수립을 통해 위헌 문제를 적시에 해결하고 헌법 해석 기능을 강화해 헌법을 생활화하고 헌법의 권위를 확립하며, 헌법으로 공감대를 형성해 중국이 법률대국에서 법치강국으로 나아가도록 추동한다. 이것이야말로 중국 법치 발전의 중대한 과제다.

중국의 법치는 100년 전 청말에서 시작해 100여 년의 발전을 거쳐 적극적인 진전을 이뤘다. 법치는 중국 사회 발전의 근본적인 보장이자 중국 사회의 가장 큰 공감대다. 물론 중국 법치 발전의 노정에는 여전히 중대한 도전과 문제가 놓여 있다. 법치의 역사를 통해 중국 인민은 법치만이 중국 인민의 공감대를 형성하고, 법치만이 모든 사람의 권리, 자유, 존엄을 보장할 수 있다는 사실을 깨닫게 된다. 법치를 통해, 우리는 중국 사회의 보다 나은 내일을 기대할 수 있다.

(강연일 2017년 1월 17일)

제1부 미중 관계: 변한 것과 변하지 않은 것

1장 그레이엄 앨리슨, 미국과 중국은 투키디데스의 함정을 피할 수 있는가?

1 국내에는 그레이엄 앨리슨, 『예정된 전쟁: 미국과 중국의 패권 경쟁, 그리고 한반도의 운명』(정혜윤 옮김, 세종서적, 2018)으로 출간되었다.

2 슈퍼컴퓨터 순위는 매년 6월과 11월에 유럽 ISC(International Supercomputing Conference)와 미국 SC(Supercomputing Conference)에서 번갈아 발표하며, 결과는 톱 500(www.top500.org) 홈페이지에서도 확인할 수 있다. 2010년 6월 중국의 민영기업 중커수광中科曙光, Sugon의 싱윈星雲, Nebulae이 최고 성능에서 1위, 종합 2위를 차지했으며, 2010년 11월에는 중국 국방과학기술대학이 개발한 '톈허 1호天河一號(TH-1A)'가 세계에서 가장 빠른 슈퍼컴퓨터 자리에 올랐다. 그 후 1위 자리를 내주었다가 2013년부터 2017년까지 '톈허 2호天河二號(Milkyway-2)'와 우시無錫에 있는 국립병렬컴퓨터공학연구센터가 보유한 '선웨이 타이후즈광神威·太湖之光, Sunway TaihuLight'이 세계 슈퍼컴퓨터 성능 순위 1위를 차지했다. 그러나 2018년 6월 미국 에너지부Department of Energy 산하의 오크리지 국립연구소Oak Ridge National Laboratory가 운영하고 있는 슈퍼컴퓨터 '서밋Summit'에 1위를 내준 데 이어 11월에는 미국 로런스 리버모어 국립연구소Lawrence Livermore National Laboratory가 보유한 '시에라Sierra'에 2위 자리도 내주었다.

3 국내에는 『리콴유가 말하다: 누가 No.1이 될 것인가? 중국인가, 미국인가?』(석동연 옮김, 행복에너지, 2015)로 출간되었다.

4 "How Trump Can Win Big in North Korea", *Politico Magazine*, April 18, 2018. 기사 원문은 여기에서 볼 수 있다. https://www.politico.com/magazine/story/2018/04/18/how-trump-can-win-big-in-north-korea-218009

1 '3개 대표론'은 장쩌민이 2000년 2월 25일 광둥성 시찰에서 처음으로 제기한 사상이다. 개혁개방에 따라 주요 사회세력으로 성장한 자본가와 지식인을 포용해야 한다는 필요성에서 나왔으며, 당이 권력 기반을 자본가 계급으로까지 넓힌다는 의미다. 세 가지를 대표한다는 것은 첫째, 중국공산당은 항상 중국의 선진 생산력(자본가)의 발전 요구를 대표해야 하고, 둘째, 중국 선진 문화(지식인)의 전진 방향을 대표해야 하고, 셋째, 중국의 가장 광대한 인민(노동자·농민)의 근본적인 이익을 대표해야 한다는 것이다. 장쩌민은 이를 통해 자본가의 정치적 지위를 공식적으로 인정하고 이들의 입당入黨을 정당화했다.

2 "To Many Chinese, America Was Like 'Heaven,' Now they're Not So Sure.", *The New York Times*, May 18, 2019.

3 국내에서는 폴 케네디, 『강대국의 흥망』(이일주 옮김, 한국경제신문사, 1997)으로 출간되었다.

3장 리처드 부시, 내부 상황을 통해 바라본 미중 관계의 미래

1 시진핑은 2017년 10월 중국공산당 제19차 전국대표대회(19차 당대회)에서 중국공산당 중앙위원회 총서기와 중국공산당 중앙군사위원회 주석으로 재선출된 데 이어, 2018년 3월 제13기 전국인민대표대회(전인대)에서 중화인민공화국 주석과 중화인민공화국 중앙군사위원회 주석에 재선임되었다. 19차 당대회를 계기로 '시진핑 사상'이 당헌에 삽입되는 등 시진핑의 일인지배체제를 구축하게 되었다고 평가된다.

2 싱가포르 정상회담은 6·12 북미정상회담, 즉 2018년 6월 12일 싱가포르에서 트럼프 미국 대통령과 김정은 북한 국무위원장 간에 열린 정상회담이다. 1953년 7월 27일 6·25 전쟁 정전협정이 체결된 이후 사상 최초로 미국과 북한의 정상이 만난 회담이다.

3 2018년 3월 제13기 전인대에서 헌법을 '수정안修正案' 형식으로 통과했는데, 이를 통해 '국가감찰위원회國家監察委員會'가 헌법기관으로 공식 출범했으며, '감찰법'이 전인대에서 입법됨으로써 이를 뒷받침하는 공고한 법제도적 기초가 마련되었다. 국가감찰위원회는 기존 국무원의 감찰부監察部, 국가예방부패국國家豫防腐敗局과 인민검찰원人民檢察院의 반부패 조직을 통합하여 출범한 거대 사정기구다. 국가기구 내 서열도 국무원과 중앙군사위원회 다음으로, 최고인민법원과 최고인민검찰원보다 앞선다.

원래 중국공산당 내부에는 중앙기율검사위원회라는 당내 사정기관이 있으며, 사법권司法權에 비해 감찰권監察權이 우위를 점하는 중국 특색의 권력구조에서 막강한 권력을 행사해왔다. 시진핑 제1집권기의 중앙기율검사위원회는 왕치산王岐山을 정점으로 하여 당원의 감찰과 부정부패 적발 및 방지 업무를 담당하는 핵심 기관으로 자리 잡았다. 그러나 헌법과 법률상의 근거를 갖지 못해 공산당 내부에서 당원만을 감찰할 수밖에 없는 등 많은 제약과 한계가 있었다. 헌법기관으로서 신설된 국가감찰위원회가 중앙기율검사위원회를 대체하는 듯 보였으나, 국가감찰위원회 주임에 중앙기율검사위원회 부서기 출신인 양샤오두楊曉渡가 선임되고, 성省과 시 단위의 감찰위원회 주임이 모두 지방 기율검사위원회 서기로 채워지는 등 오히려 국가감찰위원회가 중앙기율검사위원회에 종속된 일개 부서에 지나지 않는 것 아니냐는 의심의 목소리와 함께, 자신의 칼끝이 미치지 않는 곳을 위하여 새로운 칼 한 자루를 만들었다는 평가를 받기도 한다.

4 쿠릴열도~일본~오키나와~대만~필리핀~보르네오섬으로 이어지는 제1열도선은 한국전쟁 중이던 1951년 당시 미국 국무장관 고문이었던 존 포스터 덜레스John Foster Dulles가 소련과 중국을 봉쇄하기 위해 고안한 개념이다. 중국으로서는 '봉쇄선(저지선)'인 동시에 '방어선'으로서의 의미를 지닌다.

5 도광양회란 빛을 감춰 밖으로 새지 않도록 하면서 은밀하게 힘을 기른다는 뜻으로, 덩샤오핑의 외교정책 기조를 말한다.

6 2001년 9·11 테러가 일어난 뒤, 조지 W. 부시 대통령은 2002년 국정 연설에서 북한을 이란, 이라크와 함께 '악의 축'으로 규정했다. 이후 이라크의 대량살상무기를 제거하여 자국민을 보호하고 세계평화에 이바지한다는 명분을 내세웠고, 2003년 3월 17일 동맹국인 영국, 호주와 함께 이라크에 최후통첩을 했다. 전쟁을 막기 위해 프랑스가 중재 노력을 기울였지만, 사흘 뒤인 3월 20일 미국은 영국과 함께 바그다드를 비롯한 이라크 주요 도시에 공습을 개시했고, 40일간 진행된 전쟁은 미국의 일방적인 승리로 끝났다.

7 미국의 이라크·아프가니스탄 공격을 말하며, 이는 미국 패권 하락의 분기점으로 간주된다.

8 그레이존은 국제정치에서 어떤 강대국의 세력권에 속해 있는지가 불분명한 지역을 말한다.

9 그레이엄 앨리슨이 2012년 제기한 개념이다. 고대 그리스 역사가 투키디데스가 『펠로폰네소스 전쟁사』에서 아테네의 급부상과 그에 대한 스파르타의 두려움이 펠로폰네소스 전쟁을 불가피하게 만들었다고 설명한 것에서, "투키디데스의 함정이란 신흥 세력이 기존 지배 세력의 자리를 빼앗으려고 위협할 때 나타나는 위험한 역학관계"라고 정의했다. 앨리슨은 이 프레임으로 신흥 강대국 중국과 기존 패권국 미국 간의 관계를 분석했다. 이 책 제1부 1장 그레이엄 앨리슨의 글 참고.

10 2017년 4월 6일부터 7일까지 트럼프 대통령과 시진핑 주석이 미국 플로리다주 팜비치에 있는 트럼프 대통령의 개인 별장인 마라라고 리조트에서 가진 정상회담. 마라라고 회담의 성과에 관해서는 이 책의 제1부 4장 주펑, 「마라라고 미중 정상회담과 한·미·중 관계」 참고.

11 2015년 7월 14일 오스트리아 빈에서 이란과 주요 6개국(유엔 안전보장이사회 5개 상임이사

국과 독일)이 이란의 핵 개발 프로그램을 제한하는 대신 이란에 가해졌던 각종 제재 조치를 해제하는 내용의 이란 핵 협상 합의를 도출했다. 그러나 트럼프 행정부가 2018년 5월 이란 핵 협상 탈퇴를 공식 선언하면서 큰 논란이 됐다.

12 아시아 회귀 전략 또는 아시아 중심 정책이라고도 한다. 이 책의 제1부 1장 그레이엄 앨리슨, 「미국과 중국은 투키디데스의 함정을 피할 수 있는가」 참고.

4장 주펑, 마라라고 미중 정상회담과 한·미·중 관계

1 베를린 장벽이 무너진 직후인 1989년 12월 미국의 조지 부시 대통령과 소련의 고르바초프 대통령은 지중해의 몰타섬에서 정상회담을 갖고, 냉전의 종식을 공식적으로 선언한 바 있다. 그러나 실질적인 냉전의 종식은 1991년 12월 소비에트 사회주의 공화국 연방(소련)이 독립국가연합CIS과 러시아연방으로 분리된 사건을 가리킨다.

2 블랙 스완은 백조는 흰색이라는 일반적 논리를 깬 검은 백조 발견 이야기에서 착안되었다. 극단적으로 예외적이어서 발생 가능성이 없어 보이지만 일단 발생하면 엄청난 충격과 파급효과를 가져오는 사건을 가리킨다. 월가 투자전문가인 나심 니컬러스 탈레브Nassim Nicholas Taleb가 자신의 저서 『검은 백조: 가능성이 희박한 것의 영향The Black Swan: The Impact of the Highly Improbable』(한국어판 『블랙 스완: 위험 가득한 세상에서 안전하게 살아남기』, 차익종·김현구 옮김, 동녘사이언스, 2018)을 통해 서브프라임 모기지 사태를 예언하면서 두루 쓰이게 됐다.

3 브렉시트는 '영국'을 뜻하는 '브리튼Britain'과 '탈퇴'를 뜻하는 '엑시트exit'의 합성어로, 영국의 EU 탈퇴를 의미한다. 브렉시트 여론은 2008년 글로벌 경제위기로 촉발된 유럽 재정 위기가 계기가 됐다. 2012년 하순 EU의 재정 위기가 심화되자 영국이 내야 할 EU 분담금 부담이 커졌고, 이에 영국 보수당을 중심으로 EU 잔류 반대 움직임이 확산되었다. 2013년 1월 보수당 소속의 데이비드 캐머런David Cameron 당시 영국 총리가 다보스포럼 참석 직전 2016년에 EU 탈퇴 여부를 묻는 국민투표를 하겠다고 발표하면서 세계적인 이슈로 떠올랐다. 2016년 6월 23일 브렉시트 찬반을 묻는 국민투표에서 51.9퍼센트의 영국 국민이 탈퇴를 선택했다. 당초 2018년 3월 단행할 예정이었으나, 이후 영국 의회의 합의안 부결로 총 세 차례 연기되었다가 2020년 1월 31일 오후 11시(현지시간)에 공식적으로 EU를 탈퇴했다.

4 미국 역사상 초기 농장 대지주들을 제외하고 실질적으로 기업인 출신 대통령은 제31대 허버트 후버 대통령Herbert Hoover(1874~1964)과 제45대 도널드 트럼프 대통령이 있다. 후버 전 대통령은 광산 사업, 트럼프 대통령은 부동산 사업을 했다. 후버는 기업인으로서는 성공적이었지만 대통령으로서는 대공황을 야기했다는 오명을 뒤집어쓰고 단임으로 물러

났다.

5 문재인 대통령의 수필 겸 자서전이라 할 수 있는 『문재인의 운명』을 말한다. 노무현 재단 이사장 재임 시절에 노무현 전 대통령 서거 2주기를 맞아 참여정부 비사秘史를 비롯한 30년 동행의 발자취를 기록했다. 한국에서는 2011년 6월 초판이 발간되었으며, 중국에서는 대통령에 당선된 후인 2017년 12월 『운명: 문재인 자서전命運: 文在寅自傳』(장쑤봉황문예출판사)으로 번역 출간되었다.

6 김대중 전 대통령은 1998년 11월 국빈 방중 때 베이징대에서 '한중 동반자 관계'를 주제로 연설했다.

7 이 책의 제4부 4장 장저신, 「중국의 국제 전략과 아태 안보 질서에 미치는 영향」 각주 1 참고.

8 이 책의 제3부 1장 장위옌, 「일대일로 전략 구상: 이념과 현실」 각주 2 참고.

9 본문에서 '자유'는 개인의 자유freedom와 사회 속에서 보장되는 자유liberty를 모두 포함한다.

10 2017년 4월 6일부터 7일까지 트럼프 대통령과 시진핑 주석은 미국 플로리다주 팜비치에 있는 트럼프 대통령의 개인 별장인 마라라고 리조트에서 정상회담을 가졌다. 트럼프 대통령 취임 이후 첫 미중 정상회담이다.

5장 샤오위췬, 미중 관계의 발전과 대만 문제

1 미국은 녹색기후기금Green Climate Fund(GCF)에 30억 달러(한화 약 3조 6000억 원)를 지원하겠다는 약속을 재확인했으며, 중국은 200억 위안(한화 약 3조 4000억 원)을 들여 '중국 기후변화남남협력기금中國氣候變化南南合作基金'을 조성해 다른 개발도상국의 기후변화 대응을 지원하고 녹색기후기금 사용 능력을 강화하겠다고 밝혔다.

2 2015년 9월 25일 시진핑 주석의 방미 기간에 양국 정상은 '미중 정상 기후변화 협력 공동성명'을 발표했다.

3 파리협정은 2015년 12월 프랑스 파리에서 열린 제21차 유엔기후변화협약UNFCCC 당사국총회COP21에서 채택되었으며, 2020년 만료 예정인 교토의정서를 대체, 2021년 1월부터 적용될 기후변화 대응을 담은 기후변화협약이다. 선진국만 온실가스 감축 의무가 있었던 1997년 교토의정서와는 달리 195개 당사국 모두에게 구속력 있는 보편적인 첫 기후변화협약이라는 점에서 역사적으로 의미가 있다. 지구 평균온도 상승폭을 산업화 이전 대비 2도 이하로 유지하기 위해, 각 국가가 온실가스 배출량 감축 목표를 자발적으로 정하고, 국제사회가 그 이행을 공동으로 검증하는 것을 주요 내용으로 한다. 그러나 대선 후보 시절부터 파리협정 파기를 공공연하게 주장했던 트럼프는 2017년 6월 미국의 파리

협정 탈퇴를 선언했다. 2016년 11월 4일 발효된 협정이 3년간 탈퇴를 금지하고 있었기에, 미국은 2019년 11월 4일이 되어서야 유엔에 공식적으로 협정 탈퇴를 통보했으며, 탈퇴는 통보일로부터 1년이 지난 뒤인 2020년 11월 4일에 이뤄졌다.

4 원문은 https://www.theatlantic.com/magazine/archive/2016/04/the-obama-doctrine/471525/에서 볼 수 있다. 2006년 4월호에 실린 오바마 대통령 심층 인터뷰 기사로, 오바마의 외교안보 정책을 이해하는 데 최고의 지침서라는 찬사를 받는다.

5 양안兩岸은 원래 강이나 바다의 양쪽 기슭을 뜻하는 말이지만, 대만 해협을 사이에 두고 분단된 중국과 대만을 함께 지칭하는 것으로 쓰인다. 이는 '두 개의 나라兩國'가 아닌 특수한 관계를 나타낸다.

6 문서는 아니지만 구두의 방식으로나마 합의한 양안 관계에 대한 원칙이다. 1949년 이후 적대적 관계를 유지하던 중국과 대만이 1992년 각각 반半 관영기구인 해협양안관계협회 海峽兩岸關係協會와 해협교류기금회海峽交流基金會를 내세워 양안 관계에 대한 원칙을 협의했다. 그해 10월 홍콩 회담과 그 후 이어진 통신 왕래를 통해 "양안은 모두 '하나의 중국' 원칙을 견지하고 국가의 통일을 도모하기 위해 노력한다"는 내용을 각자 구두의 방식으로 표현하기로 합의했으며, 이를 '92컨센서스'라 한다. 중국과 대만은 '하나의 중국'이며, 양안 관계는 국가 간의 관계가 아니라는 점을 핵심으로 하여 양안 관계의 근본적 성격을 분명히 제시했다.

7 대만 경제의 중국 의존도를 줄이기 위한 대안으로 동남아, 남아시아, 대양주 국가들과의 협력을 강화하는 정책을 말한다.

제2부 중국 경제의 부침

1장 린이푸, 중국 경제 부흥이 세계경제에 미치는 영향

1 구 소련의 안토노프Antonov사가 1988년 제작한 AN-225이다. 우크라이나어로 꿈이라는 뜻의 '므리야Mriya'라는 애칭으로 불린다. 우주왕복선 수송을 위해 단 한 대만 제작되었으며, 구소련이 붕괴되고 우주계획에 대한 정부의 지원이 끊기면서 운행이 중단되었다가 2001년부터 상용 수송기로 운용되고 있다.

2 개혁안의 구체적인 내용에 대해서는 이 책의 제2부 3장 장원링, 「시진핑 정부의 경제정책 진단」 참고.

3 이 책의 제2부 5장 주원한, 「중국 부상의 세계적 의의」 도표 1 참고.

4 1990년대 미국이 중남미 개발도상국의 경제위기에 대한 해법으로 제시한 미국식 자본주

의 국가발전모델. 1989년 미국의 정치경제학자 존 윌리엄슨John Williamson이 자신의 저서에서 당시 경제위기로 어려움을 겪고 있던 중남미 국가들에 대한 개혁 처방을 '워싱턴 컨센서스'로 명명한 데서 유래했다.

2장 장쥔, 중국 경제의 둔화: 원인, 도전, 전망

1   전 철도부 부장 류즈쥔劉志軍을 말한다. 1996년 8월~2003년 3월 철도부 부부장, 2003년 3월~2011년 2월 철도부 부장을 역임했다. 뇌물수수, 직권남용 등의 혐의로 고발되어 정치적 권리 종신 박탈, 전 재산 몰수, 사형 집행 유예를 선고받았다가 지금은 무기징역으로 감형되어 수감 중이다.

2   2011년 7월 23일 저녁 8시 30분경 각각 항저우杭州와 베이징에서 출발하여 푸저우福州로 향하던 D3115, D301 고속열차가 원저우溫州 남역에서 약 5킬로미터 떨어진 고가에서 추돌하여 40명이 사망하고 200여 명이 부상을 당했다.

3   토지지표란 정부가 경지면적을 보호하기 위해 건축 면적과 기타 사업부지를 통제하는 수단으로, 상부에서 용지와 경지 보유량 지표를 하달한다. 여기에는 경지 보유량, 기본 농경지 보호 면적, 도농 건설용지 규모, 건설용지 총규모, 도시 광공업용지 규모, 신축 건설용지 규모, 신축 건설용지가 농경지를 유용하는 규모 등이 포함된다.

4   이 책의 제3부 1장 장위옌, 「일대일로 전략 구상: 이념과 현실」 각주 1 참고.

3장 장원링, 시진핑 정부의 경제정책 진단

1   양회는 전국인민대표대회(전인대)와 전국인민정치협상회의(정협)를 통칭하는 용어다. 정협은 매년 3월 3일, 전인대는 3월 5일부터 열리며, 개최 기간은 10~12일이다. 양회를 통해 중국 정부의 운영 방침이 정해지기 때문에 중국 최대의 정치 행사로 주목받는다. 2020년은 코로나19의 여파로 인해 두 달 반 정도 늦춰 5월 21일에 개막했으며, 예년보다 짧은 일정으로 5월 28일 폐막했다.

2   서비스업은 서비스 수요자의 유형에 따라 생산자 서비스업과 소비자 서비스업으로 구분된다. 이 중 재화와 서비스를 생산하는 기업에게 제공되는 서비스업을 생산자 서비스업이라 하는데, 금융업, 보험업, 부동산업 및 법률, 회계, 광고, 컨설팅을 포함하는 사업 서비스업 등이 여기에 해당된다.

3   원문의 '간정방권簡政放權'은 중앙정부의 기능과 기구를 간소화하고 하부기관에 권한을 이양하는 것을 가리킨다. 이 '간정방권'과 '방관결합放管結合(권한을 내려놓을 것은 내려놓고 관여할 것은 관여하는, 간소화 및 권한이양[放]과 공정한 감독관리[管]의 결합)', '최적화서비스優化服務' 세 가지를 합쳐 '방관복放管服' 개혁이라 한다.

4 거주증 제도는 전면적 거주지 주민등록제를 채택할 수 없는 상황에서 기존 호적제도의 문제점을 보완한 제도로, 호적제도에서 거주지 주민등록제도로 가는 중간 단계라 할 수 있다. 호적지가 아닌 다른 도시에 반년 이상 장기 거주하는 국민은 취업(재학) 및 거주 증명을 제출해 거주증을 발급받을 수 있다.

5 네거티브 리스트란 원칙적으로 수입의 자유화가 인정된 무역 제도에서 예외적으로 수입을 금지하거나 제한하는 품목의 리스트.

6 샤오캉은 물질적으로 편안하고 풍족한 사회, 비교적 잘사는 중산층 사회를 의미한다. 원래 『시경詩經』 「대아大雅·민로民勞」에 "民亦勞止, 可小康汔(백성은 아직 힘들고 고통스러우니, 겨우 조금 편안하게 되었을 뿐이다)"이란 구절이 있으며, 『예기禮記』 「예운禮運」에서는 요순이 다스리던 이상세계를 대동大同, 그보다는 못하지만 우禹·탕湯·문왕文王·무왕武王·성왕成王·주공周公이 다스리던 성세盛世를 소강小康이라 했다. 1979년 12월 6일, 덩샤오핑鄧小平(1904~1997)이 중국을 방문한 일본 총리 오히라 마사요시大平正芳(1910~1980)를 만난 자리에서 '샤오캉' 개념을 처음으로 언급했으며, 1987년 '원바오溫飽-샤오캉小康-다퉁大同'의 3단계 경제 발전 전략을 제시했다. 그 후 2002년 장쩌민江澤民이 제16차 당대회에서 "2020년까지 전면적인 샤오캉 사회를 건설하겠다"고 말한 이후 중국 발전의 상징으로 자리잡고 있다.

4장 황웨이핑, 신창타이 하에서의 중국 자본시장 발전

1 시진핑은 2012년 11월 중국공산당 제18차 전국대표대회와 제18기 중앙위원회 제1차 전체회의에서 중국공산당 중앙위원회 총서기와 중국공산당 중앙군사위원회 주석에 선출되었으며, 2013년 3월 제12기 전국인민대표대회에서 중화인민공화국 주석과 중화인민공화국 중앙군사위원회 주석에 선출되었다.

2 후진타오 총서기와 원자바오 총리 체제는 '선부론자先富論者', 특히 상하이를 중심으로 한 동부 연안 지역의 '성장우선론자' 세력을 몰락시키고, 중국 전역에 걸친 성장을 중시하는 분배를 강조했다.

3 네 가지 기본 원칙이란 '반드시 사회주의 노선을 견지한다必須堅持社會主義道路', '반드시 인민민주독재를 견지한다必須堅持人民民主專政', '반드시 공산당의 영도를 견지한다必須堅持共産黨的領導', '반드시 마르크스·레닌주의와 마오쩌둥 사상을 견지한다必須堅持馬列主義, 毛澤東思想'는 것이다.

4 '이율배반'의 뜻을 갖는 용어로, 두 개의 정책 목표 가운데 하나를 달성하려고 하면 다른 목표의 달성이 늦어지거나 희생되는 경우 서로 상충하는 양자간의 관계를 나타낸다. 예컨대, 실업률을 저하시키면 물가가 상승하고, 물가를 안정시키려고 하면 실업이 증가하는

이율배반의 관계를 말한다. 두 목표가 양립할 수 없을 때 어느 한쪽을 위해 다른 쪽을 희생시키는 것을 트레이드오프라 한다.

5 『맹자』「고자장구告子章句」 상편에 나오는 고사다. 맹자는 "나는 생선도 먹고 싶고 곰발바닥도 먹고 싶지만, 둘 다 먹을 수 없을 경우에는 생선을 버리고 곰발바닥을 취할 것이다. 나는 살고 싶고 의로움도 행하고 싶지만, 둘 다 겸할 수 없을 때에는 삶을 버리고 의로움을 취할 것이다魚我所欲也, 熊掌亦我所欲也, 二者不可得兼, 舍魚而取熊掌者也. 生亦我所欲也, 義亦我所欲也, 二者不可得兼, 舍生而取義者也."라고 말했다.

6 이 책의 제2부 3장 장윈링, 「시진핑 정부의 경제정책 진단」 각주 6 참고.

7 원바오란 따뜻하게 입고 배불리 먹는 최저 생계유지가 가능한 상태를 말한다.

8 혼합소유제란 중국의 국유기업 개혁 방안 중 하나로, 국가가 소유한 기업의 지분을 줄이고 민간 자본을 유치하여 기업의 경영 효율성을 높이는 일종의 민영화 정책이다. 하지만 국가가 여전히 주요 주주로 지분을 갖는다는 점에서 완전한 민영화와는 차이가 있다.

5장 주윈한, 중국 부상의 세계적 의의

1 '아시아의 네 마리 용'이라고도 부른다. 제2차 세계대전 이후 아시아에서 일본에 이어 근대화에 성공하며 급속도로 경제 성장을 이룬 동아시아의 한국, 대만, 홍콩, 싱가포르를 가리킨다.

2 이 책의 제1부 3장 리처드 부시, 「내부 상황을 통해 바라본 미중 관계의 미래」 각주 9와 제1부 1장 그레이엄 앨리슨, 「미국과 중국은 투키디데스의 함정을 피할 수 있는가」 참고.

3 이 책의 제1부 1장 그레이엄 앨리슨, 「미국과 중국은 투키디데스의 함정을 피할 수 있는가」 각주 1 참고.

4 국내에는 『대공황의 세계 1929-1939The World in Depression 1929-1939』(박정태 옮김, 굿모닝북스, 2018)로 번역돼 있다.

5 2014년 10월 이탈리아 밀라노에서 "지속 가능한 성장 및 안보를 위한 책임 있는 파트너십"을 주제로 제10차 아시아유럽정상회의ASEM가 열렸다. 1990년대 이래 냉전적 질서가 붕괴하고 세계화가 급속히 전개되면서 상대적으로 협력관계가 미약했던 아시아와 유럽 간의 관계 강화를 목적으로 1996년 출범하여 2년마다 정상회의를 개최하고 있다. 제3차 회의는 2000년 10월 20~21일 서울에서 개최되었다.

6 이 책의 제1부 5장 사오위췬, 「미중 관계의 발전과 대만 문제」 각주 3 참고.

7 이 책의 제1부 3장 리처드 부시, 「내부 상황을 통해 바라본 미중 관계의 미래」 각주 11 참고.

8 헝가리 태생의 캐나다 금광 재벌 피터 멍크Peter Munk(1927~2018) 부부가 설립한 캐나다

오리아 재단Aurea Foundation이 2008년부터 주최하는 글로벌 토론회다. 연 2회 캐나다 토론토에서 열리며, 세계 정상급 지식인이 참석해 2인씩 두 개 조를 이뤄 국제적 현안을 두고 토론을 벌인다.

6장 카럴 더휘흐트, 중국의 부상과 세계 경제 질서의 미래

1   1849년 8월 21일 파리에서 열린 국제평화회의 개막 연설에서 빅토르 위고가 한 말이다. 그는 이 연설에서 처음으로 '유럽합중국les États-Unis d'Europe'이라는 용어를 사용했다.

2   글로벌 가치사슬global value chains이란 상품과 서비스의 설계, 생산, 유통, 사용, 폐기 등 전 범위에 이르는 기업 활동이 운송 및 통신의 발달로 세계화되는 것을 의미한다.

3   카를 폰 클라우제비츠는 프로이센의 군인이자 나폴레옹 시대의 군사전략가다. 저서 『전쟁론Vom Kriege』에서 "전쟁은 다른 수단에 의한 정치의 연속이다"라는 명언을 남겼다.

4   우루과이라운드Uruguay Round of Multinational Trade Negotiation는 1986년 9월 남미 우루과이의 푼타델에스테에서 개최된 '관세 및 무역에 관한 일반협정General Agreement on Tariffs and Trade(GATT)' 각료회의를 출발점으로 하여 8번째인 1993년 12월 타결된 다자간 무역협상이다. 그 결과 1995년 WTO가 설립되었다.

5   이 책의 제4부 4장 장저신, 「중국의 국제 전략과 아태 안보 질서에 미치는 영향」 각주 1 참고.

6   이 책의 제3부 1장 장위엔, 「일대일로 전략 구상: 이념과 현실」 각주 2 참고.

7   글로벌 금융위기 이후 세계 곡물 가격이 급락하여 스위스의 농약·종자기업 신젠타가 재정 위기를 맞자, 중국 국영 화학기업 켐차이나가 인수에 나섰다. 인수 금액은 430억 달러(한화 약 52조 원)로 중국 기업의 해외 M&A 역사상 최대 규모였다. 원래는 미국의 몬산토Monsanto가 2011년부터 신젠타를 인수하기 위한 작업을 벌여왔으나 합의에 이르지 못했고, 2015년 11월 켐차이나가 인수 협상에 나섰다. 켐차이나는 신젠타 인수 대금을 전액 현금으로 일시 지급하고 현 경영진과 종업원의 고용 승계를 보장하며, 본사도 스위스 바젤에 그대로 두는 조건을 제시했다. 켐차이나가 파격적인 조건을 걸면서 신젠타 인수에 공을 들인 까닭은 신젠타가 세계 곡물 유전정보와 품종보호권(특허권)을 대량으로 보유한 세계 3위의 종자 기업이기 때문이다. 신젠타 이사회는 2016년 2월 켐차이나의 제안을 만장일치로 승인했고, 전 세계 유관 정부 당국의 승인을 받아 2017년 6월 인수가 완료됐다.

8   수표책 외교란 막강한 경제력을 앞세워 국익을 관철하는 외교 전략을 비판적으로 일컫는 말이다.

9   시장경제지위는 과거 사회주의체제 국가의 덤핑 수출을 규제하기 위해 도입된 개념으로,

한 국가의 원자재·제품 가격, 임금, 환율 등이 정부의 인위적 간섭 없이 시장에 의해서 결정되고 있다는 것을 교역 상대국이 인정할 때 부여된다. 이를 인정받지 못한 국가는 덤핑이 쟁점인 통상분쟁에서 매우 불리한 상황에 처한다. 한국은 2005년 11월 중국에 시장경제지위를 인정하기로 합의했으나 유럽 대부분의 국가와 미국, 일본 등은 여전히 중국에 시장경제지위를 부여하지 않고 있다.

10 배타적 권한은 EU만 법률을 제정하고 법적 강제조치를 채택할 수 있는 분야로, 개별 회원국이 자체적으로 결정하고 시행할 수 없는 분야의 권한을 말한다.

11 '일대일로'에서 '대'는 세 개의 육로를, '로'는 두 개의 해로를 포함한다. "세 개의 육로는 중국-중앙아시아-러시아-유럽으로 이어지는 길과 중국-중앙아시아-서아시아(페르시아만과 지중해 포함)로 이어지는 길, 그리고 중국-동남아시아-남아시아-인도양에 이르는 길이다. 두 개의 해로는 중국 연해 항구-남중국해-인도양-유럽으로 이어지는 길과 남중국해-남태평양으로 이어지는 길이 있다. 이 다섯 개의 길을 합쳐 일대일로라 부른다." 이 책의 제3부 1장 장위옌, 「일대일로 전략 구상: 이념과 현실」, 214쪽 참고.

12 중국은 해상 실크로드에 자국의 해군을 주둔시키기 위해 캄보디아의 시아누크빌, 미얀마의 시트웨, 방글라데시의 치타공, 스리랑카의 함반토타, 파키스탄의 과다르항을 잇는 해군기지 네트워크를 구축했다. 중국의 전략적 진출 거점을 이어보면 그 모양이 진주목걸이처럼 보인다고 해서 붙은 이름이다.

13 이 책의 제3부 1장 장위옌의 글, 각주 4 참고.

14 한-EU FTA는 2009년 7월 13일 타결되고, 2010년 10월 6일 공식 서명하여, 2011년 7월 1일 발효되었다. 싱가포르-EU FTA는 2014년 10월 17일 타결됐으나, 투자 관련 조항에서 회원국들과 비준권 논란이 일어 타결된 지 4년 만인 2018년 10월 19일에 비로소 서명이 완료됐다. 2012년 6월부터 시작된 베트남-EU FTA는 2015년 8월 4일 협상 타결을 선언하고, 2019년 6월 30일 FTA 및 투자보호협정문에 서명했다.

15 일본과 EU가 맺은 FTA인 '일-EU 경제동반자협정Economic Partnership Agreement(EPA)'은 2017년 7월 체결에 합의했으며 2019년 2월 1일 발효되었다. EPA는 일본이 FTA 대신 사용하고 있는 용어로, FTA보다 포괄적인 무역 자유화 협정을 뜻한다.

제3부 일대일로

1장 장위옌, 일대일로 전략 구상: 이념과 현실

1 경제학에서 구분해야 하는 두 가지 변수 가운데 유량流量, flow은 일정 기간, 즉 시간 단

위당 정의되는 측정 지표이며, 저량貯量, stock은 일정 시점에서 정의되는 측정 지표다.

2 환태평양경제동반자협정은 아시아 태평양 지역의 관세 철폐와 경제통합을 목표로 추진된 협력체제다. 2015년 10월 타결되어 2016년 2월 공식 서명을 마치고 각국이 국내 비준을 준비 중이었으나, 자국주의와 보호주의를 주창하는 도널드 트럼프가 미국 대통령에 당선된 후 탈퇴를 선언했다. 미국을 제외한 뉴질랜드, 싱가포르, 칠레, 브루나이, 말레이시아, 베트남, 페루, 호주, 멕시코, 캐나다, 일본 총 11개국이 명칭을 포괄적·점진적 환태평양경제동반자협정Comprehensive and Progressive Agreement for Trans-Pacific Partnership(CPTPP)으로 변경한 후 자국 내 비준을 거쳐 2018년 12월 30일 발효됐다.

3 시진핑 주석이 일대일로 구상을 처음 밝힌 것은 2013년 9월 카자흐스탄 방문(실크로드 경제벨트, 즉 육상 실크로드)과 2013년 11월 인도네시아 방문(해상 실크로드)에서였다.

4 2015년 11월 30일 IMF 이사회에서 중국 위안화를 특별인출권SDR 통화바스켓에 편입시키기로 결정했고, 2016년 10월 1일부터 정식으로 편입되었다.

5 이 책의 제4부 4장 장저신, 「중국의 국제 전략과 아태 안보 질서에 미치는 영향」 각주 1 참고.

6 중국의 3대 국책은행에는 국가개발은행國家開發銀行, China Development Bank, 중국수출입은행中國進出口銀行, The Export-Import Bank of China, 중국농업발전은행中國農業發展銀行, Agriculture Development Bank of China이 있다.

2장 펑웨이장, 일대일로 이니셔티브와 중국 경제 거버넌스의 현대화

1 이 책의 제2부 3장 장원링, 「시진핑 정부의 경제정책 진단」 각주 5 참고.

2 이 책의 제1부 3장 리처드 부시, 「내부 상황을 통해 바라본 미중 관계의 미래」 각주 9와 제1부 1장 그레이엄 앨리슨, 「미국과 중국은 투키디데스의 함정을 피할 수 있는가」 참고.

3 이 책의 제2부 3장 장원링, 「시진핑 정부의 경제정책 진단」 각주 1 참고.

3장 거젠슝, 실크로드의 역사지리적 배경과 일대일로

1 "春風不度玉門關." 출전: 왕지환王之渙(688~742)의 「변방으로 나서며出塞」.

2 "西出陽關無故人." 출전: 왕유王維(699?~759)의 「안서로 부임하는 친구 원이를 전송하며送元二使安西」.

3 지금의 인도 첸나이 서남쪽의 칸치푸람Kanchipuram 부근 또는 인도네시아 수마트라섬 북서부의 아체Aceh 부근에 있던 것으로 추정되는 고대 국가명.

4 이 책의 제3부 1장 장위엔의 글 각주 3 참고.

5 위渝는 충칭, 신新은 신장新疆, 어우歐는 유럽歐洲의 약칭이다.

6 이 책의 제3부 1장 장위옌의 글 각주 4 참고.

제4부 동북아 안보와 한반도

1장 리빈, 안보 딜레마 속에서의 한중 관계

1 이후 북한은 2017년 9월 3일 함경북도 길주군 풍계리에서 제6차 핵실험을 감행했다. 한국은 규모 5.7을 기준으로 그 위력을 50킬로톤으로 추정했는데, 미국과 중국이 발표한 규모 6.3을 기준으로 하면 폭발력은 수소폭탄에 해당하는 100~300킬로톤에 달한다.

2 은색 골프공 모양의 물체는 이동식 대륙간탄도미사일ICBM급인 KN-08의 탄두에 들어가는 것으로 추정되는 원형 핵탄두 모형이다.

3 북한은 나중에 고각 궤도lofted trajectory를 이용하여 탄두의 재진입 과정을 관찰할 수 없는 어려움을 부분적으로 극복했다.—원주

4 버락 오바마 미국 대통령이 2009년 4월 체코 프라하 연설에서 핵 테러를 국제 안보의 최대 위협으로 지목하고 핵 안보 강화의 필요성을 강조하면서 발족된 국제회의다. 총 4번 열렸으며, 2010년 제1차 회의는 워싱턴, 2012년 제2차 회의는 서울, 2014년 제3차 회의는 헤이그, 2016년 제4차 회의는 다시 워싱턴에서 개최되었다.

2장 리난, 한반도 그레이트 게임의 재개: 중국의 관점

1 이 책의 제1부 3장 리처드 부시, 「내부 상황을 통해 바라본 미중 관계의 미래」 각주 11 참고.

3장 왕둥, 동북아에는 왜 지역 안보 구조가 부재한가?

1 북한의 제4차 핵실험은 2016년 1월 6일 감행되었으며, 북한 측은 수소탄 핵실험을 실시했다고 발표했다. 북한의 핵실험에 대해서는 이 책의 제4부 1장 리빈, 「안보 딜레마 속에서의 한중 관계」 참고.

4장 장저신, 중국의 국제 전략과 아태 안보 질서에 미치는 영향

1 '아세안+3'은 아세안 10개국(말레이시아, 타이, 싱가포르, 인도네시아, 필리핀, 베트남, 브루나이, 캄보디아, 라오스, 미얀마)과 한국, 중국, 일본이 설립한 국제 회의체이며, '아세안+6' 즉 역내 포괄적 경제동반자협정은 아세안 10개국과 한국, 중국, 일본, 호주, 뉴질랜드, 인도 등 총 16개국의 관세 장벽 철폐를 목표로 하는 세계 최대의 FTA다. 그러나 인도가 중국산

공산품과 농산품에 대한 관세 폐지에 난색을 표하면서 협정 참여를 보류하여, 2019년 11월 4일 인도를 제외한 15개국 정상이 최종 타결을 선언했다. 향후 협상을 마무리해 2020년 최종 타결·서명을 추진할 예정이다.

2 2015년 11월 13일(현지시간) 밤부터 14일 새벽까지 유럽의 심장부 프랑스 파리의 공연장과 축구 경기장 등 여섯 곳에서 이슬람 수니파 무장단체 이슬람국가ı̣s가 총기 난사와 자살 폭탄 공격 등 동시다발적 연쇄 테러를 저질러 최소 130명이 사망한 사건이다.

3 2014년 8월 22일 시진핑 주석은 "서로 망을 보며 위험이 닥쳤을 때 도와서, 중국-몽골 관계 발전의 새로운 시대를 창조하자守望相助, 共創中蒙關係發展新時代"라는 주제의 몽골 국회 연설에서 중국과 몽골의 우호 협력과 중국의 주변 외교에 대해 언급했다. 그는 "중국은 몽골을 포함한 주변국들에 공동 발전의 기회와 공간을 제공하길 원한다. 여러분이 중국의 발전이라는 열차에 올라타길 바란다. 고속열차에 타도 좋고, 무임승차를 하는 것도 모두 환영한다"라고 말했다.

4 중국과 아세안은 남중국해 영유권 분쟁 악화를 막기 위해 2002년 "남중국해 분쟁 당사국 행동 선언"을 채택했으며, 2013년부터 법적 구속력이 있는 구체적 행동 규범을 마련하기 위해 협상을 진행해왔다.

5 공식 명칭은 아시아안보회의Asia Security Summit로, 2002년부터 영국 국제전략문제연구소International Institute for Strategic Studies(IISS)의 주관하에 각국 국방장관이 참석하는 세계 최대 규모의 다자간 안보 회의다. 창립 이래 매년 싱가포르 샹그릴라 호텔에서 개최되어 '샹그릴라 대화'라고도 불린다.

6 미국의 동맹 전략인 '허브 앤 스포크(바큇살 질서)'는 미국이 중심에서 허브 역할을 하고, 미국과 군사 동맹 관계를 맺은 아시아 국가들이 스포크의 자리를 차지하는, 즉 바큇살을 구성하는 체제로, 미국의 군사력이 안보를 보장하는 질서를 말한다.

7 2012년 5월 3일 중국 베이징에서 열린 미중 전략경제대화에서 중국이 주요 2개국을 뜻하는 'G2'를 대신하기 위해 제안한 개념이다. 대립적이고 불균형한 관계가 강조되는 'G2'를 대신하여, 대등하고 협력적인 관계를 의미하는 'C2' 개념을 제시했다. C는 조정 Coordination, 협력Cooperation, 타협Conciliation, 상호보완Complementary, 공동체Community 등 다양한 함의를 지닌다.

8 이 책의 제3부 1장 장위옌, 「일대일로 전략 구상: 이념과 현실」 각주 2 참고.

9 상설중재재판소는 1899년 '제1회 헤이그 평화회의'에서 체결된 '국제 분쟁의 특정한 처리 방법을 위한 조약'에 의거해 1901년에 설립됐으며, 국가 간 분쟁 해결을 위한 가장 오래된 국제기구다. 설립 협약이 있는 독립적인 정부 간 기구로서 국제연합과 긴밀하고 항구적인 관계를 맺고 있으나, 국제연합 조직의 일부를 구성하는 국제사법재판소International

Court of Justice(ICJ)와는 다르다. 국제사법재판소는 1945년 국제연합과 함께 설립되었으며, 국가 간의 분쟁을 국제법을 적용하여 해결하는 국제연합의 사법기관이다. 상설중재재판소는 국제분쟁의 평화적 해결을 위한 중재기관으로서 법적 구속력이 없으며, 국제사법재판소도 사실상 판결의 이행을 강제할 수 있는 수단이 없기에 판결 집행의 제도적 보장은 미흡하다. 둘 다 네덜란드 헤이그의 평화궁Peace Palace에 위치한다.

10 2016년 7월 25일 아세안 외무장관 회의 공동성명에는 남중국해 영유권에 대한 상설중재재판소의 판결 내용은 포함되지 않았으며, 남중국해 영유권 분쟁이 평화적으로 해결될 필요가 있다는 내용만 언급되었다.

5장 오드 아르네 베스타, 오늘날 한반도의 두 국가와 중국

1 해당 강연은 2017년 5월 1~3일에 진행되었으며, 유튜브에서도 시청이 가능하다. 첫 번째 강연 "중국과 한국: 1392년부터 19세기 말까지China and Korea: 1392 to the late 19th Century"는 https://www.youtube.com/watch?v=0gHchhLjPBg, 두 번째 강연 "19세기와 20세기의 중국과 한국China and Korea in the 19th and 20th Centuries"은 https://www.youtube.com/watch?v=YL7lIGzA4KI, 세 번째 강연 "오늘날의 중국과 두 개의 한국Contemporary China and the Two Koreas"은 https://www.youtube.com/watch?v=rP2W5_Aal2I에서 볼 수 있다. 이 강연은 *Empire and Righteous Nation: 600Years of China-Korea Relations*라는 제목으로 2021년 1월 출간될 예정이다.

2 트럼프 대통령은 취임 후 첫 미중 정상회담이었던 2017년 4월 6~7일 마라라고 회담 이후 4월 12일 『월스트리트 저널』과의 인터뷰에서 한국은 중국의 일부였다는 시진핑 주석의 발언을 소개하여 물의를 빚었다. 논란이 된 발언은 다음과 같다. "그런 후에 그(시진핑)는 중국과 한국의 역사에 대해 이야기했다. 북한이 아니라 한국 전체 말이다. 지난 수천 년 동안 많은 전쟁이 일어났고, 한국은 실제로 중국의 일부였다더라. 10분 동안 듣고 나니, 그게 그렇게 쉽지 않다는 것을 깨달았다. He then went into the history of China and Korea. Not North Korea, Korea. And you know, you're talking about thousands of years…… and many wars. And Korea actually used to be a part of China. And after listening for 10minutes, I realized that it's not so easy." ("WSJ Trump Interview Excerpts: China, North Korea, Ex-Im Bank, Obamacare, Bannon, More", April 12, 2017)

3 국공내전은 제1차 국공합작이 결렬된 1927년 이후 중국국민당이 대만으로 패퇴한 1949년까지 중국국민당과 중국공산당 사이에 일어난 두 차례의 내전을 말한다. 보통 1927년에서 1936년까지를 제1차 국공내전, 1946년부터 1949년까지를 제2차 국공내전으로 구

분한다.

4 북한은 2017년 9월 3일 함경북도 길주군 풍계리에서 제6차 핵실험을 감행했다. 북한 핵실험에 관해서는 이 책의 제4부 1장 리빈의 글 참고.

제5부 변화하는 중국과 역사 인식

1장 자오팅양, 천하체계, 21세기 중국의 세계 인식과 미래 전망

1 주공周公(?~?)은 성이 희姬, 이름은 단旦이며, 주周나라를 세운 문왕文王의 넷째 아들이자 무왕武王의 동복 동생으로, 공자가 평소 존경해 마지않았던 성현 중의 성현이다. 강태공姜太公(기원전 1156?~기원전 1017?)과 함께 무왕을 도와 상商나라 주왕紂王을 토벌한 공으로, 취푸曲阜 지역의 노魯나라에 봉해졌다. 그러나 머지않아 무왕이 죽자 천하가 아직 안정되지 않았다는 이유로 봉지로 가지 않고 아들 백금伯禽에게 대신 통치하게 했으며, 자신은 호경鎬京(지금의 시안西安)으로 돌아와 어린 조카 성왕成王을 보좌하여 섭정했다. 7년 뒤 성인이 된 성왕에게 정권을 돌려주고 제후의 지위로 돌아간 후, 낙읍雒邑(지금의 뤄양洛陽)에 자리를 잡고 주의 부도副都를 세웠다. 그는 각종 문물 제도와 예악禮樂 질서를 정비해 주나라를 반석 위에 올려놓았는데, 팔괘의 효交를 해설하여 『역경』을 완성했으며 주의 의식과 의례를 정리해 『주례周禮』와 『의례儀禮』를 저술했다고 알려져 있다.

2 관자는 관중管仲(기원전 723?~기원전 645)의 존칭으로, 이름은 이오夷吾, 자는 중仲이다. 춘추시대 제나라 환공桓公(?~기원전 643)의 형인 규糾의 편에 섰다가 패전하여 노나라로 망명했으나 절친 포숙아鮑叔牙(?~?)의 진언으로 환공에게 기용되어 제나라의 패업 달성을 도왔다. 그의 저서로 알려진 『관자』는 후세 사람들의 가필로 간주된다.

3 출전: 『관자管子』 「목민편牧民篇」.

4 출전: 도덕경道德經 54장.

5 우리말 번역본은 카를 슈미트, 『정치적인 것의 개념』(김효전·정태호 옮김, 살림, 2012) 참고.

6 프로이센의 군인이자 나폴레옹 시대의 군사전략가였던 카를 폰 클라우제비츠Carl Von Clausewitz(1780~1831)의 명언이다. 그의 저서 『전쟁론Vom Kriege』은 『손자병법』과 더불어 시대를 초월한 군사전략서로 꼽힌다.

2장 거자오광, 현장에 있는 것과 없는 것: 조선통신사 문헌으로 본 근세 동아시아 삼국

1 송희경은 조선 전기의 문신이다. 본관은 신평新平, 자는 정부正夫, 호는 노송당老松堂이다.

2 도쿠가와 시대의 다른 이름으로 에도(일본 도쿄의 옛 이름) 막부(바쿠후)가 정권을 잡은 시

기를 말한다. 도쿠가와 이에야스德川家康(1542~1616)가 정이대장군征夷大將軍(세이이 다이쇼 군)이 되어 에도에 막부를 설치한 후부터 1868년 5월 3일 에도성이 메이지明治 정부군에 함락될 때까지의 265년을 가리킨다.

3 "必也正名乎." 출전: 『논어』 「자로편子路篇」 3장.

4 "唯器與名, 不可以假人." 출전: 『춘추좌전春秋左傳』 성공成公 2년.

5 '피휘'란 문장에 선왕이나 성인, 선조의 이름자가 나올 경우, 공경과 삼가는 뜻을 표시하기 위하여 획의 일부를 생략하거나 뜻이 통하는 다른 글자로 대치하는 언어 관습을 말한다. 직역하면 '휘로 쓰인 글자를 피한다'는 뜻으로, 원래 '휘'는 왕이나 제후 등이 생전에 쓰던 이름을 가리킨다. 원래는 죽은 사람의 생전 이름을 삼가 부르지 않는다는 뜻에서 나왔는데, 후에는 생전의 이름 그 자체를 휘라고 일컫게 되었다. 휘의 풍속은 중국 진秦나라 때부터 시작되었으며, 생전에 그 이름을 피하는 생휘生諱까지 행해져 진시황의 이름 정政은 '정正'으로 결필缺筆되었다. 한국에 언제 전래되었는지는 분명하지 않으나, 삼국시대의 금석문金石文 또는 사서史書에 이미 피휘가 보이며, 고려시대부터 유행하기 시작했다.

6 변弁은 고깔 모양의 관모冠帽로, 위변韋弁은 꼭두서니 뿌리로 염색한 붉은 다룸가죽으로 만든 변, 피변皮弁은 사슴 가죽으로 만든 변을 가리킨다.

7 하야시 라잔林羅山(1583~1657)은 에도 시대 초기의 유학자로, 일본 주자학의 토대를 닦았으며 주자학을 막부의 관학으로 보급하는 데 기여했다. 교토에서 태어나 어린 시절 겐닌사建仁寺에서 불교와 신도神道 등을 공부했으나, 승려가 되기를 거부하고 집으로 돌아와 주자학을 독학했다. 1604년 일본 근세 유학의 시조 후지와라 세이카藤原惺窩(1561~1619)를 만나 그의 제자가 되었다(후지와라는 정유재란 당시 포로로 잡혀간 강항姜沆(1567~1618)으로부터 많은 영향을 받았다). 이듬해 후지와라의 천거로 도쿠가와 이에야스의 책사가 되었고, 이후 쇼군將軍들의 시강侍講을 담당했다. 그는 조선통신사 응대와 외교문서 작성, 역사서 편찬 등에 관여하기도 했으며, 1632년에는 우에노上野의 시노부가오카忍岡에 사숙私塾을 세워 주자학 보급과 제자 양성에도 힘썼다.

8 하야시 노부아쓰는 하야시 호코林鳳岡(1645~1732)라고도 불린다. 에도 시대 중기의 유학자로, 하야시 라잔의 손자다. 1691년 에도 막부의 5대 쇼군 도쿠가와 쓰나요시德川綱吉(1646~1709)의 명으로 우에노 시노부가오카에 있던 사숙을 유시마湯島 쇼헤이자카昌平坂로 이전하여 유시마성당湯島聖堂을 짓고, 다이가쿠노카미大學頭에 임명되었다. 8대 쇼군 도쿠가와 요시무네德川吉宗(1684~1751)까지 역대 쇼군을 모시고 강학했으며, 막부의 다양한 문서 행정과 조선통신사 응대에 참여했다.

9 다이가쿠료大學寮의 최고 관직으로 국자좨주國子祭酒에 해당한다. 다이가쿠료는 율령제

아래 만들어진 시키부쇼式部省(국가의 의식이나 인사人事를 맡았던 관청) 직할의 관료 육성 기관으로 중국식 이름은 국자감國子監이다. 관료 후보생인 학생들의 교육과 시험을 관장하고, 공자에게 제사를 올리는 석전제釋奠祭를 봉행했다. 1691년 하야시 라잔의 손자 하야시 호코가 다이가쿠노카미에 임명된 뒤로 19세기 말까지 린케林家가 세습했다. 또한 이들은 외교문서를 관장했기 때문에 조선에서 통신사가 오면 접대했고, 이때 조선의 문사들과 창화시唱和詩를 주고받으며 문학적 기량을 겨루기도 했다.

10 아시카가 요시미쓰足利義滿(1358~1408)는 무로마치 막부의 3대 쇼군으로 남북조 시대를 통일한 인물이다.

11 레러이Lê Lợi, 黎利(太祖, 재위 1428~1433)가 세운 후後 레 왕조(1428~1789)와 혼동이 있는 듯하다. 1400년 베트남 쩐왕조陳王朝(1225~1400)를 멸망시킨 자는 호꾸이리Hồ Quý Ly, 胡季犛(1336~1407)로, 중국 오대五代 말에 베트남으로 이주하여 성을 레黎로 바꾸었다. 쩐왕조 말에 태사섭정太師攝政에 올라 권력을 독차지하다가 1400년 쩐왕조를 멸망시키고 스스로 제위에 올랐다. 그는 국호를 다이 응우Đại Ngu, 大虞라 하고, 수도를 하노이에서 탄호아로 옮겼으며, 성씨도 다시 호胡로 고쳤다. 호씨 정권은 1407년 대외팽창을 추구하던 명 영락제에 의해 멸망했고 베트남은 명의 지배를 받게 되었다(제4차 중국 지배). 1418년 레러이가 명의 지배에 반기를 들고 10년 동안 항전한 결과 베트남은 마침내 독립을 달성했다.

12 티무르는 몽골을 이어 중앙아시아 전역을 통일한 대제국이었던 티무르 제국(1370~1507)의 창시자다. 1405년 2월, 20만 대군을 이끌고 명나라를 격파하여 원나라의 옛 영지를 탈환한다는 목표로 원정을 개시했다가 도중에 갑자기 병으로 사망했다.

3장 쭤줴진, 중국의 인구 고령화: 도전과 정책 선택

1 조사망률이란 한 나라의 사망 수준을 나타내는 가장 단순한 지표로, 1년간 발생한 총사망자수를 해당 연도의 주민등록 연앙인구年央人口, mid-year population(7월 1일 기준)로 나눈 수치를 1000 분비로 표시한 것이다.

2 2020년 11월 1일부터 '제7차 중국 전국 인구조사'가 시행될 예정이다.

3 쿵차오空巢는 '빈 둥지'라는 뜻으로, 자녀들이 성장하여 다 떠나고 노인만 남은 가정을 말한다.

4 유수아동은 부모가 생계를 위해 도시로 돈을 벌러 떠나면서 농촌에 홀로 남겨져[留] 집을 지키는[守] 만 16세 이하의 어린이를 뜻한다. 부모가 둘 다 3개월 이상 잇따라 외지에 나가 일하거나 남아 있는 다른 한 부모가 보살필 능력이 없는 경우를 포함한다. 이 아이들은 영양실조, 빈곤, 질병, 외로움 등으로 고통받으며 제대로 된 교육을 받지 못하는 등 심각한 사회문제로 대두되고 있다.

5 유동아동은 고정된 직업 없이 대도시를 돌아다니며 돈벌이를 하는 유동인구의 자녀를 가리킨다. 중국의 의무교육은 주로 지방정부가 부담하기 때문에 거주지의 후커우戶口가 없는 유동인구의 자녀는 도시의 또래 어린이들과 동등한 교육의 기회를 누리지 못하고 향촌의 공적 교육 시스템에서도 소외되는 문제가 발생한다.

4장 한다위안, 중국 법치의 현황, 도전과 미래

1 출전: 『한비자韓非子』 「유도有度」. "그러므로 법에 따라 나라를 다스리는 데에는 (법을) 적용해서 시행할 뿐이다故以法治國, 舉措而已矣."

2 『흠정헌법대강』은 중국 역사상 최초의 헌법으로 1908년 8월 27일 공포되었다. 입헌군주제를 확립하고, 국민의 기본권을 확인했으며, 군주의 권리를 명문화했다. 일본 제국 헌법을 기초로 했으나, 군주권의 제한과 관련된 항목들은 삭제했다. 총 23조이며, 내용은 크게 '군주의 권력君上大權'과 '신민의 권리와 의무臣民權利義務' 두 부분으로 구성되어 있다.

3 중국에서 공민公民은 어느 한 국가nation-state의 국적을 가지면서, 해당 국가의 법률상 권리와 의무를 가지는 사람을 가리킨다. 우리가 사용하는 법률적 의미의 '국민'과 가장 가까운 개념이다. 중국 헌법은 제33조에서 제56조에 걸쳐 "공민의 기본 권리와 의무"를 규정하고 있다. 중국에서 공민이 법률적 지위를 강조하는 개념이라면, 인민人民은 정치적 지위를 강조하는 개념이다. 중화인민공화국 헌법 제2조는 "중화인민공화국의 모든 권력은 인민에게 속한다"고 하여 권력 주체를 인민으로 명시하고 있다. 이는 대한민국 헌법 제1조 제2항에서 "대한민국의 주권은 국민에게 있고, 모든 권력은 국민으로부터 나온다"고 할 때의 '국민'에 대응된다. 따라서 공민의 상대적 개념은 '외국인'이나 '무국적인'이며, 인민의 상대적 개념은 '인민의 적'이다. 공민은 국가 법률상의 권리와 의무를 강조한다는 점에서 서구의 '시민' 개념에 접근한다. 인민이 기본적으로 중국의 사회주의 특성을 담아내는 개념이라면, 공민은 보편적 민주 법치국가의 자유와 평등에 닿아 있다.

4 최초의 중화인민공화국 민법전이 2020년 5월 28일 제13기 전인대 3차 회의에서 찬성 2879표, 반대 2표, 기권 5표로 표결이 통과되었고, 6월 1일 그 전문全文이 공개되었으며, 2021년 1월 1일부터 정식으로 시행될 예정이다.

5 첫 번째 헌법의 날은 2014년 12월 4일이다.

6 사법 행정화란 사법이 독립성을 잃고 '행정'으로 변질되는 현상을 말한다. 이는 주로 세 가지 양상으로 나타난다. 첫째, 거시 권력 구조 속에서 사법권의 행정화다. 즉 전체 국가기관의 구조적 측면에서 행정권이 너무 막강하여 사법권이 행정권에 종속되고 동화되는 것이다. 둘째, 법원 시스템 내 상하급 법원 관계의 행정화다. 상하급 법원 간의 관계는 '심급審級'의 차이만 있을 뿐, 위아래의 구별은 없는 각각 독립된 재판기구여야 하는데, 상급

법원이 하급 법원 위에 군림하며 지도하는 현상이 발생한다. 셋째는 사법 주체의 행정화로, 법원 내 조직의 관료화와 법관의 공무원화를 말한다.

7 사법 지방화란 사법권이 지방 권력에 의해 통제되고 지방 이익을 위해 사용되는 일종의 탈법 현상을 말한다. 이는 주로 지방보호주의와 행정소송의 유명무실화로 나타난다.

지은이 소개(가나다순)

거자오광葛兆光

푸단대 역사학과 석좌교수, 전 문사연구원 원장. 베이징대 중문과에서 고전문헌학을 전공했다. 1992~2006년 칭화대 역사학과 교수를 역임했으며, 일본 교토대와 도쿄대, 미국 프린스턴대와 시카고대, 하버드 옌칭연구소 등에서 객좌교수를 지냈다. 주요 연구 분야는 동아시아와 중국의 종교, 사상, 문화사다. 주요 저서로 『중국사상사』, 『중국선禪 사상사』, 『이 중국에 거하라』, 『이역을 그리다: 이조 조선 연행 문헌 찰기를 읽고』 등이 있으며, 다수가 국내에 번역·출간되었다. 2009년 미국 프린스턴 글로벌 스칼러Princeton Global Scholar에 선정되었으며, 2014년 일본 아시아 퍼시픽 어워드, 제3회 파주북어워드저작상 등을 수상했다.

거젠슝葛劍雄

푸단대 역사지리연구소 석좌교수. 푸단대에서 역사학 박사학위를 취득했으며, 1996~2007년 푸단대 역사지리연구소장, 2007~2014년 푸단대 도서관 관장을 역임했다. 중국지리학회 역사지리전공위원회 위원장, 중국진한사연구회 부회장,

중국역사학회 이사, 상하이 역사학회 부회장을 지냈으며, 현재 중국 교육부 사회과학위원회 역사학부위원으로 활동하고 있다. 주요 연구 분야는 중국사, 인구사, 이민사, 문화사, 환경사 등이며, 『중국인구사』, 『중국이민사』, 『통일과 분열: 중국 역사의 계시』, 『중국 역대 국경 지역 변천』, 『중국 고대의 지도 측량제작』 등 다수의 저서와 논문을 발표했다.

그레이엄 앨리슨Graham T. Allison

하버드대 케네디스쿨 석좌교수. 하버드대 역사학 학사, 옥스퍼드대 PPE(철학·정치학·경제학) 과정 학·석사, 하버드대 정치학 박사학위를 받았다. 미국의 대표적인 국가안보·국방정책 전문가로, 레이건과 클린턴 정부에서 국방부 장관특보와 국방부 차관보를 지냈다. 1977~1989년 하버드대 케네디스쿨 초대학장을 맡아 수많은 석학과 정계인물을 배출하는 세계 최고의 정치행정대학원으로 이끌었으며, 그 후 1995~2017년 하버드대 벨퍼센터 소장을 역임했다. '투키디데스의 함정' 개념으로 출간 전부터 화제를 모았던 『예정된 전쟁』 외에도 『리콴유: 중국, 미국, 세계에 대한 거장의 통찰』, 『핵테러리즘』 등의 저서가 있다.

리난李枏

중국사회과학원 미국연구소 전략연구실 연구원. 중국런민대에서 국제정치와 정치학 학사, 국제관계와 정치학 석사, 국가전략 박사학위를 취득했다. 주요 연구 분야는 북미, 북중 관계이며, 북한 김일성종합대, 존스홉킨스대 국제관계대학원SAIS, 브루킹스연구소, 서울대에서 방문학자로 연구했다. 주요 저서로는 『강경한 개입부터 6자회담까지: 미국의 대북정책』, 『현대 서구 대전략 이론 탐구』, 『미국의 대북 식량지원 정책과 평가』, 『2013년 핵 위기 이후 미국의 대북 정책』, 『부시 행정부의 대북전략평가』, 『감성적·전략적 파트너: 21세기 중국의 대북 인도적 지원』 등이 있다.

리빈李彬

칭화대 국제관계학과 교수. 베이징대 기술물리학과(핵물리학 전공)를 졸업하고 동대학원에서 이학 석사학위를 취득했으며, 1993년 중국공정물리연구원에서 이학 박사학위를 취득했다. MIT 국제연구센터와 프린스턴대 에너지자원 및 환경연구센터 핵 정책연구 프로그램 박사 후 연구원, 베이징 응용물리·컴퓨터 수학연구소 군비통제연구실 실장, 포괄적 핵실험 금지조약Comprehensive Test Ban Treaty(CTBT) 협상의 중국 대표단 기술고문을 역임했다. 국제학술 저널 *Science and Global Security, Nonproliferation Review*의 편집위원으로 활동하고 있다. 주요 연구 분야는 핵무기 감축과 핵 확산 금지, 중미 간 핵 문제다.

리처드 부시Richard BUSH

브루킹스연구소 선임연구원. 컬럼비아대에서 정치학 박사학위를 받았다. 1977년 비영리재단인 아시아 소사이어티의 중국위원회 활동을 시작으로 1983년부터 약 10여 년 동안 미 하원 외교위원회와 동위원회 산하 아시아태평양소위원회에서 동북아 전문위원으로 활동했다. 브루킹스연구소 동아시아정책연구센터CEAPS 소장, 국가정보위원회NIC의 동아시아 연락관, 미국과 대만 간 비공식 외교기구인 미국재대만협회American Institute in Taiwan 회장을 역임했다. 미중 관계, 양안 관계, 한반도 문제 등에 관한 왕성한 연구를 진행하고 있으며, 주요 저서로는 『근접성의 위험: 중-일 안보 관계』, 『미지의 해협: 중국-대만 관계의 미래』, 『중국 그림자 속의 홍콩』 등이 있다.

린이푸林毅夫

베이징대 신구조경제학연구원 원장 겸 남남협력발전학원 원장. 1994년 베이징대 중국경제연구센터(현 국가발전연구원)를 설립했고, 2008년 세계은행 수석 이코노미스트로 부임하여 부총재를 역임했다. 현재 제13기 전국 정협政協 상무위원, 경제위원회 부위원장, 국무원 참사, 국가13차5개년, 14차5개년 계획 전문가위원회 부위원장, 일대일로 이니셔티브 국제자문위원회 위원장을 맡고 있다. 『원조를 뛰어넘어』, 『번영의 모색』, 『중국경제입문』, 『신구조경제학』, 『중국의 기적』 등 30편이 넘는 학술서를 집필했다. 영국과학원외국인원사, 개발도상국과학원원사 및 유럽과 미국 10여 개 대학에서 명예 박사학위를 받았다.

사오위췬邵育群

상하이국제문제연구원SIIS 대만·홍콩·마카오연구소 소장 겸 미국연구센터 수석연구원. 워싱턴 DC 소재 국제전략문제연구소CSIS와 본Bonn 소재 독일개발연구소German Development Institute에서 방문학자를 역임했고, 중국 CCTV, 동방위성 TV 등에서 국제정치, 국제관계 미디어 해설자로 활동하고 있다. 주요 연구 분야는 미국 외교정책, 아태 지역, 특히 중남아시아에 대한 미국 정책, 미중 관계와 양안 관계다.

오드 아르네 베스타 Odd Arne Westad

예일대 역사학과 교수. 현대국제사 및 동아시아 지역 전문가로, 런던정경대 국제사학과 교수, 하버드대 미국-아시아 관계 S. T. Lee 석좌교수, 국제문제·외교·전략연구소 IDEAS 소장을 역임했다. 『케임브리지 냉전사』, 『펭귄 세계사』 등을 공동 편집했으며, 주요 저서로 중국 국공내전의 역사를 다룬 『결정적 만남』과 밴크로프트상을 수상한 『글로벌 냉전』 등이 있다. 『잠 못 이루는 제국: 1750년 이후의 중국과 세계』는 한국어로도 번역되었으며, 2013년 아시아 소사이어티 도서상을 수상했다. 최근 작으로『냉전: 세계사』,『제국과 올바른 국가: 600년의 중한관계』(2021년 출간 예정)가 있다.

왕둥王棟

베이징대 국제관계학원 교수 겸 미중인문교류연구센터 부소장. 베이징대에서 법학 학사, UCLA에서 정치학 석사, 박사학위를 취득했다. 동아시아 안보 포럼 운영위원, 구미동학회歐美同學會 회장, 판구盤古 연구소 사무총장으로 활동하고 있으며, 중국 국무원과 외교부에서 외교 정책 관련 고문을 지냈다. .

자오팅양趙汀陽

중국사회과학원 학부위원 겸 철학연구소 연구원. 중국런민대 철학과를 졸업하고, 중국사회과학원에서 박사학위를 취득했다. 하버드 옌칭연구소Pusey Distinguished Fellow, 하버드대 동아시아학과 객원 교수를 역임했고, 베이징대 베르그루엔Berggruen 연구소 책임연구원으로 활동하고 있다. 주요 연구 분야는 정치 철학과 형이상학이며, 주요 저서로는『가능한 생활론』,『천하체계』,『나쁜 세계 연구』,『제1철학의 지점』,『천하의 당대성』,『이 중국에 은혜를 베풀라』,『네 가지 갈래』,『역사, 산수山水, 어부와 나무꾼』이 있으며, 다수의 도서가 한국어, 영어, 독일어, 프랑스어 등으로 번역되었다.

자칭궈賈慶國

베이징대 국제관계학원 교수. 1979년 베이징외국어대 영어과를 졸업했고, 1988년에 코넬대에서 박사학위를 받았다. 미국 브루킹스연구소, 버몬트대, 코넬대, UC샌디에이고, 호주 시드니대 등에서 방문학자로 연구했고, 2013~2018년에는 베이징대 국제관계학원 원장을 역임했다. 비공산당 계열의 민주동맹 소속으로, 현재 제13기 전국 정협政協 상무위원과 외사위원회 위원, 교육부 중미 인문교류 연구소 소장, 중국미국학회 부회장, 중국국제관계협회 부회장, 중국일본학협회 부회장 등을 맡고 있다. 또한 다수의 국내외 학술지 편집위원을 맡고 있으며, 미중 관계, 동북아, 양안 관계, 중국 외교정책과 중국 정치 관련 저서를 출판했다. 주요 저서로 『21세기의 중국 외교』, 『냉전 초기의 중미관계』, 『냉전 후의 중미관계』 등이 있다.

장위옌張宇燕

중국사회과학원 학부위원 겸 세계경제정치연구소IWEP 소장. 베이징대 경제학과를 졸업하고 중국사회과학원 세계경제·정치학과에서 경제학 석사학위 및 박사학위를 취득했다. 제13기 전국 정협政協 위원, 중국 외교부 국제경제금융자문위원회 위원, 상무부 경제무역정책자문위원회 위원, 중국세계경제학회 회장, 신흥경제체연구회 회장으로 활동하고 있다. 제도경제학과 국제정치경제학 연구에 전념해왔으며, 『경제발전과 제도선택』, 『국제경제정치학』, 『미국 행위의 근원』, 『중국 평화 발전의 길』 등 다수의 저서를 집필했다.

장윈링張蘊岭

중국사회과학원 학부위원, 산둥대 국제문제연구원 원장. 제10~12기 전국 정협政協 위원, 외사위원회 위원을 역임했으며, 중국사회과학원 유럽연구소 부소장, 일본연구소 소장, 아시아태평양연구소 소장을 지냈다. 현재 중국아시아태평양학회 회장, 지역안보센터 소장, 태평양경제협력위원회 중국위원회 부회장, 중한우호협회 부회장, 중국아세안박람회 상임고문 등으로 활동하고 있다. 주요 연구 분야는 국제경제와 국제관계다.

장저신張哲馨

상하이국제문제연구원 아태연구소 연구원, 차하얼학회察哈爾學會 연구원으로도 활동 중이며, 2011년 헨리 스팀슨 센터Henry L. Stimson Center, 2016년 국제전략문제연구소CSIS에서 방문학자를 지냈다. 현재 *China Quarterly of International Strategic Studies*, *Journal of Political Marketing* 편집위원으로 활동 중이다. 주요 연구 분야는 동아시아 지정학, 미중 관계, 중국 외교다.

장쥔張軍

푸단대 경제학원 원장 겸 중국경제연구센터CCES 소장. 푸단대에서 경제학 학사, 석사 및 박사학위를 취득했다. *Economic Systems*, *Journal of the Asia Pacific Economy*, *Journal of Pro-Poor Growth*, *East Asia Policy* 등 다수 저널의 편집위원으로 활동 중이며, 중국 경제개혁과 전환, 경제 성장에 대한 100여 편의 논문과 70권이 넘는 저서를 집필했다. 주요 저서로『대중은 모르는 개혁』,『중국 기업의 변혁』,『개혁, 패러다임 전환과 성장: 관찰과 해석』,『중국 경제의 끝나지 않은 개혁』,『장쥔 자선집』 등이 있다.

주윈한朱雲漢

대만 중앙연구원 정치학연구소 특별초빙연구원, 대만대 정치학과 교수. 대만대 정치학과를 졸업했으며, 미국 미네소타대에서 정치학 박사학위를 받았다. 현재 장징궈蔣經國 국제학술교류기금회 회장을 역임하고 있다. 주요 연구 분야는 사회과학 방법론, 민주화, 국제정치경제학이다. '아시아 민주동태조사' 총책임을 맡아 아시아 19개국에서 정치적 가치, 정치 참여, 민주적 자질 등의 의제에 대해 오랫동안 조사 연구를 진행했으며, '전 세계 민주동태조사' 공동의장을 맡고 있다. 2012년 대만에서 학계 최고의 권위를 상징하는 중앙연구원 원사에 선정되었으며, 2016년에는 세계과학아카데미의 사회 및 경제 분야 회원으로 선출되었다.

주펑朱鋒

난징대 국제문제연구원 원장 겸 남중국해 협동혁신연구센터 소장. 베이징대 국제관계학과를 졸업하고 동대학원에서 박사학위를 취득했다. 하버드대 페어뱅크 동아시아연구센터, 미국 국제전략문제연구소, 브루킹스연구소 등에서 방문학자를 지냈다. 주요 연구 분야는 아태 지역 안보 및 해양 안보, 중미관계, 북한 핵 문제다. 최근 저서로『미중과 세계질서를 위한 투쟁』,『21세기 해양강국: 역사적 교훈과 중국의 도전』등이 있다.

줴쉐진左學金

전 상하이사회과학원 상무부원장. 상하이사회과학원에서 경제학 석사, 미국 피츠버그대에서 경제학 박사학위를 취득했다. 프린스턴대 박사 후 연구과정을 거쳐 미국 국세조사국 객원연구원을 지냈다. 2000~2013년까지 상하이사회과학원 부원장 및 상무부원장을 역임했으며, 상하이 시정부와 중앙정부의 정책연구 자문을 맡고 있다. 현재 상하이노년학회회장, 상하이계량경제학회 이사장, 중국 의료보험연구회 상무이사, 중국국가연구프로젝트 '고령화 사회의 경제 특징과 지지 체계' 수석연구원으로 활동하고 있다.

카럴 더휘흐트Karel de Gucht

벨기에 브뤼셀자유대 유럽연구소 소장. 2009~2010년 EU 개발 및 원조 담당 집행위원, 2010~2014년 EU 통상집행위원(통상장관)을 역임했다. 벨기에 하원의원으로 활동했던 2004년부터 2009년까지는 벨기에 외무부 장관과 벨기에 부총리를 지냈다. 현재 브뤼셀자유대에서 유럽법과 EU 대외관계를 가르치고 있다.

펑웨이장馬維江

중국사회과학원 세계경제정치연구소 연구원 겸 국제정치경제학연구실 실장. 베이징사범대에서 경제학 학사, 경영학 석사학위를 취득했고, 중국사회과학원에서 경제학 박사학위를 취득했다. 주요 연구 분야는 국제정치경제학 이론, 아태 지역 경제협력, 중국의 부상과 글로벌 거버넌스, 신新경제사 등이다. 주요 논문으로 「대국굴기 실패의 국제정치경제학적 분석」, 「실크로드 경제벨트의 국제정치경제학적 분석」, 「패권의 권력 근원에 대한 논고」, 「"천하체계"의 질서 특징, 존망 원리 및 제도적 유산에 대한 시론」, 「협객은 무武로 금령을 범한다: 중국 고대 거버넌스 형태 변천 이면의 경제 논리」 등이 있다.

한다위안韓大元

중국런민대 법학원 교수. 지린대 법학과를 졸업하고 중국런민대에서 석사 및 박사학위를 받았다. 1987년부터 중국런민대 법학원에서 헌법학과 비교헌법학을 가르치고 있으며, 2009~2017년 중국런민대 법학원 원장을 역임했다. 현재 중국 헌법학회 회장, 중국법학교육학회 상무부회장을 맡고 있다. 2012년 중국 교육부가 수여하는 장강학자상을 수상했으며, 2012년과 2017년에는 각각 핀란드 라플란드 대학과 베르겐 대학에서 명예박사학위를 받았다. 주요 저서로 『헌법정신의 이해』, 『생명권의 헌법적 권리』, 『1954년 헌법의 제정과정』 등이 있다.

황웨이핑黃衛平

중국런민대 경제학원 교수 겸 세계경제연구센터 소장. 중국런민대에서 석사 및 박사학위를 취득했고, 풀브라이트 방문학자로 미국 스탠퍼드대에서 연구했다.

주요 연구 분야는 세계경제, 경제 발전과 글로벌 비즈니스 등이다. 현재 중국세계경제학회, 미국경제학회, EU경제연구회, 중국국제무역학회 상무이사, 중국국제금융학회, 유럽학회 이사, 미중경제학교육교류위원회 집행위원장 등으로 활동하고 있다.

중국, 새로운 패러다임 II

23인 세계 석학에게 묻다

ⓒ 최종현학술원 2020

초판 인쇄 2020년 11월 27일
초판 발행 2020년 12월 4일

엮은이 최종현학술원
지은이 거자오광, 거젠슝, 그레이엄 앨리슨, 리난, 리빈, 리처드 부시, 린이푸, 사오위천,
오드 아르네 베스타, 왕둥, 자오팅양, 자칭궈, 장웨옌, 장원링, 장저신, 장쥔, 주원한,
주펑, 쥐쉐진, 카럴 더휘흐트, 펑웨이장, 한다위안, 황웨이핑
옮긴이 김민정 김자경 임현욱
교정교열 최종현학술원 김경미 윤종현 박예은 서희정 김예슬 장승영 이지형 박다슬 김성현
한국고등교육재단 안예진
펴낸이 강성민
편집장 이은혜
편집 곽우정
마케팅 정민호 김도윤
홍보 김희숙 김상만 지문희 김현지

펴낸곳 (주)글항아리 | **출판등록** 2009년 1월 19일 제406-2009-000002호

주소 10881 경기도 파주시 회동길 210
전자우편 bookpot@hanmail.net
전화번호 031-955-1936(편집부) 031-955-2696(마케팅)
팩스 031-955-2557

ISBN 978-89-6735-844-0 03300(무선)
978-89-6735-845-7 03300(양장)

이 도서의 국립중앙도서관 출판예정도서목록(CIP)은 서지정보유통지원시스템 홈페이지
(http://seoji.nl.go.kr)와 국가자료종합목록구축시스템(http://kolis-net.nl.go.kr)에서
이용하실 수 있습니다. CIP제어번호 : CIP2020048223(무선) CIP2020048218(양장)

잘못된 책은 구입하신 서점에서 교환해드립니다.
기타 교환 문의 031-955-2661, 3580

www.geulhangari.com